国家社科基金项目

ZHONGGUO
RUANSHILI

基于政治文化视角的
中国国家软实力建设研究

蒋英州 ◎ 著

JIYU ZHENGZHI WENHUA SHIJIAO DE
ZHONGGUO GUOJIA
RUANSHILI JIANSHE YANJIU

中国社会科学出版社

图书在版编目（CIP）数据

基于政治文化视角的中国国家软实力建设研究／蒋英州著 . —北京：中国
社会科学出版社，2014.12

ISBN 978 - 7 - 5161 - 5412 - 0

Ⅰ.①基…　Ⅱ.①蒋…　Ⅲ.①社会主义政治学 - 研究 - 中国　Ⅳ.①D6

中国版本图书馆 CIP 数据核字（2014）第 311088 号

出 版 人	赵剑英	
责任编辑	任　明	
特约编辑	芮　信	
责任校对	李　楠	
责任印制	何　艳	

出　　　版	中国社会科学出版社
社　　　址	北京鼓楼西大街甲 158 号
邮　　　编	100720
网　　　址	http：//www.csspw.cn
发 行 部	010 - 84083685
门 市 部	010 - 84029450
经　　　销	新华书店及其他书店

印刷装订	北京市兴怀印刷厂
版　　　次	2014 年 12 月第 1 版
印　　　次	2014 年 12 月第 1 次印刷

开　　　本	710×1000　1/16
印　　　张	20
插　　　页	2
字　　　数	342 千字
定　　　价	68.00 元

凡购买中国社会科学出版社图书，如有质量问题请与本社联系调换
电话：010 - 84083683

目　录

导论 ……………………………………………………………… （1）

一　中国软实力研究中的迷思 ………………………… （2）

二　软实力研究的规范性阐释 ………………………… （5）

三　政治文化与软实力的契合 ………………………… （17）

四　中国国家软实力的评估 …………………………… （20）

第一章　软实力理论的政治文化诠释 …………………… （24）

第一节　政治文化的斗争与软实力概念的提出 ………… （24）

一　冷战时代美苏政治意识形态领导权之争 ………… （25）

二　西方阵营中政治思想控制权之争 ………………… （34）

三　全球化时代国际政治制度制定权之争 …………… （37）

第二节　政治文化的传播与软实力理论的核心 ………… （41）

一　政治文化与软实力资源的核心范畴 ……………… （42）

二　政治文化与软实力理论的终极目的 ……………… （46）

第三节　政治文化的功能与软实力变化的主因 ………… （56）

一　政治文化与软实力国内基础变化 ………………… （57）

二　政治文化与国家软实力外部变化 ………………… （67）

第二章　改革开放以来中国国家软实力的增长 ………… （82）

第一节　政治高层重视与国家软实力的建设 …………… （83）

一　中央领导层倡导国家软实力建设 ………………… （83）

二　党中央国务院部署国家软实力建设 ……………… （85）

第二节　经济迅速发展与国家软实力的兴起 ……………………（87）

一　经济迅速发展奠定国家软实力物质基础 ………………（88）

二　经济吸引力成为国家软实力重要增长极 ………………（90）

第三节　社会文化魅力与国家软实力的凸显……………………（99）

一　中国传统文化价值跨越国界 ……………………………（99）

二　社会主义文化发展成效初显 ……………………………（107）

第四节　外交政策革新与国家软实力的瞩目 …………………（111）

一　升华与亚非拉国家的传统友谊 ………………………（111）

二　提升国际政治话语权 …………………………………（114）

三　塑造负责任的大国形象 ………………………………（119）

四　借助于外脑"讲中国故事" …………………………（123）

第三章　中国国家软实力建设面临的主要危机 ………………（128）

第一节　表层次的公民社会危机 ………………………………（129）

一　公民现代性基本素质严重缺失 ………………………（129）

二　社会创造活力严重受阻 ………………………………（135）

第二节　中层次的政治制度危机 ………………………………（139）

一　执政党存在严重问题恐难成为中坚领导力量 ………（139）

二　政府治理落后难以奠定内部坚实基础 ………………（148）

第三节　深层次的政治文化危机 ………………………………（155）

一　中国传统政治文化继承与批判之困 …………………（156）

二　西方政治文化抗拒与借鉴之难 ………………………（160）

三　社会主义政治文化空心化与边缘化之痛 ……………（169）

第四章　中国国家软实力建设的基本路径 ……………………（177）

第一节　夯实国家软实力物质技术支撑力 ……………………（178）

一　继续巩固国家软实力的物质基础 ……………………（179）

二　扎实加固国家软实力的科技支撑 ……………………（181）

三　正确认识经济增长的软实力作用 ……………………（183）

第二节　加强和谐社会建设增强国家说服力 …………………（187）

一　以公平正义促进社会和解 ……………………………… (187)

二　以诚信友爱提高公民素质 ……………………………… (192)

三　以"四个尊重"激发社会创造活力 …………………… (194)

四　以健全公民组织确保社会安定有序 …………………… (196)

五　以人与自然和谐相处创造美好家园 …………………… (199)

第三节　塑造执政党与政府良好形象提升国家吸引力 ……… (200)

一　加大民主政治建设改善执政党国际形象 ……………… (201)

二　注重廉洁法治建设提升政府国际形象 ………………… (208)

第四节　强化社会主义政治制度影响力 ……………………… (212)

一　增强社会主义政治制度国内影响力 …………………… (213)

二　转化社会主义政治制度国外影响力 …………………… (217)

第五节　提升社会主义政治文化竞争力 ……………………… (221)

一　培育社会主义政治文化国内竞争力 …………………… (221)

二　型塑社会主义政治文化国际竞争力 …………………… (233)

第五章　中国国家软实力建设的战略体系 ……………………… (239)

第一节　科学发展观是战略指导 ……………………………… (240)

一　"全面协调可持续发展"是指导方针 ………………… (240)

二　"韬光养晦、有所作为"是指导策略 ………………… (244)

三　"五位一体"总体布局是实施指南 …………………… (249)

第二节　公民素质与社会组织活力是战略基础 ……………… (252)

一　公民素质是国家软实力建设的基本保证 ……………… (252)

二　社会组织活力是国家软实力建设的基础动力 ………… (256)

第三节　执政党与政府能力是战略关键 ……………………… (261)

一　执政党能力决定国家软实力建设成败 ………………… (262)

二　政府能力决定国家软实力建设快慢 …………………… (268)

第四节　良好的大国形象是战略保障 ………………………… (271)

一　良好国家形象巩固国家软实力内部基础 ……………… (271)

二　大国形象保证国家软实力建设外部环境 ……………… (275)

第五节　社会主义现代化国家是战略目标 …………………… (281)

　　一　国家软实力建设的富强目标 ……………………………（281）

　　二　国家软实力建设的民主目标 ……………………………（283）

　　三　国家软实力建设的文明目标 ……………………………（284）

　　四　国家软实力建设的和谐目标 ……………………………（286）

结论 ………………………………………………………………（288）

　　一　谦虚谨慎少说多做为国家软实力建设策略 ……………（289）

　　二　巩固内部基础为国家软实力建设首则 …………………（292）

　　三　社会主义政治文化为国家软实力建设核心 ……………（295）

　　四　社会主义政治制度为国家软实力建设重点 ……………（296）

参考文献 …………………………………………………………（298）

后记 ………………………………………………………………（311）

导　论

作为"日常民主政治中的主要话题"① 的"软实力"（soft power），在中国是一个人们耳熟能详的概念，由美国著名政治学家、哈佛大学教授小约瑟夫·奈（Joseph S. Nye, Jr.）于 1990 年提出，之后不久就引起中国学者的关注。黄苏 1991 年发表在《美国研究》上的《怎样评估美国的经济与实力——逆差、债务、软实力剖析》一文开始涉及这一概念。尽管该文未提及约瑟夫·奈，但"软实力"部分的行文基本上是以奈的观点为基础，因此我们可以视它为国内第一篇有关软实力的研究文献。不过国内学界公认王沪宁 1993 年发表在《复旦学报》上的《作为国家实力的文化：软权力》为软实力研究的开山之作。颇为吊诡的是，从一开始国内学界对奈这个看似简单直白的"soft power"概念的翻译就不一致，有的译成"软实力"，有的译成"软权力"，有的译成"软力量"，不一而足，争论不休。② 而奈在软实力理论阐述过程中时而迂回曲折，言语晦涩，时而直指中心，言简意赅，颇使人们有些摸不着头脑。基于中国政治语境、国际政治语境与软实力理论的综合考量，国内学者对"软实力"的内涵与外延作出了不同的理解，以致在中国软实力建设研究中提出的对

① Joseph S. Nye, Jr., *The Benefits of Soft Power*, http://hbswk. hbs. edu/archive/4290. html, 2004 - 08 - 02.

② 张勇、张忠友认为，"power"在《美国传统词典》中表达能力、力量和权力等时是通用的，但在国际关系范畴内并不存在真正的官方权力，因此用"软实力"表达"soft power"是最优的选择（参见《"软实力"相关研究综述与阐发》，《桂海论丛》2009 年第 3 期）。而庞中英却认为，"soft power"译成"软力量"可能更贴切，因为"软"字后面跟着"实"字，不仅不符合"软力量"的观念和思维，而且急功近利地把"软力量"变得硬化，把"软力量"叫作"软实力"是典型的中国式误解（参见《重新定义国家软力量》，载白岩《新世纪的思考》第 6 卷，研究出版社 2007 年版，第 267 页）。本书为了行文的一致性，多用"软实力"一词，而在注释与参考文献中保留原作者、译者的用法，特此致歉！

策建议大相径庭，使人迷惑不解、难以适从。如何建设中国软实力，就有必要从软实力理论与软实力研究的迷思中拨云见日。

一　中国软实力研究中的迷思

奈曾自豪地说道："软实力"概念一经提出即成为公共话语，"被美国国务卿、英国外交大臣、亚欧的政治领袖和专栏作家等广泛使用"。但他不得不承认："我深感沮丧的是，这一术语常常被误用，甚至被贬为仅仅是可口可乐和牛仔裤的影响力。"[①] 2010 年在中国的学术演讲中，奈再次吁请人们不要误解和滥用"软实力"。[②] 但奈的吁请并没有阻止人们对"软实力"概念的继续误解与滥用。

在国内研究中，对"软实力"的误解与滥用最明显的莫过于一些研究者无视奈所言的"软实力"是一个国际政治概念与分析工具，也不顾及国家领导人强调"国家软实力"或"国家文化软实力"时的国家语境，仅从自己研究需要出发而随意使用这个概念，因此在国内研究中与"软实力"相连的主体无所不包，大到国际组织与国家，中到国内的省市区等区域，小到行业与单位（如民办幼儿园）；相关的主题涵盖政治军事经济社会文化生态的各个方面。以至于国外学者如此揶揄：作为软实力理论的发源地，"美国主流学术圈对它的研究反倒不如中国这么火热"。[③]

因此，基于学科、学术背景的不同，中国对软实力的讨论可谓五花八门，远远超出奈所指的范畴。[④] 例如，"奈对美国软实力的讨论强调的是当代美国流行文化，而中国学者对中国软实力强调的是中国传统文化。奈强调美国政治制度和价值观，如民主和人权的吸引力，而中国分析家强调中国经济发展模式的吸引力。此外，就政策建议而言，中国分析家从宽泛定义上着重于国内的软实力基础，例如民族凝聚力和统治合法性，而奈的

---

① ［美］约瑟夫·奈：《硬权力与软权力》，门洪华译，北京大学出版社 2005 年版，第 7 页。

② 季桂保、田晓玲：《约瑟夫·奈：请不要误解和滥用"软实力"》，《文汇报》2010 年 12 月 7 日。

③ Young Nam Cho & Jong Ho Jeong, *China's Soft Power: Discussions, Resources and Prospects*, Asian Survey, Vol. 48, No. 3, 2008, p. 455.

④ 参见周英《中国的软实力：行动的现实与结果的神话》，载刘亚伟《21 世纪国际评论》（第四辑），西安：西北大学出版社 2011 年版。

注意力在于改善美国对外政策的实质与风格以便使美国对国外更有吸引力"。① 面对此种迥异，国内一位学者认为，中国自身国情的特殊性使得中国学者在论述软实力的来源时往往独辟蹊径，在很大程度上已经与奈的叙述分道扬镳，从而为中国软实力建设设置了困境。②

在国内研究使人迷糊的同时，奈的软实力理论也使人感到有些迷惑不解。奈也曾坦言：如果软实力概念要得以正确理解并运用，需要他对"软实力"进行更全面的探讨和发展。③ 但事与愿违的是，奈的软实力理论中存在的明显缺陷一直未得到修正和弥补。在很大程度上说，正是这些缺陷的存在给人们误解"软实力"预留了很大的空间。从提出"软实力"概念开始，奈的软实力思想就在不断变化，一直未能建构起逻辑严密的软实力理论体系，而且由"软实力"向"巧实力"的转变在某种程度上意味着他已经放弃了这种努力。中外学者都曾指出奈的软实力理论存在较为明显的缺陷。④

归纳起来，其缺陷主要集中在三个方面：一是奈无法解释清楚软实力和硬实力之间的相互关系；二是软实力的资源和作用均难以衡量和测定，因而从方法论的角度来看，"奈的软实力理论迄今尚未在西方主流国际关系理论中占有重要地位，因为西方学者大多信奉实证主义的方法论，硬实力的质量是可以通过实证主义来验证的，而软实力的质量则很难通过实证主义来验证"；⑤ 三是奈没有在软实力与美国霸权之间划出一道明确的界限。由于"奈研究权力并非为研究而研究，其根本目的是

———————

① Hongying Wang & Yeh - Chung Lu, *The Conception of Soft Power and Its Policy Implications: A Comparative Study of China and Taiwan*, Journal of Contemporary China, Vol. 17, No. 56, 2008, p. 431.

② 许少民：《中国发展软实力困境初探》，中国选举与治理网 http://www.chinaelections.org/NewsInfo.asp? NewsID = 160147, 2009 - 11 - 3。

③ ［美］约瑟夫·奈：《软力量——世界政坛成功之道》，吴晓辉、钱程译，东方出版社2005年版，"中文版序言"，第2页。

④ 这些文献包括：张小明的《约瑟夫·奈的"软权力"思想分析》，庞中英的《重新定义国家软力量》，郭小聪的《约瑟夫·奈软实力说核心概念辨析》，吴雨苍的《中国软实力的迷思：奈伊理论及相关争辩》，Alexander Bohas 的"The Paradox of Anti - Americanism: Reflection on the Shallow Concept of Soft Power"，Yanzhong Huang 和 Sheng Ding 的"Dragon's Underbelly: An Analysis of China's Soft Power"。

⑤ 龚铁鹰：《软权力的系统分析》，天津人民出版社2008年版，第26页。

为了美国的霸权地位和世界战略服务的。他的权力观是其阐述美国世界领导权的基础。他的美国霸权观是其权力观的发展和目的"。① 这样一来，他就难以使"软实力"褪去霸权的色彩。正因为奈的软实力理论内含种种无法自解的矛盾，有学者才认为"软实力"难以称为一个"好的"社会科学概念。②

原因可能在于，奈的软实力论著的政论性削弱了该理论的学术性，即出于迎合美国国家利益的现实需要进行出谋划策而失却了对世界政治的冷静观察与深思熟虑。也许奈的思想深处十分纠结，即美国全球利益现实与未来需要的"个人主义"相比美国作为世界第一大国应当承担的人类责任的"集体主义"谁更重要。正如奈宣称的那样，美国一直"苦苦纠缠于如何将我们的价值观与他人的利益融会起来"。③ 如果"集体主义"更重要，那么美国软实力会更强；如果"个人主义"至上，那么美国软实力就会削弱。奈既不愿看到美国软实力削弱，否则就违背了他苦心孤诣建构起来的软实力理论；又不可能抛弃美国利益至上的观念。奈流露出的这种纠结心态，被美国另一学者道出来了——"奈的软实力面临着存在论上的一个根本弱点，即他好像并不知晓软实力对美国霸权的重要贡献"。④

正是这种政论性与学术性、"个人主义"与"集体主义"之间的矛盾与冲突，导致了奈的软实力理论具有内在缺陷。因此，尽管"软实力"概念也流行于西方国家，但除了他自己不断发表文章讨论这个问题外，迄今难见其他西方知名学者专门从理论上对奈的软实力理论进行深入探讨，以弥补其缺陷或充实这一理论。

国内研究中的乱象与奈的软实力理论本身的缺陷使得在中国软实力研究问题上可能陷入迷思，从而使研究"中国国家软实力"带有一定的风

---

① 刘颖：《相互依赖、软权力与美国霸权：小约瑟夫·奈的世界政治思想研究》，中国社会科学出版社2010年版，第177页。

② 吴雨苍：《中国软实力的迷思：奈伊理论及相关争辩》，2007年台湾大学硕士学位论文，第iii页。

③ ［美］约瑟夫·奈：《软力量——世界政坛成功之道》，东方出版社2005年版，第62页。

④ Alexander Bohas, *The Paradox of Anti - Americanism*: *Reflection on the Shallow Concept of Soft Power*, *Global Society*, Vol. 20, No. 14, 2006, p. 412.

险和尴尬，并往往有力不从心之感。但风险与尴尬的存在并不意味着中国
软实力研究就是一团迷雾。虽然国外官方、智库与学者很少探讨软实力理
论"是什么"与"为什么"——这就是国外一些学者认为美国并不如中
国这么火热的表现之一，但对中国软实力的研究却不遗余力，尤其是美国
在研究"怎么办"，那我们该怎么办呢？面对中国软实力建设的紧迫性，
面对国外对中国软实力研究之广之深的逼人情势，我们要加强中国软实力
建设的研究。

二　软实力研究的规范性阐释

解开中国软实力研究中的迷思，首先需要对软实力相关的主要问
题进行一定程度的规范性阐释。因为，"如果软实力这个概念使用不
慎，也会和国家利益这个概念一样，沦为一个大而无当、空洞无实的
概念"。①

一是软实力的内涵。作为概念的首创者，奈对这个问题是怎样界定的
呢？1990 年，奈在首次提出"软实力"概念的著作中，将"软实力"定
义为："在国际政治中，规定导向、建立环境与使具体某国产生变革是同
等重要的。力量的这一面，即：使人随我欲，可称为间接的或同化式的实
力表现。"② 同年在题为"soft power"的文章中他认为，国家实力的"第
二个方面，出现在一国能使他国按其意愿行事之时，可称之为同化力或软
实力，并与命令他国按照其意志行动的硬实力或强制力形成对比"。③ 也
就是说，最初奈对软实力的内涵界定为"同化的能力"。但"同化"的愿
望面对多元化的世界确实是一种危险的臆想，奈不得不修正自己的观
念——但不等于放弃这个想法。

1998 年，奈与同为国际政治研究大师的基欧汉（Robert O. Keohane）
在一篇共写的文章中指出："软实力是一种通过让他人做你想做的事情而

---

① 苏长和：《国际制度与中国软实力》，载门洪华《中国：软实力方略》，浙江人民出版社 2007 年版，第 114 页。

② ［美］约瑟夫·奈：《美国定能领导世界吗》，何小东、盖玉云译，军事译文出版社 1992年版，第 25 页。

③ Joseph S. Nye, Jr. , *Soft Power*, Foreign Policy, No. 80, 1990, p. 166.

获得预期结果的能力。它是一种通过吸引而非强迫获得预期目标的能力。"① 这里,奈强调了软实力的内涵在于"吸引",或者说,软实力即为一种吸引力。但"吸引"还需要被吸引方的合作与跟随,否则就是癞子剃头——一头热,要么就是霸王硬上弓。在奈看来,不幸的是美国政府往往就是这么干的,以致美国的软实力陷入了困境。

2002 年,奈在分析美国霸权面临的困境时指出,在国际政治中,一国拥有的"这种力量——能让其他人做你想让他们做的事,我称之为软实力。它强调与人们合作而不是强迫人们服从你的意志"。② 2004 年他又指出,在国际政治中一国的"软实力是通过吸引而非强迫或收买的手段来达己所愿的能力"。③ 2006 年他在接受中国记者采访时对概念的定义又发生了些许变化,认为"软实力是国家、团体或个人通过自身的吸引力而非威慑来达到自己的目的的能力"。④ 虽然奈对软实力概念的定义前后有所变化,但对它的内涵保持了基本的一致性,即基于合作与自愿产生的吸引力。

总的来看,奈认为软实力"不仅仅是影响,也不仅仅是说服,它是引诱和吸引的能力"。⑤ 再综合考量奈的论著,我们基本上可以这样理解"软实力":

第一,"软实力"即为"国家软实力",通常是在国际政治领域发生的;

第二,"软实力"的实体主要是国家,次国家行为体如非政府组织与公民个体也是重要的行为体,也可拥有"软实力",但它们的"软实力"最终是为国家软实力服务而非单独存在;

第三,"软实力"是一种力量束集,包括影响力、说服力与吸引力,

————————

① Robert O. Keohane & Joseph S. Nye, Jr., *Power and Interdependence in the Information Age*, Foreign Affairs, Vol. 77, Issue 5, 1998, p. 86.

② [美] 约瑟夫·奈:《美国霸权的困惑——为什么美国不能独断专行》,郑志国等译,世界知识出版社 2002 年版,第 9 页。

③ [美] 约瑟夫·奈:《软力量——世界政坛成功之道》,东方出版社 2005 年版,"前言",第 2 页。

④ 杨晴川:《中国提升"软实力"乃明智之举——专访美国著名国际问题学者约瑟夫·奈》,《参考消息》,2006 年 08 月 10 日。

⑤ [美] 约瑟夫·奈:《美国霸权的困惑——为什么美国不能独断专行》,世界知识出版社 2002 年版,第 10 页。

既可以是三者的综合体，在某种情况下也可以是其中的一种。

因此，我们将"软实力"的内涵界定为一国软实力资源在国际政治中产生的"影响力"、"吸引力"与"说服力"。

二是软实力的资源范畴。如果说国内学界在软实力内涵方面并无多大分歧的话，那么，在软实力资源范畴方面则是众说纷纭，难以形成共识。更让人为难的是，在这个问题上，奈自己也没有一个确切的界定。尽管奈认为软实力资源不等于软实力，但为了论述的方便他基本上还是将二者等同起来。在软实力理论形成的初期，奈认为一国的软实力与"文化、意识形态以及社会制度等这些无形力量资源关系密切"。① 因此，一国的文化、意识形态、社会制度以及对外政策等这些软实力资源正变得越来越重要。②

在软实力理论趋于成熟时，他认为，软实力"往往与无形资产有关，如一个有吸引力的个性，文化，政治价值观和制度，以及被视为合法或有道德权威的政策。"③ 因此，奈认为国家的软实力主要来源于这三种资源产生的影响力、吸引力与说服力，即"文化（在能对他国产生吸引力的地方）、政治价值观（当在海内外都能真正信奉这些价值观时）、外交政策的内容和实质（当政策被视为具有合法性及道德权威时）"。④

综合起来，奈看重的软实力资源主要有四种：文化（大众文化与高雅文化）、政治价值观、社会制度（国内制度与国际制度）、政策（对内政策与对外政策）。据此，国内一学者将国家软实力大致划分为三个层次，⑤ 有助于我们从大文化的角度对国家软实力的层次有一个概貌性的认识，如图1所示。

"但与奈对国际关系学概念术语的熟练运用相比，他对文化一词的使

---

① ［美］约瑟夫·奈：《美国定能领导世界吗》，军事译文出版社1992年版，第25页。

② Joseph S. Nye, Jr., *The Changing Nature of World Power*, *Political Science Quarterly*, Vol. 105, No. 2, 1990, pp. 177–192.

③ Joseph S. Nye, Jr., *The Benefits of Soft Power*, http://hbswk. hbs. edu/archive/4290. html, 2004–08–02.

④ Joseph S. Nye, Jr., *Power in the Global Information Age: from Realism to Globalization*, New York: Routledge, 2004, p. 6.

⑤ 肖欢：《国家软实力研究：理论、历史与实践》，军事谊文出版社2010年版，第20页。

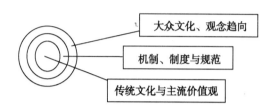

图1　国家软实力的三个层次

用显然是随意的，肤浅的，没有做过什么科学的界定，至少从他的著述中提炼不出相对完整、明晰、系统的文化理念。"① 当然，这也不能全然怪罪于奈。因为，迄今为止，人们对"文化"的定义也争论不休，各自力图掌握定义权，以致"如何定义文化本身，也成了一个战场"。② 但无论如何，政治价值观应该是文化的核心组成部分。它既存在于奈在谈及文化时念念不忘且沾沾自喜的美国大众文化当中，也存在于他甚为推崇的科技发明、大学教育、交响乐曲等美国高雅文化当中，因此将自由、民主、人权等政治价值观与文化并列显然有些欠妥。

　　如果将政治价值观并入文化里面的话，奈所言的软实力资源主要就是这三种：文化、制度与政策。但我们可以发现，"奈所提出来的这三个基本来源似乎并没有包括软实力资源的所有方面，比如美国的国家形象、民族凝聚力、政治稳定性、领导能力、纠偏能力、创新能力等等也应该属于软实力资源的范畴，它们好像难以被简单地纳入上述三个方面之中"。③ 奈自己也认为，"文化、价值观与政策不是产生软实力的仅有资源"。④ 潜在的软实力资源还包括经济实力、科技发明、大企业、文化产品、信息技术，甚至游客数量、政治避难人数、人均寿命、体育、军队等。⑤ 而按照他自己的分类，这些有的应该属于硬实力资源范畴或介于二者之间。这表明奈在软实力资源范畴上自己都有些犯难和模糊不清。正因为奈没有明确软实力的资源范畴，所以国外的官方、智库与奈的同行尽管也在大量使用

①　郭小聪：《约瑟夫·奈软实力说核心概念辨析》，《国际关系学院学报》2010 年第 1 期。

②　［美］伊曼纽尔·沃勒斯坦：《美国实力的衰落》，谭荣根译，社会科学文献出版社 2007 年版，第 125 页。

③　张小明：《重视"软权力"因素》，《现代国际关系》2004 年第 3 期。

④　Joseph S. Nye, Jr., *The Future of Power*, New York：PublicAffairs, 2011, p. 85.

⑤　参见［美］约瑟夫·奈《软力量——世界政坛成功之道》，东方出版社 2005 年版。

"软实力"这个概念，但对其资源范畴的界定也是五花八门的。①

在国外研究无法为我们提供确切参照的同时，又由于国内多数研究者从"无论就理论依据而言，还是就价值取向而言，我们所说的'软实力'与约瑟夫·奈所说的软实力都有很大不同"② 的信念出发，对中国软实力资源提出了诸多见解，时不时地或有意无意地放大其范畴。原因在于，"在'反求诸己'的精神指导下，国内学者不仅关注一国为达到目标而影响他国的能力，还考虑到了它整合、动员国内各阶层、各集团意志与力量的能力，也就是说，国内学者更强调内部能力与外部能力并重的'软实力'"。③ 如此一来，国内学界在中国软实力资源范畴上所列示的要素简直难以统计。④ 以至于谈论中国软实力的"魅力攻势"而名噪一时的库兰茨

---

① 例如，2008 年美国芝加哥全球事务委员会和韩国东亚研究院的一份调查报告中将文化与价值观的吸引力、地区领导人和问题解决者的效率、贸易伙伴的吸引力、人力资本水平、地区认同感和其他相关话题作为软实力的测评指标（*Soft Power in Asia*：*Results of a 2008 Multinational Survey of Public Opinion*）。美国国会的一份报告的软实力资源范畴更为丰富，包括国际贸易、海外投资、发展援助、外交倡议、文化影响力、人道主义援助和灾难救济、教育与旅游等诸多方面（*China's Foreign Policy and "Soft Power" in South America，Asia，and Africa*）。新加坡学者 Shen Lijun 认为，软实力来源于：（1）一个开放、稳定、持续和具有吸引力的国内政治、社会和经济的制度体系；（2）强大的文化、政治和道德的感召力和凝聚力；（3）知识上的贡献；（4）战略预测和外交技巧；（5）在国内和国际上的有效治理，包括有效地动员国内和国际的资源（特别是非军事资源）；（6）文化教育程度高的人口；（7）高水准的生活（*China and the United States：Asymmetrical Strategic Partners*，The Washington Quarterly，Vol. 22，No. 3，1999）。

② 童世骏：《文化软实力》，重庆出版社 2008 年版，第 12 页。

③ 北京大学中国软实力课题组：《软实力在中国的实践之二——国家软实力》，载唐晋《论剑：崛起进程中的中国式软实力（壹）》，人民日报出版社 2008 年版，第 5 页。

④ 仅对北京大学中国软实力课题组的《软实力在中国的实践之二——国家软实力》、周桂银与严雷的《从软实力理论看美国霸权地位的变化》、许少民与张祖兴的《约瑟夫·奈软实力学说再评述》、庞中英的《中国软力量的内涵》、顾肃的《论国家软实力的政治和文化维度》、程天权的《软实力是一个国家综合实力的重要组成部分》、陈正良的《中国"软实力"发展战略研究》等论著的粗略统计，学界所提及的中国软实力资源就包括：文化、政治价值观、制度、内外政策、国民素质、制度创新、人力资源、文化影响力、民族凝聚力、亲和力、国际形象、国际制度的控制力和创制力、国际义务的承担能力、信誉、国家凝聚力、非政府组织和设定议题的能力、培养高素质人口和生产力的教育体系、具有知识创新和贡献能力的研究体系、比较高的人口素质和有秩序的社会、在国际上有影响力的媒体、具有一定普适性的政治与经济的经验模式理论观念、政府和社会的良性互动、道德声望或者诉求产生的全球号召力、政治体制的感召力、统治的合法性、善治带来的天下归心、教育、法律环境、制度建设、国家的执政能力、管理能力、国民的心态、国民的形象、依托于哲学社会科学繁荣基础上发展的想象力等三十来种资源。

克（Joshua Kurlantzick）说道："对于中国来说，软实力意味着除军事以及安全领域之外的任何东西，不仅包括大众文化以及公共外交，而且包括诸如对外援助、投资和参与多边组织等具有强制性的经济和外交的力量。"① 根据国内外的相关研究，国内一学者构建了一个内外兼顾的国家软实力"多样化模型"。② 如图2所示。

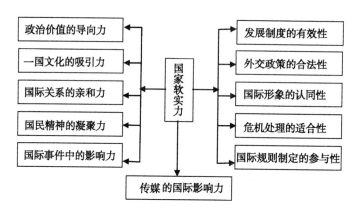

图 2   国家软实力"多样化模型"

这样，中国的软实力资源就显得几乎无所不包。因此一学者干脆把"软实力"定义为对国家全部资源（即所有软、硬资源）的软运用所体现出的吸引、感召他国的能力。③

从某种程度上说，一方面，这些研究透露出学者们对中国软实力建设的重视，自觉承载了大国复兴的研究使命，使我们看到中国作为一个传统文化源远流长生生不息的大国拥有很多潜在的和现实的软实力资源。另一方面，如何比较精准地界定软实力资源范畴或许并不符合这个多元化时代的特性与国情千差万别的特性；"也许理解这个概念的一个要领是'软实力'只有在相互比较中（包括横向的跨国比较和纵向的历史发展比较）才能存在并有意义。"④ 因此，要在软实力资源范畴上取得比较一致的认可，可能永远都是一个棘手的难题。但是，如此宽泛的理解或许与奈的软

① Joshua Kurlantzick, *Charm Offensive：How China's Soft Power Is Transforming the World*, New Haven：Yale University Press, 2007, p. 6.

② 汪安佑：《国家软实力》，中国社会科学出版社2010年版，第13页。

③ 孟亮：《大国策：通向大国之路的软实力》，人民日报出版社2008年版，第31—32页。

④ ［美］吴旭：《中国软实力不能吃老本——兼与阎学通、陆钢两位教授商榷》，《环球时报》2007年6月27日。

实力理论本意相距甚远。虽然我们的研究不必处处死搬硬套奈的观点，但如何增强和提升中国软实力确实需要我们在诸多资源中找到那些对它有重要意义甚至是决定性意义的资源变量，才有利于我们如何从根本上增强与提升中国的国家软实力，即对这些软实力资源进行价值排序，按照矛盾的主次秩序与轻重缓急去解决中国软实力建设面临的问题。

从发展战略的角度与奈的软实力资源观综合考虑，我们把中国软实力资源的主要范畴确定为社会主义政治文化、社会主义政治制度、公民素质与社会活力、执政党与政府的能力与国家形象等方面，并从这些方面来建构中国软实力建设的基本路径与战略体系。这样，我们把国家软实力"主要指一国在文化力、制度力基础上所形成的对本国民众和其他国际行为体的感召力、吸引力、协同力与整合力。其中，文化是观念前提，制度是支撑和保障"① 的解释进一步界定为：一国的制度与文化因其合理性与有效性而在国内外产生的说服力、吸引力与影响力，其中制度以政治制度为核心，文化以政治文化为核心。

在软实力资源问题上，有一点需要我们注意，即无论是在奈的软实力理论里，还是在软实力实践中，软实力资源并不等于软实力，而且软实力资源对软实力具有双重性——在产生软实力的同时也可以破坏或消减软实力。这就取决于对软实力资源的转化能力及其转化中的价值取向。

三是软实力的价值取向。基本上每一种人文社会科学的研究都可能涉及价值取向的问题，因为"每一个社会科学家对研究课题的定向都受到其本体论与认识论立场的制约。通常情况下，这些立场是隐含而不是显露的，然而不管是否承认，它们确实型塑着社会科学家所使用的理论与方法"。② 奈在软实力的最终价值取向上是美国的霸权，这一点毋庸置疑。那么，我们研究中国软实力建设是否需要抛弃奈的这一套隐含了美国本体论与认识论立场的软实力分析范式，以及避开以美国为主要的研究参照对象？对中国软实力建设持什么样的价值取向？这是中国软实力研究需要解释的。

第一，超然看待在中国软实力研究参照对象价值取向上的恋美情结。

---

① 黄金辉、丁忠毅：《中国国家软实力研究述评》，《社会科学》2010 年第 5 期。

② ［英］大卫·马什、格里·斯托克：《政治科学的理论与方法》，景跃进等译，中国人民大学出版社 2006 年版，第 15 页。

有的学者认为："当许多中国学者批判奈的软实力学说是美国中心，他们也没有意识到奈的美国中心论预设很大程度上是建立在对美国软实力影响的客观和理性分析之上。"① 由于美国的硬实力与软实力影响无远弗届，建立在生存、发展与维护国家利益安全意向之上的中国软实力研究必定离不开对美国软实力的剖析，以此扬长避短，提升中国软实力。因此，"许多学者在论述中国软实力时，其潜意识中就以美国的软实力作为参照系"。②

应该说，这种批评是较有道理的，客观地反映了目前中国软实力研究中的一种普遍倾向。事实上，在西方发达国家中，英国、法国、德国、日本、挪威、瑞典、瑞士、芬兰等的国家软实力建设的经验也值得中国学习；一些新兴国家，如韩国、俄国、印度、新加坡等国的建设经验同样值得中国借鉴。但客观地说，在国际政治中它们都不及美国，对中国的影响也没有美国这么重大和深远，因此，选择美国作为中国软实力研究的参照，是中国面临的国际政治格局客观现实的反映。美国是世界最大的发达国家，中国是世界最大的发展中国家，美国如何发展国家软实力，对中国软实力建设具有借鉴意义；而美国如何运用软实力，则直接关系到中国软实力建设的国际环境状况。

从更高的政治层面上说，美国代表着当今资本主义的发展阶段和历史前景，如果软实力真如奈所认为的那样是一种政治文化与政治制度的影响力、吸引力与说服力的话，中国的国家软实力建设就在很大程度上可以视为中国特色社会主义政治文化与政治制度对国内外的影响力、吸引力与说服力，是与美国代表的资本主义政治文化与政治制度的和平竞争。在很大程度上我们可以认为，这就是美国官方、智库与学界为什么对中国软实力建设如此高度关注的真正原因。我们在以美国为研究参照对象时，其实美国也同样在以中国为研究参照。因此，国内学界以美国为研究参照也就不足为奇了。

但我们也有必要从中脱离出来。中国软实力研究无须过度强调中国对外部世界的吸引力与影响力，即像美国那样对世界怀有一种必须达到某种

---

① 许少民、张祖兴：《约瑟夫·奈软实力学说再评述》，《国际论坛》2011 年第 5 期。

② 许少民：《中国软实力研究批判（1990—2009）（三）》，光明网 http：//guan-cha. gmw. cn/content/2010 - 05/25/content_ 1132234. htm，2010 - 05 - 25。

程度的影响力与吸引力的内在渴求与冲动或强制性的要求，而在于强调中国社会主义政治文化与政治制度对国内外的内在说服力。中国软实力建设不重在他国尤其是美国的评价，而重在国内人民的评价。说到底，中国软实力研究的终极任务就在于为中国共产党的伟大事业与社会主义现代化建设服务。这在本质上与奈一样，奈的软实力研究也是为美国国家利益服务。

第二，祛除中国软实力研究立场取向上的二元价值观。对于软实力的价值判断问题，多数学者或明或暗地持一种二元取向，即认为中国软实力建设对国内外是一种正面作用；而对美国的软实力则持一种怀疑与防御的态度，甚至是恐惧心理，常常与美国的文化霸权、"和平演变"、"颜色革命"等同起来。在很大程度上可以说，这种二元对立性的价值取向，其实是一种中国亟须建设软实力以实现中国崛起的焦虑心态的反应，即中国在建设软实力时要谨防西方国家（主要是指美国）的软实力对中国的思想文化侵蚀。因为，在软实力实践中，奈认定的文化与价值观的改变与追随也确实很难和思想文化上的渗透与诱变区别开来。思想文化上的渗透与诱变无论是通过正当的竞争手段还是卑劣的诱骗手段来进行，都可能在客观上产生软实力效应。

由于一些学者首先在价值立场上预设中国思想文化对外交流与传播是促进他国更加客观友好地认识中国，而在客观上处于强势地位的西方文化对发展中国家的交流与传播却有一种不可告人的目的，即追求文化霸权，因此在积极使中国文化"走出去"的同时要积极抵御和防止西方文化对中国的侵蚀与"和平演变"，以及反对西方的"文化霸权"。正如一位学者认为的那样：对于中国来说，"软实力"说的重要意义不仅在于它为我们分析美国霸权提供了一个新的切入点，而且在于为我们中国能否崛起和如何崛起提供了一个非常有用的参照系。① 因此，一评论者认为，国内许多文献对美国软实力的本质或者特征做出的论断竟然高度一致，"霸权"、"软性霸权"、"帝国"、"文化霸权"、"文化帝国主义"、"美国中心主义"、"强权政治"等词汇俯拾即是。②

---

① 刘德斌：《"软权力"说的由来与发展》，《吉林大学社会科学学报》2004 年第 4 期。
② 具体参见许少民的《中国软实力研究批判（1990—2009）（一）》一文。该文列举了相当多的持这些观念的国内研究文献。

脱离这种二元价值取向的迷思，在于回到奈对软实力的价值判断上面。尽管我们认为，而且事实上也确实如此，奈的软实力理论的最终目的是服务于美国的全球霸权，但"霸权"一词在奈的笔下基本上是一个中性词，是对国际政治权力的一种描述，类似于中文语境里的"领导"一词。奈认为："如果一个国家能够使它的霸权在其他人看来是正当的，那么它在实现自己的意志时就会较少受到抵抗。"① 美国要获得全球霸权——奈更喜欢用"领导"一词来代指"霸权"，就需要充分使用软实力。在全球化与信息化时代，软实力的获得更多的是依靠合作、吸引的方式与符合道德的手段来实现，因为"软实力使用的是不同的手段（既非武力，亦非金钱）来促进合作，即由共同的价值观产生的吸引力，乃为实现这些价值观做贡献的正义感和责任心"。② 同时，软实力的形成需要一国站在道德权威或道德领袖的高度上，因为"当其他国家看到我们的实力建立在道德基础上时，它才更有效"。③ 从这个角度看，奈在软实力的价值判断上可能倾向于正面。

但是，全球性反美主义的兴起表明："对美国软实力的反应形形色色，很难确定。软实力激发的不仅仅是敬畏和羡慕，还有愤恨和敌意。"④ 其缘由在于，在国际政治中，一国对他国负有"正义感"和"责任心"的政治行为并不一定保证该行为所导致的后果符合他国的利益，有时甚至可能导致坏结果的出现。不管美国是用硬实力还是软实力，不是常常打着"正义"与"道德"的旗号干预他国内政从而导致一些灾难性后果吗？这也是学者们批评奈的软实力理论的一个原因：在实践中奈难以在软实力与硬实力、软实力与霸权之间画出一条明晰的界线。

奈作为一位国际政治研究者和美国政治决策者，应该懂得政治谋划和政治实践中常常充满阴谋诡计，因此他承认"软实力"既可能产生好的结果，也可能导致坏的结果。他感叹道："与任何其他形态的力量一样，软实力既可用于行善也可用于作恶。"换言之，软实力并不一定比硬实力

① ［美］约瑟夫·奈：《美国霸权的困惑——为什么美国不能独断专行》，世界知识出版社2002年版，第11页。

② ［美］约瑟夫·奈：《软力量——世界政坛成功之道》，东方出版社2005年版，第7页。

③ Joseph S. Nye, *The Power We Must Not Squander*, The New York Times, January 3, 2000.

④ ［加拿大］马修·弗雷泽：《软实力——美国电影、流行乐、电视和快餐的全球统治》，刘满贵等译，新华出版社2006年版，第2页。

更人道，它同样也可以导致恐怖的后果。① 所以，奈在"软实力"价值取向上并没有赋予其正面或负面的判断，而是中性的，与他使用的"霸权"一样并非一个非此即彼的概念。

因此，软实力价值取向上的二元对立并不符合"共赢"与"多元"的时代要求，也不符合中国软实力建设的要求。"如果软实力的功能和手段在于同化，这就背离了软实力的初衷，势必会引起各国的文化保护主义。如果文化霸权和文化保护主义对立并普遍存在，世界文化以及各国文化的健康发展也会受到一定程度的影响。"② 如果我们持二元价值对立思维，中国推动的文化"走出去"政策和全球兴建孔子学院，在他国看来岂不也是"文化霸权"或"软实力入侵"吗？其实软实力与文化一样，既要有竞争，还要有融合，才能真正推动它们的生长。在建设中国软实力问题上，我们要有宽阔大气的胸襟，既要努力增强与提升中国软实力，又要积极承认、吸纳和借鉴美国与其他国家的软实力，在促进中国发展的同时共同促进人类进步。

第三，防止国家软实力的唯文化或经济中心论。在很大程度上，中国软实力的兴起与引人注目主要源自中国经济的崛起，国内围绕"中国模式"、"北京共识"为主题的软实力研究，和与国外对中国软实力的关注与研究基本上都是基于此。这种价值取向走向一个极端后就可能演化为中国软实力建设的"唯经济中心论"。

但由于中国的文化建设与进步没有取得与经济建设等量齐观的成就，并日益呈现令人忧虑的下滑状态与对外交流的严重入超现象，使得人们空前关注中国的文化建设；又由于文化是国家软实力资源的主要范畴和软实力的主要衡量指标，因此，在学界和政界，中国国家文化软实力在一定程度上被等同于中国国家软实力。党的十七大报告和"十二五"规划都提出要"提高国家文化软实力"，因而从文化角度研究中国软实力的论著最多。这种研究若是将"文化作用"推向极致的话，则会出现"唯文化中心论"。

目前多数的中国软实力研究带有一定的文化或经济中心论色彩，即研

---

① Joseph S. Nye, *Think Again*: *Soft Power*, Foreign Policy, February 2006, http://www.foreignpolicy.com/story/cms.php? story_id=3393.

② 周厚虎：《约瑟夫·奈软实力理论及其影响》，《攀登》2012年第2期。

究的前提和结论都是以经济或文化为逻辑起点和归宿的。这对深入研究中国软实力是有益的，也是必须的，但不能从根本上解决中国软实力建设的难题。因为中国经济发展到现在，面临的难题不再局限于经济领域，而是如何通过政治体制改革来确保经济的科学发展。而文化的大发展与大繁荣也同样亟待政治体制改革和社会主义政治文化的革故鼎新来引领。正如有的国外人士指出的那样："造成中国软实力发展前景不明朗的主要问题与其国家形象、历史和文化各个领域存在的巨大无知有直接关系。同时，与其政治及社会制度的漏洞也有着千丝万缕的关系。这些弱点是众所周知的，如果中国不在这方面有所行动，那么此前的努力可能再次落空。"① 由此，国内一些学者感叹道："从国内政治经济体制改革角度来探讨国家软实力提升途径的研究成果相对较少。"②

防止文化或经济中心论，并不意味着中国软实力研究要远离文化与经济，而是说要重视奈的软实力理论的政治属性与政治性资源在软实力资源范畴中的主要地位，在中国软实力建设中重视社会主义政治文化与政治制度的统率与支撑作用。尽管经济社会文化资源都很重要，但社会主义政治文化与政治制度的建设才会对中国软实力建设具有本质竞争力与持续深远的意义。

第四，注意软实力内生与外显的向度价值取向的特性。尽管奈重在强调软实力是对他国与国际关系的影响，但他处处强调国家软实力的内部基础，即它的内生性。一方面，国家软实力作为"一个国家有可能在国际政治中获得所期望的结果，是因为其他国家仰慕其价值观，模仿其榜样，渴望达到其繁荣和开放的水平，从而愿跟随其后"。③ 也就是说，尽管国家软实力重在对他国与他人的影响、吸引与说服，但它的基础在于国内的经济社会繁荣及其治理成就所树立的榜样。另一方面，"诸如国内的生活质量——繁荣，社会安全网，司法公正，民主选举——对我们的国际地位有很大的影响"。④ 所以，"就软实力资源而言，要求国会方面更多地自我

① ［西］胡利奥·里奥斯：《中国实施"软实力"战略面临挑战》，《参考消息》2011年11月5日。

② 黄金辉、丁忠毅：《中国国家软实力建设路径研究的回顾与反思》，《教学与研究》2010年第11期。

③ ［美］约瑟夫·奈：《软力量——世界政坛成功之道》，东方出版社2005年版，第5页。

④ Joseph S. Nye, *The Power We Must Not Squander*, The New York Times, January 3, 2000.

克制，而且要求我们在国内整顿好自己的经济、环境、刑事公正等方面秩
序。世界上其他国家喜欢看到美国做出榜样"。① 只有美国真正树立起这
样的榜样，即"山巅之城"的国家形象，才会获得更多的软实力。因此，
"在更多情况下，软实力是一种国内建设的副产品"。②

　　也就是说，只有搞好国家内部的政治经济文化社会生态建设，在国际
上树立起榜样与示范作用，才会对他者产生说服力、吸引力与影响力，即
国家软实力。这就是国家软实力的内生性与外显性相结合的特性，即它生
于内与发于外。因此，"一个国家软实力的基础，更重要的是国内政治、
经济和社会发展的水平，这才是软实力的内核"。③ 这种把软实力的基本
特质归结为内生性、内省性和内驱性④是有道理的，比较准确客观地反映
了国家软实力的生发特点。

三　政治文化与软实力的契合

　　"政治文化"作为一门现代政治学的分支学科，兴起于 20 世纪五六
十年代。其发源地与软实力理论一样同为美国。其首创者阿尔蒙德对它的
定义是："一个民族的政治文化，是政治对象的取向模式在该民族成员中
的特殊分布。它包括：（1）'认知取向'，也就是关于政治系统、它的角
色和角色的承担者、它的输入和输出的知识以及信念；（2）'情感取向'，
或关于政治系统、它的角色、人员和行为的感情，以及（3）'评价取
向'，关于政治对象的判断和见解，特别是那些涉及价值的标准和准则，
可以和信息与感情相结合的政治对象。"⑤ 从他的解释来看，政治文化主
要涉及政治认知、政治情感与政治评价等政治价值观的问题。

　　除了阿尔蒙德之外，卢西恩·派伊（Lucian W. Pye）、沃特·罗森堡
（Walter A. Rosenbaum）等美国政治学家先后对政治文化作了大量研究。

　　① ［美］约瑟夫·奈：《美国霸权的困惑——为什么美国不能独断专行》，世界知识出版社
2002 年版，第 153 页。

　　② Robert O. Keohane & Joseph S. Nye, Jr., *Power and Interdependence in the Information Age*,
Foreign Affairs, Vol. 77, Issue 5, 1998, p. 87.

　　③ 周庆安：《提高软实力，重点在国内》，《环球时报》2007 年 11 月 12 日。

　　④ 参见刘杰《中国软力量建设的几个基本问题》，载上海社会科学院世界经济与政治研究
院：《国际体系与中国的软力量》，时事出版社 2006 年版，第 103—104 页。

　　⑤ ［美］加里布埃尔·A. 阿尔蒙德、西德尼·维伯：《公民文化》，徐湘林等译，华夏出
版社 1989 年版，第 17 页。

但他们在政治文化概念的定义上各不相同。20 世纪 80 年代政治文化研究传到大洋彼岸的中国后，学术界对它的理解也不相同，大致形成了狭义、中义与广义三派。狭义理解者与阿尔蒙德等人的观点保持一致，认为政治文化主要是指当下的政治心理。中义理解者认为政治文化包含政治心理与政治思想两个层次的内容。而广义理解者则认为政治文化包括政治思想、政治心理和政治制度三个层次的内容。① 这种分歧在本质上并没有多大的差异，只是反映了研究者在何种范畴上来划定政治心理。正如徐大同所言："对政治文化的不同界定都有其道理，都产生独特的考察视角。在这方面是不应强求一致的。"②

本书持广义政治文化观，因为一方面，"政治文化外化于政治制度之外，形成了政治制度的外在环境，政治文化内化于政治制度之中，构成了政治制度的内在精神"；③ 另一方面，政治制度在对外传播中是以政治文化形态实现的。本书虽在多数时候把政治文化与政治制度并列，但并不妨碍所持的广义政治文化观，而是为了研究的需要把观念形态的政治文化与制度形态的政治文化略作区分而已。

同时，政治文化上的不同理解并不妨碍我们看到它与国家软实力之间的高度契合。"政治文化是'政治性质的文化'，既属于政治领域，也属于文化领域；另一方面，政治文化系以文化学与政治学的'灵魂'的面目出现，具有指导作用与高屋建瓴的总体把握的价值。"④ 抓住别人的"灵魂"是一国软实力的最高境界。在奈看来，政治思想、政治价值观、政治理论、政治制度、政治意识形态等都是主要的软实力资源——它们能渗透人的思想灵魂深处并改变人的政治价值取向；而且，奈最渴望的就是"人随我欲"——抓住别人的"灵魂"，使他国及其民众的政治价值观能够朝有利于美国领导的方向转变，当然政治制度向美国看齐最好不过。这就是奈一直强调软实力是吸引力、说服力，甚至是最初所认为的同化力的初衷。可见政治文化在奈的软实力理论里占有相当重要的地位。奈也一直在围绕美国政治文化这一轴心展开软实力理论的

---

① 具体参见王乐理所著《政治文化导论》，中国人民大学出版社 2000 年版，第 37—41 页。

② 引自丛日云《西方政治文化传统》，吉林出版集团有限责任公司 2007 年版，"序言"，第 2—3 页。

③ 曹沛霖等：《比较政治制度》，高等教育出版社 2005 年版，第 59 页。

④ 孙正甲：《政治文化》，北方文艺出版社 1992 年版，第 9 页。

阐述。

但由于缺乏对奈的软实力理论核心的研究，忽视了民主、自由、人权的政治文化与政治制度是国家软实力最有价值的、起决定性作用的资源，一方面人们极为随意地使用这一概念，可以将它与中国一切"美好事物"相联系，想通过给外人的"美感"来提升中国软实力，因此诸如书画、文物古董、武术、杂技等中国传统文化与体育盛会、博览会等都作为中国软实力资源与对策建议。殊不知越是如此，中国软实力建设就越缺乏内在的支撑力量而渐行渐远。

另一方面，抛开社会主义政治文化与政治制度，可能会流于一些技术性的操作手段与平台建设的对策建议，或期望继续利用硬实力来弥补软实力的不足。尽管软实力的产生离不开技术操作手段与物质平台，但这仅仅是软实力建设的工具而已，并非软实力建设的实质内容。诸如国际话语权的建设、中国企业的国际声誉管理、新媒体的竞争优势①都是一种软实力建设的手段与平台，并不是软实力本身。正如喇叭一样，吸引人们的是吹出的声音，而不主要在于喇叭的大小。没有自己的核心政治价值观的支撑，喇叭有可能成为宣传别国软实力的工具。

在这个问题上，党的十八大报告看得更为准确与深刻。报告指出："社会主义核心价值体系是兴国之魂，决定着中国特色社会主义发展方向"，要"倡导富强、民主、文明、和谐，倡导自由、平等、公正、法治，倡导爱国、敬业、诚信、友善，积极培育和践行社会主义核心价值观。牢牢掌握意识形态工作领导权和主导权，坚持正确导向，提高引导能力，壮大主流思想舆论"；"要把制度建设摆在突出位置，充分发挥我国社会主义政治制度优越性"。② 这就点中了社会主义政治文化与政治制度对中国软实力建设具有的决定性地位与作用。

在政治文化与国家软实力的契合关系上，国内一些学者也作了一定的研究。他们认为，"软实力的核心部分主要是文化价值观及其政治价值观念的认同及其影响力，因而一个国家的政治文化是提升国家软实力的基础"。③ 要强化中国软实力的建构，"就必须建设一个充分

---

① 参见赵磊等《世界变迁中的软实力建设》，《学习时报》2013 年 2 月 25 日。

② 胡锦涛：《坚定不移沿着中国特色社会主义道路前进　为全面建成小康社会而奋斗——在中国共产党第十八次全国代表大会上的报告》，人民出版社 2012 年版，第 31—32、25 页。

③ 董立人等：《关于中国的"软实力"及其提升的思考》，《探索》2005 年第 1 期。

和成熟的社会主义民主、法治的政治体制，更有待形成民主、法制的政治文化传统，努力塑造公正、民主、人权进步的国家形象，充分显示机制创新能力，在完成开放的公民社会建设的同时完成政治文明的塑造"。① 政治文化作为重要的"软实力"，"中国能否在 21 世纪实现和平崛起，最关键的因素是看有没有一种蓬勃向上、积极进取的民族精神，中国的政治文化能否形成强大的民族凝聚力和对世界各国的感召力"。② 因此，探究中国软实力的构建，"务本之道在于找出软实力状态不佳的政治文化根源，并有针对性地促进政治文化升级、再造，以有效增强中国国家软实力"。③

这些研究尽管触及了奈的软实力理论的核心，却既没有深入展开，与国内浩如烟海的软实力研究文献相比也仅是沧海一粟，相对于政治文化在奈的软实力理论中的重要地位而言，其薄弱自不待言。这就是为什么我们要从政治文化的视角来研究中国软实力建设的原因所在。

四　中国国家软实力的评估

国外学界对中国软实力的评估，大致分为三种：夸大中国的国家软实力、通过比较分析对中国软实力持客观立场、对中国软实力表示悲观。但多数认为中国软实力有发展潜力。一方面，他们认为中国的国家软实力虽起步较晚，但增长比较迅速。正如库兰茨克认为的那样，1997 年东南亚金融危机的发生为中国软实力的出现提供了契机，是中国软实力兴起的标志性开端。④ 此后中国重视软实力建设，其日益增长的软实力"已成为北京的外交政策武器库中最有力的武器"。⑤ 面对中国经济总量跃居世界第二并有可能在不远的将来会赶上美国，国外一些人士从"友好愿望"或

---

① 章一平：《软实力的内涵与外延》，《现代国际关系》2006 年第 11 期。

② 刘建飞：《政治文化与 21 世纪中美日关系》，解放军出版社 2006 年版，"前言"，第 18—19 页。

③ 刘红：《论政治文化再造与国家软实力之增强》，《财经政法资讯》2010 年第6 期。

④ Joshua Kurlantzick, *China's Charm*: *Implications of Chinese Soft Power*, Carnegie Endowment for International Peace Policy Brief, No. 47, 2006, p. 2.

⑤ Joshua Kurlantzick, *Charm Offensive*: *How China's Soft Power Is Transforming the World*, New Haven: Yale University Press, 2007, p. 5.

"鼓励态度"出发希望中国充分发挥世界领导角色的作用。① 这虽对中国软实力的发展持肯定态度，但确实也有夸大之嫌。另一方面，他们又认为中国软实力的主要软肋在于国内问题，中国内部存在的种种严重问题最终会妨碍中国海外软实力的增强和提升。②

从比较分析的角度看，在国外一些研究机构发布的国家软实力排行榜、国家声誉排行榜以及民意调查中，中国的国家软实力确实还远不能与美国并驾齐驱，就是与英国、法国、德国、日本等国也存在较大的差距。这种差距中国是否可以通过努力建设来缩小，悲观者表示在很长时间内难以实现。正如一位游遍中国的日本人认为："中国是一个庞大的国家，但并不是一个强大的国家，强大的国家必须是从经济、教育、人文、科技、价值观等方面的综合体现，在综合实力方面根据我对中国的了解，日本至少领先中国100年。"③

从发展战略的高度来看，美国著名智库华盛顿战略与国际问题研究中心"巧实力"委员会的专家认为："中国还没有形成一套综合、协调的国家软实力战略。"④ 因此，"中国的国家软实力建设目前处于自发状态，是被动反应式的，而且中国涉及软实力建设的主要部门各自为战、缺乏协调，合力作用尚未较好体现，制约了中国软实力建设效果的发挥"。⑤

国内学界对中国国家软实力的评估呈现两极化。一些学者过分看重中国软实力建设的优势，对中国软实力建设前景的判断过于乐观，通过定量

---

① Nathan Gardels, *China Should Listen to Kissinger: You're on Top Now, Start Leading*, The Christian Science Monitor, June 28, 2011.

② As, Carola McGiffert, *Chinese Soft Power and Its Implications for the United States: Competition and Coorperation in the Developing World*, 2009; Sook - Jong Lee, *China's Soft Power: Its Limits and Potentials*, 2007; Yanzhong Huang & Sheng Ding, *Dragon's Underbelly: An Analysis of China's Soft Power*, 2006.

③ 《中国没有资格也不配做我们的对手》，《参考消息》2011年11月8日。

④ Carola McGiffert, *Chinese Soft Power and Its Implications for the United States: Competition and Coorperation in the Developing World*, A Report of the CSIS Smart Power Initiative, March, 2009, p. 10.

⑤ 唐彦林：《美国对中国软实力的评估及对中国软实力建设的启示》，《当代世界与社会主义》2009年第6期。

研究，认为中国与美国的软实力差距并不太大。① 尤其是"许多中国的中国软实力研究者经常援用中国的'软实力片段'来测量中国的软实力"。② 他们用"和平崛起"、"和平发展"、"北京共识"以及孔子学院等来证明中国软实力，自然认为它在迅猛增长。而另一些学者又过分强调中国软实力建设的瓶颈因素，对中国软实力建设前景的判断过于悲观，通过定性研究，认为中国软实力建设存在两难困境，在短期内难以提升。一学者认为，出于现实的考量与冷静的衡量，国内战略界对中国软实力做出的基本评估是：中国软实力的现状和未来均令人忧虑。③ 因为，"与中国的经济成就及其影响力相比，中国软实力发展大为滞后，在国际舆论中声音仍然比较微弱，更谈不上'世界第二'"。④

如果从奈的软实力观来衡量的话，中国软实力建设的有利条件比不利条件更少，因此后者的基本评估的确反映了中国软实力建设面临的艰难与困境。因为，在很大程度上我们可以说，目前谈论中国软实力，主要是基于中国付出了巨大代价换来的长期高速经济增长而不是其他方面的吸引力与影响力。换句话说，"中国当前的软实力是'硬实力'（经济增长）的某种副效应，还不是更高层次的东西，比如中国的文化、发展模式、价值观、精神和外交政策对世界的深入、持久的吸引力和感召力，以及在国际制度中获得的真正的结构性力量"。⑤

因此，基于政治文化的视角，在对奈的软实力理论较为全面理解的基础上，以及在看到改革开放以来中国软实力日益增长的基础上，我们一方面坚定信心，继续充分利用中国的软实力资源优势来促进国家软实力建设；另一方面克难奋进，站在中国特色社会主义政治文化

① 如阎学通与徐进认为，中国软实力总体上处于美国的1/3上，将能在3—5年内显著缩小与美国的软实力差距（参见阎学通、徐进：《中美软实力比较》，《现代国际关系》，2008年第1期）。赵磊等认为，《人民日报》与《环球时报》被英文媒体转载的频率全面超越日本，中国的软实力有可能成为世界第二（参见赵磊等：《世界变迁中的软实力建设》，《学习时报》2013年2月25日）。

② Geun Lee, *China's Soft Power and Changing Balance of Power in East Asia*, p. 4. The paper presented at a Center for U. S. – Korea Policy workshop, August 2010, Korea.

③ 门洪华：《中国软实力评估报告》（上），《国际观察》2007年第2期。

④ 王缉思：《中国的国际定位问题与"韬光养晦、有所作为"的战略思想》，《国际问题研究》2011年第2期。

⑤ 庞中英：《中国不能与世界埋头做生意》，《环球时报》2007年12月29日。

对世界产生持续而深远的说服力、吸引力与影响力的战略高度来建构
中国国家软实力建设的基本路径与战略体系，破解国家软实力建设面
临的种种困难与危机。

　　这就是本书研究的理由与章节的逻辑结构。

第一章

软实力理论的政治文化诠释

奈最初提出"软实力"的直接动机,是为了反驳历史学家肯尼迪基于历史的全球军事经济实力比拼决定大国兴衰的硬实力决定论,以及由此推导出来的"美国衰败论"。作为衰落学派的主要代表,肯尼迪认为:"在未来几十年里,美国领导者所面临的任务是清醒地认识到正在发展的广泛趋势,意识到必须很好地'处理'好任何事态,以便使美国的相对衰落进行得缓慢、平稳,不致仅仅为了近利却招致远损的政策的冲击而加速。"① 而作为兴盛学派的主要代表,奈认为:"美国比其他任何国家拥有更多的传统的硬实力资源。它还拥有意识形态和制度上的软实力资源,这些资源使它保持在国际相互依存这一新领域中的领导地位。"② 也就是说,在承认硬实力意义的基础上,奈更看重软实力对美国领导世界的重要意义。他认为美国民主、自由、人权的意识形态与政治制度基本理念在内的政治文化资源的运用及其效果影响着美国未来对世界领导权的实现程度。为什么奈如此看重政治文化呢? 这一切源于政治文化与奈的软实力理论的萌发与发展以及与国家软实力的形成与发展均有极其紧密的内在关联。

第一节 政治文化的斗争与软实力概念的提出

在美国,无论是肯尼迪代表的衰落学派也好,还是奈代表的兴盛学派也好,其实他们提出的各自理论都有一个共同的时代背景,即美苏争霸所

---

① [美]保罗·肯尼迪:《大国的兴衰》,陈景彪等译,国际文化出版公司2006年版,第521页。

② Joseph S. Nye, Jr. , *Soft Power*, Foreign Policy, No. 80, 1990, p. 171.

代表的冷战时代及其初露的世界多元格局。冷战中美国直接面临与苏联争夺世界领导权的问题，以及初露的多元格局，尤其是日本、德国等国的强盛和中国的崛起，使美国学者不得不开始思考在未来的世界里如何继续维护美国的霸权或领导权的问题。因此衰落学派与兴盛学派面对的问题其实是一致的。如果说以肯尼迪为代表的前者看到了硬实力对美国维持霸权的重要性的话，开出的药方是希望美国减少国际义务与军费支出，加强经济与科技发展；而以奈为代表的后者看到了软实力的重要性，提出的对策是在硬实力的基础上重视文化、政治价值观、制度对美国赢得冷战胜利和未来世界领导权的决定性作用。因此，当奈第一次提出"软实力"这个概念及其理论时，也就恰逢象征西方取得冷战初步成就的东欧剧变与标志冷战结束的苏联解体之间的 1990 年。虽然奈并没有准确预见苏联会马上步入东欧社会主义国家的后尘，但他看到了以政治意识形态为核心竞争的政治文化传播与渗透对美国实现冷战胜利的重要性。因此，"在很大程度上，奈的软实力思想是基于美国经验，尤其是冷战期间和冷战后美国的世界经验而得出的"。①

一 冷战时代美苏政治意识形态领导权之争

美国与苏联各自代表的资本主义阵营与社会主义阵营之间的冷战虽然始于二战结束之后，但政治意识形态的对峙与竞争却早在苏联成立之后就已开始。在列宁同志的领导下，随着人民民主专政性质的社会主义国家的建立，苏联的人民民主及其政治意识形态吸引了无数追求社会主义理想的人们。正如汤因比所言："俄国没有'天然疆界'，而且，从克里姆林宫传来的马克思主义，对于从中国到秘鲁、从墨西哥到热带非洲的世界的农民阶级是一个有力的号召。"② 因此，第二次世界大战初期英法等国从内心是希望法西斯主义的战火能扑灭正在日益兴起的社会主义苏联。因为它们对社会主义及其政治意识形态感到恐惧，生怕社会主义的浪潮波及西方世界。却不曾想到，法西斯主义的战火不仅危及了西方世界的整体利益，而且成为社会主义政治意识形态在东欧与中国、越南等国取得胜利的

① 庞中英：《中国软力量的内涵》，《瞭望新闻周刊》2005 年第 45 期。
② ［英］汤因比：《历史研究》（下），曹未风等译，上海人民出版社 1986 年版，第 413页。

催化剂。

二战的结束，不仅使以苏联为核心的社会主义阵营连成一片，社会主义政治意识形态开始震撼世界，而且苏联凭借战争胜利所塑造的强国魅力获得了社会主义阵营的意识形态领导权，开始引导世界上的一些国家，尤其是一些新兴独立国家开始走上了社会主义道路，并向苏联靠拢。苏联也有意识地加强了对一些新兴独立国家的军事经济援助与政治意识形态的传播与指导。同时，在反法西斯战争中法国、意大利等资本主义国家的共产党也发挥了重要作用，战后一段时间内西欧国家的共产党与社会主义意识形态也就有着较强的影响力。在这种情况下，"苏联其超越国度的意识形态和共产主义政治体系这些软力量资源对许多国家颇具吸引力，并使苏联对一些重要国家，如中国、意大利和法国的国内政治产生了重大影响"。因此，"战后初期，苏联从共产主义意识形态、历史发展必然趋势这类神话，以及国际共产主义机构这类战略软件中获益匪浅"。①

正是以苏联为首的社会主义国家创造出了另一种性质的政治文化，除了军事因素之外，这是导致以美国为首的西方国家对社会主义国家进行遏制的直接原因——美国认为它们的资本主义政治制度与政治意识形态受到了威胁。因而在苏美硬实力竞争的背后，又直接演变为两种类型的政治文化的竞争——软实力领域里的竞争。

这种竞争在二战刚结束时就已登场。美国驻苏代办乔治·凯南的"长电报"揭开了这个序幕。凯南声称，美国有足够的资源和力量对苏联进行遏制，将迫使苏联的行为变得较为温和与明智，从而导致苏联政权的瓦解或逐步软化。②他希望通过对苏联的接触，即谈判与改善关系，来影响或促使苏联内部的和平变革，最终使苏联的内政、外交按西方的意愿发生变化。而促使苏联和平变革的手段和方法主要依靠美国树立的榜样作用，即为苏联树立一个真实的、令人羡慕和值得效仿的榜样。尽管凯南批评美国政府习惯从道义和意识形态的角度考虑美国的对苏战略，"声称美国所要遏制的主要是苏联的不安全感与扩张倾向而非共产主义，美国对苏战略应以阻止和减少苏联对美国与西方国家利益的威胁为目的，而不是以

---

① 〔美〕约瑟夫·奈：《美国定能领导世界吗》，军事译文出版社1992年版，第61、156页。

② See：George Frost Kennan，*The Sources of Soviet Conduct*，Foreign Affairs，Vol. 25，No. 4，1947，pp. 566－582.

反对共产主义和传播美国的价值观与社会制度为基本目标，但其‘遏制’主张本身就是一种和平演变的战略思想”。①

“和平演变”无非就是以政治文化为核心的一种思想价值观念的渗透与诱变。② 事实上，美国政府不仅要遏制苏联的扩张倾向，而且要遏制共产主义的传播。遏制共产主义最好的方法就是在军事消灭或武装颠覆不能实现的时候用西方政治文化的传播与渗透来颠覆社会主义国家的共产主义意识形态。因此，凯南提出的“和平演变”从此成为美国最重要的外交目的。美国在加紧硬实力竞争的同时，不遗余力地对苏联为首的社会主义国家进行“和平演变”。一种以政治文化为核心的软实力遏制政策开始成为美国主导性的外交政策。

从另一方面看，战后新兴的独立国家由于饱受西方殖民主义的侵略，因此对西方的资本主义抱有一种疑虑与排斥，而对共产主义抱有兴趣，对苏联与其他社会主义国家产生好感并接受苏联的援助。这些国家中的民族主义和共产主义运动开始引起美国政府的高度关注。如何认识这些国家以及如何防止国际共产主义运动是美国政府重要的外交内容。同时，“在20世纪五六十年代，许多新独立的‘第三世界’国家宪政的垮台再次强烈地提醒人们注意政治制度、政治行为和政治文化之间的复杂关系。很显然，认为稳定的民主政体主要依赖于制度与社会经济因素的观点是不全面的”。③ 这两方面的问题就给西方国家尤其是美国的学者提出了新的研究使命。在加大对新兴独立国家经济援助的同时，能用政治文化上的传播与

---

① 张小明：《不应该误解乔治·凯南的“遏制”概念》，《美国研究》1996 年第 2 期。

② 在这方面，尤以美国中央情报局于 1951 年开始制定并最终形成的《十条诫令》典型地体现了美国“和平演变”的做法与目的（参见李刚《美国中央情报局对中国工作的十条诫令》，《环球》，2001 年第 9 期）。《十条诫令》中第一条“尽量用物质来引诱和败坏他们的青年，鼓励他们藐视、鄙视并进一步公开反对他们原来所受的思想教育，特别是共产主义教育”、第二条“一定要尽一切可能做好宣传工作，包括电影、书籍、电视、无线电波和新式的宗教传布”、第六条“在任何情况下都要传扬民主。一有机会，不管是大型小型，有形无形，就要抓紧发动民主运动。无论在什么场合，什么情况下，我们都要不断对他们（政府）要求民主和人权。只要我们每一个人都不断地说同样的话，他们的人民就一定会相信我们说的是真理。我们抓住一个人是一个人，我们占住一个地盘是一个地盘，一定要不择手段”、第九条“要利用所有的资源，甚至举手投足，一言一笑，来破坏他们的传统价值”，都体现了美国对中国和其他社会主义国家发动的政治思想观念的渗透与诱变。从现在来看，美国依然没有放弃《十条诫令》的做法与目的。

③ ［英］戴维·米勒、韦农·波格丹诺：《布莱克维尔政治学百科全书》，邓正来编译，中国政法大学出版社 2002 年版，第 595 页。

渗透诱导这些国家走上西方式的民主道路也就成为这一时期美国政治文化研究者的重要课题。

阿尔蒙德等人掀起的对美国、英国、德国、意大利、墨西哥这五个国家的公民的政治文化调查与分析，其潜在前提与最后结论就是："在英国和美国存在着维护稳定的民主程序的一种政治态度的模式和一套隐含的社会态度。"① 他们认为，英美式的公民文化最有助于民主政治的稳定与运转，这就有意识地向发展中国家传达了须向英美国家学习的信号。因而美国一位学者认为，阿尔蒙德等人的"创作驱动力是赢得世界上'正在崛起的国家'中人们的心，影响他们的思维方式"，以便在争夺第三世界的斗争中英美式的西方民主能战胜苏联式的社会主义民主。"在这种情形下，《公民文化》，更一般地说，此书提出的'政治文化'经典视角，可视作致力于赢得并控制民心的登峰造极之作。"在他看来，之所以美国政府花大力气组织学者研究政治文化，主要目的就在于"向国会建议如何使美国的宣传有效地穿透共产主义的铁幕"。② 这说明，美国学者研究政治文化的目的一方面在于为美国的对外政策提供理论与策略，另一方面在于希望通过对民主制度运转的比较分析，使人们对英美式的民主政治产生向往，即对非英美国家产生政治文化上的吸引力、影响力与说服力。

因而摩根索站在国际政治权力斗争的角度认为："现今国际舞台上的权力之争不仅是对军事优势和政治统治的争夺，而且在特定的意义上是对人心的争夺。这样，国家的权力不仅依赖于外交的技巧和武装力量的强大，而且依赖于它的政治哲学、政治体制和政治政策对其他国家的吸引力。对于美国和苏联来说尤其是这样。它们不仅作为两个政治和军事超级大国相互进行竞争，而且作为两种不同政治哲学、政府体制和生活方式的最突出的代表而展开竞争。"③ 因此，美国前总统尼克松认为，在整个冷战时代，"竞争处于美苏关系的中心，而且将决定谁取得这场超级大国斗争的胜利"，"如果我们在意识形态领域的斗争中失利，我们所有的武器、

---

① 〔美〕加里布埃尔·A. 阿尔蒙德、西德尼·维伯：《公民文化》，华夏出版社1989年版，"序言"，第1页。

② 〔美〕伊多·奥伦：《美国和美国的敌人——美国的对手与美国政治学的形成》，唐小松、王义桅译，上海人民出版社2004年版，第211、225、227页。

③ 〔美〕汉斯·摩根索：《国家间政治：权力斗争与和平》，徐昕等译，北京大学出版社2006年版，第187页。

条约、贸易、外援和文化交流将毫无意义"。① 为了和苏联展开全方位的思想文化竞争，增强美国对新兴独立国家的吸引力，加强对苏联的竞争优势，争夺政治意识形态上的领导权，美国在三个方面加紧了政治文化的攻势。

一是积极展开与苏联的文化与学术交流，加大对苏联持不同政见的知识分子的支持，以此渗透和颠覆苏联的社会主义政治意识形态。冷战一开始，"文化成为了一个舞台，各种政治的、意识形态的力量都在这个舞台上较量。文化不但不是一个文雅平静的领地，它甚至可以成为一个战场，各种力量在上面亮相，互相角逐"。② 美国沿着乔治·凯南提出的加强与苏联的文化交流来影响与改变苏联的思路，积极展开与苏联的文化交流，尤其是与留学生的相互交流，来加强对苏联的文化攻势。美国通过文化交流来改变苏联知识分子对美国的看法，使他们受到美国民主自由人权的政治文化影响，吸引了苏联及其他很多国家的知识分子对美国产生好感和向往。结果，在苏联解体之前，苏联这些深受西方政治文化影响的政治精英与知识精英"都主张资本主义民主，主张私有化与自由市场经济，否定乃至攻击马克思主义。反共反社会主义成为他们走到一起的思想基础与共同目标，也使得他们成为配合西方西化、分化苏联的帮凶"。③

在凯南的思想基础上，摩根索进一步指出：使一国"服从其意志这一目的，可以通过优越文化和更富有吸引力的政治哲学的说服力而得以实现"。④ 他不仅强调文化的重要性，更是着重于"政治哲学"，即政治意识形态、政治思想、政治理论等政治文化形态。而奈在摩根索的思想基础上进一步明确说明了"政治思想"对演化苏联的重要意义。他总结性地说道："学术和科技交流对增强美国软实力发挥了重要作用。就算当时美国的一些怀疑论者害怕苏联的访问科学家和克格勃间谍会'肆无忌惮地窃

---

① ［美］理查德·尼克松：《1999：不战而胜》，谭朝洁等译，中国人民公安大学出版社1988年版，第111、114页。

② ［美］爱德华·W. 萨义德：《文化与帝国主义》，李琨译，生活·读书·新知三联书店2003年版，"前言"，第4页。

③ 李慎明、陈之骅：《居安思危——苏共亡党二十年的思考》，社会科学文献出版社2011年版，第290页。

④ ［美］汉斯·摩根索：《国家间政治：权力斗争与和平》，北京大学出版社2006年版，第98页。

取机密',他们没注意到这些访问者在摄取科学秘密的同时,也吸取了政治思想。许多这样的科学家成为了苏联国内人权和自由化的先锋。"同时,"国际学生通常怀着对美国价值观和制度颇为欣赏的态度回国"。①

耶尔·理查蒙德(Yale Richmond)对美国如何通过学者交流与科学、技术、人文、社会科学等交流来影响苏联的知识分子,以及美国非政府组织在其中的角色与作用作了详细的描述。他讲到,后来成为苏联克格勃高级官员的留美学生奥雷格·卡路金(Oleg Kalugin)曾说,美国对苏联展开的文化交流就像特洛伊木马一样,这些受到美国影响的留学生回国后对苏联制度的侵蚀起到了无与伦比的作用。典型代表就是亚历山大·亚柯夫列夫(Aleksandr N. Yakovlev)。他在哥伦比亚大学师从大卫·杜鲁门时深受其影响,后来成为苏联领导人戈尔巴乔夫的"公开化政策的设计者"(architect of glasnost)。②

在美国支持苏联持不同政见的知识分子方面,以苏联著名物理学家、科学院院士、诺贝尔物理学奖获得者、被尊称为"氢弹之父"的安德烈·萨哈罗夫为典型。他从20世纪60年代开始对苏联的社会主义制度产生怀疑,不断发表反政府言论,成为苏联国内知名的持不同政见者与西方民主人权的信奉者。1970年底他领导成立了"人权委员会",积极开展所谓保卫人权、争取自由的活动。1988年,萨哈罗夫获得国际人道和伦理联合会颁发的国际人道主义奖。之后,萨哈罗夫协助成立了苏联最早的一批独立政治组织,并成为苏联反对势力的主要成员。1989年3月,萨哈罗夫当选为苏联人民代表大会的成员,成为民主改革势力的领导者之一。

萨哈罗夫的成功在相当大的程度上要归结为美国的人权外交及其对他的支援。卡特政府的人权外交攻势就以公开支持苏联国内的持不同政见者为突破口,期望借助于这些"星星之火"而形成"燎原之势",从内部焚毁苏联的政治意识形态防线。事实上,在美苏的历次谈判中,苏联被迫在人权问题上不断让步。1986年10月美苏领导人在冰岛首都雷克雅未克的谈判中,苏联不得不承认人权问题在双边正式谈判中的重要地位,调整国内政策,停止了对西方国家俄语广播的干扰,释放了萨哈罗夫等著名的持

---

① [美]约瑟夫·奈:《软力量——世界政坛成功之道》,东方出版社2005年版,第47页。

② See:Yale Richmond, *Cultural Exchange and the Cold War:Raising the Iron Curtain*, University Park:Pennsylvania State University Press,2003.

不同政见者和人权分子，放宽了对移民的限制。① 苏联的让步无疑使美国加大了对苏联的政治文化渗透与意识形态颠覆。

二是美国加大公共外交力度，力图在第三世界国家中塑造美国的良好国家形象，增强美国政治文化的吸引力与影响力，加强对苏联的竞争优势。这集中体现在 1961 年美国成立的和平队及其行动的展开。按照时任总统肯尼迪的构想，和平队的主要使命是以志愿者的方式向第三世界国家提供教师、医生、护士等各种技术人员支持，通过帮助第三世界国家的社会发展，向第三世界国家展现美国文化的精华，改变美国在第三世界国家中的不良形象，增强美国对这些国家与地区的吸引力，并以此向它们传播美国文化及价值观念。

"虽然和平队的产生有受美国慈善传统的影响和表现美国人民的人道主义的一面，但在当时美国政府主要是出于冷战政治的需要而建立这一机构的。"② 和平队的首任长官萨金特·施莱弗认为，在核武器时代，战争可能带来的破坏限制了对军事力量的使用。因而他指出，美国必须重新重视和使用使美国强大起来的美国思想和理想的力量，也就是美国的民主、自由与人权的生命力。这是奠定美国强大力量的基础，但这些民主自由人权的力量还没有被世界其他地区的人民充分认识，或者美国没有向它们进行充分介绍。因此，和平队的重要使命就是通过志愿者的行动向所到之处的人们展示美国的魅力。"通过这种公开的、从表面看来是'利他性'的活动，美国不用枪炮，不用高压政治，甚至没有赢利动机，和平队就是以这样的方式，加强了美国对外部世界的吸引力，传播了美国的文化及价值观念。"③

三是对社会主义国家加强文化宣传与意识形态的渗透与诱变。美国在围绕"和平演变战略"开展的软实力攻势中，一直是立场坚定的，表现在两个方面：一方面"积极宣传美国民主价值理念，宣扬经济社会制度的先进性"；另一方面"时刻不忘批评社会主义国家的问题，并将问题国际化、一般问题政治化，以打击执政的共产党和执政的政府"。④ 因此，在美苏竞争中，美国除了利用正常的文化宣传与交流来实现意识形态的渗

---

① 参见洪国起、董国辉《透视美国人权外交》，世界知识出版社 2003 年版，第 61、80 页。
② 王慧英：《评述美国和平队计划的建立》，《南华大学学报》2003 年第 4 期。
③ 刘国柱：《和平队与美国对第三世界外交的软实力》，《浙江大学学报》2008 年第 1 期。
④ 汪安佑：《国家软实力》，中国社会科学出版社 2010 年版，第 32 页。

透与诱变之外，还充分利用广播电台来实现这个目的。这些广播电台"所提供的节目、新闻和评论，以当地听众在自己国家无法获得的信息为主。当然，它们播出的新闻节目也有'心理战'的内容，本意是希望赶走欧洲的共产主义，动摇苏联的地位"。①

其中起重要作用的是自由欧洲电台与美国之音。前者总部设于慕尼黑，是一家由美国国会出资建立的广播和通讯电台组织（1971 年从中央情报局接手），其办台宗旨是"通过广播事实，信息和观点提升民主价值观和制度"。后者在 20 世纪 50—80 年代是世界上最著名的广播机构。它最初成立于 1942 年 2 月，是美国政府对外设立的宣传机构，其下拥有广播电台与电视台，总部坐落在华盛顿。1947 年 2 月 17 日，美国之音开始向苏联进行广播。冷战中美国之音归属美国情报部门管辖。1997 年，美国之音台长杰弗里·科恩明确指出，美国之音六大任务之首就是"对抗共产党和集权国家"。② 在以广播电台为主渠道的思想文化宣传的基础上，"20 世纪 80 年代初期，里根总统宣布了一项名为'民主计划'的软实力攻势。美国发动'民主计划'是美国的'思想大战'的一部分，目的在于通过宣传美国民主和资本主义价值观对抗苏联的宣传"。③

为了防止美国的思想文化渗透与诱变，以苏联为首的社会主义国家对其广播实行了长期的干扰与封锁，但整体效果不是很好。苏联解体后，美国专门派出一批人员到那里去调查，发现美国之音的广播是外部消息的主要来源之一。"值得一提的是，美国人从来听不到美国之音。为了不侵犯言论自由的原则，国会立法规定公共资源——特别是纳税人的钱——不得用于在美国国内进行政治宣传活动。"④ 由此可见，美国在对社会主义国家进行政治意识形态上的宣传、渗透与诱变是多么的处心积虑。

正是以美国为首的西方国家利用文化交流、宣传与广播，极大地瓦解了东欧苏联的政治意识形态防线。正如奈认为的那样："柏林墙早在 1989年倒塌之前就被电视和电影凿得千疮百孔。如果不是多年来西方文化形象

① ［美］罗伯特·福特纳：《国际传播：全球都市的历史、冲突及控制》，刘利群译，华夏出版社 2000 年版，第 162 页。

② 关世杰、温基暎：《美国之音的前世今生》，《学习时报》2011 年 5 月 30 日。

③ ［加拿大］马修·弗雷泽：《软实力——美国电影、流行乐、电视和快餐的全球统治》，新华出版社 2006 年版，第 150 页。

④ 龚小夏：《美国如何塑造国家形象》，《中国周刊》2011 年第 3 期。

在柏林墙倒塌前就对其进行了渗透和破坏，锤子和压路机也不会管用。"①
他从冷战历史中看到了这两个方面的重要性：政府推行的人权外交，与塑
造美国民主、自由、人权和经济发达、热爱和平的国家形象的公共外交，
对美国取得冷战胜利的重要意义。因此，他认为，文化尤其是政治文化上
的领导权丝毫不亚于军事经济斗争的威力，甚至比军事上的领导权更能有
效地达到美国的战略目的。

奈对这段冷战时代的经验总结为：在与苏联为首的社会主义阵营的竞
争中，"维持我们的硬力量对安全至关重要。但光使用硬力量，我们赢不
了。我们的遏制战略使我们取得了冷战的胜利，这不仅归功于军事上的威
慑，而且因为著名外交官乔治·凯南所制定的政策，使我们的软力量有助
于从内部演变苏联。'遏制'不是一个固定不变的军事教条，而是可变的
战略（尽管要用几十年的时间来完成）。事实上，凯南常常警告不要让遏
制过度军事化，他也是文化接触和交流的强烈支持者。保持耐心和硬软力
量结合的教训直至今天仍有借鉴意义"。②

奈通过美苏斗争历史的梳理，看到了政治文化的传播与渗透对美
国赢得冷战胜利的重要性，因此"在确定当今的实力来源时，已不再
强调那种作为过去时代特点的军事实力和对别国的征服了"。③ 他意识
到，以军事经济为核心的硬实力的威胁与斗争往往可能使对方提高警
惕，而战争的爆发不仅会破坏对方，而且也可能伤及自己，并陷于无
休止的军事纷争与军备竞赛之中，在国际政治中破坏美国的形象；反
而是通过文化上的耐心接触，让对手逐渐放松戒备心理，让自由、民
主、人权成为对方精英和民众的追求目标，通过软的手段更能达到美
国的目的。

对此，他提出要增强美国文化同化力和美国生活方式的吸引力，从而
使美国不仅在硬实力方面拥有优势，在软实力方面也拥有优势，最终在全
世界确立起美国政治意识形态的统治地位。为达到此目的，他们主张加紧
对中国、苏联及第三世界国家的文化思想意识渗透，使这些国家潜移默化
地接受美国价值观念。

---

① ［美］约瑟夫·奈：《软力量——世界政坛成功之道》，东方出版社 2005 年版，第 51 页。
② 同上书，第 157 页。
③ ［美］约瑟夫·奈：《美国定能领导世界吗》，军事译文出版社 1992 年版，第
23 页。

因此，奈提出"软实力"这个概念的目的主要是基于后冷战时代国家间竞争的需要，即在国家间的以军事、经济、科技为主的硬实力竞争之外，寻找比硬实力更高层次的、更有效力的分析工具。在他看来，美国需要加强对其他国家的政治文化方面的传播与渗透，使其他国家潜移默化地接受美国的政治价值观，从而使它们愿意追随美国，最终在全世界培育起美国的软实力——以美国为仰慕的对象并视其为领导权威。这样，奈在提出"软实力"这个概念时十分清晰地揭示了政治文化与国家软实力之间的内在关联——政治文化是国家软实力的重要资源并且是文化传播的核心。

二　西方阵营中政治思想控制权之争

就 20 世纪八九十年代的世界主要国家而言，奈认为："就基本资源和工业发展而言，（美国）潜在的挑战对手将有四个，两个共产主义的和两个资本主义的：苏联、中国、欧共体和日本"，但"由于其经济、技术、政治和意识形态方面存在的问题，苏联对美国的领先地位而言，已不是一个崛起的挑战者，而变成了一个正在衰落的挑战者"；而中国尽管拥有很多实力资源，但由于改革开放还不久，以及存在体制上的种种困难与弊病，与美国尚存很大的差距，因此"这些共产主义国家不可能在以后的几十年里成为美国权力的新兴挑战者"。所以，能挑战美国霸权的主要是它的欧洲盟友与日本。而"美国取代英国而成为头号强国这一事实说明，昔日的盟友可能成为谋求霸权的新的挑战者"，① 因此，美国需要防范它的盟友对美国领导权的染指。

这是因为，20 世纪 60 年代以后，随着战后西欧与日本的经济复苏和发展，美国的霸权开始受到来自资本主义阵营内部的挑战。在政治思想方面，法国戴高乐主义的兴起及其对美国的挑战使资本主义阵营再也不能维持它的铁板一块了。在经济方面，西欧一体化的趋势逐渐加强以及日本成为世界经济大国的同时，美国经济实力对比相对下滑，极大地动摇了美国在西方世界中的领导地位。

因此，在奈看来，在通向世界领导权或曰美国世界霸权的道路上，在

---

① ［美］约瑟夫·奈：《美国定能领导世界吗》，军事译文出版社 1992 年版，第 96、108、115、118 页。

资本主义阵营内部，美国面临的主要竞争对手是日本，如果"欧洲共同体看成一个单独的实体的话，欧洲也可以算一个"。其中，日本随着经济上的崛起，它的国家软实力也引起了奈的关注。他认为，日本的国家软实力有着很大的潜力。比如，"日本的文化所鼓励的是接受更高层次的教育，改善政企关系和劳资合作，不断追求长远的目标。在以信息为基础的时代，这对日本是十分有利的"。"如果日本能在秘密的和公开的国际性机构中发挥作用，那日本将以极低的代价施展经济强国的政治影响。"因此，面对日本与欧洲的挑战，"美国的影响也常常大打折扣，达不到力量资源对称的要求。美国常常要向其盟国妥协"。①

为了应对西欧与日本的挑战，美国开始使用经济手段来应对。1971年8月，尼克松政府提出"新经济政策"，停止各国政府用美元向美国政府兑换黄金。这打击了西欧各国的外汇市场，也沉重地打击了日本。但"新经济政策"不仅引起了其他资本主义国家的不满，它们纷纷要求美元正式贬值，取消美元的霸权地位，最终使以美元为中心的布雷顿森林国际货币体系土崩瓦解；而且加剧了美国与其他主要资本主义国家之间的离心倾向，使美国政治上的号召力与影响力受到破坏。加之美国在越南战争中的失败、世界石油危机的爆发和美国经济进入滞胀状态，以及大量新兴独立国家加入联合国制约了美国的政治霸权，使美国理论家们开始为美国霸权的衰落感到深切担忧，认为美国主宰世界的神话即将破灭。一时间"美国衰败论"的思想阴霾笼罩在美国人的心头。

但作为兴盛学派的代表人物，奈认为，尽管在经济、科技与教育方面，美国与日本、德国、英国、法国以及苏联相比，其差距在缩小，但并不意味着这些国家会超越美国，会威胁美国的霸主地位。因为"在力量资源上还有其他更难于确定和衡量的重要方面。如果一个国家的文化具有吸引力，其他国家就会自愿地接受认同其价值观和选择"。一方面，在与苏联为首的社会主义国家竞争中，"结盟是另一种十分重要的机构性资源，如果把美国、西欧和日本的实际力量资源综合起来，就可以有

---

① 　[美]约瑟夫·奈：《美国定能领导世界吗》，军事译文出版社1992年版，第91、139、138、61页。

效地与苏联（及其盟国）的军事实力抗衡"。①　同时，美国还可以利用文化上的优势来加强与苏联及其盟国的竞争优势。另一方面，在资本主义阵营内部，美国的文化比其他盟国也有优势。美国要充分利用自由、民主与人权的政治思想来加强对社会主义国家的竞争优势和在盟国内部的领导优势。

奈看到，随着经济的全球化，国家之间相互依存的程度在加深，因而在经济军事等硬实力的斗争与博弈中，美国既没有从苏联那里得到便宜，也没有从日本与欧洲那里得到收益，几乎都是两败俱伤。因此，相对于经济军事等硬实力资源来说，政治文化上的软实力资源才是美国最有效的竞争资本。在这点上，奈提醒美国政府要充分意识到这点：美国并没有衰落，只是世界竞争格局及其内容发生了变化，在"在评估当今国际力量的过程中，科技、教育和经济增长已成为比地理、人口和自然资源更为重要的因素"。②

因此，美国一方面要继续积极发展经济、科技和教育来确保美国的优势地位，另一方面要重视政治思想领域里的软实力优势，不能让日本与欧洲国家在资本主义阵营内部借助经济实力的上升而分享美国的政治思想领导权，尤其是要防止法国戴高乐主义的抬头与扩散，从而挑战美国在资本主义世界里的政治思想领袖地位。美国要获得控制权与领导权，必须使美国的政治思想相比其他国家更具吸引力。因为，在国际政治中，这种软实力的获得"靠的是一个国家思想的吸引力或者是确立某种程度上能体现别国意愿的政治导向的能力"。③

简言之，美国既要重视硬实力，也要重视软实力。"关键的问题是美国是否具备政治领导能力和战略远见来将这些力量资源转化为实际政治过渡时期的实际影响力。"④　只有处理好这个关键问题，美国在21世纪主要解决的就不是与他国争夺世界霸权的问题，而是如何迎接国际间相互依存所提出的新挑战。因此，美国在经济上不必与欧洲盟国和日本一争长短，而是需要将经济与文化上的相对优势转化为政治思想上的领导权，从而取得国家软实力上的优势。

---

① 〔美〕约瑟夫·奈：《美国定能领导世界吗》，军事译文出版社1992年版，第93页。

② 同上书，第23页。

③ 同上书，第25页。

④ 同上书，第215页。

三　全球化时代国际政治制度制定权之争

"二战以后的历史是美国霸权的历史，美国面对的问题是如何确立、巩固和完善国际霸权体系。正因为如此，美国国际关系理论的核心问题是霸权护持，要解决的问题也是如何维护美国在战后国际体系中的领导地位和如何维护这种霸权体系的秩序和稳定。"① 作为国际政治学者，奈的政治思想亦不会脱离这个宏大框架。但他更多地看到，护持美国霸权的国际背景比 19 世纪的"大英帝国"已经发生很大变化。这就是随着国际经济的全球化和政治上的内政与外交相互交织影响，国与国之间的相互依存度继续增长，"20 世纪 80 年代的世界已不同于 50 年代的世界了"。②

从资本主义阵营内部的相互依存状态来看，尽管存在种种冲突与矛盾，但相比二战及其之前无疑有了更紧密的依存关系，除了"北大西洋公约组织"加强了美国与欧洲盟国之间的政治军事联系外，"马歇尔计划"的实施更是加强了资本主义阵营内部的经济联系。虽然美国可以利用军事与经济的手段来控制或制约它的盟国，但是美国与欧洲盟友和日本之间的经济摩擦两败俱伤的历史教训提示美国要注意到传统的权力手段不足以解决现实问题。现实迫使美国需要寻找一种新的更加有效的权力资源来解决美国霸权面临的问题。在奈看来，这就是硬实力资源之外的软实力资源能使美国继续主导资本主义阵营。

从整个世界的相互依存状态来看，从 20 世纪 80 年代以来，随着国际形势开始出现缓和趋势，以前因美苏争霸而被掩盖的许多全球问题开始大量呈现在人们的面前，并出现越来越严峻的趋势。"这些问题包括生态变化（酸雨和全球变暖）、传染病如艾滋病、毒品非法交易与恐怖主义。它们是国际性问题，因为它们的根源虽在国内，但却跨过了国界。"此外，大规模杀伤性武器扩散、跨国犯罪、人口增长与国际流动、贫困、经济危机等非传统安全问题的解决都有赖于国际社会的共同努力，单靠某一个国家的孤军奋战或几个国家的联合作战不可能有效地解决问题。而通过共同

---

① 秦亚青：《国际关系理论的核心问题与中国学派的形成》，《中国社会科学》2005 年第 3 期。

② Joseph S. Nye, Jr., *Soft Power*, Foreign Policy, No. 80, 1990, p. 156.

解决国际性问题有助于在其中发挥主要作用的国家对其他国家产生影响力。因此奈认为："在这些跨国问题上，当前美国对贫弱的第三世界国家的忽视，会削弱它对它们政治的影响力。"①

另一方面，20世纪70年代以来的第四次科技革命的如火如荼，使综合国力的竞争从传统的军事与经济领域拓展到科技、教育与文化领域。世界主要大国都力图在科技教育文化方面加强自己的竞争实力。在竞争的同时，一些大型的科研项目需要两个或多个国家联合攻关。而经济的全球化在一定程度上也意味着科技的国际紧密度在加深。跨国公司的迅速发展，国际分工的日益深化，事实上都在强化世界各国相互之间的依赖程度，国与国之间形成了千丝万缕的联系，利益的共同点在增多、扩大。这就给美国提供了更多主导世界的机会，那就是充分利用美国经济、科技、文化、教育等方面的优势加大对外输出的力度，同时积极发挥国际组织，尤其是联合国、国际货币基金组织、世界银行与关贸总协定（现在的国际贸易组织），以及国际制度与议程设置的作用来解决这些世界性的问题。

这种相互依存状态的加深，在很大程度上意味着硬实力的发挥逐渐受到限制，军事实力的较量也不再是国际竞争与对抗的制高点，由军事强国进而成为世界强国的传统路子遇到了越来越多的障碍。"正是这一现象的产生，使得国家在解决国际问题的时候越来越考虑合作而不是简单地用武力解决。因为使用武力解决国际事务的代价明显增大，使用武力的收益变得难以估量。一国对另一国使用武力有时不仅不能获得收益，反而会消耗本国实力、影响本国经济和损害国际声誉。"② 因此，军事力量虽然仍然是国家力量的不可替代的组成部分，但是，它在国家处理国际事务过程中的作用已经不再绝对占有优先地位，取而代之的是在国际合作之中的话语权、议程设置的能力和国家制度的吸引力。

因而在奈看来，"问题不在于战后美国的某个盟友会与美国争夺霸权，而是在于美国在21世纪必须适应相互依存的新格局和新的政治议程。"③ 这就要求美国要从传统霸权竞争的思维中走出来，充分利用国际话语权、国际组织与国际制度及其议程设置来实现目标。从这方面看，

① Joseph S. Nye, Jr., *Soft Power*, Foreign Policy, No. 80, 1990, pp. 163 - 164, 166.

② 顾思思：《国家对外软实力问题研究》2007年上海交通大学硕士学位论文，第11页。

③ ［美］约瑟夫·奈：《美国定能领导世界吗》，军事译文出版社1992年版，第215页。

"奈是为了弥补传统霸权稳定论在权力理念上的不足，以及为美国的霸权地位提供更富有解释力的理论支持，将美国制度和文化的普遍价值及其外部性投射能力纳入了在新的国际体系中维系霸权地位的权力资源中"。① 因此，奈强调在国际政治中软实力的获得"靠的是一个国家思想的吸引力或者是确立某种程度上能体现别国意愿的政治导向的能力"。

这就说明，在相互依存的时代，美国需要更多地利用国际组织及国际制度来实现美国的霸权地位，而实现的主要途径就是将美国的政治文化与政治制度的基本原则渗透于国际组织与国际制度中，并主导国际议程的设置。"在国际政治中，霸权国家面临的最大任务是，如何将压倒性实力转化为一种与其价值观及其利益相辅相成的国际共识和普遍接受的规范。从这个角度看，国际制度既对霸权提供了制约，也为束缚他国的手脚从而服务于霸权国的长远战略利益提供了条件。国际制度因此而成为成就霸权的最佳路径和战略工具。"② 如果能够将美国的政治价值观转换为国际制度与国际组织的共识与规范，美国就不用花费过多的经济与政治的制裁、冒军事威胁的危险和强制性的命令来实现美国的霸权意图。

"奈区分了行使权力的两种方式：一是直接或命令式方式，可以被称为硬性命令式权力行为；另一种非直接的权力行使方式，可称为同化式的权力行为或软实力。"③ 他认为："在所有大国中，惟有美国在所有关键的权力领域拥有丰富而广泛的权力资源，包括军事实力、经济实力和'软实力'——文化、意识形态和制度因素的广泛吸引力。"④ 因此，美国在保留硬性权力的同时，要注重软实力的行使，将美国的文化、意识形态和制度作为国际组织与国际制度的指导原则，通过国际组织与国际制度的合法途径来实现美国对世界的领导，从而使美国的霸权看上去既合法又能体现他国的利益，以减少美国霸权遇到的种种阻力。

这样，"国际性机构和准则是另一种潜在的实力来源，尤其是当它们以符合占主导地位国家意愿的方式来规定别国的选择时。美国加入了许多国际性机构，这些机构的规定和准则在很多情况下都在帮助增强美国的自

① 刘杰：《中国软力量建设的几个基本问题》，载上海社会科学院世界经济与政治研究院《国际体系与中国的软力量》，时事出版社 2006 年版，第 103 页。

② 门洪华：《美国霸权之翼——论国际制度的战略价值》，《开放导报》2005 年第 5 期。

③ 周厚虎：《约瑟夫·奈软实力理论及其影响》，《攀登》2012 年第 2 期。

④ [美] 约瑟夫·奈：《硬权力与软权力》，北京大学出版社 2005 年版，第 79 页。

由化观念"。① 因此，经济军事上的实力相对下降并不意味着美国在真正走向衰落，只要美国保持它的文化尤其是政治文化与政治制度的影响力、吸引力与说服力的话，美国依然能够领导世界。这就是奈的软实力理论的目的：美国应当利用软实力来建立一个与美国基本价值相一致的世界，以便来日美国的影响缩小时仍有利于美国。②

反过来，奈也认为由于国际组织和国际制度主要是由西方国家组建和制定的，由于西方国家有着共同的或相通的政治文化传统，因此国际组织与国际制度在反映共同利益的同时也符合美国的一些基本政治文化观念。正如"国际货币基金组织和关税及贸易总协定等管理国际经济的机构，就包含有自由化的自由市场原则，这些原则相当符合美国的意识形态和社会"。现在美国已经"成功地为世界资本主义的组织机构搭起了一个政治框架"，③ 因而奈建议美国政府及其领导人不要破坏这些国际组织或不遵守这些国际制度——尽管它们在一定程度上制约了美国的霸权行径。这就是奈反对美国单边主义政策的一个重要原因。

因此，从相互依存这一客观现实与基本理念出发，奈要求美国积极运用国际组织与国际制度，继续加大世界公共产品的供给，通过适度体现别国的利益来获得更多的支持，以此从中获得更大的利益，即"美国维持领导地位的大战略必须首先确保其国家生存，但进而应该关注全球公共产品的供给。美国会从这一战略中获得双重收益：从公共产品本身获益，同时也从这些公共产品使美国霸权在其他国家眼中合法化中获益"。④ 在奈看来，美国就是需要在国际制度制定权这个公共产品供给上当仁不让，不能让其他国家撼动美国的领导权。

从历史比较角度看，"历史上所有的霸权都是以军事实力为基础、以强制方法实现自己的海外利益的，美国与以往霸权的不同之处在于它不完全依靠军事实力将自己的意志强加于人，而是想建立一个由美国主导的制

---

① 〔美〕约瑟夫·奈：《美国定能领导世界吗》，军事译文出版社1992年版，第93页。

② 〔美〕约瑟夫·奈：《美国霸权的困惑——为什么美国不能独断专行》，世界知识出版社2002年版，第104页。

③ 〔美〕约瑟夫·奈：《美国定能领导世界吗》，军事译文出版社1992年版，第158—159页。

④ 〔美〕小约瑟夫·奈：《国际政治中的领导权》，刘珊珊译，《文化纵横》2009年第8期。

度性霸权体系"。① 而奈为了维护美国的霸权地位，其软实力理论应运而生，"旨在为美国在相对实力下降和国际形象受损的情况下如何弥补缺失、维持霸权提供理论依据和政策谏言，对传统的霸权理论进行补充和完善"。② 因此，奈的软实力理论并不是对美国以军事经济为核心的强制力霸权的传统思维的一种颠覆性见解。他只是谨慎地在美国国家利益与他国利益之间寻求一种最小公约数，以便美国在追求霸权的途中与他国之间有一个起码的共同基础，使他国可以在"美国霸权"那里照见自己的利益，从而减少美国获取世界领导权的阻力。所以，奈在"所有国家都在外交政治中追求国家利益"的这个大前提下采取了"国家利益的定义及追求国家利益的方式可宽可窄"③ 的灵活态度，一方面扩大了国家利益的内涵，另一方面为美国顾及他国利益作准备，最终为他的软实力理论提供国际政治现实的支持。

第二节　政治文化的传播与软实力理论的核心

在奈的软实力理论里，文化是最主要的资源范畴。但"文化"一词让人很难把握，因为"文化实有的内容太复杂了，复杂到非目前的语言技术所能用少数的表达方式提挈出来"。④ 为了避免文化定义的难题，奈一方面简单地把文化分为大众文化（流行文化）和高雅文化，另一方面在使用"文化"这一概念时，其含义时宽时窄，游移不定，取决于他行文所需。之所以如此，奈作了这样的解释："政治家和分析家使用政治词汇的动机不一样。政治家希望自己的追随者越多越好，所以他们倾向于使用模糊语言，并且极力造成一种体现大家共同利益的印象。"⑤ 但这并非表明奈在文化范畴上无所不包。相对而言，"奈主要提及的文化软实力资

① 阎学通：《美国霸权与中国安全》，天津人民出版社 2000 年版，第 23 页。
② 孙佳乐：《约瑟夫·奈的"软权力"思想研究》2009 年吉林大学硕士学位论文，第 9 页。
③ ［美］约瑟夫·奈：《软力量——世界政坛成功之道》，东方出版社 2005 年版，第 61 页。
④ 殷海光：《中国文化的展望》，上海三联书店 2002 年版，第 39 页。
⑤ ［美］约瑟夫·奈：《理解国际冲突：理论与历史》，张小明译，上海人民出版社 2006 年版，第 236 页。

源或者最能显示其文化实力的，是一个社会的思想信仰、价值观念、生活方式、社会体制、教育程度、科技水平等综合性的精神文化力量"。① 在这些文化资源范畴中，奈最看重的是政治文化，而其他资源的运用都是围绕美国政治文化的传播与接受为目的的。这既表明政治文化在奈的软实力理论里占有主导地位，也表明奈要着力解决如何使美国政治文化传播出去并为他国受众所接受的问题。

一 政治文化与软实力资源的核心范畴

在奈看来，国家的软实力资源主要有文化、政治价值观、社会制度与政策等范畴。当然，在奈的笔下，文化、意识形态、政治理念、政治价值观并没有被区分而是被混用，这说明在奈看来它们都是指同一事物，更具体地说，是指美国自由、民主、人权为核心理念的政治文化及其政治制度基本价值理念。在奈的思想深处，其他软实力资源基本上都是以政治文化与政治制度的传播与接受为核心与目的而展开与发挥作用的，因此"软实力是文化力"的观点只是部分正确，而"经济实力是软实力"的观点则是错误的。② 就奈强调的国际制度及其国际议程的设置能力来说，其实也是借助于国际组织的平台将美国的政治文化与政治制度的基本理念作为国际制度的主导原则与议程的主要程序来实现美国领导世界的目的。因此，奈非常看重美国政治文化对国际制度与组织机构的渗透程度与主导能力。

虽然政策、国际制度及其议程设置都可以直接影响国家软实力的消长，但它们在很大程度上只是一种工具性软实力资源，而不是一种价值性软实力资源——改变人们的价值观而悦服和追随某国，这恰好是奈的软实力理论的本意与目的。正如奈说道："民意调查显示，目前大多数反美主义，是因为我们的政策而不是我们的文化。幸运的是，改变政策比改变文化要容易。"③ 也就是说，政策随时可以调整，但政治价值观传播这个文化目标是不能改变的。因为，"美国尚存大量的'软实力'，来源主要是

---

① 郭小聪：《约瑟夫·奈软实力说核心概念辨析》，《国际关系学院学报》2010 年第 1 期。

② Joseph S. Nye, *Think Again*: *Soft Power*, Foreign Policy, February 2006.

③ Joseph S. Nye, Jr., *Anti - Americanism*: *America Must Regain Its Soft Power*, The New York Times, May 19, 2004.

美国的文化和政治理念。这并没有多大改变，变的是美国的外交政策"。①
也因为，"越来越多的证据显示，单边主义者的政策和口气应该对美国海外吸引力的下降直接负责"。②

从奈的叙述里我们可以发现，软实力有其价值层面的结构，也有其工具层面的结构，而"真正成其为软实力的结构则更多地存在于其价值和文化层面，工具层面的软实力更多的是为价值层面服务的，可以累积价值层面的软实力，可以促进价值软实力的增长，而处理得不好，则会耗损价值层面的软实力"。③ 因此，价值层面的软实力资源更有实际的和长远的意义。

那么，奈笔下的"文化"究竟是指美国的大众文化还是高雅文化？抑或是奈另有所指呢？奈把文化与政治价值观分别视为主要的软实力资源，可能是为了突出美国大众文化与美国民主、自由、人权的政治价值观具有同等重要的全球影响力与吸引力。但奈一直强调的是，美国大众文化只是美国政治价值观的外壳。他希望他国受众在喜好美国大众文化的同时能最终接受美国的政治价值观，即给自由、民主、人权等政治价值观这类能触及人的灵魂的政治意识形态戴上一个可爱的迪士尼面具。正如他说的那样："大众文化不乏浅薄和追求时髦的因素，但是一个支配着大众交往渠道的国家有更多的机会传递自己的信息并影响着其他国家的爱好，也同样是事实。"④

传递什么样的信息是大众文化传播要达到的目的呢？答案是："美国的软实力——电影、流行音乐、电视、快餐、时装、主题公园——传播、确认、强化着人们共同的规范、价值观、信仰和生活方式。"⑤ 因此，奈强调的"文化"尽管是指大众文化和高雅文化，其实背后还是指他念念不忘的以民主、自由、人权的政治价值观与政治制度基本观念为主要内涵的美国政治文化。政治文化属于价值层面的软实力资源，它的传播与社会

① 《中国的"软实力"与发展——哈佛大学肯尼迪政府学院院长约瑟夫·奈访谈录》，《21世纪经济报道》2003年6月19日。
② ［美］约瑟夫·奈：《软力量——世界政坛成功之道》，东方出版社2005年版，第64页。
③ 陈玉刚：《试论全球化背景下中国软实力的构建》，《国际观察》2007年第2期。
④ ［美］约瑟夫·奈：《美国定能领导世界吗》，军事译文出版社1992年版，第160页。
⑤ ［加拿大］马修·弗雷泽：《软实力——美国电影、流行乐、电视和快餐的全球统治》，新华出版社2006年版，"序言"，第2页。

化能从根本上改变人们的政治价值观念。对此，奈说道："一般而言，信息和美国大众文化的传播增进了美国观念和价值观在全球的认知和开放。"① 而"与流行文化所展示的政治重要性相比，高雅文化交流对政治的影响更加一目了然"。②

因此，奈在不同时期都坚持认为，美国的流行文化和高雅文化具有很强的吸引力，通过它们所体现出来的民主、自由、人权的政治价值观能在全球普及并成为美国软实力的重要来源。也就是说，大众文化与高雅文化的交流都促进了美国政治文化的全球传播与渗透。正如奈自豪地认为："美国大众文化、高等教育和外交政策中经常体现的民主、个人自由、经济和社会地位的流动性、公开性等价值观，都在很多方面加强了美国的力量。"③ 这样，"政治价值观或意识形态被奈从文化中剥离出来，更能让意识形态这个词方便而准确地负载政治文化的特定内涵，同时也淡化文化所特有的人文色彩，凸显其工具特性"。④ 也就是说，在奈的软实力理论里，文化交流无不被打上政治文化传播的烙印。

尽管奈在其论著中很少使用"政治文化"这个词汇，但不等于他忘记或背叛了他的这个初衷。他一开始就说，"政治文化""给予美国以政治远见并使它对其他社会有吸引力的自由和人权可能远比它们所带来的低效率有价值得多"。尽管美国的政治文化给美国的政府机构运作与对外政策决策带来了很多麻烦，但美国政治文化对世界的吸引力与说服力却是美国真正的软实力所在。因此，"美国还必须在有助于提供同化行为能力和软实力资源方面投入更多的资金……以增强美国政治文化的公开性和吸引力"。⑤

通观奈的论著，我们可以发现，作为现实主义与理想主义兼具的国际政治学家，奈始终都是在围绕美国的民主、自由、人权的政治文

① ［美］罗伯特·基欧汉、约瑟夫·奈：《权力与相互依赖》，门洪华译，北京大学出版社2002年版，第264页。

② ［美］约瑟夫·奈：《软力量——世界政坛成功之道》，东方出版社2005年版，第48页。

③ ［美］约瑟夫·奈：《美国霸权的困惑——为什么美国不能独断专行》，世界知识出版社2002年版，第11页。

④ 郭小聪：《约瑟夫·奈软实力说核心概念辨析》，《国际关系学院学报》2010年第1期。

⑤ ［美］约瑟夫·奈：《美国定能领导世界吗》，军事译文出版社1992年版，第186—187、165页。

化来阐释与发散他的软实力理论。因此，民主、自由、人权等政治文化词汇遍布奈的主要论著中。何以见得？2004 年奈在其著作中认为，在国际政治中靠什么取胜，就是靠软实力；那软实力又靠什么，就是靠民主、自由、人权的政治文化观念的魅力！因此，奈以下大同小异的表达都聚焦于民主、自由、人权："软实力——我们文化和意识形态的号召力"；①"美国在将来可能会少一点对世界的控制，但可能会发现自己正处于一个更适合于它的民主、自由市场、个人自由和人权的基本价值观的世界"；②"软实力对促进民主、人权和开放市场等至关重要。吸引别人接受民主比强迫别人搞民主更容易"；"只要官方的内政外交遵从于民主、人权、开放和尊重他人意见等价值观，美国就能从全球信息化时代的趋势中受益"；"军队在创造软实力上也能发挥重要作用。……五角大楼的国际军事和教育培训不仅包括军事训练，还包括民主和人权教程"。③

简言之，奈的软实力分析始终是以自由、民主、人权为核心的美国政治文化为前提与目的的，因此这类政治价值观在对外交流中要无处不在地来为美国的软实力服务。正如奈说的那样："在国际政治中，软实力在很大程度上来自于某个组织或国家所表达的价值观，这种价值观体现在它的文化中，体现在它根据内部实践和政策所树立的榜样中，也体现在它处理对外关系的方式中。"④ 因此，奈的软实力理论的"核心内容是强调由一个国家的政治制度、意识形态、核心价值观所产生的吸引力和感召力"。⑤

正因为奈的软实力理论论述虽较庞杂，但其核心观念却很简单，所以一学者才调侃道，奈的论述大概可以用五句话说完："美国没有衰落，因为美国有很多软实力资源，美国软实力的秘密武器是民主与人权，但是大

---

① ［美］约瑟夫·奈：《美国霸权的困惑——为什么美国不能独断专行》，世界知识出版社 2002 年版，第 5 页。

② Joseph S. Nye, *Globalization and Anti - Americanism*, Project Syndicate, October 2004, http：//www. project - syndicate. org/commentary/nye14/English.

③ ［美］约瑟夫·奈：《软力量——世界政坛成功之道》，东方出版社 2005 年版，第 30—31、125 页。

④ ［美］约瑟夫·奈、王缉思：《中国软实力的兴起及其对美国的影响》，《世界经济与政治》2009 年第 6 期。

⑤ 王希：《中美软实力运用的比较》，《美国研究》2011 年第 3 期。

家都不知道怎么用，所以我来告诉大家。"① 所以，奈在后面的论著中虽绕来绕去，其实还是回到了最初提出软实力概念的初衷：美国没有衰落，因为美国除了比其他任何国家拥有更多传统的硬力量资源，还在于它还拥有意识形态和组织机构方面的软实力资源，这些资源将可使它保持在相互依存这一新领域中的领导地位。说到底，奈对美国的民主、自由、人权的政治文化和政治制度基本理念抱有异乎寻常的自信心。只不过，奈并不希望美国将这些政治价值观裹挟在武装暴力与单边主义政策中，而是希望通过美国的良好形象来吸引他国及其民众基于自愿而接受，从而在相互依存与合作的状态下实现美国对世界的领导。

由此可见，在奈的软实力理论里，美国的以民主、自由、人权的政治价值观与政治制度基本理念为主要内涵的政治文化是美国软实力资源的核心范畴，其他一切资源均是围绕美国政治文化的传播与渗透而展开和运用的。既然政治文化是国家软实力资源的核心范畴，这就意味着政治文化的传播与接受成为软实力理论的核心观念。奈所要解决的中心问题也就是如何让美国的政治文化向全世界传播并被接受。正如学者贝淡宁认为的那样，约瑟夫·奈"讲的软实力的内容，还是完全使用自由主义的框架，包括自由、民主等等。他是美国人，使用美国主流的价值观，而且来推广这些价值观，并不是问题"。② 这也就指出了奈的软实力理论核心在于美国政治文化的全球传播。

二 政治文化与软实力理论的终极目的

"传播民主是美国外交政策乃至国家战略的重要内容，被称为美国对外政策的'基石'、美国外交的'最优先议程'，美国为此投入了包括金钱在内的大量资源。"③ 在这点上，奈可以说是心领神会。在很大程度上可以说，他的软实力理论即为冷战与后冷战时代美国传播民主的经验与启示的一种总结与提升。不同以往的是，奈比较注重民主传播的正当性、自愿性与合作性。从奈的软实力理论来看，美国民主、自由、人权的政治文

---

① 吴雨苍：《中国软实力的迷思：奈伊理论及相关争辩》2007 年台湾大学硕士学位论文，第 67 页。

② 引自黄莹莹、谢来《软实力"赤字"大有弥补空间》，《国际先驱导报》2012 年 6 月 21 日。

③ 郭纪：《美国为什么热衷于向世界输出民主？》，《求是》2013 年第 1 期。

化传播主要表现在五个方面。

第一，传播政治文化的目的性设定。"从某种意义上讲，所有国际传播都带有政治色彩。传播可以公开带有政治性质，也可以隐含有政治色彩，或者只是受到国家政治经济政策的影响。"① 在奈看来，美国文化的国际传播就是需要达到对世界产生同化或吸引的政治目的，以此从根本上获得美国的国家软实力。达到这一目的，需要文化传播满足这两个条件之一：文化的国际传播能够对他国的政策制定者和国民产生感召力，或者文化的国际传播能够使他国愿意效仿。这两个条件又与一国的文化特色相关联："第一，拥有吸引人的文化和普世性的价值观。第二，具有适宜社会繁荣发展和社会财富积累的政治制度。第三，具有强大的新闻传播能力，能够将本国的普世性文化和体制特色转化为良好的国家形象。"② 具有这种特点的文化一旦被传播到他国就可能使他国受众共享，自己的原有文化观念不知不觉地被这种文化逐渐解构或重构。因此，"国家通过互动性实践将自身的价值观念和文化符号移植到他国价值体系，成为软实力建构的逻辑前提。从此种意义上说，软实力可以理解为是通过共有观念或文化的建构来影响博弈对手的特殊立场、状态和行为以达到自身所期望结果的一种能力"。③

奈之所以重视大众文化与高雅文化的国际传播及其美国文化的这三个特性，就是为了更好地达到美国政治文化的全球传播与渗透的这个目的。这个目的性设定既是美国二战以来文化传播历史经验的反映，又为美国冷战后文化传播政策提供理论支持。把文化视为软实力并以更加全面的文化输出对外国施加影响，就成为冷战后美国对外文化战略的重要特点。"通过输出文化产品，美国在牟取高额利润的同时，也输出了美国的政治观念和文化观念，在维护美国文化产业强势地位的同时，对他国的文化观念和生活时尚也产生了极为深刻的影响。"④

这种深刻影响就在于人们的政治文化观念与政治制度观念无形之中的美国化，在崇尚美国政治文化与政治制度的同时，既把它们作为民主、自

---

① ［美］罗伯特·福特纳：《国际传播：全球都市的历史、冲突及控制》，华夏出版社 2000 年版，第 8 页。

② 龚铁鹰：《论软权力的维度》，《世界经济与政治》2007 年第 9 期。

③ 袁三标：《国际关系中软力量的建构主义分析》，《南京政治学院学报》2011 年第 3 期。

④ 邓显超：《发达国家文化软实力的提升及启示》，《文化月刊》2010 年第 5 期。

由、人权的象征性符号，又作为判定本国的标准，即一切以美国的政治文化与政治制度为参照系。在奈看来，这既是美国软实力的表现，也是美国软实力要达到的最终目的。如果能达到这种程度与目的，那么美国的霸权在他人看来就成为一种正当的行为，较少会受到抵抗。

"从文化传播本身来看，文化可以超国家传播，一旦一种文化成为其他国家和国际的社会的基本价值或主流文化时，发源于这种文化的社会自然就获得了更大的'软实力'。"① 所以奈重视通过大众文化和高雅文化的传播方式，政府外交、公共外交与民间外交的传播渠道，政府、非政府组织与个人的传播主体，国际组织与国际制度的传播平台，来向外界传播美国的民主、自由、人权的政治文化与政治制度基本理念。奈的这些观念非常清晰地表明了文化传播内含的政治目的：依靠美国政治文化的传播来真正形成美国的软实力，反过来软实力的形成又有利于美国政治文化的传播。

第二，借助于大众文化实现政治文化的传播。电视、广播、报纸、杂志、互联网等大众传播工具是现代社会政治社会化的重要途径。"它不仅在传播政治文化、形成共同的政治意识方面，而且在改造政治文化、引导社会政治方向方面都发挥着重要作用。"② 奈就十分看重美国大众文化传播对美国政治文化的传播、渗透及其社会化的重要作用。大众文化由于它的普及性、贴近性、当下性与表层性等特点，很容易吸引普罗大众的兴趣。而且，由于大众文化的政治意识形态色彩不是那么显眼，通过大众文化的传播来实现政治意识形态的传播及其社会化也就更灵活、更隐秘，既容易避开官方对它的审查，又使人在不知不觉中受到传播者的吸引与影响。"因而包含价值观和意识形态内容的流行文化的输出可能潜移默化地影响甚至改变国外普通民众的观念和态度，使他们能够理解、接受甚至支持一个拥有不同的价值观和意识形态的国家的政策和行为。"③

他国民众对一国流行文化的接受就为进一步接受其政治意识形态或政治价值观奠定了一个比较好的基础。可以说，流行文化在很大程度上就像是一个通往政治意识形态或政治价值观认同的过渡地带。一旦大众对他国

---

① 王沪宁：《作为国家力量的文化：软力量》，《复旦学报》，1993 年第 3 期。

② 燕继荣：《现代政治分析原理》，高等教育出版社 2004 年版，第 305 页。

③ 北京大学中国软实力课题组：《软实力在中国的实践之二——国家软实力》，载唐晋《论剑：崛起进程中的中国式软实力（壹）》，人民日报出版社 2008 年版，第 32—33 页。

大众文化产生喜爱之情，有可能逐渐受到该国大众文化中政治信息的吸引，然后上升到对该国政治文化与政治制度的肯定。这就悄然陷进传播者的逻辑里，即从点到线、由线到面的正面推进，从而达到政治文化传播、渗透及其社会化的目的。正如布热津斯基夸耀的那样：美国的"文化魅力逐渐渗入、充斥、同化并重新塑造着人类越来越大的一部分人的外部行为，最终改变着他们的内心世界。毫不夸张地说，这种生活方式到处传播，潜移默化地起着重新定义的作用，它的穿透力势不可挡"。①

这就是美国政府历来重视作为美国大众文化象征的好莱坞电影的原因。对好莱坞拍摄电影，美国政府甚至同意它借用军队。因为美国政府早已看到，"好莱坞电影的文化软实力效应，已经远远超出一般意义上的现实政治阐释和外交政策的宣教。观众在不露痕迹的叙述中不自觉地接受了美国的主流意识形态，好莱坞电影在这个过程中完成了意识形态国家机器对个人的'询唤'"。②

好莱坞电影如是，麦当劳、肯德基等快餐文化与流行音乐也如是。表面看起来，它们好像与美国民主、自由、人权等政治文化观念八竿子也打不到一块，但在奈等一些学者看来，却并非如此，而是存在千丝万缕的联系。因为，"信息与娱乐之间的界线从来没有像一些知识分子设想的那么明显，在大众媒体的世界，这种界线就变得更加模糊了。一些流行音乐的歌词可以产生政治效应。……运动队和运动明星的行为方式、电视电影所描述的各种形象也能传递政治信息。图像比文字能更有力地传递价值，好莱坞是世界上最大的视觉表象促销商和出口商。连吃快餐也是一种摒弃传统方式的潜在宣言"。③

皮尤研究中心 2012 年的调查结果就是奈的这种观点最生动现实的注脚。调查显示："美国的软实力在年轻人当中持续上升。尤其是美国的音乐、电影和电视剧在 30 岁以下的年轻人当中引起了共鸣，而且在一些国

---

① ［美］布热津斯基：《大抉择：美国站在十字路口》，王振西等译，新华出版社 2005 年版，第 199 页。

② 徐海娜：《电影的力量——好莱坞与美国软权力》，《江苏行政学院学报》2009 年第 4 期。

③ ［美］约瑟夫·奈：《软力量——世界政坛成功之道》，东方出版社 2005 年版，第 49—50 页。

家中美国的民主观念也是如此。"① 事实上，冷战中东欧国家的"共产党政权没有搞明白的是，流行音乐的吸引力恰恰就在于它的'禁果'地位。共产党官方发表长篇累牍的文章攻击流行音乐，结果只能是刺激东德的青年人去收听来自另一种意识形态领域的流行音乐"。② 在西方大众文化的诱导与社会化下，东欧社会主义国家的政治意识形态逐渐销蚀瓦解了，造成了众多青年人对共产党当局的叛逆心态。

在大众文化传播日益借助互联网渠道实现的当今时代，美国力图牢牢掌握互联网控制权。这对美国政府具有重要战略意义：拦截信息，搜集情报；快速广泛传播美国声音掌握话语权和舆论主动权；输出美国价值观；支持"颜色革命"；扶持所谓"敌对"国家和"看不顺眼"国家的反对派，干涉他国内政，扩展美国势力范围；战时先发制人，干扰对方通信和指挥系统。一名美国前情报官员谈到通过互联网输送美国价值观时说，这比派特工到目标国或在目标国培养认同美国价值观的当地代理人更容易。2009 年 6 月，美国政府以妨碍互联网自由和信息流动自由为由对中国"绿坝"软件提出异议并施压恐怕也与其向中国的渗透意图有关。据香港某传媒称，美国情报机构每年出资数千万美元资助"网络汉奸"对中国网民进行思想渗透、策反。③ 虽然这种做法可能有违奈的本意，但通过大众文化传播来实现美国政治文化传播与渗透的目的却符合奈的软实力理论的。

因此，奈的软实力理论为美国政府决策提供了理论支持与思路启示。而 10 年前美国兰德公司完成的美国全球软实力战略报告——《美国信息新战略：思想战的兴起》就是奈的通过大众文化的传播实现美国政治文化传播目的的思想的一种体现。该报告就美国开展网络空间战提出几项政策建议：1. 在世界各地扩张网络连接，特别是把网络连接到那些不喜欢美国思想观念的国家；2. 创建一个"特种媒体部队"，可以随时派遣到发

---

① Pew Research Center, *Global Opinion of Obama Slips*, *International Policies Faulted*, June 13, 2012. http://www.pewglobal.org/2012/06/13/global – opinion – of – obama – slips – international – policies – faulted/.

② ［加拿大］马修·弗雷泽：《软实力——美国电影、流行乐、电视和快餐的全球统治》，新华出版社 2006 年版，第 201 页。

③ 劳江：《互联网成为美国霸权主义的又一武器》，环球网 http://opinion.huanqiu.com/roll/2010 – 01/696893.html，2010 – 01 – 22。

生冲突的地区，搜集与传播信息；3. 在国家与非国家组织，特别是与非政府组织建立一个更紧密的协调行动机制。通过这样一个机制和网络运作方式，确保在网络空间中，美国的价值观念、行为准则、道德标准以及其他能够提升美国软实力的思想要素得到他国的分享、认同、采纳并渗透这些国家的制度建设中去。① 这就表明，美国越来越重视大众文化传播的政治功能与目的及其对美国软实力的重要性。

第三，借助高雅文化实现政治文化的传播。在奈看来，美国先进发达的科学研究、技术发明、大学教育以及交响乐团享誉全球，这些为代表的高雅文化不仅满足对外学术交流的需要，且由于学术思想与政治体制、政治文化的贴近性，也是美国政治文化传播与渗透的极佳渠道，是美国重要的软实力资源。

美国的大学教育对美国软实力的贡献是所有高雅文化中无与伦比的。在美国自由主义教育家们看来，"大学应该是美国核心价值观的支柱和接力棒，培养的学生首先应该是这种价值观的载体，同时又具备基本的文化知识和修养，不论从事何种行业的工作都能身体力行，对维护和巩固美国的民主制度和不断完善美国的社会作出贡献"。② 自然而然的是，外来学习者不免也要受到这种教育思想的影响。这样，美国通过大学教育培养与交流，不仅可以改变他国知识分子对美国陈旧与固化的思维定式，培育他们对美国产生好感，而且可以在他们的思想深处或政治意识形态上"润物细无声"般地楔进美国政治文化的种子。

之所以奈认为高雅文化对政治文化的传播比大众文化更直接、作用更大，原因在于，一方面，学术和科学的发达直接体现了价值观和制度安排的合理性、有效性、先进性；另一方面，它们通过提供吸引力来"附带地"给他国灌输意识形态和价值观。"先进的学术和科学对他国知识界构成强烈的吸引力，能够吸引国外学者的到来——这正是我们在美国所看到的景象。"③ 所以，文化教育交流项目是二战以来美国公共外交的重头戏。美国政府和非政府组织开展了多种多样的文化教育交流项目，如富布赖特基金会、国际访问者、美国教育、英语教学、美国研究以及公民交流等项

---

① 李希光：《我国长期面临外部舆论环境的严峻考验》，《求是》2012 年第 3 期。

② 资中筠：《论美国强盛之道》（下），《学术界》2001 年第 1 期。

③ 北京大学中国软实力课题组：《软实力在中国的实践之二——国家软实力》，载唐晋《论剑：崛起进程中的中国式软实力（壹）》，人民日报出版社 2008 年版，第 31 页。

目。通过这些文化交流项目，美国向他国知识分子与普通民众展示了美国的历史与文化，尤其是政治价值观。更重要的是，持续稳定的文化教育交流活动由于宣传色彩较淡、周期长，对他国的知识精英、政治精英和年轻一代的后备人才影响深远。在这点上，美国政府与非政府组织既舍得花钱，又有高瞻远瞩的战略眼光。说到底，美国利用高雅文化的交流与传播培育了他国精英分子对美国的好感，从而使他们可能成为美国软实力的宣传者和代言人。

奈在这方面举的案例即为苏联的留美学生奥雷格·卡路金和亚历山大·亚柯夫列夫。而美国学者大卫·科兹提供的这份资料更是发人深省：1991年，美国有一社会调查机构对苏共政治局成员和苏联精英阶层做了一次关于政治和意识形态的问卷调查，结果有77%的人完全支持搞资本主义。[①] 他得出的结论是：苏联解体的原因来自苏联领导层。他的这个结论与奈的观点是相互印证的。奈就认为："国际学生通常怀着对美国价值观和制度颇为欣赏的态度回国。正如一个国际教育团体的报告所言，'在过去的岁月里，数百万在美国留过学的人构成了我们国家了不起的善意储备。'许多留学生后来身居要职，并能对美国所看重的政策发挥影响。"因此，"许多观察家会赞同美国的高雅文化为美国创造了相当多的软实力"。[②]

现实国际政治也生动地表明美国大学教育对美国软实力具有重要贡献——美国可以利用它培养的外籍高级人才来实现美国掌控国际组织的意愿。例如，前任世界银行行长是美国人，而2012年围绕这一职位所提出的三位候选人都是毕业于美国的常春藤大学，或相近的私立大学。巴西等国提名的奥坎波是耶鲁大学经济学博士，现为美国哥伦比亚大学教授。南非等国提名的奥孔乔－伊韦拉是麻省理工学院地区经济发展博士。而奥巴马正式提名的金辰勇为哈佛大学人类学博士，时为美国达特茅斯学院校长。因此，美国《国际日报》3月28日刊文说，从表面上看，发展中国家挑战世行行长的"美国世袭制"，表明新兴经济体和其他发展中国家在全球的话语权逐渐增大。但实际上，如果从这三位候选人的背景看，下一

---

① 引自严书翰《改革开放与社会主义历史命运》，《科学社会主义》2008年第5期。
② ［美］约瑟夫·奈：《软力量——世界政坛成功之道》，东方出版社2005年版，第47页。

任的世行掌门人，仍然具有浓厚的"美国精英"色彩。① 所以，尽管美国是2007年以来世界经济危机的发源地，但从此次世界银行行长选举来看，美国的软实力超级大国的地位并没有动摇。

第四，借助于国际组织与国际制度实现政治文化的传播。奈一开始就认为："相互交往、建立国际组织机构以及处理好相互依存关系等也已成为力量的重要工具。"② 也就是说，国际组织及其国际制度是美国软实力的工具性资源。由于二战以后很多国际组织及其国际制度是在美国主导下建立起来的，美国的自由主义思想与自由市场的基本原则已经深深地嵌进去了，从而在整体上与美国的国家利益是相符合的。反过来看，由于国际组织与国际制度也在很大程度上反映国际社会的共同利益，因此美国对国际制度的破坏会在一定程度上招致其他国家的不满，从而损害其软实力。

对于这点，奈是看得十分清楚的，因为"恢复以单极、霸权主义、主权和单边主义为核心的传统政策，不会产生理想的效果。执行这种政策所造成的美国的傲慢形象必将损害我们的软实力，而在解决我们所面临的问题时，这种软实力经常是必不可少的"。③ 因此，他认为，尽管并非每一个国际组织及其国际制度都符合美国的意愿与利益，但美国要尽量遵守国际制度以便树立良好的国际形象，"更加注意弄清楚美国与各个国际组织有关的利益"，④ 注意将美国政治文化与政治制度的基本理念渗透进去，从而加强对国际组织及其国际制度的指导。只有建立起与美国政治文化及其政治制度基本理念基本相一致的国际制度且美国加以遵守的话，那么美国在通向世界霸权的途中受到的抵抗就会减少，所需成本就会下降。

研究也表明，二战以后美国就致力于建立各种国际规范和世界秩序。"这与大萧条之后美国国内信奉管制的国内经济思想是相一致的。进一步说，美国在无须改变国内规范的情况下建立与其国内规范一致的

---

① 参见朱易《外报：世行新掌门仍将具浓厚"美国精英"色彩》，中国新闻网 http://www.chinanews.com/hb/2012/03-29/3783282.shtml，2012-03-28。

② ［美］约瑟夫·奈：《美国定能领导世界吗》，军事译文出版社1992年版，第149—150页。

③ ［美］约瑟夫·奈：《美国霸权的困惑——为什么美国不能独断专行》，世界知识出版社2002年版，"前言"，第10—11页。

④ ［美］约瑟夫·奈：《美国定能领导世界吗》，军事译文出版社1992年版，第212页。

国际制度，并使其他国家在遵守这些制度的时候潜移默化地对其国内结构进行改变，美国因此获得了更大的软实力。相对地，一个因家如果只是参与国际制度而不能将自己的政治经济理念贯彻到国际制度中，那么只是在追随或者被同化，在软实力的享有上就非常有限。"① 因此，在现实国际政治生活中，我们常常可以看到美国利用国际组织及其国际制度对妨碍美国利益的国家横加指责，而往往被指责的国家又很难有充足的理由加以反驳。这就是通过政治文化的渗透来控制国际组织及其国际制度的重要性。

第五，借助于公共外交实现政治文化的传播。"在社会政治生活中，特定的社会组织、机构和团体，都有可能成为传递政治信息、传播政治文化、影响和塑造社会成员政治意识和政治情感的媒介。"② 所以，奈把政府、非政府组织与个人均视为美国软实力形成与发挥作用的重要载体，叙述起来游刃有余而又信手拈来。他并不担心非政府组织与个人会对美国软实力造成破坏作用，原因在于"自由、民主、公民权利、三权分立、政教分离、以私有财产不可侵犯原则为基础的市场经济、宪法至高无上的法治等等，都是美国社会的成员一致接受并且不容挑战的原则。这些传统的自由主义原则在美国的历史进程中早已融为一体，不可分割"。③ 正如政治学家罗伯特·达尔指出的那样，"美利坚是一个高度重视意识形态的民族，只是作为个人，他们通常不重视他们的意识形态，因为他们都赞同同样的意识形态，其一致程度令人吃惊"。④

这种高度一致性，就保证了美国的公共外交与民间外交在基本方向与主要使命上和政府外交具有一致性，都以传播美国的民主、自由、人权的政治文化为己任。因此，奈十分欣赏美国公共外交对美国政治文化的传播。他认为公共外交包括三个层面：首要和最直接的层面是日常沟通，包括解释内政外交决策的背景情况；第二个层面是战略沟通，形成一套简单

① 苏长和：《中国软权力——以国际制度与中国的关系为例》，《国际观察》2007年第2期。
② 燕继荣：《现代政治分析原理》，高等教育出版社2004年版，第304页。
③ 王缉思：《国际政治的理性思考》，北京大学出版社2006年版，第104页。
④ 转引自［美］杰里尔·A.罗赛蒂《美国对外政策的政治学》，周启朋等译，世界知识出版社2005年版，第357页。

的主题，类似于政治或者广告宣传活动中的做法；第三个层面是通过奖学金、交流、培训、研讨会、会议和媒体渠道来与关键的任务发展多年持久的关系。这三个层面的公共外交都在塑造有吸引力的国家形象上发挥着重要作用，增强了获得预期结果的能力。①

在国际政治实践中，美国政府十分重视公共外交，尤其是非政府组织的活动来实现美国政治文化对其他国家社会层面上的传播与渗透。这往往比美国政府出面来传播更有效率。因为美国政府可以躲在幕后，避免吓跑那些厌恶美国霸权的老百姓；非政府组织的亲和力与独立形象，更具迷惑性和号召力；数以万计的非政府组织及其相互之间的复杂联系构成了遍布世界的巨大网络，可以为美国力量传输提供现成的平台；非政府组织本身的资本积累和融资能力可以放大美国政府投入的"种子资本"的力量，形成一种"杠杆效应"。② 正因如此，美国近东事务副助理国务卿梅德林·斯皮纳克（Madelyn Spirnak）曾指出，公共外交是美国"巧实力"的核心，目前面临的种种严峻挑战要求美国必须超越政府间的交流，主动接触社会的所有成员并同他们建立伙伴关系；美国不能只对别人说教布道，还必须倾听他人意见。③

如何将上述美国政治文化传播的渠道整合起来形成软实力合力呢？2010年兰德公司国际安全与政策小组高级研究员戴维·隆费尔德和美国海军研究生院国防分析师约翰·阿基拉发表文章《公共外交的新范式》，提出了全球范围内开展三维空间战的美国软实力建设新战略。④ 如表1－1所示。

---

① ［美］约瑟夫·奈：《软力量——世界政坛成功之道》，东方出版社2005年版，第118—120页。

② 2005年4月教育部社科中心和中国社科院世界社会主义研究中心联合召开了"美国西化、分化中国战略的特点及我们的对策"学术研讨会，相关学者的部分发言刊载于祝念峰、王群瑛所写的《专家学者研讨"颜色革命"、"街头政治"及美国西化、分化中国战略》一文（载《高校理论战线》2005年第6期）。

③ Quoted from: Ralph Dannheisser, *State Department Official Encourages Dialogue with Muslim World*, http://iipdigital.usembassy.gov/st/english/article/2009/05/20090512115531hmnietsua0.8662836.html JHJaxzz2jLyHJEZL, 12 May 2009.

④ 李希光：《我国长期面临外部舆论环境的严峻考验》，《求是》2012年第3期。

表1-1　　　　　　　　　　美国三维空间软实力建设战略

	组织形式	功能	能力定义
全球性网络空间战	互联网	社交媒体、博客、微博和短信等信息联络与传递渠道	围绕网络安全，跨国界的网络掌控与运用能力，通过数据库、搜索引擎、电子邮箱对全球范围的计算机总量的渗透力
全球性信息空间战	CNN、时代周刊、好莱坞大片等	思想观念的放大器	修改和颠覆他国信息、新闻体制、新闻出版政策法规，以及操纵新媒体和传统媒体内容的能力
全球性思想空间战	非政府组织、大学、智库、基金会、宗教团体、联合国	策划和生产各种思想观念	国家运用新旧媒体、非政府组织、宗教组织等的能力；通过传统媒体、网络、论坛等影响一国的舆论、政策走向

　　这种软实力新战略将美国的文化心理战与奈的软实力理论糅合起来，典型地诠释了文化国际传播的政治色彩及其隐含的政治目的。这就是"美国民主、自由与人权的价值观念是软实力资源，美国的大学教育、文化出口（电影、电视节目、艺术和学术著作，以及因特网上的材料）、国际组织（例如国际货币基金组织、北约或美洲人权委员会）等也是美国软实力的资源"①的原因。它们共同构成了美国世界领导权的政治文化与政治制度的基础。因此，在奈那里，"无论是文化、政治价值观、意识形态等都与西方的一套自由民主论述框架息息相关。在这个叙述框架内，社会的多元与宽容、言论的自由、市场经济、体制的开放、文化的多元并存、非政府组织的独立与重要作用都与美国的软实力息息相关"。②

第三节　政治文化的功能与软实力变化的主因

　　政治文化与奈提出的软实力概念及其理论核心观念具有的这种紧密而又重要的关系，归根结底在于政治文化自身的政治功能。"一个现代政治

---

　　①　Joseph S. Nye, *The Power We Must Not Squander*, The New York Times, January 3, 2000.

　　②　许少民：《中国发展软实力困境初探》，中国选举与治理网 http：//www. chinaelections. org/ NewsInfo. asp？ NewsID = 160147，2009 - 11 - 3。

体系会在许多方面受到其国家历史的影响，其中影响最深的恐怕要算是这个体系的政治文化了。"① 这就是政治文化强大功能的缩影。它在现实政治生活中发挥着强大作用，尤其是社会与公民的政治价值观或政治意识形态对国家政权、政治制度及其政治合法性发挥着支撑性作用。因此，"政治文化是国家用来凝聚和团结本国人民的一种强大的、无形的、行之有效的、具有一定政治倾向的精神力量，它既可以用来抵御外来的'和平演变'，又可用于对他国的政治思想侵蚀；同时它作为国家宣扬本国政策、主张的一种工具，既可为本国外交政策辩护，获得民众的支持；又可充当世界观和方法论，使本国外交政策在国际上发挥作用，产生影响"。② 这就意味着，政治文化不仅是国家软实力内部基础形成与增强的主导性资源，而且国家软实力的外在提升最终在于要使他国及其民众的政治文化观念朝该国主流政治文化方向转变，或者即为政治文化产生影响力、吸引力与说服力才是国家软实力的真实所在。但是，政治文化的功能是双重性的，既有建构性的正功能，也有消解性的负功能。无论哪方面的功能，对国家软实力内部基础与外在表现的变化都有着至关重要的影响。

一　政治文化与软实力国内基础变化

从奈在阐述中所涉及的软实力资源范畴来看，除了大众文化与高雅文化、社会制度与政策外，民族凝聚力与社会整合力、民族创新精神与社会创造活力、公民素质与国家形象等既是主要的软实力资源范畴，文化制度政策产生软实力效应又需要通过民族凝聚力、社会创造力、公民素质与国家内部形象等国家软实力内部基础性要素表现出来。这些软实力主要资源与文化制度政策一样，产生软实力效应与政治文化的功能息息相关。

第一，政治文化与民族凝聚力和社会整合力。"在一定意义上说，软实力的核心除了一种影响和吸引，在更深层次上是一种对于对方信念偏好的影响乃至改变，一种对普通人心灵的控制与争夺。"③ 但这种控制与争夺首先应是该国的主流政治文化能够在一国内部对民族、社会与公民进行

① ［美］劳伦斯·迈耶等：《比较政治学——变化世界中的国家和理论》，罗飞等译，华夏出版社 2001 年版，第 15 页。

② 彭新良：《文化外交与中国的软实力：一种全球化的视角》，外语教学与研究出版社2008 年版，第 165 页。

③ 陈拯：《反美主义：美国软权力的悖论》，《国际政治研究》2008 年第 1 期。

凝聚与整合,才有可能去控制和争夺他者。试想,如果一国的主流政治文化对内部就没有凝聚力与整合力,那它怎能对他国及其受众有说服力与吸引力呢? 遑论改变他者的信念偏好呢?

再从国家形象的角度看,"一个国家的凝聚力和向心力是国家形象的重要组成部分,这就构成了国家形象的安全功能的重要一面,即内在认同感、凝聚力大的国家形象和对外展示出来的'朋友的'国家形象,所构建出来的国家安全必然是充分的、有支撑和保障的;相反,一盘散沙的国家以及由此产生的'虚弱的'国家形象和在国际上'危险的'国家形象,必然使得国家安全功能得不到观念上的认同和有效的发扬,从根本上损害国家安全利益"。① 如果一国的民族凝聚力与社会整合力强大的话,既能体现出该国积极借鉴与吸收外来优秀文化成果的开放心态,又能体现该国的文化自信与自觉以及不容易受外来文化消极面的腐蚀和政治意识形态的渗透与诱变影响的民族特性,从而在他者看来是一个值得尊重的国家。在这个意义上,国际政治性质的变化使"民族凝聚力、文化的全球性普及以及国际机构正在被赋予更深一层的意义"。②

因此,民族凝聚力与社会整合力对国家软实力的基础性作用表现为:一方面在于它们是国家发展与社会稳定的前提性条件,人们能够在主流政治文化观念的凝聚与指引下团结在一起,共同维护国家与政府的权威,共同为国家、民族与社会的发展努力奋斗,与国家和政府的国内外主要目标与政策保持意识形态上的一致性,积极防御外来文化及其政治价值观的诱变;另一方面,民族凝聚力与社会整合力的强大对他国及其民众而言,显示了该国内部力量的强大,证明了该国的政治制度与主流政治文化尤其是政治意识形态在该国获得了高度认同,该国推行的主要政策是合理的、公平的与正义的,内部治理状况是良好的,从而对它们产生说服力、影响力与吸引力。

民族凝聚力与社会整合力的大小强弱,在很大程度上是一国主流政治文化凝聚与整合功能的反映。在一个国家中,如果政治文化是整合型的,也就是说在公民中存在较大的"重叠共识",对官方主导与倡议的主流政

---

① 刘继南、何辉等:《中国形象——中国国家形象的国际传播现状与对策》,中国传媒大学出版社 2006 年版,第 15 页。

② [美]约瑟夫·奈:《美国定能领导世界吗》,军事译文出版社 1992 年版,第 181—182 页。

治文化有着一致的认可与支持，而且持有亚政治文化观的公民对主流政治文化也表示认可或至少不是不服从的态度，他们的利益也能在国家制度与政策那里获得一定程度的保护与体现。那么，在主流政治文化的主导下，公民的政治价值取向就基本上与国家和政府所持的政治意识形态及其核心价值观保持一致，国家与政府的权威得到充分的保障，政策得到公民的支持与配合。

在一个主流政治文化获得高度认同的国家里，社会与民众会对政府的重大错误往往予以谅解，从而给政治家们一个纠正错误的回旋空间。反过来，"任何未经融合的亚文化都带来或多或少的问题，最坏的便是构成对一国政治系统的威胁"。① 在这种分裂型的政治文化格局中，主流政治文化的主导功能乏力与主流地位虚化，无法将公民的政治价值观凝聚在它的周围，即公民的政治价值观很难整合到国家主导性政治意识形态的框架之内，从而使国家、民族与社会面临被分裂或撕裂的危险。由于民族与社会无法团结成一个具有稳固性的政治系统，政府的政策常常因不同利益团体的冲突而朝令夕改，国家的政治动员能力大为下降，在内部分裂势力的驱使下或在外部势力的唆使下，国家有可能走向分裂，至少无法组建一个具有权威性的中央政府，因而面对政府的重大错误，社会与民众往往不可能原谅，而是成为新政府上台或社会剧烈冲突的绝佳理由或导火线。

对比起来，显然政治文化凝聚民族与整合社会的功能越强大的国家，其国家软实力的内部基础就越坚实，而该功能越弱的国家，显然不利于国家软实力的形成与培育。从前者来看，美国社会主流政治文化的高度一致性"使国家的软实力在国内实现了最大化，使美国在国际上形成一个强大而统一的意志。美国之所以能够在世界上如此霸道，其基于共同价值观的国内民主发挥了重要作用"。② 这就是奈在阐释软实力时往往对非政府组织与公民的作用予以高度重视的理由，因为它们在现代民主政治生活中的重要作用"正改变着政府和主权的实质，使非政府角色的作用加强，并使外交政策中软实力的重要性增加"。③

他认为，在全球化与信息化时代，政府不能掌控全部权力资源，国家

① ［美］迈克尔·罗斯金等：《政治科学》，林震等译，华夏出版社 2001 年版，第 139 页。
② 王缉思：《国际政治的理性思考》，北京大学出版社 2006 年版，第 109 页。
③ ［美］约瑟夫·奈：《美国霸权的困惑——为什么美国不能独断专行》，世界知识出版社 2002 年版，第 47 页。

软实力的形成与发挥也不能由政府大包大揽，而是要充分利用社会团体与公民个体的作用。当"普通的美国企业或非政府团体在发展它们自己的软实力，这种软实力可能与也可能不与官方的对外政策目标一致"① 时，由于美国政治文化中的主流政治价值观在美国社会内部惊人的高度一致性使得企业、非政府组织与公民被整合在一起形成一个高度凝聚的实体，从而在根本上保证并促使它们与政府对外政策保持基本一致，并自觉承担起国家使命的践行重任。在这方面，好莱坞无疑是最好的证明。对美国来说，好莱坞是美国文化尤其是政治文化对外传播与渗透的得力帮手。"它在公共外交领域的功劳卓著，最大限度地推广了美国文化，塑造了美国法治、自由、热情、高科技、多元文化等等特色鲜明的国家形象。"② 它通过电影既在自觉展示美利坚民族一以贯之的文化自觉与自信，也在有意无意宣传美国的核心政治价值观。因而奈自豪地说："美国国内外的个人和私营机构将被赋予在世界政治中发挥直接作用的力量。"③

从后者来看，由于本国主流政治文化功能的褪色或虚化或被偷换，民族凝聚力与社会整合力就会大为下降，在这种情况下人们对来自经济繁荣民主发达的他国的主流政治文化就比较感兴趣，其中受到影响的知识分子或政治精英的政治口号或纲领就会得到社会民众的支持。在苏联解体前夕的1989年3月进行的人民代表选举中，许多受西方政治文化影响的知识分子竞选人打出了建立民主社会、实现社会公正、有保障、清洁环境等竞选口号，在选举中战胜了"官方"的竞争者。在俄罗斯联邦有232人参与竞选，结果有78%的苏共高层领导在选举中落选，有47%的苏共中层领导落选，相反，有72%的知识分子却在这场选举中获胜。④ 但苏联高层并没有予以重视，而是坐视苏共的加剧衰落。因此，奈指出，苏联并不是美国软实力或霸权的有力挑战者。

在现实世界中，西方发达国家几十年来持续不断地向第三世界国家的

---

① Joseph S. Nye, Jr., *Limits of American Power*, Political Science Quarterly, Vol. 117, No. 4, 2002, p. 554.

② 徐海娜：《从公共外交到文化自觉——好莱坞：美国公共外交的先行者》，《学习时报》2010年11月8日。

③ ［美］约瑟夫·奈：《美国霸权的困惑——为什么美国不能独断专行》，世界知识出版社2002年版，第56页。

④ 参见左凤荣《知识分子与戈尔巴乔夫的改革》，《学习时报》2011年12月19日。

人民宣扬和推广它们的民主自由价值观，其结果不仅促进了政治民主化在一些国家中的实现，而且也造成了一些国家内部的分化。"由于西方发达国家的努力宣传，民主、自由、人权、法治等政治文化观念已经深入人心，在这些国家中发展出一股支持西方民主、批判专制政权的声音和力量，它们威胁着各国当局的凝聚力和政治动员能力，在极端的情况下甚至通过要求民主的政治运动表现出来，冲击着专制国家的稳定和发展。"① 西方国家的政治文化软实力就通过这种方式得到了体现。这就充分显示出一国的主流政治文化是本国民族凝聚力与社会整合力的武器，同时一国的亚政治文化与外来政治文化也是破坏凝聚力与整合力的利器。

第二，政治文化与民族创新精神和社会活力。在奈的软实力理论里，民族创新精神与社会活力是产生国家软实力的一种重要资源，对美国软实力的全球扩展具有重要意义。从 2002 年皮尤研究中心的调查来看，美国在技术和科技进步以及音乐、电影和电视等方面为世人所仰慕。② 如表1-2 所示。

表1-2　　　　　　　　　　　　美国文化的吸引力

	羡慕美国的发达科技水平（%）	喜欢美国音乐、电影、电视（%）
43 个国家	79.0	59.0
7 个伊斯兰国家	69.5	39.0
欧洲 10 个国家	67.0	63.5
亚洲 6 个非伊斯兰国家	84.0	54.0
非洲 10 个国家	85.0	61.0
美洲 9 个国家	78.0	69.0

相比而言，美国发达的科技水平对他国民众，包括科技、教育与文化也发达的欧洲，显然比美国大众文化更具吸引力，尤其是对那些科技水平落后的发展中国家更是如此。因此，我们可以看见很多发展中国家（也包括欧洲与日本）的科研人员纷纷移民到美国。美国通过科技吸引力所产生的软实力往往令他们难以抗拒。正由于美国在科技与科技创新方面占有压倒性的优势，使得"美国在软实力方面的优势是非常明显的，世界

① 北京大学中国软实力课题组：《软实力在中国的实践之二——国家软实力》，载唐晋《论剑：崛起进程中的中国式软实力（壹）》，人民日报出版社 2008 年版，第 21 页。
② 根据《软力量——世界政坛成功之道》第 38、44、69 页整理而成。

上没有哪个国家，包括欧洲与日本，就软实力而言能与美国媲美或处在同一水平"，即使金融危机爆发后，"金融危机和经济缺乏强劲复苏也没有使美国失去软硬实力的基本优势"。①

　　一般而言，民族创新精神与社会创造活力在很大程度上取决于一国政治文化与政治制度对公民的民主、自由、合法私产等权利的范围规范与保护力度。公民的民主权利越多，自由尤其是学术、言论与出版等思想自由的限制越宽松，合法私产的保护力度越大，社会对标新立异越宽容，社会意识形态稳定而又不失灵活与开放，个人主义与集体主义有效融合，在这样的政治文化环境中，公民的创造积极性会自我激发出来。事实上，民族创新精神与社会创造活力首先是个人的创新与创造行为。如果个人的利益和权利能够得到法律与制度的保障与思想文化观念上的个人空间留存，个人的聪明才智和创造性就能够充分发挥出来，并把创新当作自己的最大乐趣。正如哈耶克所言："个人主义的基本特征，就是把个人当作人来尊重；就是在他自己的范围内承认他的看法和趣味是至高无上的"，而"个人活力解放的最大结果，可能就是科学的惊人发展"。② 只有在此基础上，整个民族的创新精神和社会创造活力才会焕发出来，从而造就教育、科学、技术等高雅文化与大众文化的繁荣。反过来，意识形态僵化的、官僚主义的、不重个人权益保障的、压制个人合理需求的、权力崇拜的、缺乏社会信任与合作的政治文化环境则不利于民族创新与社会创造活力的形成与激发。

　　简言之，民族创新精神与社会创造活力需要一种鼓励与保护创新的政治文化环境。这种环境的支持力与民族创新精神和社会创造活力之间存在正比关系。美国高度发达的科技就是其民族创新精神与社会创造活力的反映，是其有利于创新与创造力发挥的政治文化的开花结果。因为美国基本上一直在科学研究和大学教育中提倡学术自由，营造了一种自由研究的氛围，有利于创新意识的培养。"这种学术氛围倡导和鼓励了美国人的创造力。"③ 历史学家布尔斯廷看到，19 世纪以来的那些社会发明家及之后出

　　① Chu Shulong & Chen Songchuan, *Is America Declining?* The Brookings Institution, November 2011.

　　② ［英］弗里德里希·奥古斯特·冯·哈耶克：《通往奴役之路》，王明毅等译，中国社会科学出版社 1997 年版，第 21、22 页。

　　③ 余志森等：《美国通史》（第 4 卷），人民出版社 2008 年版，第 15 页。

现的发明家社团，"对他们的刺激不是市场，而是发明本身造成的自发需要。他们为新奇的内在逻辑而生存。对他们来说，每一种新奇都需要另一种新奇。发现用途或发现市场，那是别人的事情"。①

正是因为美国大学浓郁的学术氛围与创新精神，吸引了不少来自世界各国的青年才俊，他们透过美国大学教育，在接受知识训练的同时也受到了美国民主、自由与制度精神的熏陶，从而使美国对留学生产生了极强的影响力、吸引力和说服力。因而在帕森特看来，"美国的教育制度既保留了美国梦的神话，也体现了美国梦的现实"。② 大量的外来高级人才不仅是美国大学教育成功的体现，反过来更加使"美国在高等教育、科学研究、先进技术（特别是信息技术）方面居世界领先地位，这将使其他国家尽快赶上美国更为困难"。③ 因此，"美国确立世界霸权地位还有一种不依靠传统强权的方式，那就是以它不断在科技和生产方式上的创新'领导'世界潮流，使他人身不由己地接受它的影响，跟着它跑，不知不觉间在器用、话语、生活方式、品味习俗甚至礼仪服饰都向'美国化'发展。这是一种不以人的意志为转移的客观现象，可以称之为'隐性霸权'"。④ 这种"隐性霸权"其实就是国家软实力。

第三，政治文化与国家内部形象。国家形象与国家软实力之间的关系是："软实力是国家形象得以塑造和能够塑造的重要基础；国家形象是软实力的再现；一国的国家形象不仅影响本国的实力，也在某种程度上影响他国对外政策的选择，从而影响国际关系的状态。"⑤ 那国家形象由什么因素塑造呢？在奈看来，"美国的形象和对他人的吸引力是许多不同思想和态度的综合体。它部分依赖于文化，部分依赖于国内政策和价值，部分依赖于外交政策实质、策略和风格"。⑥ 这说明国家形象主要是政治因素在塑造。

---

① ［美］丹尼尔·J. 布尔斯廷：《美国人：南北战争以来的经历》，谢延光译，上海译文出版社1988年版，第766页。

② ［美］托马斯·帕特森：《美国政治文化》，顾肃、吕建高译，东方出版社2007年版，第578—579页。

③ Stephen M. Walt, *Two Cheers for Clinton's Foreign Policy*, Foreign Affairs, Vol. 79, No. 2, 2000, p. 64.

④ 资中筠：《论美国强盛之道》（下），《学术界》2001年第1期。

⑤ 赵刚、肖欢：《国家软实力》，新世界出版社2010年版，第85页。

⑥ ［美］约瑟夫·奈：《软力量——世界政坛成功之道》，东方出版社2005年版，第70页。

　　从国家内部来看，国家形象是公民对执政党政治行为与执政效能、政府行政行为与政策、政治制度的合理性与有效性、法律的公正性与执行效果、人民生活水平、公民权利范围与保障力度、公民素质、社会道德水平、民族精神、社会安全、生态环境状况等因素的自我评价，或曰"自者视角的自我形象"。这种自我形象是建构国家外部形象的基础。一般而言，国内形象好的国家其外部形象也比较好，至少不会太差。如果国内形象好而外部评价不好则基本上可以不理会它。国内形象在很大程度上关涉国家对外部世界的道德感召力与榜样示范效应。这就是奈强调美国政府要搞好内部治理的原因。

　　国家内部形象塑造的主要承担者是执政党与政府。在奈与理查德·阿米蒂奇（Richard L. Armitage）联合主持的研究报告中，他们认为："合法性是软实力的核心。如果人们或一个国家认为美国的目标是合法的，那么我们就很容易说服他们追随我们的领导而不用威胁和贿赂。"① 这里，作为软实力核心要素的"合法性"既指美国内部的合法性，也指他国及其民众对美国政府的政策与目标的判断。这就反映了执政党与政府在塑造国家内外部形象中的主要角色与重要作用。但国外的"合法性"依然取决于国内的"合法性"，即国内民众对执政党与政府的政策与目标的判断，因为一项政策与目标只是取悦于他国及其民众而损害国内民众利益的话，执政党与政府就会受到民众的反对，政府公信力下降，从而导致执政党与政府的"合法性"危机。

　　那么，"合法性"是什么？它"指的是行为体由于认为一种规则或制度应该值得遵从而产生的规范性的信仰。这种信仰是一种主观特质，与行为体和制度之间的关系相关，并由行为体对制度的感知所定义。而行为体的感知可能来自制度的实质，也可能来自制定制度的程序或来源"。② 换言之，合法性就是一种公民的政治文化观念，是对政治系统，缩小一点的话就是对执政党与政府及其建构的政治制度与制定的政策的政治评价与态度。合法性越强，公民对国家与政府的忠诚度就越高；反之，合法性越弱，忠诚度就越低。从政治交易的角度

---

① Richard L. Armitage & Joseph S. Nye, Jr., *A Smarter, More Secure Aerica*, Center for Strategic and International Studies, 2007, p. 6.

② Ian Hurd, *Legitimacy and Authority in International Politics*, International Organization, Vol. 53, No. 2, 1999, p. 381.

看，执政党与政府用制度与政策来换取公民的忠诚度，这个过程即为合法化。因此，"在不求助于合法化的情况下，没有一种政治系统能成功地保证大众的持久性忠诚，即保证其成员意志的遵从"。①

产生合法性的信仰与感知来源于公民对执政党与政府建构的制度与制定的政策的理解，一方面是对制度内在合理性的理解，即制度对民主、自由、公平、正义等公民权利基本原则与精神的体现，另一方面是对制度外在有效性的理解，即公民从制度与政策中所获权利与利益的感受。一旦国家的合法性构建起来，执政党与政府的政治公信力构建起来，人民就会尽力保护并不断改善国家政权，同时抗拒一切外来侵略与内部颠覆。在这种情况下，国家内部就具有强大的凝聚力，国家与政府的权力就转变为权威。因此，"如果大多数公民确信权威的合法性，法律就能比较容易地和有效地实施，而且为实施法律所需的人力和物力耗费也将减少。再者，如果存在某种合法性的基础的话，权威人物在困难的处境中也有时间和能力来处理社会和经济问题"。② 由此可见，"政治制度合法性认同度与执政团队的政治公信力是一个国家减少国家治理内耗外损，保持国家稳定，保证国家政治治理权威和治理效率，使各种国力要素得以凝聚和发挥作用的基本保证"。③

在全球化时代，政治合法性已成为一个国家树立良好的国家内外形象的主要因素，是对内增强主流政治意识形态的说服力、吸引力与影响力的重要保障，是巩固国家软实力内部基础的核心支撑。在国际政治文化权力的争夺中，一些国家就挥舞着自由、民主、人权的思想文化大棒去干涉别国内政。它们把西方的民主、自由与人权定义为普世价值，提出"人权高于主权"的口号，具有很大的煽动性与欺骗性。但反过来说，如果这种口号没有一定的合理性，西方国家也不可能提出来。这个口号的"合理性"在于公民权利、合法性、执政党（与政府）三者之间内在关系的逻辑推演。如果一个国家与政府不能保护公民的民主自由人权反而侵害这些权利的话，那它的政治合法性在这部分公民中就开始丧失，他们就有权

① ［德］哈贝马斯：《交往与社会进化》，张博树译，重庆出版社1989年版，第186页。

② ［美］加布里埃尔·A.阿尔蒙德、小G.宾厄姆·鲍威尔：《比较政治学——体系、过程和政策》，曹沛霖等译，东方出版社2007年版，第35—36页。

③ 陈正良：《中国"软实力"发展战略研究》，人民出版社2008年版，第59页。

利表示反抗。当他们的反抗遭到"镇压"或无法抗拒"暴政"时，借助外部势力的干预就是一种"正当"。因此，如何定义与实践民主、自由、人权，不仅关系到执政党与政府的国内形象，还关系到它们的国外形象。从这个角度看，一个国家的软实力在较大程度上体现为其对民主、自由、人权和其他"普世价值"的定义权和解释权的大小强弱。"一个拥有'普世价值'的定义权、解释权，并能挥舞'普世价值'去批评别人的国家，才算得上一个软实力强大的国家。而那些在'普世价值'上经常被批评的国家，属于软实力弱小的国家。"①

第四，政治文化与公民素质。国家软实力的形成、培育、积累与发挥等实践行为及其效果，都需要具体的人——政治家、政府官员、非政府组织成员与公民个体来承担与体现。这就有一个公民素质的问题在里面。那些国家软实力比较强的国家，如美国、英国、法国、德国、日本等国家，均有较好的公民素质作基础。除了公民的科学文化素质之外，对国家与社会的发展而言，尤为重要的是公民的法制意识、规则意识、责任意识、公共精神、竞争意识、政治参与意识、权利意识、国家意识与国家使命感、民族归属感等。公民这些素质的产生与形成，既是一国政治文化社会化的产物，也是公民个体的基本政治文化素质，不仅关系到国内的政治稳定与发展状态、国家与政府的权威与动员能力、民族凝聚力与社会整合力等方面，而且也关系到国家的形象塑造、公共外交与民间外交的效果。

从社会层面看，国家的形象及其软实力的塑造，在很大程度上是依靠公民个体在与他者日常接触中来完成的。公民的这些文化素质就给了他者一个微观的、直接的感触，从而影响他者对这个国家的认识与体验。所以，尽管美国政府因一度坚持"单边主义"与"霸权主义"对外政策而激起了很多国家的批评，包括它的一些盟友的批评，但事实上美国的软实力并没有像我们想象的那样在下降。原因就在于美国公民素质与社会活力的软实力效应没有遭到影响。"这体现在美国人的社会责任感上，体现在美国人的诚实与信任度上，体现在美国人善良、文明、礼貌道德修养方面，这也是这个民族的吸引力所在；更体现在美国的发达的非营利组织、志愿组织居世界第一，而这些恰恰是国家文化软实力的重要标志，因为志

①　李希光：《中国软实力建设中的几大难点》，人民网 http://unn. people. com. cn/GB/22220/142506/8625983. html，2012 - 02 - 07。

愿组织和志愿者的发展是一个国家的人类社会责任感的重要体现。"①

也就是说，美国公民的社会道德素质与政治文化素质像杠杆一样平衡着美国软实力，尽管它有所变化，但不会下降得很快，通常是政府对外政策造成的软实力损失会在社会这头获得弥补。其根源在于，美国公民对美国的政治制度与政治文化的认同与服从已演变为一种内在的政治意识形态，在对政府错误行为进行批判的同时又在维护美国的民主制度，用自身的言行来展示美国的制度与文化、国家与社会的魅力，从而在一定程度上消解了政府对外政策所带来的消极影响。

因此，"软实力的运用和竞争是一种全球化时代的现象，是不同国家之间在政治文化、政治体制和价值观方面的较量，是不同国家的人民对本国和他国体制，以及由体制而衍生的价值观在认同感和忠诚感意义上进行比较与选择"。所以，"本国公民对本国制度和价值观的认可，是一个国家具有过硬的'软实力'的基础和前提。一个国家要想以自己的'软实力'影响其他国家的人民，首先要影响自己的人民，赢得本国人民对本国制度的信任感"。②

二　政治文化与国家软实力外部变化

上面的论述也反映，"软实力对国内、国外的影响力实际上是同一问题的两个方面，即它既是抵御外部侵蚀的屏障，又是外部传播力的基础，简而言之，软实力的内部影响力就是外部吸引力"。③ 政治文化在影响国家软实力内部基础形成与发展的同时，也通过外交政策、国际形象、国际参与等途径影响国家软实力的外在形成与发展。

第一，政治文化与外交政策。奈认为："美国的吸引力很大程度上也取决于我们通过外交实质和风格所表达的价值观。"外交实质即指外交政策中的政治价值观这一实质性内容——"如果政策要传递的重要价值观为大家共享，政策会更具吸引力。"这种政治价值观不是指别的，正是指奈一再强调的自由、民主、人权的美国政治文化，即"外交政策在广泛推广民主、人权等共同价值观时也能创造软实力"。外交风格即指外交手

---

① 北京大学中国软实力课题组：《软实力在中国的实践之二——国家软实力》，载唐晋《论剑：崛起进程中的中国式软实力（壹）》，人民日报出版社2008年版，第59—60页。

② 王希：《中美软实力运用的比较》，《美国研究》2011年第3期。

③ 桂翔：《美国软实力的影响之道》，《国外社会科学》2009年第5期。

段，一是注重多边合作与共同参与，二是"人道主义是外交政策风格的重要方面"，三是重视公共外交在传播信息时的数量与质量（指可信度）。①

但奈认为政府的内外政策是把"双刃剑"，它既可增强也可减损国家软实力。若内政外交显得虚伪、傲慢、一意孤行，或是基于狭隘的国家利益，都会损害国家软实力。"如果看到美国像在污染物排放标准方面那样一味将狭隘的国内利益摆在全球需要的前面，尊敬很快就会转变成失望和轻蔑。"② 如果政府所推行的价值观通过其在国内的行为（如民主）、国际机构中的行为（如与他国共事）和外交政策（促进和平与人权）能对其他政府的喜好施加强烈影响，政府能以榜样的作用吸引或者排斥他人的话，就会增强国家软实力。③ 因此，奈十分强调外交风格，以便外交政策的政治文化实质内容得以顺利传播与渗透，即借助于更友好的外交手段达到外交政策的目的。

他认为，美国存在三种外交传统风格：希望自身成为照亮他人的灯塔而非充当"降龙的武士"来提倡追求民主的"杰斐逊派"；强调自力更生并时不时采取胁迫的、以报复和遏制为手段的杰克逊派；寻求使世界成为民主天堂的"威尔逊派"。三派比较起来，美国外交需要更多的杰斐逊派，更少的杰克逊派；而威尔逊派在强调长远的国际政治民主转变的重要性方面是正确的，但他们仍需要记住相关机制和盟友所扮演的角色。④ 奈希望美国政府把外交的三种传统风格糅合起来，结合现代外交理念，更好地传播与渗透美国的民主、自由、人权等政治文化，以便在政治意识形态上真正取得世界领导权，使美国霸权获得"合法性"。

由此看来，外交政策作为软实力的主要资源，对国家软实力的影响主要在于外交政策的实质性内容与外交风格。相对而言，外交风格是为外交

---

① ［美］约瑟夫·奈：《软力量——世界政坛成功之道》，东方出版社 2005 年版，第 61、66 页。

② Philip Bowring, *Bush's America Is Developing An Image Problem*, The New York Times, May 31, 2001.

③ ［美］约瑟夫·奈：《软力量——世界政坛成功之道》，东方出版社 2005 年版，第 13、14 页。

④ 同上书，第 159 页。

实质性内容服务的，它的形式变化在一定程度上影响着外交实质性内容的实现。但奈强调外交风格的变革，因为外交政策的实质性内容自立国以来一直都是以美国政治文化的全球传播与渗透为轴心的。因此美国外交传统的三种风格无论怎样交替使用、变化与争论，都是围绕如何使美国政治文化与政治制度更好地传播而展开的。

这是美国自立国以来，甚至更早追溯到殖民拓荒时代以来逐渐形成并加深的"山巅之城"与"上帝选民"的政治文化传统这一外交实质性内容决定的。这一政治文化传统不仅根深蒂固，而且随着美国国力的不断强盛而日趋迫切地实现。亨廷顿对此作了这样的描述，19世纪末时美国已经成为一个全球性大国，却陷入了两个彼此相冲突的局势：一方面，作为一个大国，美国为了保持自己的地位和安全，不得不在世界上与其他大国进行紧张的竞争，而在此前美国既不需要这样做也没有能力这样做；另一方面，美国成为大国，就有可能在国外倡导它在自己国内所树立的道德价值观和原则，而在此前，美国既不需要这样做也没有能力这样做。因此，"一头是现实主义，一头是道德主义，如何摆好这二者的关系，成了美国20世纪对外政策的核心问题"。① 从本质上说，无论是现实主义，还是道德主义，都只是美国外交的不同风格而已——目的一致而手段理念不同。

从美国政治文化这一外交实质性内容对美国软实力的积极面来看，由于美国是西方国家最早实行而且比较成功地实行宪政民主体制的国家，以自由、民主、法治为基本价值观的政治文化与政治制度确实在世界上树立了一种典范。并且美国立国以来一直将维护民主制度、在世界上推进民主看成其重要的国家利益，并一以贯之地融合在外交政策中，所以美国的软实力很快成长起来。在政治文化与政治制度的保驾护航之下，美国自19世纪90年代取代英国成为世界经济第一强国以来，一直高居世界第一大国，至今还没有出现类似英国19世纪末20世纪初那样的衰败。由此，"美国的模式是一种根据理想和原则塑造现实社会的模式，这种模式对于怀着同样理想、信奉同样原则的人来说是可以追求的、开放的，因而是充满了吸引力的。这是美国软实力的真实所在"。②

---

① ［美］塞缪尔·亨廷顿：《谁是美国人？——美国国民特性面临的挑战》，程克雄译，新华出版社2010年版，第60页。

② 陈玉刚：《试论全球化背景下中国软实力的构建》，《国际观察》2007年第2期。

这反过来使得美国人更加坚信美国政治文化与政治制度的优越性，并极力使之普世化。

同时，传播美国的政治文化与政治制度是美国外交政策的核心使命。对美国精英与普罗大众而言，对政治文化与政治制度的自信也使他们自觉地承担起这种传播使命，从而对美国软实力的增长起着极大的推动作用。这对那些追求美式民主与制度的国家和社会民众尤其是知识精英或民主精英或年轻人产生了莫大的吸引力。皮尤研究中心的调查显示，"美国的软实力常常表现在对年青人的超常吸引力上，尤其是美国的大众文化和民主理念在 30 岁以下的年青人当中非常受欢迎"。① 因此，奈强调文化要有开放性，以便政治文化能披上普适性的大众文化外衣而得到更顺畅的流传。

但政治文化这一美国外交政策的实质性内容对美国软实力的影响并不全是积极性的，也有消极性的。美国政府无论怎样变换外交风格都不能抹去美国政治文化的阴暗面。它的阴暗面与积极面与硬币的正反面一样是分割不了的。在不改变政治文化传播与渗透这一实质的前提下，奈耐心地劝谕美国政府要改变外交风格，多采取多边合作与共同参与的机制解决国际问题，注意软实力是基于自愿与合作而不是"大棒"的威吓与"胡萝卜"的引诱得来的。"如果美国只是按照自己的旋律跳舞的话，那么整个世界只是旁观，而不愿意跟随。"② 而且，"反美恐怖主义的多数暴力形式似乎主要都是由美国的行动和政策所引发的，而非对于美国的价值观或文化甚至是美国权力本身根本的憎恶"。③ 也就是说，反美主义很少反对美国的民主、自由、人权与法治的政治价值观念以及社会生活方式。显而易见的是，美国政府没有注意到这点。因此，"国会中的共和党和民主党大多只热衷于某些特殊的国内问题，常常把外交政策仅仅当作国内政治的延伸。

---

① Pew Research Center, *Global Opinion of Obama Slips*, International Policies Faulted, June 13, 2012.

② Brantly Womack, *Dancing Alone: A Hard Look at Soft Power*, Japan Focus, November 16, 2005.

③ ［美］斯蒂芬·M. 沃尔特：《驯服美国权力：对美国首要地位的全球回应》，郭盛、王颖译，上海世纪出版集团 2008 年版，第 65 页。

国会试图为全世界立法，如果有人不服从美国法律，就粗暴加以制裁"。①
其结果美国软实力遭到了抵制与贬损。

遗憾的是，奈天真地认为，只要改变外交风格就能使美国软实力衰退
的状况得以扭转。约菲（Josef Joffe）也认为："只要美国继续提供公共产
品，妒忌和怨恨就不会逐步扩大为恐惧和厌恶并由此结成带敌意的同
盟。"② 他们都看到了外交风格对美国软实力的消极影响，却没有深思这
种消极影响的根源——作为外交实质性内容的美国政治文化的阴暗面。之
所以美国可以干出试图为世界立法、粗暴制裁与干预他国内政等损害其国
家软实力的行径，根源于美国政治文化中由"山巅之城"、"上帝选民"、
"天定命运"等观念以及推衍出来的"美国例外"、"美国优越"、"美国
第一"等政治文化传统观念及其蕴含的美国领导世界的动机、义务和责
任。这一切一直融化在美国盎格鲁—撒克逊白人种族的清教徒（即所谓
的 WASP）的血液中。"他们在还没有立国的时候就想改造全世界，'以
天下为己任'。'天命观'与大国梦相结合，就形成了美国特有的理想主
义——扩张主义。"③

基辛格描述了美国这种扩张主义的外交特点：美国自开国以来始终自
诩与众不同，在外交上形成两种相互矛盾的态度，一是美国在国内使民主
政治更趋于完美，为其他人民作榜样，以此作为证明美国价值观优越性的
最佳方法；二是美国的价值观使美国人自认为有义务向全世界推广这些价
值。④ 在这种坚定的使命感指引与感召下，向全世界输出自己特定的价值
观也就成为美国对外政策的基本特征。因此，"美国的对外行为不是对外
部世界作出的被动反应，而是确立特殊主体形态的主动政治行动，它基于
政治理念的优越感、特有的高傲和天赋的传教士精神，它源于战争的胜利
和对美式和平的珍视，着眼于'更加美好的未来与世界'"。⑤ "这种政治

---

① ［美］约瑟夫·奈：《美国霸权的困惑——为什么美国不能独断专行》，世界知识出版社
2002 年版，"前言"，第 6 页。

② Josef Joffe, *How America Does It*, Foreign Affairs, Vol. 76, No. 5, 1997, p. 27.

③ 资中筠：《20 世纪的美国》，生活·读书·新知三联书店 2007 年版，第 282 页。

④ 参见［美］亨利·基辛格《大外交》，顾淑馨、林添贵译，人民出版社 2010 年版，第
10 页。

⑤ 俞正梁、颜声邦：《美国行为及其根源》，《毛泽东邓小平理论研究》2005 年第 5 期。

文化使美国的对外政策带有了一种独具一格的说教色彩和炫耀意味。"①
在他们的潜意识里,"如果另一种政治制度及作为其基础的文化与本国的
不同,那就难以理解它。美国人尤其容易受下述倾向的影响:以适用于本
国的观点去看待其他国家"。②

因而"美国的政治文化不仅对其外交政策发挥了主导性的影响作用,
而且还提供了合理的价值解释和道德依据"。美国政府就将这种随时准备
充当"解救人类"的道德面具戴在自己头上,为在国外推翻所谓的"独
裁"、"专制"、"极权"的统治者提供战争理由。"这种道德法律的原则
重新解释了'侵略'的含义,为美国政府在实现外交政策过程中进行渗
透和颠覆提供了合理与合法的依据,并对战争的作用作了新的解释,并且
提供了一条鉴别战争正义与否的新依据。"③ 这种政治文化观虽然为美国
的对外战争提供了来自社会内部的强大支持力,但却遭到了世界很多国家
的反感,以致美国软实力呈现下降的危机。正如奈自己看到的那样:"近
年来反美主义日益高涨,美国的软实力——美国政策的合法性及其所体现
的价值观对其他国家产生的吸引力——正在衰落。"④ 皮尤研究中心针对
美国反恐领导权赞成度的十年跟踪调查也表明了这点,⑤ 如表1-3所示。

表1-3　　　　　　　　　　美国反恐领导权赞成度

U. S. - led Efforts to Fight Terrorism									
% who favor U. S. - led efforts to fight terrorism									
	2002	2003	2004	2005	2006	2007	2009	2010	2011	2012
	%	%	%	%	%	%	%	%	%	%
U. S.	89	—	81	76	73	70	81	78	80	76
Britain	69	63	63	51	49	38	64	58	59	57

---

① [美] 约瑟夫·奈:《美国定能领导世界吗》,军事译文出版社1992年版,第181页。

② [美] 托马斯·帕特森:《美国政治文化》,东方出版社2007年版,"中文版序言",第6
页。

③ 汪波:《美国外交政策的政治文化分析》,武汉:湖北人民出版社2001年版,第29、
73—74页。

④ Joseph S. Nye, Jr., *The Decline of America's Soft Power*, Foreign Affairs, Vol. 83, Issue 3,
2004, p. 16.

⑤ Pew Research Center, *Global Opinion of Obama Slips*, *International Policies Faulted*, June 13,
2012.

续表

	U. S. – led Efforts to Fight Terrorism									
	% who favor U. S. – led efforts to fight terrorism									
France	75	60	50	51	42	43	74	67	71	75
Germany	70	60	55	50	47	42	68	59	67	60
Spain	—	63	—	26	19	21	59	56	58	53
Italy	67	70	—	—	—	41	—	—	—	65
Greece	—	—	—	—	—	—	—	—	—	29
Poland	81	—	—	61	—	52	66	70	60	62
Czech Rep.	82	—	—	—	—	57	—	—	—	64
Russia	73	51	73	55	52	50	54	70	53	53
Turkey	30	22	37	17	14	9	24	19	14	18
Egypt	—	—	—	—	10	26	19	18	21	13
Jordan	13	2	12	13	16	18	11	12	9	8
Lebanon	38	30	—	31	—	34	31	30	35	32
Tunisia	—	—	—	—	—	—	—	—	—	30
Pakistan	20	16	16	22	30	13	24	19	16	16
China	—	—	—	—	19	26	50	41	23	23
India	—	—	—	—	—	—	—	—	52	55
Japan	61	—	—	—	26	40	42	42	42	44
Brazil	—	—	—	—	—	—	—	62	57	66
Mexico	52	—	—	—	—	31	56	43	47	36

　　但奈在论述国家软实力时并没有反思与超越美国政治文化的这种局限性，而是与其他理想主义者一样认为美国需要用文化、政治价值观的吸引力去同化其他国家，使其他国家遵循美国的制度模式、价值观念，以达到与其用军事力量向世界推行民主一样的目的。因而对美国而言，"软实力只不过是其向世界推行霸权主义和强权政治的一种手段，所以在约瑟夫·奈的软实力理论中强调软实力资源发挥'吸引力'的同化作用，强调他国对美国民主模式的效仿、对美国价值观的服从，其软实力体现出一种咄咄逼人、令人窒息的霸气"。①

---

① 曹东:《近年来国内外关于软实力研究的综述》,《领导科学》2009 年第 35 期。

　　在这种霸权思维支配下，美国政府试图把它自己的一整套政治文化观念强加给他国，霸权主义、单边主义与黩武主义也就油然而生了。但"不幸的是，巨大的权力、普世的原则以及两政党热衷于将这些原则强加给别人的共识，这些因素的结合注定会引起其他国家（包括一些跟随美国的民主国家）的惊恐。甚至是那些崇尚美国价值观的社会也可能不会全盘采纳（尤其不希望在枪炮的威胁下接受）"。因此，美国政治文化一方面对形成国家软实力起着巨大推动作用，另一方面又在削弱美国的软实力。这种自相矛盾的根源就在于美国政治文化的两面性，并非改变外交风格就能解决的。"如果美国想要让自己的特权地位被大家接受，其政治团体对对外政策的实施必须报以更为严肃和规范的态度。"①

　　第二，政治文化与国家外部形象。国家外部形象即国际形象。在国际形象中，除了经济、科技、文化、自然生态与资源状况以及公民素质之外，政治因素是国家外部形象的主要衡量指标之一。它包括国内的执政党能力、政府行政能力、公民民主政治权利状况、政府廉洁程度，以及国际的政治责任担当、国际组织参与程度、国际制度制定能力、国际议题设置能力、国际活动活跃程度等方面。其中，国内政治因素在很大程度上影响着国家外部形象的建构。一个直观浅显的理由是，一个国家不能有效治理国内社会、保护公民民主权利，就别指望它会制定出有效合理的国际制度和顾及他国公民的生命、自由与权利。因此，通常而言，国家与政府在公民民主权利上的得失往往构成他国媒体与受媒体影响的多数民众对该国评价的主要标准，在某种程度上它的重要性甚至超过了他们对该国公民从国家与政府那里获得的社会福利供给的判断。那些在公民民主权利上得分比较高的国家往往在国际媒体上的国家形象就比较好，反之则差。

　　这种以公民民主权利为主要衡量标准的设定，一方面反映了民主政治发展的规律与要求，另一方面也反映了西方国家在"民主、自由、人权"上的政治话语权把持。当"一种语言形成霸权后，就意味着以这种语言为母语的国家和民族将很容易拥有信息霸权和文化霸权，并会影响政治话语权"。② 西方国家，尤其是美国，既在利用英语语言优势，又在利用政

---

　　① ［美］斯蒂芬·M. 沃尔特：《驯服美国权力：对美国首要地位的全球回应》，上海世纪出版集团 2008 年版，第 61、218 页。

　　② 吴新慧：《政协委员赵启正：中国出现严重文化赤字》，新加坡《联合早报》2006 年 3 月 10 日。

治话语权优势，在世界上力图塑造追求民主、自由、人权的国家形象。同时，美国长期以来实施政府主导、非政府组织具体实施、公民个体进行配合的民主输出战略计划。像国家民主基金会、国际民主研究论坛、索罗斯基金会、共和国际研究所、自由之家、福特基金会、国际研究和交流协会等非政府组织成为美国产生国家软实力的重要帮手。这些组织深深懂得，"软实力就是将制度、价值、文化、意识形态演化为重要的资源力量对国际社会的外生变量发生作用"。① 它们走到哪里，就将美国的民主、自由、人权的政治价值观带到哪里。"依靠非政府组织的活动，推广美国'公民社会'的价值理念，是美国'软实力'的体现。"②

　　"拥有软实力的国家放射出影响力，它使得外部的相关行为者都受到这种放射力的影响，以至于这个国家可以借此达到国际战略目的。"③ 美国通过长期的努力，已经成功地塑造民主、自由与人权高度发达的国家形象，在政治文化领导权上基本上实现了它的国际战略目的。因此，"考察美国的软实力结构时，我们可以发现真正构成其软实力核心的是价值意义上的软实力，包括美国的制度、社会、文化和模式，这些内容被包装成普世性的模式和价值，在许多接受者看来都代表着一种普世性的理解。当我们提到民主时，首先浮现在脑子中的模式往往是三权分立与制衡，以至于都忘了民主还有别的制度模式"。④ 欧洲作为民主政治的思想、理论与实践的发源地，与美国民主政治耀眼夺目的光芒相比却黯然失色，更弗论其他地区的国家。对此，奈自豪地说道："美国文化的种族开放性和美国民主与人权的价值观的政治感召力，使其具有了国际影响力，欧洲国家在这方面的影响较小，而共产党国家则在很大程度上失去了这种影响。"⑤

　　由于美国这种民主国家形象已经深深地烙在很多人的脑海中，所以美国被他们描绘成民主、自由、人权的天堂，他们把美国的民主、自由与人权的政治价值观与政治制度作为唯一的标准去衡量自己的国家与其

---

　　① 章一平：《软实力的内涵与外延》，《现代国际关系》2006年第11期。

　　② 黄培昭等：《美国1.5万NGO撒在全世界 成为"推动民主"工具》，《环球时报》2012年2月28日。

　　③ 庞中英：《国际关系中软力量及其他》，《战略与管理》1997年第2期。

　　④ 陈玉刚：《试论全球化背景下中国软实力的构建》，《国际观察》2007年第2期。

　　⑤ ［美］约瑟夫·奈：《美国定能领导世界吗》，军事译文出版社1992年版，第161页。

他国家。一句话，美国的科技、教育、政治制度、政治观念乃至社会生活方式都成为他们倾慕的对象。一些人一边嘴里对美国嘟嘟抱怨而另一边却在为移民美国作准备。或许他们并不喜欢美国政府，但美国的制度、教育理念、公平机会与社会生活方式却能吸引他们。因此，"反美主义"只是顶多表明美国的政府遭到了批评，"只是在质疑它的对外政策和军事权力，而不是它的生活方式"。"更重要的或许是，美国的生活方式、价值观、商品、文化及其各种各样的象征符号已经某种程度地'嵌入'了其他社会。……而那些美国的大众文化则已经深刻地融入当地日常生活中。"①

正因如此，"美国的文化不再随枪炮而扩张。如果说有一个全球性的文化，这就是美国文化。它不只是麦当劳和好莱坞，还有微软和哈佛大学。富裕的罗马人以前总是将子女送到希腊的大学；今天的希腊人也即欧洲人，把他们的子女送到罗马也即美国的大学和英国的寄宿学校"。② 这些"在美国学习的学生逐渐熟悉美国的传统习惯，同时也吸收着其对于政治和经济的主流观点。当然，并非他们中的所有人都会有正面的体验或者最终采取对美国有利的态度，可大多数人都会如此"。③ 这就是美国国家形象的软实力效应！

因此，奈非常欣慰地说："我们的价值观是软实力来源之一。在这个意义上说，我们被看作是自由、人权和民主的灯塔，把其他国家指引过来以便追随我们的领导。"④ 从皮尤研究中心的调查来看，受互联网为载体的新媒体传播影响的年轻人显然要比他们父辈这一代人确实更偏爱美国民主、自由、人权的政治文化与政治制度，对美国更有好感。⑤ 如表 1 - 4 与表 1 - 5 所示。

———————————

① Alexander Bohas, *The Paradox of Anti - Americanism: Reflection on the Shallow Concept of Soft Power*, Global Society, Vol. 20, No. 14, 2006, p. 395.

② Josef Joffe, *Gulliver Unbound: Can America Rule the World? The Twentieth Annual John Bonython Lecture*, Centre for Independent Studies, Sydney, Australia, August 5, 2003.

③ [美] 斯蒂芬·M. 沃尔特：《驯服美国权力：对美国首要地位的全球回应》，上海世纪出版集团 2008 年版，第 207 页。

④ Joseph S. Nye, *The Power We Must Not Squander*, The New York Times, January 3, 2000.

⑤ Pew Research Center, *Global Opinion of Obama Slips*, International Policies Faulted, June 13, 2012.

表 1 - 4　　　　　　　美国民主价值观对不同年龄的人的吸引力

Young People More Positive About Amenrican Style Democracy			
% Like American ideas about democracy			
18—19	30—49	50 +	Oldest - yorngest gap
%	%	%	
Tunisia	72	57	48	− 24
China	59	55	55	40
Russia	31	33	16	− 15
Lebanon	51	42	37	− 14
Poland	52	52	39	− 13

PEW RESEARCH CENTER Q55.

表 1 - 5　　　　　　　美国民主价值观的吸引力

American Ideas About Democracy More Popusar			
% Like American ideas about democracy			
2002	2007	2012	07 - 12change
%	%	%	
Spain	—	19	49	+ 30
Italy	45	38	58	+ 20
France	42	23	43	+ 20
Germany	47	31	45	+ 14
Poland	51	34	47	+ 13
Britain	43	36	45	+ 9
Czech Rep.	64	46	47	+ 1
Greece	—	—	29	—
Russia	28	21	26	+ 5
Lebanon	49	39	44	+ 5
Turkey	33	8	13	+ 5
Pakistan	9	6	11	+ 5
Egypt	—	40	42	+ 2
Jordan	29	42	42	0
Tunisia	—	—	60	—
Japan	62	57	64	+ 7

续表

American Ideas About Democracy More Popusar			
% Like American ideas about democracy			
	2002	2007	2012	07 – 12change
	%	%	%	
China	—	48	52	+ 4
India	—	—33	—	
Mexico	41	29	41	+ 12
Brazil	—	—	48	—

PEW RESEARCH CENTER Q55.

　　但是，美国民主、自由、人权的政治文化在显示无比魅力及其塑造有吸引力的国家形象的同时，由于它内含侵掠扩张本性与唯我独尊的潜在意识，也激起了其他国家与民族对自己文化及其政治核心价值观的保护本能，从而在一定程度上使美国政治文化的传播与渗透受到阻滞。从皮尤研究中心的调查来看，即使他国民众"接受美国文化的某些方面，但人们还是担心它会排挤他们自己的文化和传统——20 个国家中有 17 个国家的大多数或相对多数的人说美国观念与习俗在他们国家的传播是件坏事"；"即使在美国软实力有强大影响力的国家，他们对'美国化'仍然表示强烈关注。通过对这些国家 2007—2012 年的跟踪调查，发现约 70% 的人认为美国文化在他们国家的传播是件坏事"。[①]

　　这说明美国的国家形象并非完美无缺、无比崇高，更不像美国有些人自诩的"仁慈可爱的上帝"。同时，由于美国对外政策以实现其意志为前提，会采取各种手段来实现，往往摆出一副盛气凌人、恃强凌弱、誓不罢休、公然违背国际制度与条约的架势，给世人一副唯我独尊的虚伪面孔，从而妨碍了美国民主、自由、人权的国家形象建构，使人们看到美国在其国内讲民主、自由与人权而对外则漠视他国民众的民主、自由与人权，导致人们对美国的疑虑或质疑。奈曾无奈地说道："在某种程度上说，我们未能遵守我们声明过的准则而像是一个伪君子，以至于其他国家不乐意追

---

　　① Pew Research Center, *Global Opinion of Obama Slips*, International Policies Faulted, June 13, 2012.

随我们。"① 因此，"美国政治价值观因素，特别是美国以'使命观'为代表的宗教观念，对它的外交决策产生了巨大影响，与此同时，这种宗教观念反过来又遏制了美国自身软实力的发挥。这是美国软实力面临的一个悖论"。②

正如政治学家迪韦尔热批评阿尔蒙德与维巴在《政治文化》一书中过度推崇英美式政治文化说的那样，"把美国的政治文化描绘成一幅田园诗般一体化形象，就是忘记了随后几年显露出的严重冲突的因素"。③ 这种严重冲突就是指阿尔蒙德等人完成该书之后不久爆发的黑人民权运动。20 世纪 60 年代美国黑人掀起的民权运动，表明美国的政治文化存在严重缺陷，因为它不能解决少数族裔的民主、自由与人权的问题，更不用提美国历史上白人对原住居民印第安人的种族屠杀及其对非白种人的种族歧视。不仅其他国家的人看到了美国形象的阴暗面，就连美国内部也有人至今都认为："所谓的后种族主义只不过是我们的幻想。不幸的是，种族仍然是测量每个人的晴雨表。"④ 同时，讲究人权的美国在侵犯他国主权与人权的同时也在侵犯本国公民的人权。美国前总统卡特就强烈地批评道："除了美国公民成为暗杀目标或无限期扣押外，最近颁布的法律也取消了1978 年的《外国情报调查法》所规定的限制，允许通过未经许可的窃听以及政府利用电子通信手段来侵犯公民隐私权。"⑤ 这充分说明，美国政治文化的阴暗面决定了美国国家形象的狰狞丑陋的一面，从而制约了美国软实力上升的空间。

第三，政治文化与国际组织及其国际制度。冷战结束以来，全球化日渐加深已成为一个不可逆转的趋势。在这种背景下追求国际霸权最好的方式莫过于按照自己的意愿来构建国际组织与国际制度。在提出"软实力"之初，奈就把国际组织与国际制度作为美国软实力的一种重要资源。因为这些"在美国帮助下建立起来的国际机构，不仅影

---

① Joseph S. Nye, *The Power We Must Not Squander*, The New York Times, January 3, 2000.

② 朱世达：《影响美国软实力的因素分析》，《美国研究》2011 年第 2 期。

③ ［法］莫里斯·迪韦尔热：《政治社会学——政治学要素》，杨祖功、王大东译，东方出版社 2007 年版，第 73 页。

④ Wil Haygood, Brady Dennis, Sari Horwitz, *Soul - searching and the Killing of Trayvon Martin*, The Washington Post, March 22, 2012.

⑤ Jimmy Carter, *A Cruel and Unusual Record*, International Herald Tribune, June 24, 2012.

响了其他国家谋求利益的方式，而且也影响了它们对自己行为的看法以及对国家利益的确定。这些国际法则和机构对欧洲和日本的国内政策也产生了影响，并帮助形成了它们处理国际问题的方法。……这类体制并非建立在强制性的基础之上，其之所以能成功，在很大程度上是由于美国利用了它们来达到其他国家也试图达到的目的"。① 苏联解体之后美国成为世界唯一的超级大国，更是需要国际组织与国际制度来巩固和扩大它的霸权。

正出于国际组织与国际制度成为美国实现全球领导意图的有力工具这一事实，奈才说道："如果一国能建立与自己社会相一致的国际规则，它大概就无须改变自己。如果它能够帮助建立一种制度，使其他国家按照自己所希望的方式去行事，它大概就不再需要过多使用代价高昂的强制行为或硬实力。"因此，"当今时代，国际制度与文化吸引力、意识形态一样成为软实力资源。"② 原因在于：一是国际组织与国际规则要与自己社会运行的政治制度与规则相一致，以便在国际问题的议程设置上按照自己熟悉的政治规则与程序进行；二是国际组织与国际制度的构建要贯彻自己的政治文化核心观，以便自己利用国际组织与国际制度实现自己的政治意识形态领导权。如果在国际组织与国际制度中能实现这两个意图的话，那么，一国的"行为在别国的眼中就更具合法性"。③

简言之，在国际政治中，文化、对外政策、国际组织与国际制度、国家形象等国家软实力资源，都是为了更好地使政治文化与政治制度得到传播、渗透与引导作用的发挥。在奈的内心深处，软实力理论也许可以用一句话来概括——"当美国的政治价值观被转化为国际社会的制度与价值规范，其普世性也随之成立并随着机制的延续得以固化"。④ 因此，奈看重的显然是"掌握普世价值观主导权的现实好处，认为只要推行得当，

① ［美］约瑟夫·奈：《美国定能领导世界吗》，军事译文出版社 1992 年版，第 159 页。

② Joseph S. Nye, Jr., *Soft Power*, Foreign Policy, No. 80, 1990, p. 167.

③ ［美］约瑟夫·奈：《软力量：世界政坛成功之道》，东方出版社 2005 年版，第 10 页。

④ See: John G. Ikenberry & Charles A. Kupchan, *Socialization and Hegemonic Power*, International Organization, Vol. 44, No. 3, 1990, pp. 283－315.

大国、小国都能受益，因而吸引与追随亦成为可能"。① 这就是奈的整个软实力理论要表达的中心思想或核心观念。

因此，从这个角度看，中国软实力建设就需要在审视增长过程中的不足与危机的同时紧紧围绕社会主义政治文化建设这一核心而全面展开。

---

① 郭小聪：《约瑟夫·奈软实力说中的"吸引"与"追随"》，《国际关系学院学报》2010年第3期。

第二章

改革开放以来中国国家软实力的增长

在提出软实力概念的初期，奈并不看好中国的软实力。从当时来看，"中国的人文和技术基础远不如美国的发达，甚至还不如苏联"。① 而1989 年"六四风波"的爆发，让奈难以掩饰内心的喜悦与欣慰，因为风波表明，"尽管中国政府抗议美国的干涉，但中国民众依旧钟情于美国的民主和文化"。② 在他看来，与其说中国难有自己的软实力，倒不如说中国先后受苏联与美国的软实力影响。即使到了 2004 年，奈依然认为中国软实力很微弱，仅仅与印度一样"已有迹象显示它们软实力资源的扩张"。③ 但仅过去一年的光景，奈的态度发生了急转。他看到在首届东亚峰会上中国的不凡影响，英国广播公司调查数据中中国形象的改善，以及美国国会报告只关心中国经济与军事力量的提升而对中国软实力置之不顾等现象，④ 焦急地认为："中国软实力的崛起——与美国互为消长——是一个需要认真对待的紧迫问题。"⑤ 看来中国软实力的兴起触动了奈那根护持美国霸权的敏感神经。此后，随着中国经济的突飞猛进，中国软实力也随之引起外界的关注。一些西方人士看到，"在过去的 28 年中，中国

---

① ［美］约瑟夫·奈:《美国定能领导世界吗》，军事译文出版社 1992 年版，第 56 页。

② Joseph S. Nye, Jr. , *Soft Power*, Foreign Policy, No. 80, 1990, p. 168.

③ ［美］约瑟夫·奈:《软力量——世界政坛成功之道》，东方出版社 2005 年版，第 95 页。

④ 美国国会 2008 年一下发布了三份有关中国软实力的研究报告: "*China's 'Soft Power' in Southeast Asia*", "*China's Foreign Policy and 'Soft Power' in South America, Asia, and Africa*", "*Comparing Global Influence: China's and U. S. Diplomacy, Foreign Aid, Trade, and Investment in the Developing World*".

⑤ Joseph S. Nye, *The Rise of China's Soft Power*, The Wall Street Journal Asia, December 29, 2005.

已经通过自省、自我调适和对外部变化保持开放性的能力获得了惊人的进步"。① 他们对中国软实力的惊人进步表示强烈关注的同时，试图揭示中国软实力增长的"秘籍"。

第一节　政治高层重视与国家软实力的建设

1978 年党的十一届三中全会召开以后，中国共产党把全党全国的工作重心转移到"以经济建设为中心"，掀起了改革开放的热潮，极大地调动了人民的生产积极性，使中国的经济社会发生了翻天覆地的变化。1992 年确立由计划经济体制向社会主义市场经济体制转变后，中国的以经济军事为主的硬实力建设取得了举世瞩目的成就。伴随硬实力的增长，中国的软实力也开始兴起。同时，进入 21 世纪后，随着综合国力竞争要素发生变化，软实力竞争日渐突出。中国共产党中央高层领导人也意识到，"如果在经济增长的同时，'软实力'得不到相应提升、中国文化在境外的影响力未有扩张，那么中国就无法保住它在国际舞台上的大国地位"。② 由此，中国软实力的建设前所未有地被提上了中国社会主义现代化建设的重要日程。

一　中央领导层倡导国家软实力建设

中央领导人意识到国家软实力的重要性，始于胡锦涛同志 2006 年 11 月在中国文联与中国作协全国会议上的讲话。在这次会议上，胡锦涛同志提出了"提升国家软实力，是摆在我们面前的一个重大现实课题"③ 这一政治命题。在 2007 年 1 月 23 日的政治局学习会上，胡锦涛同志再次指出："加强网络文化建设和管理，充分发挥互联网

---

① Chas W. Freeman, *China's Real Three Challenges to the United States*, http：//www. globalist. com/storyid. aspx? StoryId＝5770. , December 12, 2006.

② ［俄］弗拉基米尔·斯科瑟列夫：《中国将加强防范对青年的外来影响，在西方推介本国的软实力》，《参考消息》2011 年 10 月 21 日。

③ 胡锦涛：《在中国文联第八次全国代表大会中国作协第七次全国代表大会上的讲话》，《人民日报》2006 年 11 月 10 日。

在中国社会主义文化建设中的重要作用，有利于增强中国的软实力。"① 3 月 3 日，贾庆林同志在政协第十届全国委员会第五次会议上的工作报告中指出，要"重点围绕以文化为主要内容的国家软实力建设、推动中华文化走向世界"。②

同年 4 月，时任中央宣传部部长的刘云山同志在河南考察时指出，21 世纪头 20 年是中国现代化建设的重要战略机遇期，也是文化发展的重要战略机遇期，一定要紧紧抓住历史机遇，大力推进文化建设，努力使中国文化软实力有一个大的提升。刘云山同志强调，提升中国文化软实力，要以建设社会主义核心价值体系为根本，更好地把核心价值体系的基本要求渗透和体现到社会生活各方面，不断增强全民族的凝聚力向心力。③ 7 月，在全国政协专题协商会上，贾庆林同志再次指出："加强以文化建设为主要内容的国家软实力建设，是夺取全面建设小康社会新胜利、开创中国特色社会主义事业新局面的必然要求，是增强中国综合国力、赢得国际竞争的必然要求。"④

中央领导层对中国软实力建设重要性的强调，在外界看来，这是中国自身的发展需要以及国际竞争的新态势，使"在胡锦涛时代，中国共产党的最高领导层也开始对加强中国的软实力表示出极大的兴趣"。⑤ 中央领导层对国家软实力的重视，最终形成了中国政治高层与全党的共识。2007 年 10 月，党的十七大在报告正式提出："要坚持社会主义先进文化前进方向，兴起社会主义文化建设新高潮，激发全民族文化创造活力，提高国家文化软实力。"⑥ 国家软实力建设写进了党的代表大会的报告，意味着它将是今后中国共产党的一个重要政治目标。

---

① 胡锦涛：《以创新的精神加强网络文化建设和管理》，《人民日报》2007 年 1 月 25 日。

② 贾庆林：《中国人民政治协商会议全国委员会常务委员会工作报告》，《人民日报》2007 年 3 月 16 日。

③ 刘云山：《以科学发展观为统领 大力推进文化建设》，《人民日报》2007 年 4 月 9 日。

④ 李赢：《全国政协召开"国家软实力建设"专题协商会》，《光明日报》2007 年 7 月 25 日。

⑤ Young Nam Cho & Jong Ho Jeong, *China's Soft Power*：*Discussions，Resources and Prospects*，*Asian Survey*，Vol. 48，No. 3，2008，p. 456.

⑥ 胡锦涛：《高举中国特色社会主义伟大旗帜　为夺取全面建设小康社会新胜利而奋斗——在中国共产党第十七次全国代表大会上的报告》，《人民日报》2007 年 10 月 25 日。

政治高层对国家软实力的倡导和重视，又直接推动了国内学界对软实力的讨论与研究。尤其是2006年以来，"媒体与学者越来越重视在崛起过程中发展和运用中国的软实力，'中国软实力'这个术语也频繁见诸报端和学术论著"。① 前所未有的研究盛况表明，"进入胡锦涛时代，对软实力的讨论已成为中国学界和媒体的重要主题"。②

二　党中央国务院部署国家软实力建设

按照国家领导人的要求，党的十七大报告从文化建设的角度对中国软实力建设与发展进行了初步部署。一是建设社会主义核心价值体系，增强社会主义意识形态的吸引力和凝聚力。二是建设和谐文化，培育文明风尚。三是弘扬中华文化，建设中华民族共有精神家园。四是推进文化创新，增强文化发展活力。为此，作为主管文化的中央领导人李长春同志提出要大力推动文化"走出去"，不断扩大中华文化的国际影响力和竞争力；要不断创新文化"走出去"的渠道、途径和方式方法，坚持"两条腿"走路，在继续推动政府主导的文化交流的同时，积极探索市场化、商业化、产业化的运作方式，使中国文化产品更直接地参与国际文化市场竞争；要加强国际传播能力建设，加快建设语种多、受众广、信息量大、影响力强、覆盖全球的国际一流媒体，使我们的图像、声音、文字、信息、影视节目更广泛地传播到世界各地，不断扩大中华文化的国际影响力。③

为落实党的十七大报告和中央领导人的讲话要求，以文化建设为主要内容的国家软实力建设写进了《中华人民共和国国民经济和社会发展第十二个五年规划纲要》。该纲要提出要"构建以优秀民族文化为主体、吸收外来有益文化的对外开放格局，积极开拓国际文化市场，创新文化'走出去'模式，增强中华文化国际竞争力和影响力，提升国家软实力"。

---

① Sheng Ding, *To Build A "Harmonious World": China's Soft Power Wielding in the Global South*, Journal of Chinese Political Science, Vol. 13, No. 2, 2008, p. 195.

② Young Nam Cho & Jong Ho Jeong, *China's Soft Power: Discussions, Resources and Prospects*, Asian Survey, Vol. 48, No. 3, 2008, p. 455.

③ 李长春：《正确认识和处理文化建设发展中的若干重大关系 努力探索中国特色社会主义文化发展道路》，《求是》2010年第12期。

　　为贯彻十七大要求和"十二五"规划，党的十七届六中全会专门就文化体制改革促进文化发展作出重要决议。全会认为："文化在综合国力竞争中的地位和作用更加凸显，维护国家文化安全任务更加艰巨，增强国家文化软实力、中华文化国际影响力要求更加紧迫"，要求"培养高度的文化自觉和文化自信，提高全民族文明素质，增强国家文化软实力，弘扬中华文化，努力建设社会主义文化强国"。① 全会决定从七个方面入手建设国家文化软实力，即推进社会主义核心价值体系建设，巩固全党全国各族人民团结奋斗的共同思想道德基础；全面贯彻"二为"方向和"双百"方针，为人民提供更好更多的精神食粮；大力发展公益性文化事业，保障人民基本文化权益；加快发展文化产业，推动文化产业成为国民经济支柱性产业；进一步深化改革开放，加快构建有利于文化繁荣发展的体制机制；建设宏大的文化人才队伍，为社会主义文化大发展大繁荣提供有力人才支撑；加强和改进党对文化工作的领导，提高推进文化改革发展科学化水平。

　　在外界看来，此次全会"确定了将软实力这一概念全面添加到官方政治词典中去，并将其作为未来几年的优先议题逐步落实"，② 而且"种种迹象表明，十七届六中全会决定加快速度提高中国的软实力"。③ 他们认为，全会决定的出台标志着中国共产党和国家的高层领导人决定要加强中国在国际舞台上的软实力，决心改变中国文化影响力迄今仍远远赶不上如今的超级大国美国的劣势局面。

　　在十七届六中全会决定的基础上，2012 年底召开的党的十八大进一步提出，要把"文化软实力显著增强"作为全面建成小康社会的重要奋斗目标，并纳入政治经济社会文化生态"五位一体"协调发展的总体布局。概括起来，党的十八大对国家软实力建设的部署包括两个方面：一是在国内坚持科学发展，增强国家软实力的内部基础，二是对外坚持和平发展，提升国家软实力。对内对外的软实力建设策略都统合在"五位一体"总体布局里。因此，"五位一体"总体布局在很大程度上可以说是中国软

---

　　① 中国共产党第十七届中央委员会第六次全体会议：《中共中央关于深化文化体制改革推动社会主义文化大发展大繁荣若干重大问题的决定》，《人民日报》2011 年 10 月 26 日。

　　② ［西］胡利奥·里奥斯：《中国实施"软实力"战略面临挑战》，《参考消息》2011 年11 月 5 日。

　　③ 《中国加速提高"软实力"》，《参考消息》2011 年 10 月 21 日。

实力建设的总体战略布局，它的具体实施对国家软实力的建设与发展直接产生了重要的推动作用。

政治高层在政治意识形态上与时俱进，适时提出并极力贯彻落实"三个代表"重要思想与科学发展观，努力构建社会主义和谐社会，推进社会主义新农村建设，着力加强社会主义核心价值观的引导作用与主流地位，强化理想信念与公民素质，扩大社会共识，建设"美丽中国"，力争在 2020 年全面建成小康社会，让"中国梦"在中国大地上照进现实，增强了国家软实力的内部基础。同时，政治高层对外坚持"独立自主"的外交方针与和平发展道路，继承并不断革新传统外交思想与思维模式，坚持和平共处、互利共赢，在实现中国发展的同时促进世界的发展，积极参与国际事务，承担国际责任，努力塑造负责任的大国形象，提升了中国软实力。来自政治高层的倡导、部署与实践，是中国软实力建设与发展的重要支持与动力。总之，政治高层领导人有意识地推动和运用国家软实力，与学界的广泛深入研究、民间社会的热烈讨论与强烈要求形成了一种合力，在共同促进中国软实力的建设与发展。

第二节　经济迅速发展与国家软实力的兴起

中国改革开放以来经济上的高速增长带来的巨大经济成就，不仅奠定了国家软实力的物质基础，而且成为国家软实力的重要增长极。在很大程度上我们可以说，正是经济上的发展成就使国内外的人们看到了中国软实力的兴起。这一标志在一些人看来是 1997 年东南亚金融危机中中国经济的坚挺与对受灾国的经济援助。他们认为："中国的国际形象向一个负责任的大国的重大转变发生在 1997 年亚洲金融危机之后，中国宣布人民币不贬值，以帮助东亚金融形势的稳定和那些危机受害国的恢复。许多人认为中国的这个决定事实上帮助它获得了很多软实力——这是美国在东亚失去的。"[①] 时任新加坡驻美大使陈庆珠（Chan Heng Chee）就认为："不管

---

① Xin Li & Verner Worm, *Building China's Soft Power for A Peaceful Rise*, Journal of Chinese Political Science（Published online），24 November，2010，p. 84.

美国对 1997 年亚洲金融危机的反应是否成功，都加强了中国在这一地区的地位。"① 这表明，改革开放中国经济的增长对中国软实力的兴起起了重要作用。

一　经济迅速发展奠定国家软实力物质基础

改革开放以来，按照邓小平同志提出的社会主义现代化建设的"三步走"战略总部署，中国开始有条不紊地实施经济建设。1992 年党的十四大正式确立了将经济体制由传统计划经济体制向社会主义市场经济体制转变，1995 年十四届五中全会又提出经济增长方式从粗放型向集约型转变，要认真贯彻"保持国民经济持续、快速、健康发展"的方针，"积极推进经济增长方式转变，把提高经济效益作为经济工作的中心"的方针，以及"实施科教兴国战略，促进科技、教育与经济紧密结合"的方针，"把加强农业放在发展国民经济的首位"的方针。经济体制的转型与经济增长方式的转变，极大地推动了中国经济的发展。

为进一步适应世界经济科技竞争局势，落实邓小平同志提出的"科学技术是第一生产力"的要求，胡锦涛同志在全国科技大会上强调，要全面贯彻落实科学发展观，大力实施科教兴国战略和人才强国战略，进一步发挥科技进步和创新的重大作用，切实把经济社会发展转入以人为本、全面协调可持续发展的轨道，要大幅度提高科技投入，加快科技事业发展，重视基础研究，重点发展战略高技术及其产业，加快科技成果向现实生产力转化，以利于为经济社会发展提供持久动力，在国际经济、科技竞争中争取主动权。②

为此，中国一方面通过经济体制改革为经济发展提供体制、制度与机制上的保障；另一方面通过加强自主创新提升企业核心竞争力，推动统筹城乡发展，坚持走中国特色新型工业化、信息化、城镇化、农业现代化道路，推动信息化和工业化深度融合、工业化和城镇化良性互动、城镇化和农业现代化相互协调，促进国民经济又好又快地发展。如表 2 - 1 所示。

---

① Quoted from：Joshua Kurlantzick，*Charm Offensive*：*How China's Soft Power Is Transforming the World*，*New Haven*：*Yale University Press*，2007，pp. 35 - 36.

② 胡锦涛：《坚持走中国特色自主创新道路为建设创新型国家而努力奋斗——在全国科学技术大会上的讲话》，《人民日报》2006 年 1 月 11 日。

表 2 – 1　　　　　改革开放以来中国国内生产总值（GDP）的增长①

年份		1978	1990	2000	2005	2010	2011
GDP（亿元）		3645.2	18667.8	99214.6	184937.4	401512.8	472881.6
GDP 增长率（%）	中国			8.0	11.31	10.45	9.24
	世界			4.7	4.54	5.27	3.85
GDP 世界排名		10	11	6	5	2	2

　　从统计数据来看，改革开放以来中国经济的增长率长期高于世界同期平均水平，GDP 也从 1978 年的世界第 10 位上升到第 2 位，仅次于美国。这种经济实力的快速增长对中国软实力的兴起起到了非常大的推动作用。

　　一是中国经济增长增强了中国的说服力与吸引力，给国家软实力的兴起奠定了物质力量基础。改革开放以来中国人民的物质生活得到了极大改善，"成为全球唯一提前实现贫困人口减半国家，并根据自身能力积极开展对外援助"。② 南非标准银行高级经济学家西蒙·弗里曼特尔据此认为，中国是世界上减贫最成功的国家之一，这值得非洲国家借鉴。③ 同时，中国将国内经济发展与国外经济援助相结合，吸引了很多国家将其眼光投向中国。正是有经济实力的增长，中国才可能开展经济援助来帮助亚洲国家摆脱金融危机的困境，以及对众多的发展中国家实施经济援助。因此，"到目前为止，中国的经济增长是成功的和令人印象深刻的，已成为中国软实力非常重要的资源"。④

　　物质文明建设上的巨大成就激发了中国的民族精神与文化自信，扩大了中国的影响力。正如亨廷顿说的那样，"硬的经济和军事权力的增长会提高自信心、自负感，以及更加相信与其他民族相比，自己的文化或软实

---

　　① 根据《中华人民共和国统计年鉴 2012》和以前的统计年鉴整理而成。

　　② 中华人民共和国国务院新闻办公室：《中国的和平发展》（白皮书），《人民日报》2011年9月7日。

　　③ 董菁：《南非经济学家：中国在非洲经济腾飞中拥有头等席》，人民网 http://world.people.com.cn/GB/18031130.html，2012 – 05 – 30。

　　④ Xin Li & Verner Worm, *Building China's Soft Power for A Peaceful Rise*, Journal of Chinese Political Science（Published online），24 November, 2010, p. 79.

力更优越，并大大增强该文化和意识形态对其他民族的吸引力"。① 同时，"中国非常令人瞩目的经济成就已附带地扩展了它的文化和外交的全球影响力，尤其是在发展中国家"。②

二是经济的增长与科技的进步，为国家软实力的兴起提供了物质投射工具。在国家软实力的形成与增长过程中，现代化的文化信息传播技术与设备既需要科技的支撑，也需要强大的经济实力支撑。这些物资设备与传播技术包括通信卫星与地面接收系统、互联网技术与终端设备、纸质媒体印刷技术与营销设备、驻外记者站与新闻采访设备等，每一个方面要做到更大更强更广泛，都需要强大的经济实力与先进的科技水平来支撑。"据报道，2009—2010 年中国政府在它的主要的'四大''外宣事业'——中央电视台、中国国际广播电台、新华社和中国日报上投入了 87 亿元，同时多个国家的媒体高管和舆论领袖受邀到中国开始'熟悉'之旅。"③ 这都需要大笔大笔的经费投进去，没有经济实力的增长基本上是不可能进行的。而没有这些文化信息的传播，国家软实力就会大打折扣。

二 经济吸引力成为国家软实力重要增长极

奈认为："一些国家的政治影响力大于它们的军事和经济实力，这主要是因为他们在考虑国家利益时涵盖了一些具有吸引力的目标，诸如经济援助和维和等。"④ 这说明经济上的吸引力可以转化为政治上的影响力。一国在保持国内经济增长之时，可以利用经济援助、树立经济发展榜样与塑造双方经济发展共同目标来影响和吸引他国，从而获得国家软实力。对中国而言，经济发展的相对成功已成为国家软实力的重要增长极，主要表现在以下几个比较明显的方面。

一是中国将自身的经济发展与人民福祉的提高和广大发展中国家的命运紧密结合起来，从而对广大发展中国家产生了较强的吸引力。早在1964 年，周恩来总理在加纳访问时就提出了中国政府对外经济技术援助

---

① ［美］塞缪尔·亨廷顿：《文明的冲突与世界秩序的重建》，周琪等译，新华出版社 2002 年版，第 89 页。

② Esther Pan, *China's Soft Power Initiative*, http：//www.cfr.org/publication/10715/，May 18，2006.

③ David Shambaugh, *China Flexes Its Soft Power*, International Herald Tribune, June 7，2010.

④ ［美］约瑟夫·奈：《软力量——世界政坛成功之道》，东方出版社 2005 年版，第 9 页。

的"八项原则",指出"中国政府对外提供援助的目的,不是造成受援国对中国的依赖,而是帮助受援国逐步走上自力更生、经济上独立发展的道路"。① 改革开放以后,中国在发展自身经济、提高人民福祉的同时,进一步加大了对发展中国家的支持与援助,并通过南南合作、中非合作等国际机制努力支持发展中国家政治经济社会文化的发展,共同谋求发展进步,维护世界和平。在这个过程中,中国对外援助的三大特点对形成或培育国家软实力发挥了重要作用。

特点之一是中国大度地提供无息或优惠贷款或免除一些受援国的债务,使它们减轻经济发展上的负担。中国对外援助资金主要包括无偿援助、无息贷款、优惠贷款等三类,而援助方式主要包括八种:成套项目、一般物资、技术合作、人力资源开发合作、援外医疗队、紧急人道主义援助、援外志愿者和债务减免。以非洲为例,在 2006 年中非合作论坛北京峰会上,中国政府宣布免除与中国有外交关系的 33 个非洲重债穷国及最不发达国家截至 2005 年底对华到期政府无息贷款债务,到 2009 年第一季度时中国已顺利免除其中 32 个国家的 150 笔到期对华债务。② 2007 年金融危机爆发以后,中国又克服自身困难,继续向非洲国家提供了包括无偿援助、无息贷款、优惠贷款在内的各类援助。目前,中国的对外援助与中国国际贸易和投资协议已成为"中国软实力的重要构成要素"。③

特点之二是中国重视受援国的基础设施与项目建设,重视受援国今后自身的自主发展,变"输血"为"造血"。中国在援助非洲方面,重点用于加强中非在农业发展、基础设施建设、人力资源培训和医疗卫生等基础领域的合作,这些都是"非洲发展新伙伴计划"的优先领域。与西方国家相比,"中国的援助填补了空白——中国在非洲和拉丁美洲建造的公路与桥梁,是那些地方西方最主要的援助者十多年前遗留下的由它们提供资金建造的基础设施,并且中国建造的基础设施常常比为西方援助组织工作

---

① 《周恩来选集》(下卷),人民出版社 1984 年版,第 429 页。

② 孙宇挺:《中国已免除非洲 32 个国家 150 笔到期债务》,中国新闻网 http://www.chinanews.com/gn/news/2009/10-21/1921548.shtml,2009-10-21。

③ Thomas Lum (ed.), *Comparing Global Influence: China's and U. S. Diplomacy, Foreign Aid, Trade, and Investment in the Developing World*, CRS Report for Congress, Order Code RL34620, August 15, 2008, p. 19.

的承包商更便宜。中国能使它的援助计划更透明更精心"。① 因此，中国的援助与支持在很多发展中国家大受欢迎。

特点之三是中国的经济技术援助不附加其他任何要求或条件，更主要的是不干涉别国内政。中国的对外政策"最重要的特点是坚持一个原则——经济合作、不干预内政。这与西方国家的做法刚好相反，它们总是把经济合作视为迫使发展中国家采取西式政治改革的有效工具"。② 代表工业化国家的经济合作与发展组织于 2011 年 11 月 29 日在韩国釜山举办的第四届援助成效高层论坛上，曾敦促中国签署一个约束性的全球发展伙伴关系协议，也就是中国的对外援助要遵守它们主导制定的规则和标准——对外援助附加民主、自由和人权条件。③ 这当然遭到了中国的拒绝。西方国家自视高人一等，以"导师"自居，往往对受援国提出所谓"推进民主、自由、人权"、"开放党禁"、"提高选举透明度"等政治要求，说白了就是要求受援国"听话"。而这些要求往往受到很多发展中国家的反感与抵制，因此它们在接受西方国家的政府援助时未必在内心涌出感激之情。塞内加尔前总统阿卜杜拉耶·瓦德（Abdoulaye Wade）就直接指出："与后殖民时代那些迟慢的且以恩人自居的欧洲投资者、捐赠组织和非政府组织相比，中国的投资更符合非洲的需求。事实上，中国经济快速发展的模式对非洲很有借鉴意义。"④

相比之下，中国始终坚持援助是平等的、相互的，因此，中国援助资金虽比较少，但因人情达理，所以"很多国家好像很欣赏这风格"，⑤ 从

---

① Joshua Kurlantzick, *Charm Offensive*: *How China's Soft Power Is Transforming the World*, New Haven: Yale University Press, 2007, p. 202.

② Sheng Ding, *To Build A "Harmonious World"*: *China's Soft Power Wielding in the Global South*, Journal of Chinese Political Science, Vol. 13, No. 2, 2008, p. 208.

③ 任沁沁、王建华、吕福明:《中国的对外援助缘何不能接受西方标准制约》，新华网 http://news.xinhuanet.com/world/2011 - 12/01/c_ 111209999.htm, 2011 - 12 - 01。

④ Quoted from: Carola McGiffert, *Chinese Soft Power and Its Implications for the United States*: *Competition and Coorperation in the Developing World*, A Report of the CSIS Smart Power Initiative, March, 2009, p. 31.

⑤ Thomas Lum (ed.), *Comparing Global Influence*: *China's and U. S. Diplomacy, Foreign Aid, Trade, and Investment in the Developing World*, CRS Report for Congress, Order Code RL34620, August 15, 2008, p. 2.

而在广大发展中国家得民心受欢迎，产生了放大效应。在非洲，当西方对非洲指手画脚之时，中国秉承过去数十年间形成的对非政策原则，坚持平等相待，强调对非援助的互利互惠性。"事实上，非洲国家在现实中感到，西方在民主援助中关心自己的国家利益甚于关心非洲国家的真正民主，这降低了西方民主援助的道德合法性，而中国在援非实践中不断寻找新的利益切合点，寻求双方互利双赢和援非的可持续发展。"① 在拉丁美洲，由于"中国一贯奉行不干涉任何别国内政的政策，它的投资在南美洲处处都很受欢迎"。② 因此，"许多发展中国家发现中国的吸引力是因为中国的发展经验和无附加条件的援助"。③

　　二是中国的经济发展方式、经验或模式对发展中国家树立了榜样与示范效应，产生了较强的说服力。由于改革开放以来经济增长的突飞猛进，中国经济的发展经验引起了世界的关注。"从越南到叙利亚，从缅甸到委内瑞拉和全非洲，发展中国家的领导人羡慕和模仿所谓的中国模式。"④ "尽管对中国的认识和观点五花八门，许多观点还大相径庭，但国际社会对中国发展的经验给予了高度一致的充分肯定。"⑤ 因此，"中国模式"或"北京共识"无论是否准确，是否得到了公认，其实都是对中国经济发展经验的一种总结，都被认为或多或少地对发展中国家具有某种榜样与示范效应。因为"中国崛起的背后是自己独特的发展模式"，"中国实行的改革开放称得上是全球经济中最重要的事件，不仅推动中国从一个贫穷落后的国家一跃成为世界最大、最重要的经济体之一，更重要的是，中国的改革开放为发展中国家提供了宝贵经验"。⑥ 从这个角度看，"中国作为世界上最大的发展中国家，1979 年以来在经济发展上已取得了巨大成就，而同时很多其他发展中国家仍在努力寻找经济发展的正确方法，因此，我们可以从中国那里学到很多好的经验——不管我们称它们为中国模式也好、

---

　　① 刘鸿武：《中国对非洲的援助外交》，《国际观察》2010 年第 1 期。

　　② ［法］魏柳南：《中国的威胁？》，王宝泉、叶寅晶译，人民日报出版社 2009 年版，第131 页。

　　③ Xin Li & Verner Worm, *Building China's Soft Power for A Peaceful Rise*, Journal of Chinese Political Science (Published online), 24 November, 2010, p. 81.

　　④ See: Rowan Callick, *The China Model*, American: *A Magazine of Ideas*, Vol. 1, No. 7, 2007, pp. 36 – 104.

　　⑤ 左宪民：《"北京共识"与中国道路的价值意蕴解析》，《科学社会主义》2009 年第 1 期。

　　⑥ 《世界银行：中国为发展中国家提供了宝贵经验》，《人民日报》2008 年 11 月 17 日。

还是北京共识也好"。①

　　也许"中国模式"与"北京共识"都不是比较成熟的认识或提炼，因为中国的政治经济社会文化仍然处于不成熟向比较成熟的发展过程中，即中国的发展模式还有待定型。从本质上说，对众多的发展中国家来说，中国的经济发展方式、经验或模式的软实力效应目前在于它内含的改革开放与独立自主发展的理念。就"北京共识"而言，它的首创者雷默（Joshua Cooper Ramo）就说："'中国模式'是'北京共识'的一部分，即关于经济的部分。'北京共识'的范围更广一些，含有许多不涉经济的思想。其核心就是一个国家按照自身的特点进行发展。"② 这就是他在《北京共识》一文里表达的那样："中国正在为世界上那些试图想方设法的国家寻找一条发展之路，即在一个单一大国权力磁场中心的世界里，他们不仅仅是如何发展他们的国家，而且如何在融进国际秩序时又允许他们保持真正的独立，保护他们的生活方式和政治选择。"③

　　这是众多发展中国家非常渴望的发展理念，而中国恰好为它们提供了有说服力的参考经验。同时中国积极倡导并身体力行地执行"和平共处五项原则"，因此亚非拉众多发展中国家乐意和中国交往，从而使中国的软实力开始增强。"从这个方面看，北京共识对中国增强国家软实力非常重要。如果中国加强对这些国家的经济援助和相互合作，并且继续做下去的话，那么北京共识可能具备取代华盛顿共识的潜质，犹如雷默所断言，至少在一些发展中国家会如此。"④

　　三是中国的经济增长对世界经济增长的巨大贡献，为其他国家提供了经济发展机遇，对世界产生了较强的影响力。中国经济的高速发展，在很多人解除对它的误解和恐惧之后，发现中国经济的增长对他们来说也是良机。因为中国人的商品购买力在提高，出国旅行者持续增多，中国生产的价廉物美的产品丰富了他们的生活，中国的投资缓解了他们的经济危机，

---

　　① 　Xin Li & Verner Worm, *Building China's Soft Power for A Peaceful Rise*, Journal of Chinese Political Science（Published online）, 24 November, 2010, p. 80.

　　② 　马晶：《北京共识之父："中国在培育一种创新文化"》，《新京报》2005 年 4 月 5 日。

　　③ 　Joshua Cooper Ramo, *The Beijing Consensus*：*Notes on the New Physics of Chinese Power*, London：the Foreign Policy Centre, 2004, p. 3.

　　④ 　Young Nam Cho & Jong Ho Jeong, *China's Soft Power*：*Discussions, Resources and Prospects*, Asian Survey, Vol. 48, No. 3, 2008, p. 466.

反过来中国经济的投资需求也为他们的资本找到了沃土。由于中非之间的经贸关系越来越紧密,"许多非洲公司到中国开拓市场,借助中国经济增长和中产阶级的兴起获利,同时将中国的产品带回非洲大陆"。① 非洲国家尚且如此,更不论西方发达国家了。例如,在中国制造产品每花 1 美元,就有 55 美分流向美国的工作岗位,对美国就业的贡献大于在任何其他地方(包括美国本土)生产。"因此将美国的就业与经济问题归咎于中国是不正确的,在这点上美国应感谢中国。中国的经济增长是送给美国的礼物,可不要白白浪费了。"②

一句话,在带来竞争烦恼的同时,很多国家发现中国的经济增长竟然成为它们经济的增速机。尤其是 2007 年金融危机之后,许多国家包括一些发达国家的领导人纷纷前往中国,希望中国到他们国家去投资,扩大双边经贸交流。中国的崛起给世界尤其是中国周边国家提供了"难以买到的良机"。③ 于是,"由于中国日益增长的市场或经济机会,越来越多的国家自愿与中国拉近关系"。④

因此,国际社会惊讶地发现,这个东方的经济大国日益展现它的软实力。虽然"中国的环境不如瑞典,普世性价值观也没有美国那样的吸引力",但"出于看好中国日益扩大的市场或经济机会,越来越多的国家想方设法拉近与中国的关系",以至于"中国的软实力在吸引一些美国的盟友脱离美国影响范围而倾向中国"。⑤ 与美国可以依靠经济与军事上的潜在威胁来获得软实力相比,"中国是世界上第一个凭借软实力扩展其国际社会影响力的超级大国"。⑥ 因而"最近几年,许多人认为中国已成功地使用软实力来促进大国地位的崛起"。同时,"中国的'魅力攻势'已在多方面得到证实:在过去的十年里中国已大大加强了软实力主动意识,他

---

① Eunice Yoon & Teo Kermeliotis, *The Africans Looking to Make It in China*, CNN, April 12, 2012.

② Ann Lee, *A World Without China*, The Huffington Post, 01/09/2012.

③ Terence Wesley - Smith, *China in Oceania: New Forces in Pacific Politics*, Honolulu: East - West Center, 2007, p. 1.

④ Geun Lee, *China's Soft Power and Changing Balance of Power in East Asia*, p. 4. The paper presented at a Center for U. S. - Korea Policy workshop, August 2010, Korea.

⑤ Geun Lee, *China's Soft Power and Changing Balance of Power in East Asia*, p. 4, 8. The paper presented at a Center for U. S. - Korea Policy workshop, August 2010, Korea.

⑥ Philip Seib, *China: The First Soft Power Superpower*, The Huffington Post, 05/29/2012.

们许多目标不仅针对发展中国家，而且也针对西方发达国家。……中国通过在全球网络信息空间中战略性地运用文化、媒体、经济资源并扩大它们的功效来扩展它的软实力"。①

自然而然的是，一方面中国的经济增长对世界的贡献带来了中国国际形象的改善，增强了国家软实力；另一方面，中国政府也在有意识地利用经济上的优势来培育国家软实力。韩国智库东亚研究院的一份报告就指出："中国的软实力外交在亚非发展中国家富有成效，那里对中国的资源需求很高。现在，比美国和欧洲国家更少受到当前金融危机困扰的中国将更有优势在发展中国家配发它的资源来获得软实力。"② 而美国记者法里德·扎卡利亚（Fareed Zakaria）在 2004 年 11 月通过美国总统布什和中国国家主席胡锦涛访问亚洲国家时的对比就已发现这点。他说："几乎每个与我交谈的人都评价胡锦涛的访问比布什更为成功。"原因在于，布什总统在访问中大谈特谈恐怖主义，而胡锦涛主席谈到了经济、社会、卫生、环境问题以及双边的合作问题，因此"从印度尼西亚到巴西，中国正在赢得新朋友"。他认为："中国的崛起不再是一种预测。它是一个事实。它已经是世界增长最快的经济体和第二大外汇储备国（主要是美元）。它有世界上最大的军队（250 万人）和位居世界第四的并以每年超过 10%涨幅的国防预算。不管它的经济是否能超过美国，从远景看来，它都是国际舞台上的一个新强国。"③ 这样，"中国通过提升它的经济诱惑力来增加它的软实力还有很大的潜力"。④

四是中国经济实力的增长开始促使西方国家改变对中国的过旧与刻板的认识，继成为经济强国之后中国有可能成为软实力强国。中国经济实力的增长正在改变世人对世界未来格局的看法，尤其是金融危机之后美国经济增长的缓慢与中国经济的持续增长形成了鲜明的对比。"西方正因债务

---

① Shanthi Kalathil, *China's Soft Power in the Information Age: Think Again*, p. 1. This paper was prepared for the ISD (Institute for the Study of Diplomacy Edmund A. Walsh School of Foreign Service Georgetown University, Washington, DC) Working Group on the Internet and Diplomacy, May 2011.

② Sook - Jong Lee, *China's Soft Power: Its Limits and Potentials*, EAI Issue Briefing No. MASI 2009 - 07, October 20, 2009, p. 7.

③ Fareed Zakaria, *Does the Future Belong to China?* Newsweek (U. S. Edition), May 9, 2005, pp. 26 - 37.

④ Xin Li & Verner Worm, *Building China's Soft Power for A Peaceful Rise*, Journal of Chinese Political Science (Published online), 24 November, 2010, p. 86.

危机、无力创造就业和低经济增长率而悲观失望，与此同时，保持10%左右的经济增长率所赋予的地位增强了中国的自信心。中国政府到海外投资，借钱给其他国家。在这种情况下，有人开始提议将中国模式作为西方模式的替代选择也只是时间问题。"①

而一向在西方国家眼里是"古代科技发达、现代科技落后"的中国国家形象也在悄然发生变化。现在，一些西方人士认为，中国不仅朝着经济大国快速发展，而且目标明确地朝重要技术领域快速迈进。中国不仅在向世界展示它改革开放以来的工业发展成就，也在了解世界工业发展的最新成果，与各国同行切磋交流、加强合作，为国内产业结构调整和转变发展模式借鉴宝贵经验，并为促进世界经济可持续、包容和绿色发展作出努力。② 通过科技进步与核心竞争力的提升，中国经济已经开始摆脱低利润的合同加工和生产普通产品的形式，进而转向有助于中国提升价值链的创新形式。现在，"中国企业已不再是机械地模仿，它们先是掌握某些技能，然后再加以提升"。③

正是中国经济与科技实力的增长，使得西方国家的人们开始改变对中国的认识，甚至视中国为未来世界经济的领导者。一份民意调查显示，"72%的法国人、67%的西班牙人、65%的英国人、61%的德国人认为中国正在取代美国作为世界第一大国。即使只有46%的美国人认为中国已经或即将超过美国，但这一数字相较2009年的33%还是上升了"。④ 皮尤研究中心的民调也显示中国的经济领导权力正在提升而美国正在逐步下降。⑤ 如图2-1所示。

这种民意调查反映了西方国家对中国经济成就的肯定。在这种肯定的背后，西方国家的一些学者与媒体也在反思中国经济增长的政治支撑因素。他们认为："中国已经证明，执政的共产党能够持续发展经济、促进基础设施现代化和提高人民生活水平"；"很多中国人并不希望在中国实行多党制民主，强有力的一党执政能够使中国免遭俄罗斯在1991年之后

---

① 《"中国模式"在国外赢得拥护者》，《参考消息》2012年1月4日。

② 参见胡小兵《汉诺威工博会"中国制造"成亮点》，《参考消息》2012年4月25日。

③ Paul J Davies, *A Close Eye on the Future of Asia*, Financial Times, April 29, 2012.

④ John Hughes, *World to US: "You' re No. 2" —But Can China Be No. 1?*, The Christian Science Monitor, July 27, 2011.

⑤ Pew Research Center, *China's Growing Economic Might*, June 13, 2012.

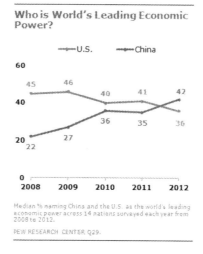

图 2 - 1 （1）中国正在增长的经济领导权力

World's Leading Economic Power					
	% Saying U.S.			% Saying China	
	2008 %	2012 %	Change	2008 %	2012 %	Change
Spain	42	26	-16	24	57	+33
Germany	25	13	-12	30	62	+32
Britain	44	28	-16	29	58	+29
France	44	29	-15	31	57	+26

PEW RESEARCH CENTER Q29.

图 2 - 1 （2）中国正在增长的经济领导权力

出现的混乱之苦"。① 在经济发展的同时，"中国已经逐步成长为西方国家在全球市场上的强大竞争对手，并且正在创造一种符合自己历史与社会要求的、与美国现代民主相抗衡的政治体制，就像美国在 200 多年前创造了符合自己历史与社会要求的民主体制一样"。② 因为，调查显示，80% 到95% 的中国人对中央政府比较满意或相当满意，"这表明，中国政府比西方国家政府享有更大的合法性，原因在于中国政权的合法性完全建立在西式社会历史或经验之外"。③ 这说明西方一些人士开始认识到中国的执政

① Pankaj Mishra, *China's Humbling Lessons for Russia and the West*, Bloomberg, Dec 19, 2011.

② ［美］约翰·奈斯比特、［德］多丽丝·奈斯比特：《中国大趋势：新社会的八大支柱》，魏平译，中华工商联合出版社 2009 年版，第 8 页。

③ 《中国政府比任何西方政权更具合法性》，《参考消息》2012 年 11 月 5 日。

党与政治制度具有优势。如果中国经济继续保持较高的增长率，并且在"五位一体"总体布局指导下解决好政治建设、经济建设、社会建设、文化建设与生态建设，那么中国在硬实力崛起之后一定会是国家软实力的崛起，使世界看到中国在中国共产党领导与执政之下的社会主义政治制度与政治文化的优越性。

第三节　社会文化魅力与国家软实力的凸显

中国悠久灿烂的文化传统给国家软实力留下了"独特的、充满吸引力的文化资源，如汉语、中国哲学、中国音乐、电影、艺术、建筑、中国饮食、中医、中国武术和遍布世界大城市中的中国城"。① 1999 年的一项国际调查就显示，中国被视为一个有独特文化和传统的国家。② 在拥有"充满吸引力的传统文化"的同时，中国"也在向全球大众文化领域进军"。③ 随着中国经济的发展与日益扩大的对外交流，中国的文化也开始"走出去"对世界产生影响，日益凸显着中国的国家软实力。

一　中国传统文化价值跨越国界

奈曾坦言，软实力这个概念只是对希腊和中国古老智慧的新的表述方式。在接受中国记者的采访中，奈引用了老子的一句话："大上，下知有之，其次亲誉之，其次畏之，其下侮之。"他说："由此可见，软实力这个概念有着古老的历史。"④ 他认为："中国的传统文化向来深具魅力，而

① Xin Li & Verner Worm, *Building China's Soft Power for A Peaceful Rise*, Journal of Chinese Political Science（Published online）24 November, 2010, p. 75.

② Lai Hongyi, *China's Cultural Diplomacy: Going for Soft Power*, EAI Background Brief No. 308, East Asian Institute, National University of Singapore, 26 October, 2006, p. 5.

③ Joseph S. Nye, *The Rise of China's Soft Power*, The Wall Street Journal Asia, December 29, 2005.

④ 曾虎等:《发展软实力的国际思路》，新华网 http://news. xinhuanet. com/world/2006 - 12/26/content_ 5534260. htm, 2006 - 12 - 26。

今它也正在全球流行文化中崭露头角。"① 因而在探讨中国软实力时，很多学者像奈一样，不约而同地将目光集中到独具魅力的中国传统文化资源上，并希望不遗余力地发扬或发掘其现代价值，以构筑起中国软实力的历史文化基础。具体来说，中国传统文化的软实力价值可能主要体现在以下几个方面。

一是中国传统文化的"和"与"天下观"思维方式及其对现代国际秩序建构的软实力价值。在中国传统文化里，"和"首先强调和平、和谐的重要性。孔子说："礼之用，和为贵。"他相信和平是解决争端化解矛盾的最好手段，不可轻易"谋动干戈于邦内"。其次，"和"包容和平、和谐下的"不同"，即"君子和而不同，小人同而不和"，② 强调事物多样性的辩证统一，反对将事物看作单一的片面性。"和"并不是没有斗争，而是使斗争的各方实现和谐相处，从而促进事物向前发展。因而"'和合'精神与向善的国际伦理，可以有效化解国际秩序中的'恶'因素"。③ "中国所倡导的和谐世界就是一个坚持包容开放、实现文明对话的世界，一个反对同一化、反对单边主义，提倡和推进多边主义，主张多样性的世界，这与中国古老传统智慧——'和而不同'思想有着异曲同工之妙。"④

"天下观"不是要把世界变成中国，想的是如何把不同民族、不同文化都组织到"天下"这个概念下，建立一个普遍和谐合作的国际秩序。"在这种国际秩序之下，任何一种文化文明都有其存在的道理，对任何一种存在都一视同仁，从没想过要把别人的文化给毁了。"⑤ 因而这种观念体现出一种对世界而言最理想的政治秩序。"天下观"蕴含了中国人"和为贵"、"和而不同"、"和实生物"的理念，强调在处理人与人、国与国、人与自然的关系时，坚持"和"与"善"的价值取向；在思维上它沿着

① ［美］约瑟夫·奈、王缉思：《中国软实力的兴起及其对美国的影响》，《世界经济与政治》2009 年第 6 期。

② （春秋）孔子：《论语》，中国社会科学出版社 2000 年版，第 4（学而第一）、100（子路第十三）、126（季氏第十六）页。

③ 章一平：《软实力的内涵与外延》，《现代国际关系》2006 年第 11 期。

④ 黄刚：《和谐世界思想的中国传统文化根源探析》，《湖北行政学院学报》2006 年第 6 期。

⑤ 赵汀阳：《中国应比西方有更大胸怀》，《环球时报》2009 年 4 月 23 日。

"家—国—天下"的分析框架去处理问题，由己及人、由此及彼，化解国与国之间的矛盾与冲突，最终达到世界的和平共处。"天下观"体现了中国人坚持用"和而不同"而不是"战争与强权"的理念去建构世界秩序。

从"和"与"天下观"的积极意义来看，一方面它对中国构建"和谐世界"提供了重要的理论价值，对形成独具中国特色的外交思维和外交方法、提升中国国际话语权具有重要作用；另一方面它的价值理念——以"和而不同"的方式处理国际事务、解决国际冲突，对构建发展中国家渴望的国际政治经济新秩序具有较强的影响力与吸引力，反映了多数国家的心声。"如果说全球化的理性目的是创造一个和平共享的世界"，[①] 那么中国传统文化中的"和"与"天下观"无疑是相对比较好的选择。"我们今天要做的就是通过'和谐中道'、'和而不同'的理念去影响这个世界，揭示'唯我独尊'思维可能会给人类带来的灾难，从而为中国和世界赢得更多、更持久的公正、繁荣与和平。"[②] 如果我们能够做到的话，"中国将给世界带来一种全新的发展模式，更加和谐，更加和平，中国的哲学思想能够让世界各国关系更加平衡，中国文化还能给世界提供一种不同的视角"。[③]

二是中国传统文化的"王道"行为方式及其对协调国际关系的软实力价值。在中国传统文化中，"王道"又分以孟子为代表的"纯粹王道"、以荀子为代表的"务实王道"两种，前者是指外交不以追求本国利益为主要目的，而以仁义道德的实现为最大目标，道德并非外交手段，而是外交的目的；后者则指外交以维护与追求本国利益为主要目的，在追求本国利益的同时兼顾道义原则，反对滥用武力，尽量和平解决国际争端。[④] 尽管存在差异，但二者都强调以平和的手段和以自身的道德人格魅力实现争端的解决。

这与奈强调的软实力的道德维度与榜样示范是相通的。但中国传统文化中的"王道"更侧重个人反躬自省的道德维度与既"和"且"柔"的秉性，正如孔子所曰："远人不服，则修文德以来之。"这才是"软实力"应有的最本质的内涵。中国既不去侵犯和掠夺别人，也不去强行推销自

---

① 黄莹莹、谢来：《软实力"赤字"大有弥补空间》，《国际先驱导报》2012年6月21日。

② 张维为：《给西方话语霸权划上句号》，《环球时报》2009年5月11日。

③ 《中国将给世界带来全新模式》，《参考消息》2012年10月19日。

④ 参见刘相平《对"软实力"之再认识》，《南京大学学报》2010年第1期。

己，而是靠自己的文化魅力来使别人信服，在完善自己的同时又不忘去帮助别人的发展。"这种优秀的传统文化是我们先人们智慧的结晶，经过几千年的积淀对中国社会乃至整个中华民族精神都产生了深远的影响，对我们今天文化软实力的提升起到了积极的促进作用，为中华文化更好地走向世界提供了充足的动力。"①

相较而言，在奈的软实力理论里，软实力的道德维度既不是那么明确，也不是那么"和"与"柔"，因为追求霸权的目的从根本上限制了软实力的"和"与"柔"，你不接受我的文化价值观，那我就主动地、有计划地来影响、吸引、说服、渗透、诱变、灌输你，总之要实现我的软实力目的。因此，中国传统文化的"王道"行为方式比奈的软实力行为方式更符合普遍性道德要求——用既"和"且"柔"的方式协调国际关系。这对处在西方国家强大的政治经济文化攻势压力下的众多发展中国家来说，"王道"既是一种国际关系协调的理想方式，也是一种现实的要求。同样，来自西方国家内部的一些政治批评者也在反思西方国家的霸权强权政治对人类和平与发展的破坏性。因此，"王道"的文化软实力价值对于这个纷繁复杂的、斗争此起彼伏的世界来说非同一般。

三是中国传统文化的伦理道德本位及其对医治现代文明病的软实力价值。中国传统文化，尤其是儒家文化，对个人的人格道德修养与伦理情操极为重视，个人不仅需要提升个人道德伦理素养，还需要承载起社会与国家的责任。所谓"达则兼济天下，穷则独善其身"讲的就是这个道理。个人对社会与国家的责任，通达之时兼顾一切，心怀苍生百姓，造福于民，既不以自我为中心，也不贬低个体在国家社会中的作用来妄称"国家至上"；穷困潦倒之时既不随波逐流，也不自怨自艾，而是坚守道德操守，锐意进取。讲究同情、正义、礼节、诚实、信任、宽厚、和睦、仁爱、重情操、尊重他人，达到和谐共处。"修己治人之道"、"己所不欲，勿施于人"，讲究反躬自省、反求诸己、严于律己、推己及人，从自己身上找原因，提升自身道德修养来影响他人。"天行健，君子以自强不息"显示的是进取精神，"地势坤，君子以厚德载物"讲究的是德行宽容心态。"杀身以成仁、舍生而取义"的节义观念，"鞠躬尽瘁，死而后已"的奉献精神，"先天下之忧而忧，后天下之乐而乐"的忧患意识，"天下

---

① 张哲：《关于儒家文化对提升中国文化软实力的思考》，《天府新论》2011 年第 1 期。

兴亡，匹夫有责"的家国情怀，"富贵不能淫、贫贱不能移、威武不能屈"的人格精神，"天下为公"的大同理想，"天涯若比邻"的睦邻原则，"四海之内皆兄弟"的友朋追求等中国传统文化精神，[①]"使整个中华民族在思维方式、价值取向、伦理观念、审美情趣等方面渐趋认同，形成了一种民族的风骨和气度，培养了一种民族的品格和精神，并逐步发展为中华民族强大的向心力和凝聚力"。[②] 这些体现个人、家庭、国家乃至人类社会终极理想的文化价值观，"既是建构社会主义核心价值体系的重要文化资源，也是推进中华文化不断发展、扩大中国文化国际影响的精神力量"。[③]

与这些中国传统文化观念相比较，西方文化观念更重视机器、技术、科学、资本、利润、交换关系与组织原理，在某种程度上把人视为社会分工的产物，人的价值多以物的形式体现出来，因而人的本性或多或少地要屈从在资本与机器的膝下。正如贝尔认为的那样：在技术—经济领域的效益轴心原则中，"其中的个人也必然被当作'物'，而不是人来对待，成为最大限度谋求利润的工具。一句话，个人已消失在他的功能之中"。虽然有政治领域的平等原则和文化领域里的自我实现原则来补救，但以技术—经济部门为基础的社会结构决定了这三种轴心原则之间"各自有相互矛盾"。文化上的自我实现在受到生产机器和国家机器日益沉重的压力时转而使人的文化自我中心倾向以追求颓废和发泄不满情绪的方式表现出来。"由此产生的机制断裂就造成了150年来西方社会的紧张关系。"[④] 也正如马尔库塞所说："一种舒舒服服、平平稳稳、合理而又民主的不自由在发达的工业文明中流行，这是技术进步的标志。"[⑤] 当人受到各种各样的统治钳制时，个人已经丧失了合理地批判社会现实的能力，从而成为"单向度的人"。这主要是资本主义技术经济机制在不知不觉中产生的结果。因此，当我们剥去技术进步的光鲜外衣后，西方社会的种种"现代

---

① 参见刁生虎、陈志霞《中国传统文化的"软实力"价值》，《理论探索》2011年第1期。

② 王霞林：《现代化建设需要优秀传统文化支撑》，《人民日报》2005年8月16日。

③ 贾磊磊：《国家文化软实力的主要构成》，《光明日报》2007年12月7日。

④ ［美］丹尼尔·贝尔：《资本主义文化矛盾》，赵一凡等译，生活·读书·新知三联书店1989年版，第26、42页。

⑤ ［美］赫伯特·马尔库塞：《单向度的人：发达工业社会意识形态研究》，刘继译，上海译文出版社2008年版，第3页。

文明病"也就一览无遗了。

尽管认为中国道德文明才能医治现代文明疾病这种说法有过度夸大之嫌，但无论如何，中国传统道德文明可以为医治现代文明病提供某种智慧与启示却是毋庸置疑的。因为，"中国传统文化重视人际关系、重视人，是将人放在伦理规范中来考虑的。不是肯定个人价值，而是肯定个人对其他人的意义。它的积极意义就是重视人的历史使命，它讲人对社会、对别人的关系，强调人要对社会、对别人做出贡献"。① 同时，中国传统文化也重视人与自然的和谐统一关系。所以，1988 年 1 月，全世界的诺贝尔奖获得者聚会法国巴黎，他们的眼光就聚焦到辉煌的中国传统文化上，庄严地向世界宣告："如果人类要在 21 世纪生存下去，必须回头 2500 年，去吸取孔子的智慧。"世界科坛巨擘们对孔子思想的崇高评价，无疑也是对中华优秀传统文化在当代和未来社会中价值的充分肯定。②

也正如汤因比所言："一个社会的工业化程度或机械化程度可能远不如这个社会解决目前与工业制度如影相随的污染问题、资源消耗问题和社会矛盾的程度更重要。最初由西方向世界提出的问题，未来可能会有一个非西方的回答。"③ 中国传统文化中的这些优秀因子带有一种普遍价值意义，对西方工业技术文明应该具有这种反思与救治的价值。正是这种说服力与吸引力，中国传统文化在成为国家软实力建设的宝贵资源时，也使它对世界的软实力价值开始凸显出来。

四是中国传统文化的丰富多元与普遍意义赋予了国家软实力的拓展空间。中国传统文化从语言到文字，从书法到建筑艺术，从绘画到音乐，从饮食到服饰，从武术到中医，从行为到思维方式，从价值观到理想诉求，无不独具特色和魅力。"这些内容，既是民族的，又是全人类的；既是传统的，又是现代的。我们把这些内容用国际社会容易理解的形式对外传播，比较容易得到认同，从而有助于提升中华文化的国际影响力和亲和

---

① 戴逸：《关于中国传统文化的几个问题》，载沙莲香《中国民族性》，中国人民大学出版社 1989 年版，"代序"，第 4 页。

② 参见顾伯平《关于知识经济研究的几个问题》，《光明日报》，1999 年 2 月 5 日。

③ ［英］阿诺德·汤因比：《历史研究》，刘北成、郭小凌译，世纪出版集团 2005 年版，第 365 页。

力，提升中国在国际社会中的软实力。"①

　　在这种背景下，孔子学院的开设就成为中外文化交流所需的一种象征。目前，"中国在世界各地建立孔子学院，越来越多的外国人学习中国语言和文化，这是'软实力'的一种具体体现"。② 从 2004 年开始创立以来，截至 2011 年 8 月底，已建立 353 所孔子学院和 473 个孔子课堂，分布在 104 个国家（地区）。尽管"孔子学院"从开办以来不断地受到种种诬蔑与"围剿"，最后都是因为当地大学坚定支持孔子学院而坚持了下来。③ 同时，中国与法国、俄罗斯等国形成了长期稳定的文化交流机制，双方通过共同举办"文化年"、"文化月"和"文化周"活动等形式，"加强彼此的沟通和了解，有效提升了中国的文化软实力"。④

　　因此，清华—卡内基全球政策中心在北京举办的"中国软实力与文化外交"学术研讨会上，多位中外专家学者就此取得了共识——"中国传统文化思想精华是中国软实力的重要来源。当然，这种思想精华不应仅限于儒家思想"。⑤ 比如，目前西方国家很多学术机构在进行中医药，特别是针灸的研究。"在此过程中，西方的研究人员接受了传统中医的经络学说、五行学说。"⑥ 除了儒家思想外，道家思想与佛教文化同样是中国传统文化的重要部分，同样具有世界意义。一学者就建言应创建老子学院与太虚学院。前者可着重于学术层面的高层对话。虽然受众或许有限，但效果绝对重大。就西方哲学来看，老子思想无疑比孔子思想更重要，因为前者有更多对先验方面的考虑，所以老子学院之定位可偏向学术方面。而后者则可聚焦于宗教对话，凸显中国佛教的气派，使佛教界、佛学界、中国文化研究的各方面人物都能参与其中。在名称上可以体现中国文化多元的气象；在操作中有明确分工，如孔子学院偏重汉语教学与文化普及，老

---

① 宋莎莎：《国家软实力建构中的传媒角色》，中国播音主持网 http://www.byzc.com/zhuanye/YanJiuChuangZuo/2332.html，2008-09-10。

② 杨晴川：《中国提升"软实力"乃明智之举——专访美国著名国际问题学者约瑟夫·奈》，《参考消息》2006 年 8 月 10 日。

③ 参见周逸梅、商西《孔子学院在欧美多次被"围剿"》，《京华时报》2012 年 5 月 25 日。

④ 黄金辉、丁忠毅：《论中国软实力建设的比较优势与约束因素——以"资源禀赋—行为能力"为视角》，《教学与研究》2011 年第 11 期。

⑤ 黄莹莹、谢来：《软实力"赤字"大有弥补空间》，《国际先驱导报》2012 年 6 月 21 日。

⑥ 王葆青：《中国科技软实力与科学外交》，《全球科技经济瞭望》2009 年第 11 期。

子学院偏重学术交流和思想层面，太虚学院侧重宗教对话与社会福祉。①

　　在历史上长期的朝贡体系下中国传统文化对亚洲地区存在深厚影响。2008 年芝加哥全球事务委员会和韩国东亚研究院联合调查的数据显示，在美国、日本、韩国、印度尼西亚和越南五国中，"认为中国大众文化对他们国家大众文化的影响主要是积极的"民众的比例分别是：48%、63%、44%、50%、80%。② 可见，除了美国与韩国以外，中国文化的影响力在亚洲地区比较明显。尽管韩国民众对中国文化的评价不高，但两位韩国学者却认为，巨大的经济成就再加上中国传统文化以及一系列对其他国家而言具有吸引力的政策，使中国的吸引力越来越大，对东南亚国家尤为如此。

　　他们认为，中国文化能够唤起共同的历史回忆与兴趣倾向，中国的历史与文化是中国软实力的重要资源。一方面，最近十年来中国领导人提出的"以人为本"、"亲民"、"和谐社会"、"社会主义荣辱观"、"和谐世界"以及早已提出的"和平共处"、"共同繁荣和安全共处"等全是来自中国传统文化的智慧。这些价值观显然既不同于马列主义，也不同于国际政治中的现实主义和自由主义。另一方面，"利用它的历史和文化遗产，中国可以尝试为亚洲人创造共同的、想象的认同感与价值观，从而增强其软实力。这之所以可能，乃是因为中国的文化和历史超越了对单一国家历史的纯粹的再现"。③

　　正是因为丰富的、寓意深远的、能跨越时光又可以赋予新意的中国传统文化具有某种普遍价值意义，再搭乘中国经济腾飞的良机，它的国家软实力价值也就在日渐凸显。但是，这也说明，中国传统文化如果仅仅停留在原貌上是不足以使它的软实力价值在更高层次上获得延伸。中国还需要把它融汇在社会主义现代文化里面，赋予它的时代新意，使中国文化具备某种普世性特点的同时让中国传统文化获得新的发展，以便中国文化软实

　　① 叶隽：《作为理念的文化外交及其柔力强势——以德国孔子学院为例》，《国际观察》2010 年第 6 期。

　　② Christopher B. Whitney & David Shambaugh, *Soft Power in Asia*：*Results of a 2008 Multinational Survey of Public Opinion*, The Chicago Council on Global Affairs, and EAI (The Republic of Korea), 2008, p. 6.

　　③ Young Nam Cho & Jong Ho Jeong, *China's Soft Power*：*Discussions, Resources and Prospects*, Asian Survey, Vol. 48, No. 3, 2008, p. 470.

力更强大。

二　社会主义文化发展成效初显

中国传统文化要进一步显示它的软实力价值，需要从我们自身做起，使传统文化能在当代中国的社会土壤里不断得到扬弃，使之与中国现代社会主义文化融合起来，在更高层面上获得新生。这既是中国传统文化生生不息的内在动力，也是社会主义文化进一步发展的内在要求。社会主义文化的发展需要汲取中国传统文化的精髓与吸收西方文化的有用成分。在一定意义上说，这是使中国社会主义文化具备普世意义的需要。

对于文化的普世意义及其价值，奈说道："当一个国家的文化涵括普世价值观，其政策亦推行他国认同的价值观和利益，那么由于建立了吸引力和责任感相连的关系，该国如愿以偿的可能性就得以增强。狭隘的价值观和民粹文化就没那么容易产生软实力。"[1] 中国传统文化本身就具备包容天下、勇于吸纳外来文化的特性，即具有普世性价值的特质。而中国也在不断地探索中国传统文化的普世性价值观与现代中国文化的融汇，并有意识地通过社会主义文化建设将它们转化为国家软实力。近年来的文化发展规划充分体现了这种融合与开拓的精神，在巩固中国软实力国内基础的同时，也在不断在外界显现中国的国家软实力。

一是大力加强社会主义核心价值体系建设，增强社会主义意识形态的吸引力和凝聚力，夯实国家软实力的价值观核心基础。我们坚持不懈地用马克思主义中国化最新成果武装全党、教育人民，用中国特色社会主义共同理想凝聚力量，用以爱国主义为核心的民族精神和以改革创新为核心的时代精神鼓舞斗志，用社会主义荣辱观引领风尚，巩固全国人民团结奋斗的共同思想基础，做好意识形态工作，抵制各种错误和腐朽思想的影响，积极培育和践行社会主义核心价值观，切实把社会主义核心价值体系融入国民教育和精神文明建设全过程，转化为人民的自觉追求。[2] 通过社会主义核心价值体系建设，为中华民族的全面复兴提供文化精神动力，为国家软实力提供精神支撑。

---

① ［美］约瑟夫·奈:《软力量——世界政坛成功之道》，东方出版社 2005 年版，第 11 页。
② 参见中国共产党第十七届中央委员会第六次全体会议《中共中央关于深化文化体制改革推动社会主义文化大发展大繁荣若干重大问题的决定》，《人民日报》2011 年 10 月 26 日。

　　从 2013 年教育部对 146 所高校 25400 余名学生的问卷调查、1080 余名学生的座谈和访谈以及在上海开展的网络调查来看，93.4% 的学生对"中国特色社会主义事业进一步发展，综合国力增强，国际地位提高"表示乐观；97.3% 的学生关注"最美教师"、"最美司机"、"最美战士"等一批感动中国的先进典型，并立志向他们学习；90.2% 的学生赞同"大学生应成为社会主义核心价值观的积极践行者"；97% 的学生对"诚信是做人之本"表示赞同。[①] 调查表明，高校学生整体思想呈现主流积极向上态势，坚决拥护中国共产党的领导，拥护社会主义制度，高度认同中国特色社会主义理论体系并积极践行社会主义核心价值体系，坚持走中国特色社会主义道路。这说明社会主义核心价值观建设成效初显，对巩固国家软实力的内部基础具有重要意义。

　　二是大力进行社会主义文化基础建设，推动社会主义文化的发展与繁荣，增强民族文化自信与文化自觉，奠定国家软实力的社会文化基础。在理论与思想道德建设、公共文化服务、新闻事业、文化产业、文化创新、民族文化保护、对外文化交流、文化人才队伍、文化保障措施和重要政策等方面，[②] 中国制定了发展规划，加大了建设步伐，努力推动社会主义文化的大发展大繁荣。

　　我们通过社会主义文化建设，推进文化创新，努力弘扬中华文化，建设中华民族共有精神家园，增强中国文化的发展活力、国际影响力与吸引力。中国尊重各国文化，注重吸收资本主义和人类创造的一切文化成果，推动有效的官方的和民间团体的文化交流。大力推进文化"走出去"，充分利用国际国内两个市场、两种资源，主动参与国际合作和竞争，加强对外文化交流，扩大对外文化贸易，拓展文化发展空间，初步改变中国文化产品贸易逆差较大的被动局面，形成以民族文化为主体、吸收外来有益文化、推动中华文化走向世界的文化开放格局。[③] 现在，"中国正在稳步地加大文化交流的支持力度，向海外派遣医生和教师，欢迎国外留学生到中

---

　　① 杜冰：《大学生思想持续积极健康向上》，《光明日报》2013 年 6 月 4 日。

　　② 参见中共中央办公厅、国务院办公厅《国家"十一五"时期文化发展规划纲要》，新华网 http://news.xinhuanet.com/politics/2006 - 09/13/content_ 5087533.htm，2006 - 09 - 13。

　　③ 参见胡锦涛《高举中国特色社会主义伟大旗帜　为夺取全面建设小康社会新胜利而奋斗——在中国共产党第十七次全国代表大会上的报告》，《人民日报》2007 年 10 月 25 日。

国学习，为海外开设汉语节目付费"。[①] 通过孔子学院与教学点及这些文化交流方式，扩大了中国文化的软实力影响。

三是加强社会主义民主政治建设，持续不断地改革与完善社会主义政治制度，提升社会主义政治文化的主导力与凝聚力，增强社会主义政治意识形态的说服力与影响力。改革开放以来，中国共产党吸收了许多新的政治理念，"例如 1996 年的听证制度、1997 年的依法治国、1998 年的公民社会、2001 年发展政治文明、2003 年的以人为本、2004 年的人权和私产保护写进宪法，以及建设社会主义和谐社会"。[②] 政治观念的不断进步鲜明地体现了中国共产党致力于人民的民主、自由、人权的维护与发展，不断推进社会主义政治发展。

我们看到，随着中国经济社会的发展，中国的民主政治、平等自由、公平正义、人权保障等事业都取得了巨大进步和长足发展，"形成了中国特色社会主义民主观、人权观、自由平等观，这是不能否认的、也是难以抹杀的"。[③] 在重视政治发展进步的另一方面，中国共产党和人民政府坚持科学发展、以人为本的政治价值理念，通过统筹城乡发展，提高进城务工人员待遇，推出弱势群体优惠政策，努力全面提高城乡人民的生活水平，共享改革成果。第十二个五年规划就"旨在放慢经济增长速度但更加注重公平，表达了中央政府对数以百万计的弱势群体和农村贫困人口的关注"。[④] 改革开放以来中国贫困人口减少 2 亿多人，成为最早实现联合国千年发展目标中"贫困人口比例减半"的国家。[⑤] 这种政治进步与经济发展的成就，使中国共产党已经成功应对来自体制内外的挑战，减少了社会的不满，巩固了政治权力，"封死了中国诸多民主化的可能路径"。[⑥]

正是由于中国共产党承载与体现出来的社会主义政治文化的不断与时

---

① Esther Pan, *China's Soft Power Initiative*, http：//www.cfr.org/publication/10715/. , May 18, 2006.

② Xin Li & Verner Worm, *Building China's Soft Power for A Peaceful Rise*, Journal of Chinese Political Science (Published online), 24 November, 2010, p.78.

③ 张晓林：《"中国震撼"是一种什么样的震撼》，《人民日报》2011 年 4 月 11 日。

④ Heather Stewart, *Asian Growth Story Doesn't Have to Follow the Western Model*, The Guardian, 11 Apr. , 2012.

⑤ 《中国 1 亿多人仍处贫困线下》，《新京报》2012 年 6 月 22 日。

⑥ Xie Yue, *Party Adaptation and the Prospects for Democratizationin Authoritarian China*, Issues and Studies, 2008, p.99.

俱进，执政党执政能力建设的不断加强，社会民生的不断改善，既巩固了中国软实力的国内基础又提升了其外在的国际形象，使中国软实力获得了发展。在近年来的国际金融危机冲击和"颜色革命"浪潮中，中国既保持了政局稳定又促进了经济发展，使国际社会不得不对中国刮目相看。国际社会逐步认识到，要研究中国的发展经验，要承认中国的发展成就，就不得不承认中共的作用：一是中共在中国人民当中发挥的精神支柱作用；二是中共是团结全国各族人民、维护国家团结和稳定的政治基石；三是中共在领导中国发展经济方面做出的巨大成就。[①] 2012 年世界大型企业研究会对约 70 名跨国公司首席执行官评价目前经济和政治气候的一项调查显示，有 64% 的人认为中国共产党近几年在应对政治和经济挑战时"有效"，位列第三位，远远超过美国总统（33%）和美国国会（5%）的支持率。一位跨国能源集团的首席执行官对此说道："中国虽然有一些让我们痛恨的政策，但我们至少知道这些政策是什么，而美国的问题是制订政策如此短视多变，我们谁都不知道接下来会发生什么。"[②] 在中国发展成就面前，一些西方媒体承认："事实证明一党制拥有卓越的适应变化和自我修正的能力。"[③]

中国执政党能力建设、社会民生建设、社会主义民主政治建设及其社会主义核心价值观建设，使社会主义政治文化的凝聚力与整合力日渐凸显，保证了改革开放以来政治与社会的基本稳定，既为国家软实力建设提供了良好的社会文化环境，也凸显了中国软实力的增长。从国内来看，"在今天的中国，文化、历史和心理方面的减震器可以减少短暂的经济低谷期所带来的负面影响"，[④] 保证了我们在经济快速增长的过程中能避免社会矛盾的集中爆发或大规模爆发对国家政治社会的冲击，而传统文化又在"与共产主义的理想结合起来，不断增添和融合了新的更加深刻的意义"，[⑤] 使人们看到了中国文化建设的巨大成就和文化优越性。从国际来

① 《国际社会重新认识中国共产党》，《参考消息》2011 年 9 月 19 日。

② Gillian Tett, *Gridlock! The Red Lights of US Politics*, Financial Times, May 18, 2012.

③ Eric X. Li, *China's Political System Is More Flexible than US Democracy*, The Christian Science Monitor, October 17, 2011.

④ 吕凯闻：《"中国模式"的四个系统优势》，《华尔街日报》（中文版），2011 年 12 月 6 日。

⑤ 《芝加哥华语论坛》：《"最美的人"频现 中国未丧失道德》2012 年 6 月 13 日。

看，社会主义中国在当代的迅速复兴，为人类文明的未来提供了一个重要选项。"社会主义意识形态在'社会公正'这一核心价值原则指导下所提供的社会共同体、人民民主、共同富裕、平等、博爱、社会和谐、公有制、和平主义等价值观念，为人类文明的发展指明了重要的方向。"[1]

第四节　外交政策革新与国家软实力的瞩目

除了经济社会文化的发展产生国家软实力外，国外学者认为："中国软实力的另一个来源是它的外交政策，尤其是它对亚洲的地区政策。"[2] 就中国外交而言，"正像中国大众开始普遍地关心外交政策一样，中国的领导集团也变得更有信心并且对世界更加了解"。[3] 中国领导人制定并执行坚定而不失灵活变化的外交政策，努力塑造中国的良好国际形象，在国际舞台上为国家赢得了影响力与吸引力。中国的这种影响力依据说服而非强迫，"通过各种不同的方法来表达，包括文化、外交、国际组织的多边参与、海外商业活动和国家经济实力的强大拉力"。[4] 在中国外交政策成为国家软实力的重要来源时，日益增长的软实力又成为"中国外交政策武器库中最有力的武器"。[5] 这一切得益于改革开放以来中国外交政策在继承优良传统基础上的不断革新。

一　升华与亚非拉国家的传统友谊

温家宝同志曾这样阐释"中国软实力"，他说："所谓中国软实力，我以为就是对所有国家，特别是发展中国家、最不发达国家的尊重，就是

---

[1]　竹立家：《中国复兴的意识形态基础》，《学习时报》2011 年 12 月 19 日。

[2]　Young Nam Cho & Jong Ho Jeong, *China's Soft Power*: *Discussions*, *Resources and Prospects*, Asian Survey, Vol. 48, No. 3, 2008, p. 466.

[3]　Joshua Kurlantzick, *Charm Offensive*: *How China's Soft Power Is Transforming the World*, New Haven: Yale University Press, 2007, p. 28.

[4]　Joshua Kurlantzick, *China's Charm*: *Implications of Chinese Soft Power*, Policy Brief, No. 47, 2006, p. 1.

[5]　Joshua Kurlantzick, Charm Offensive: How *China's Soft Power Is Transforming the World*, New Haven: Yale University Press, 2007, p. 5.

在自己发展的同时，要尽力帮助它们。"① 温家宝同志这里所说的国家软实力，主要是通过对他国，特别是对弱国的尊重和支持所转化而来的一种道义性力量，"这一阐释提供了理解中国软实力的新视角"。② 即中国软实力不需要像近代英国与现代美国那样，把国家软实力建立在对外的赤裸裸的文化战争或文化强制输出的基础上。世界上许多国家和地区之所以认为中国软实力似乎更有吸引力与说服力，最主要的区别就在于中国从不像美国那样把自己的政治意识形态和道德观念强加于人，既不在其他国家渗透自己的政治文化和推行自己的政治体制，也不在提供经济援助时附加任何政治条件，更不会动辄诉诸武力解决争端。中国软实力是以一种"润物细无声"的方式进行，而美国在利用软实力时则是一手拿"胡萝卜"、一手拿"大棒"。因此，"中国软实力的本质是和平与和谐，特点是尊重世界多样性、开放包容、友爱无界、慈悲扶困、不逞强、不欺弱、不畏强暴、崇尚礼仪和重义守信；其用途是营造文明间的对话、交流、互鉴、合作，共同推进人类文化和文明的发展与繁荣"。③

这种本质既是中国传统文化生命力的再现，也是中国根据时代变化不断革新外交观念的体现。改革开放以来，邓小平理论"成为中国外交家们摆脱一些陈腐观念束缚、积极主动地扩大交往和增进友谊的最重要的思想基础，也是我们抵制来自西方尤其是美国一些势力的意识形态喧嚣和压力的最重要的思想武器。"④ 在邓小平理论的指导下，中国不断升华与亚非拉国家的传统友谊，一是扩大与深化双边的政治经济社会文化交流，二是将双边关系推向全球和平与发展的视野与层次。正如中国政府在对非洲政策上宣明的那样："中国坚定不移地继承和发扬中非友好的传统，从中国人民和非洲人民的根本利益出发，与非洲国家建立和发展政治上平等互信、经济上合作共赢、文化上交流互鉴的新型战略伙伴关系。"⑤

---

① 李忠发、傅兴宇：《温家宝在第三届夏季达沃斯年会开幕式和企业家座谈会上答问》，《人民日报》2009年9月12日。

② 参见周英《中国的软实力：行动的现实与结果的神话》，载刘亚伟《21世纪国际评论》（第四辑），西安：西北大学出版社2011年版。

③ 董漫远：《中国特色软实力的延伸》，《瞭望》2008年第49期。

④ 滕藤：《邓小平理论与世纪之交的中国国际战略》，人民出版社2001年版，第114页。

⑤ 中华人民共和国中央人民政府：《中国对非洲政策文件》，《人民日报》2006年10月13日。

中国与非洲国家建立政治上平等互信、经济上合作共赢、文化上交流互鉴的新型战略伙伴关系，一道共同推动南南合作和南北对话，在世界贸易组织谈判、联合国改革、非洲区域合作上保持了密切合作关系。目前，中非之间加强高层交往，开展战略对话，增进政治互信，推动世代友好；加强互利合作，拓展合作领域，鼓励和促进相互贸易和投资，探索新的合作方式，重点加强在农业、基础设施建设、工业、渔业、信息、医疗卫生和人力资源培训等领域的合作，实现优势互补，造福双方人民；加强治国理政和发展经验的交流和借鉴，取长补短，共同提高，增强各自自我发展能力；加强人文对话，促进人民之间，特别是青年一代的联系与互动，增进在文化、科技、教育、体育、环保、旅游等领域以及妇女事务的交流和合作；加强国际合作，共同应对全球性安全威胁和非传统安全挑战，按照互信、互利、平等、协作的精神，维护全体发展中国家的共同利益；促进中非合作论坛建设，加强集体对话，推进论坛行动计划与"非洲发展新伙伴计划"以及非洲各国社会经济发展计划的协调与合作；从中非友好大局和双方长远利益出发，通过友好协商妥善处理合作中出现的新课题、新挑战。①

通过中非合作，"一方面，中国不仅在经济政治方面重视发展中国家，而且作出一系列的努力重建与亚非拉的'老朋友'和'新伙伴'的全面关系；另一方面，许多发展中国家，尤其是那些被美国外交政策疏远或被现行国际体系边缘化的国家，视中国的崛起为'良机'，并且被中国倡导多极世界的理念所吸引"。② 中国已经深刻意识到，国家软实力是全球化时代国家间博弈的重要变量，是深化中非、中拉关系以及中国与邻国关系以更好实现中国国家利益的重要保障。为此，"中国越来越积极主动地提升中国在非洲的软实力，通过政策完善、发展优先、多边外交、对非援助、参与维和、文化外交、民间外交等各个方面不断提升自身影响力"。③

中国在非洲提升国家软实力的方式包括：与非洲在贸易和人权问题国

---

① 《中非合作论坛北京峰会宣言》，《人民日报》2006年11月6日。

② Sheng Ding, *To Build A "Harmonious World": China's Soft Power Wielding in the Global South*, Journal of Chinese Political Science, Vol. 13, No. 2, 2008, p. 198.

③ 钟婷婷、王学军：《论中国对非洲的软实力外交》，《浙江师范大学学报》2010年第4期。

际论坛上加强团结，免除非洲国家 10 多亿美元债务，在中国大学和军事院校培训非洲人才 10 万人，派遣 900 多名医生在整个非洲工作，在基础设施、农业和能源等领域加大投资等。① 一些从中国学成回国的留学生，回国后在政府高层担任要职，还有不少人成为各领域的精英，为促进中非友好发挥了重要作用。② 通过政治经济文化人才的战略培养，为中非关系的可持续发展和中国在非洲的软实力影响奠定了坚实基础。

在亚洲，中国提出与邻为善的"睦邻、富邻、安邻"外交政策，积极发展同周边邻国的关系，为中国社会主义现代化建设创造良好的周边环境。在拉丁美洲，中国"利用在美洲的外交、文化和军事关系寻求政治上的承认和有利的贸易与投资条件"。③ 通过经济政治上的交往与相互支持，扩大了中国在拉丁美洲的软实力影响。如果"进一步考察中国—拉丁美洲之间日渐繁荣的经济关系，很容易地发现中国软实力在这一地区增长的迹象。中国软实力资源，包括它的中国特色社会主义政治价值观和经济发展模式，在拉丁美洲越来越具有吸引力"。④

二　提升国际政治话语权

改革开放之前，中国基本上扮演的是国际组织、国际制度与国际秩序的"旁观者"角色。改革开放之后，在和平与发展的时代特征判断下，中国积极谋求融入国际社会，力争在既有的由西方国家主导的国际规范与国际秩序中扩大中国的话语权，并积极推动或谋求改变不合理的国际政治经济旧秩序。在世界多极化趋势不可逆转的潮流中，中国要成为其中的一极，就需要扩大在世界舞台上的政治经济文化发言权；同时，中国还要"加强同广大发展中国家的团结合作，共同维护发展中国家正当权益，支持扩大发展中国家在国际事务中的代表性和发言权，永远做发展中国家的

① Esther Pan, *China's Soft Power Initiative*, http://www.cfr.org/publication/10715/., May 18, 2006.

② 参见《中非教育合作与交流》编写组《中国与非洲国家教育合作与交流》，北京大学出版社 2005 年版，第 20—21 页。

③ Carola McGiffert, *Chinese Soft Power and Its Implications for the United States: Competition and Coorperation in the Developing World*, A Report of the CSIS Smart Power Initiative, March, 2009. p. 45.

④ Sheng Ding, *To Build A "Harmonious World": China's Soft Power Wielding in the Global South*, Journal of Chinese Political Science, Vol. 13, No. 2, 2008, p. 207.

可靠朋友和真诚伙伴"。① 中国要与发展中国家共同维护正当权益，首先
取决于中国在国际政治中是否拥有相应的发言权。因此，中国一改过去不
善于制造国际话题、不积极主动参与国际组织与国际制度的旧有思维，积
极向世界阐释中国的外交理念，不断加大国际政治话语权来维护国家利
益，维护发展中国家的利益，提升中国软实力。

　　另外，改革开放以来随着中国经济军事等硬实力的上升，到 20 世
纪 90 年代中期，中国的发展开始引起国际社会的普遍关注。但随之而
来的"中国威胁论"、"中国责任论"、"负责任的利益攸关方"、"世界
经济领袖"、"G2"、"Chimerica"（中美国）等形形色色的论调也先后
出笼。不管是出于对中国发展的真心赞扬，还是各种意图的"捧杀"
和"棒杀"，都需要中国站出来表明自己的立场与观点。这一国际环境
也迫使中国不得不在国际政治中提升话语权，谋求中国自身的国家软实
力来消除外界对中国的消极或疑虑态度，避免一不小心就掉进他国事先
设置好的陷阱里面。

　　一是中国积极提出新的政治命题与议程，反映发展中国家的呼声，增
强中国的政治吸引力与说服力。在战略理念上，中国先后提出了"新安
全观"、"睦邻、安邻、富邻"、"和平发展"、"和谐世界"、"合作共赢"
等新的政治命题与议程，继续坚持并强烈呼吁"和平共处五项原则"，扩
大中国在国际政治中的政治话语权，维护中国的国家利益，反映发展中国
家对构建新的国际政治经济新秩序的意愿和要求。

　　"和谐世界"理念最早是胡锦涛同志于 2005 年 4 月 22 日在雅加达亚
非峰会上提出。② 2005 年 9 月 15 日在联合国成立 60 周年首脑会议上，胡
锦涛同志再次提出："应该以平等开放的精神，维护文明的多样性，促进
国际关系民主化，协力构建各种文明兼容并蓄的和谐世界。"③ 同年 12
月，中国政府发表《中国的和平发展道路》（白皮书），用"民主"、"和
睦"、"公正"、"包容"四个词语概括了"和谐世界"的内涵，从国际政

---

① 胡锦涛：《坚定不移沿着中国特色社会主义道路前进　为全面建成小康社会而奋斗——
在中国共产党第十八次全国代表大会上的报告》，人民出版社 2012 年版，第 48 页。

② 胡锦涛：《与时俱进，继往开来，构筑亚非新型战略伙伴关系》，《人民日报》2005 年 4
月 23 日。

③ 胡锦涛：《努力建设持久和平、共同繁荣的和谐世界——在联合国成立 60 周年首脑会议
上的讲话》，《人民日报》2005 年 9 月 16 日。

治、安全、发展和文明对话等不同角度，阐释了中国关于"和谐世界"的立场、观点和政策主张。

"和谐世界"甫一提出国外媒体便纷纷发表文章或评论，认为中国和美国都能够从建设"和谐世界"以及和平的国际关系中获益很多。和那些很可能成为一种"自我实现的诺言"的预言未来存在冲突的危险理论和恐惧相比，"建设'和谐世界'则为人类未来描绘出了一幅乐观积极的图景"。① 尽管中国提出的"和谐世界"的实现还存在不少限制因素，但这一理论的提出有助于中国在国际社会中塑造正面的国际形象，同时也给世界展示一套与美国文明截然不同的价值观体系，对最终推动中国国际体系观的完善和促进中国软实力的提升都有重要意义。

针对周边复杂的国际局势，中国提出了"睦邻、安邻、富邻"的外交政策。这是中国将"和谐世界"理念付诸实践的一大体现，努力通过和平方式解决与周边国家存在的领土争端和处理与它们的相互关系，同时通过加强双边的经济贸易往来获得发展。"这种'睦邻友好'政策的一个最有趣的结果是中国政府愿意与几乎所有的邻国解决或缓和长期的领土争端。"② 通过这种政策的阐释与实践，中国妥善处理了与一些周边国家的争端，并进一步强化了与俄罗斯、巴基斯坦等国家的友好合作关系，在国际政治中塑造了一个追求和平与和谐的国家形象。

"在国际政治中，对方相信你既有良好的愿望，也能带来切实的利益，别人才可能被吸引，来追随。软实力说要想达到这一点，就必须寻找双方利益的结合点。"③ 中国提出的"合作共赢"就体现出双方基于共同国家利益的相互合作。更进一步说，"合作共赢，就是要倡导人类命运共同体意识，在追求本国利益时兼顾他国合理关切，在谋求本国发展中促进各国共同发展，建立更加平等均衡的新型全球发展伙伴关系，同舟共济，

---

① 《中国描绘人类未来积极图景——〈环球〉杂志对话约瑟夫·奈》，《环球》2007 年 10 月 16 日。

② Bates Gill & Yanzhong Huang, *Sources and Limits of Chinese "Soft Power"*, Survival, Vol. 48, No. 2, 2006, p. 21.

③ 郭小聪：《约瑟夫·奈软实力说中的"吸引"与"追随"》，《国际关系学院学报》2010 年第 3 期。

权责共担，增进人类共同利益"。① 正是中国积极提倡和认真践行"合作共赢"的政策，很多国家与中国维持了良好的外交关系，使双边在合作的基础上获得了新的利益需求。

这一政策体现了中美两国外交风格的一些区别。与美国相比，"中国领导人强调北京愿意倾听其他国家的意见。中国以真正的首创精神加强了这种'双赢'方法，签署了东南亚友好合作条约——美国是不会签署的②——并且在南中国海遵守这种行为准则"。③ 2003 年 10 月，中国正式加入《东南亚友好合作条约》，与东南亚国家的政治沟通与合作进一步在国际制度框架内进行。同时，中国"在非洲的外交努力已经形成了基于对主权的尊重和'双赢'战略上经济合作的特点，而不是政治上的花言巧语。在最近的十年中，北京非洲政策的风格和实质已经显示出与中国软实力紧密相连的这个特征"。④ 因此，坚持"合作共赢"的外交战略与扩大国际话语权为中国提升软实力起到了很大的促进作用。

中国作为联合国安理会常任理事国之一，一直身体力行并强烈呼吁坚持"和平共处五项原则"，反映了很多发展中国家尤其是那些积弱积贫的发展中国家对国际政治新秩序的心声，引起了很多国家的共鸣。特别对于小国、弱国来说，坚持大国小国、强国弱国一律平等的原则，同样属于根本的国家利益。而对于大国、强国来说，"认同这一根本原则，不恃强凌弱、强人所难，如同当年孟子对齐宣王说的，表现出'大事小以仁'的智慧，其国家形象才可能令人心悦诚服，有道义感"。⑤ "从国际来看，中国一直遵循和平共处和不干涉他国内政的原则，在很多国家中树立了一个友好与和平的形象。"⑥ 如在非洲，"中国不仅插进了被西方国家控制的非

① 胡锦涛：《坚定不移沿着中国特色社会主义道路前进　为全面建成小康社会而奋斗——在中国共产党第十八次全国代表大会上的报告》，人民出版社 2012 年版，第 47 页。

② 后来，美国于 2009 年 7 月 22 日加入了《东南亚友好合作条约》。

③ Joshua Kurlantzick, *China's Charm: Implications of Chinese Soft Power*, Policy Brief, No. 47, 2006, p. 2.

④ Sheng Ding, *To Build A "Harmonious World": China's Soft Power Wielding in the Global South*, Journal of Chinese Political Science, Vol. 13, No. 2, 2008, p. 199.

⑤ 郭小聪：《约瑟夫·奈软实力说中的"吸引"与"追随"》，《国际关系学院学报》2010 年第 3 期。

⑥ Xin Li & Verner Worm, *Building China's Soft Power for A Peaceful Rise*, Journal of Chinese Political Science (Published online), 24 November, 2010, p. 78.

洲卫星市场，而且在许多非洲人民中建立起了‘一个非洲人民的真正老朋友’的最受欢迎的国家形象"。① 在拉丁美洲，墨西哥外交官认为，中国政府一贯坚持的"不干涉他国内政原则"是明智的、富有建设意义的、值得赞扬的。任何国家都有权走自己选择的道路，国际社会可以适当批评或评判，但中国所坚持的"不干涉他国内政"的方针是最重要的外交原则。② 在中东，中国坚持尊重国家主权并奉行不干预内政的政策，加强与中东国家的经济、外交和文化上的合作，同时小心避免一些国家在中美之间作出抉择的尴尬局面，这对中东国家的领导人产生了吸引力，结果"中东国家热切期望加深与中国的关系"，他们"对中国取代美国充满的兴趣超过了中国自身的意愿"。③

二是积极参与国际组织与国际制度，借助于国际平台提升中国话语权，扩大中国的政治影响力与竞争力。"衡量一个国家的对外交往能力是否充实，一个政府的外交政策是否成熟，非常重要的标志就是它对国际制度理解和参与的程度。"④ 同时，"在一个全球化日渐加剧的世界里，作为地处亚洲具有世界影响力的大国，中国也不可能在'桃花源'里独享太平，必须参与全球治理，进行相关'游戏规则'的制定，甚至要在国际新秩序的构建过程中体现具有中国特色的'话语权'，从而使其更多体现以中国为代表的发展中国家的利益"。⑤ 在邓小平理论的指导下，中国开始改变视西方国家组建的国际组织和国际制度为反社会主义的工具而"光荣孤立"的思维，一方面开始加入联合国以外的其他国际性的组织，参与国际制度的修改，尤其是作出重大让步加入了世界贸易组织。到2010年时，中国已参加100多个政府间国际组织，签署了近300个国际公约，⑥ 成为少数几个参与国际组织数量最多的国家之一。因此，"就一

---

① Sheng Ding, *To Build A "Harmonious World"*: *China's Soft Power Wielding in the Global South*, Journal of Chinese Political Science, Vol. 13, No. 2, 2008, p. 200.

② 伍海燕：《墨前驻华大使：中国政府高效令人钦佩》，《参考消息》2012 年 10 月 16 日。

③ Carola McGiffert, *Chinese Soft Power and Its Implications for the United States*: *Competition and Coorperation in the Developing World*, A Report of the CSIS Smart Power Initiative, March, 2009. p. 63.

④ 门洪华：《美国霸权之翼——论国际制度的战略价值》，《开放导报》2005 年第 5 期。

⑤ 赵磊：《理解中国软实力的三个维度：文化外交、多边外交、对外援助政策》，《社会科学论坛》2007 年第 5 期（上）。

⑥ 王晨：《在第四届世界中国学论坛上的演讲》，人民网 http：//world. people. com. cn/GB/8212/191816/207035/207043/13146415. html，2010 - 11 - 06。

个国家在全球主要问题上认同于国际社会的程度而言，中国已经融入了各个国际组织，而且比以往任何时候都更加合作"。①

另外，中国也开始建立新的地区性国际组织或具有组织性质的论坛与会议，如上海合作组织、中非合作论坛、东亚峰会、中国—东盟自由贸易区、亚洲博鳌论坛等，也体现中国对国际组织及其国际制度的重视，"在西方话语权下提供了发展中国家集体对话的另一种范式的国际机制"。②

"中国决定参加国际制度有两个原因：一是中国需要创造一个和平的和有利的外部环境以便致力于经济发展；二是中国希望参与国际秩序的设计以维护它的国家利益和推动国际秩序向更平衡更公正发展。"③ 也就是说，中国参与国际组织和国际制度，既有利于国家软实力内部基础的夯实，也有利于向国际社会传达中国的政治价值观，提升国家软实力。因为，一方面，中国在肯定大部分国际组织和国际制度对国际秩序和全球治理具有重要意义的基础上，通过对国际制度与规范的认识、学习和借鉴而对国内的一些法律、规章、政策和制度进行调整与完善，赢得了国际社会的认同和赞誉，从而为中国软实力的增强奠定了国际合法性基础；另一方面，中国通过双边或多边合作的手段积极构建体现中国政治价值观的国际组织而被国际社会所认同，使中国的政治价值观更具有说服力和感染力，以至于"许多相关的观察家注意到中国软实力的竞争优势与美国有关，他们指出，中国的国际交往方式特别强而有力，在这些地区使美国政治制度和价值观的竞争力下降"。④

三　塑造负责任的大国形象

"和谐世界"的提出，"说明中国在心态上已经发生变化，中国是国际体制的参与者，必须在国际社会里有自己的声音和主张，发挥大国的责任，维护国际体制的稳定和发展"。⑤ 这具体表现在中国积极主动地履行

---

① 江忆恩：《中国对国际秩序的态度》，《国际政治科学》2005 年第 2 期。

② 刘渝梅：《软实力与中非关系的发展》，《国际问题研究》2007 年第 3 期。

③ Xin Li & Verner Worm, *Building China's Soft Power for A Peaceful Rise*, Journal of Chinese Political Science（Published online）, 24 November, 2010, p. 82.

④ The Congressional Research Service Library of Congress, *China's Foreign Policy and "Soft Power" in South America*, Asia, and Africa, Washington：U. S. Government Printing Office, 2008, p. 9.

⑤ 胡树祥：《中国外交与国际发展战略研究》，中国人民大学出版社 2009 年版，第 340 页。

国际责任，塑造负责任的大国形象，从而拓展了中国软实力的增长空间。

一是在维护国际体制稳定的同时积极推动国际政治新秩序的发展，展示负责任的政治大国形象。自新中国成立以来，中国一直主张按照《联合国宪章》的宗旨和原则以及其他公认的国际准则处理国际关系解决国际问题。在此基础上中国与印度、缅甸等国提出了"和平共处五项原则"作为处理国与国外交关系的基本原则。1988 年，中印两国政府再次发表联合声明，指出："经过历史检验、最具有生命力的由中印两国共同倡导的互相尊重主权和领土完整、互不侵犯、互不干涉内政、平等互利、和平共处五项原则，是搞好国与国关系的基本指导原则，也是建立国际政治新秩序和国际经济新秩序的基本指导原则。"①

在构建国际政治新秩序中，首先，中国政府自觉践行"和平共处五项原则"，强调联合国的重要作用，认为"联合国在国际事务中的作用不可或缺。作为最具普遍性、代表性和权威性的政府间国际组织，联合国是实践多边主义的最佳场所，是集体应对各种威胁和挑战的有效平台，应该继续成为维护和平的使者，推动发展的先驱。通过改革加强联合国作用，符合全人类的共同利益"。② 中国政府一直反对绕开联合国而采用的一切军事行动和经济制裁的霸权主义和强权政治。

其次，在国际条约和国际规则方面，中国政府一直恪守《联合国宪章》宗旨和原则，积极参与联合国的各种行动，尤其是参与联合国的"维和行动"，全面真诚履行国际条约义务，严格按照国际法的原则和规则办事。"除法国之外，中国派出执行联合国维和任务的部队人数多于安理会其他常任理事国。"③ 至 2010 年，中国先后向 25 项维和行动派员 1.4 万余人次，④ 同时派出护航编队，参与打击索马里海盗的国际合作，为国际反恐斗争与合作做了大量卓有成效的工作。

---

① 中华人民共和国外交部外交史编辑室：《中国外交概览 1989》，世界知识出版社 1989 年版，第 558—560 页。

② 中华人民共和国中央人民政府：《中国关于联合国改革问题的立场文件》，《人民日报》2005 年 6 月 8 日。

③ Carola McGiffert, *Chinese Soft Power and Its Implications for the United States*: *Competition and Coorperation in the Developing World*, A Report of the CSIS Smart Power Initiative, March, 2009. p. 4.

④ 王晨：《在第四届世界中国学论坛上的演讲》，人民网 http://world.people.com.cn/GB/8212/191816/207035/207043/13146415.html, 2010 - 11 - 06。

再次，中国积极稳定周边国际局势，积极实践新安全观，倡导上海合作组织，在朝鲜、伊拉克、伊朗以及中亚、东南亚等地区危机的解决中努力发挥应有的作用。尤其在朝核问题上，中国的积极斡旋取得了良好的效果，得到了包括美国在内的国际社会的高度赞誉。在东南亚，中国积极发展与东盟的安全与经济合作机制，努力维护东南亚地区的稳定与发展。"缅甸的例子或许能成为典范——中国日益使用它的软实力在美国影响力微弱的地区促进地区稳定。"①

最后，在其他关系全球稳定与安全的事项上，中国政府积极履行自己相关的职责，得到了国际社会的普遍赞誉。在反对恐怖主义问题上，"9·11"事件之后，积极与美国合作，对美国在物质和道义上给予大力支持配合。同时，"作为一个负责任的大国，在应对全球气候变化中承担的责任与作出的贡献展示了中国的软实力"。②

在构建国际经济新秩序方面，中国与广大发展中国家一道积极追求并不懈实践。尽管发展中国家早在 1964 年 3 月《七十七国集团联合宣言》中就提出了建立新的、公正的世界经济秩序目标，但由于西方发达国家的种种阻挠或延迟，国际经济旧秩序一直未能得到根本性的变化。到了 20世纪 70 年代，减免最不发达国家的债务成为西方七国首脑会议每年必议的话题。但除了德国比较积极外，西方七国中有的提出了减免债务的"先决条件"，如只有"负债国家的债务额超过其年出口收入的 1.5 倍"，或"具备符合标准的人权状况"时，才能被减免债务。这些所谓的条件就把一些最贫穷国家排除在债务减免之外。③

在这种背景下，中国从自身做起，尽最大努力帮助一些发展中国家发展经济，积极减免发展中国家的债务，积极发展对外经济与技术援助，带动发展中国家共同发展，提供经济技术援助时不附加任何政治条件，真心实意地促进发展中国家的发展。实践证明，中国综合国力的增长，促进了世界和平力量的增长，中国的发展和稳定为世界的和平与繁荣做出了贡

---

① Joshua Kurlantzick, *Charm Offensive*: *How China's Soft Power Is Transforming the World*, New Haven: Yale University Press, 2007, p. 203.

② Carola McGiffert, *Chinese Soft Power and Its Implications for the United States*: *Competition and Coorperation in the Developing World*, A Report of the CSIS Smart Power Initiative, March, 2009. p. 125.

③ 参见滕藤《邓小平理论与世纪之交的中国国际战略》，人民出版社 2001 年版，第 233页。

献。正因为如此，中国在很多发展中国家树立了和平友好的国家形象，从而使中国软实力建立在基于自愿合作的富有道德感召力的基础上。

二是坚持走和平发展道路，努力消除"中国威胁论"的负面影响，塑造负责任的和平大国形象。2003 年 11 月在博鳌亚洲论坛上，国内学者提出了"和平崛起"的概念来表达中国的复兴之梦。但由于翻译和文化理解上的差异，以及"中国威胁论"甚嚣尘上的背景下，"和平崛起"在西方看来"描绘的是一场地震"，因为它意味着要打破目前的世界格局并带来国际动荡。① 中国一提"和平崛起"，有些国家就很不高兴了——难道要我们"和平衰落"吗？美国那根敏感的霸权主义神经就被刺痛了。这就意味着，"中国有必要通过'软实力'和负责任的行为来消除这些恐惧"。② 因此，"中国领导人很快舍弃了这一说法，转而用'和平发展'，这个词直接源自邓小平所提出的'和平与发展'，而且在国内外不会引起那么强烈的反对情绪。之后，胡主席又提出了'和谐世界'，这是一种更巧妙也更有说服力的主张"。③ 2004 年 4 月胡锦涛同志和温家宝同志之所以使用"和平发展"来代替"和平崛起"，因为前者更能反映中国对国内外情况的政治判断和追求和谐的政治价值观。

中国的和平发展道路，归结起来就是：既通过维护世界和平发展自己，又通过自身发展维护世界和平；在强调依靠自身力量和改革创新实现发展的同时，坚持对外开放，学习借鉴别国的长处；顺应经济全球化发展潮流，寻求与各国互利共赢和共同发展；同国际社会一道努力，推动建设持久和平、共同繁荣的和谐世界。这条道路最鲜明的特征是科学发展、自主发展、开放发展、和平发展、合作发展、共同发展。④ 由此可见，中国的和平发展道路的主张与理念与过去西方的信念迥然不同，它反对干涉国家内政，反对动辄使用武力、强行灌输价值观和政治制度，而是主张各国

① ［美］乔舒亚·库珀·雷默：《淡色中国》，载［美］乔舒亚·库珀·雷默等《中国形象》，沈晓雷等译，社会科学文献出版社 2006 年版，第 6 页。
② 《中国描绘人类未来积极图景——〈环球〉杂志对话约瑟夫·奈》，《环球》2007 年 10 月 16 日。
③ ［美］乔舒亚·库珀·雷默：《淡色中国》，载［美］乔舒亚·库珀·雷默等《中国形象》，社会科学文献出版社 2006 年版，第 8 页。
④ 中华人民共和国国务院新闻办公室：《中国的和平发展》（白皮书），《人民日报》，2011 年 9 月 7 日。

按照本国实际来选择自己的发展道路和价值取向。"所有这些，都符合人性和人权发展的要求，是与当今世界发展的要求相一致的。"① 正如一位俄罗斯专家说的那样，"中国提出坚持走和平发展道路，致力于通过政治手段解决国际争端和热点问题，推动了世界的和谐发展"。② 因此，中国和平发展道路的提出与实践，为世界提供了可资借鉴的健康发展理念与经验，在世界上引起了强烈反响，成为国家软实力增长的重要促进因素。

四 借助于外脑"讲中国故事"

在信息化与民主化时代，国家与政府不可能垄断全部的权力，在国家之下还有社会，在政府之外还有非政府组织。因此，软实力尽管是国家维度上的一个概念，但并不意味着它的形成与发挥可由政府一手包办。事实上，当政府对国家软实力无能为力、无计可施、不便出面的时候，往往需要非政府组织与公民个人来弥补政府能力的不逮。因为，一方面，"软实力的许多重要资源在政府控制之外，其影响力很大程度上取决于受众的接受。此外，软实力资源往往在政策所塑造的环境里间接产生效应，有时甚至需要数年时间才达到预期的结果"。③ 另一方面，"一些非政府组织有着良好的声誉和信誉，使它们在国内外拥有令人深刻的软实力"。④ 这就是公共外交在很多国家受到重视的原因。说到底，公共外交其实就是在国内外借助于更多的"头脑"为国家和政府帮忙，讲自己的"故事"，尤其是借助于"外脑"讲本国的"故事"，从而扩大其国家软实力。

长期以来中国一直重视政府外交，把政府（包括党）作为最主要的甚至是唯一的外交主体。这在外交上造成了两个比较明显的被动局面：一是政府要应对复杂多变的、应接不暇的外交事务，往往疲于奔命、顾此失彼；二是全由政府出面处理外交问题和向外宣传自己的外交价值观，在国外媒体和公众看来推销政治意识形态的"宣传"意味太浓而不可信，政府往往费力不讨好。由于历史和现实的种种原因，西方公众在不同程度上

---

① 胡树祥：《中国外交与国际发展战略研究》，中国人民大学出版社 2009 年版，第 314 页。

② 引自卢敬利《中国走和平发展道路推动世界和谐发展》，《解放军报》2007 年 11 月 9 日。

③ Joseph S. Nye, Jr., *The Benefits of Soft Power*, http: //hbswk. hbs. edu/archive/4290. html, 2004 - 08 - 02.

④ Joseph S. Nye, *The Rising Power of NGO's*, Project Syndicate, June 2004, http: //www. project - syndicate. org/commentary/nye10.

对中国存在不了解、不理解、不信任甚至反对的声音。因此，面对这些现象，仅靠政府外交是不可能改变被动局势的，中国还需要借助政府之外的"头脑"的言行来让世界了解真实的中国，包括中国的政治经济社会文化生态环境，争取一个有利于社会主义现代化建设的国际舆论环境。因此，中国也在反思传统外交的思维模式和实践模式，改变传统的"外宣"心态与策略，在积极整合中央层面的与外事活动有关的机构的同时，"提升新公共外交以弥补传统外交的不足"，① 借助"外脑"来提升中国软实力。

一是中国逐步认识到公共外交在政府外交及其形塑国家软实力中的重要作用，成立了外交部公共外交机构。在世界交往越来越频繁、国家间相互依存日益密切的大背景下，相对于传统的政府外交而言，公共外交领域已成为各国政府提升国家软实力的"主战场"。1999 年 6 月，外交部新闻司设立了因特网主页管理处，负责外交部和驻外使领馆网站工作。2004 年，外交部正式成立公众外交处，负责网站工作、公众外交协调。2009 年 10 月，外交部将公共外交处更名为新闻司公共外交办公室，负责外交部、驻外使领馆公共外交工作的统筹规划和综合协调。2010 年 8 月，成立由资深外交官和专家学者组成的公共外交咨询委员会，向国内外公众介绍、解读中国外交政策和发展理念。2012 年 8 月，外交部新闻司公共外交办公室升格为外交部公共外交办公室。主导公共外交的机构设置和升级有利于中国更好地开展公共外交，积极借助于"外脑"讲中国的故事。借别人之口"讲中国故事"比中国单纯自己宣传自己在他国受众看来更客观、更可信，效果当然就更好。正如毛泽东同志曾经说的那样："让外国人对外国人进行宣传，这种做法，有时说服力比我们自己在那里吹作用还大呢。"②

二是逐步放宽国外媒体进入中国进行报道和非政府组织在中国活动的限制，即"请进来"，让它们"讲中国故事"。现在的网络信息时代，想阻止国内的时事向国外流传几乎是不可能的事情了。与其让国外媒体根据道听途说来编写新闻，反而不如让它们进来看看中国正在发生的变化和存在的问题，让世界了解一个真实的中国——既不是一个面目可憎的国家，

---

① David Shambaugh, *China Flexes Its Soft Power*, International Herald Tribune, June 7, 2010.

② 转引自吴旭君《毛主席的心事》，载中央文献研究室《缅怀毛泽东》编辑组《缅怀毛泽东》（下），中央文献出版社 1993 年版，第 634 页。

也不是一个神秘莫测的国家，而是一个在贫穷落后中积极进取、开拓创新、勇于发展的国家；一个认真履行《联合国宪章》原则、践行和平共处五项原则、实现合作互利共赢、对内追求和谐社会对外追求和谐世界、担当国际责任、坚持走和平发展道路的国家。正如英国《卫报》记者华衷（Jonathan Watts）说的那样：驻华近十年的工作和生活经历，感叹中国正在进行的全方位革新；负面报道时常发生，而中国的许多积极发展却没有得到重视，但如果中国笨拙地阻止采访实际发生的情况对中国的国际形象也没有什么好处。①

同时，中国媒体自己也开始实行开放、自由、客观的报道，在开始牢牢掌握话语权赢得国际信誉的同时，也"让一些有偏见的国外组织、媒体和政要无隙可乘，难以妖魔化中国"。② 汶川地震发生后西方媒体第一次惊叹中国媒体的开放性。而在地震之前，西方媒体还是连篇累牍地报道着西藏事件、藏独运动、奥运火炬抗议运动等，似乎要把中国妖魔化。地震之后全球都在关注中国，审视中国的制度，审视中国人的精神。"因为在很多人看来，一个权力至上而置人民生命于不顾的政权就失去了存在的合法性和道德基础。但这次来了一个大转弯，大量正面报道四川地震和中国政府赈灾进展。"③ 浙江温州"7·23"动车事故发生之后，一些国外媒体连篇累牍地报道说中国试图掩盖事实、中国人永远不会了解真相、不会有诚实的调查、责任人不会受到惩罚，等等。但英共总书记撰文公开表示：中国政府虽然在公布事故细节上有所延迟，但他了解到的是，中国媒体的中外文报道都将动车事故作为重大突发事件进行了充分报道，让人充分感受到中国政府试图查明事故真相的决心。④

当日本、美国等国大肆攻击中国的稀土政策时，英国主流媒体《金融时报》的记者站出来说："实际情况是，中国自己也需要使用本国出产的稀土"，尽管"稀土已成为国际社会对中国崛起感到担忧的一个象征，

---

①　Jonathan Watts, China: Witnessing the Birth of A Superpower, The Guardian, 18 Jun., 2012.

②　陈冰：《抗震救灾展示现代中国形象》，新加坡《联合早报》2008 年 5 月 21 日。

③　郑永年：《四川地震与中国民族精神的再现》，新加坡《联合早报》2008 年 5 月 20日。

④　骆珺：《英共总书记：中国用成就反击西方偏见》，《参考消息》2012 年 10 月 18日。

但中国没有利用稀土来统治世界的阴谋"。① 当美国攻击中国的民主自由人权的时候，英国记者表示反对："希拉里的演讲没有抓住中国自由度扩大的真实情况。在许多方面——对信息的获取、出行自由，甚至在特定问题上抗议的自由——中国已经不同于二三十年前的样子了。"② 这样客观公正地报道中国的困难、进步与对外政策，比我们自己费劲地解释与批驳效果要好得多。

三是加大中国媒体在世界上的活动范围，向世界报道中国的政治经济社会文化，策划中国形象宣传，即"走出去"，掌握话语的主动权。由于中国与众多非洲国家既有深厚的传统友谊，又有现实的紧密合作关系，致使一些西方国家对中国"羡慕嫉妒恨"，于是采取种种手段来离间中非关系。他们不想看到中国直接与非洲展开经济合作，希望继续保持由他们从非洲攫取自然资源然后再卖给中国的局面，因而采取一些见不得人的手法来破坏中国形象，企图达到在非洲人中激起反华情绪的目的。英国广播公司（BBC）就推出名为《中国人来了》的纪录片，试图通过西方视角反映中国企业及个人在非洲的投资经营情况。之后新华社驻非洲记者就该片在非洲播出引起的反响进行了采访。许多当地受访者表示，BBC 的报道"有失偏颇"，企图通过制造假象来欺骗观众，其主要意图是抹黑中国形象，在非洲煽动反华情绪。③ 通过中非媒体之间的合作，很快消除了 BBC 带来的负面效应，使中国在非洲的形象未遭到损害。

在很大程度上说，相对于"请进来"，更重要的是中国的公共外交要"走出去"，要让国外媒体在中国事情上更多地采用或引用中国自己的主流媒体的报道、立场和观点，尤其是政治价值观点最为重要。只有做到这点，中国的公共外交借助于"外脑""讲中国故事"的软实力成效才更加明显。

但从目前来看，在这方面，中国主流媒体缺少有影响力的传媒人才，致使在社会主义政治价值观上呈现混乱冲突，社会信誉度也不高，常常使

---

① Peter Smith, *Lynas Plays down Fears of China Rare Earths Plot*, Financial Times, October 19, 2011.

② David Pilling, *Clinton's Talk of Democracy in Asia Lacks Precision*, Financial Times, July 11, 2012.

③ 《BBC 纪录片抹黑中国遭非洲受众批评》,《参考消息》2011 年 10 月 09 日。

新闻报道难以产生权威性效果，自然难以影响国外媒体的报道立场与观点。国外媒体尤其是西方主流媒体在中国问题上难以采用我们自己的立场与观点，既与它们的报道立场与价值取向有关，也与中国自身存在的种种严重问题与危机有关。不解决这些问题与危机，中国的公共外交也就难以对国家软实力建设产生推动作用。

第三章

中国国家软实力建设面临的主要危机

改革开放以来中国软实力取得了举世瞩目的增长，但不可否认的是，"尽管中国塑造他者的世界观或政治议程的能力在日益增长，但软实力仍然是中国的软肋，要成为一个真正的世界领导者还有一段很长的路"。① 中国软实力的不足，包括文化发展水平低，对外传播不足，核心价值观缺失，文化管理体制与能力落后，政治与经济制度不够完善，"中国模式"面临挑战，外交上的局限，国民素质和形象较差，缺少有影响力的民间组织和个人，等等。② 从调查来看，中国未来十年面临的十大挑战也严重制约着国家软实力的建设与增长，分别是：腐败问题突破民众承受底线（82.3%）；贫富差距拉大，分配不公激化社会矛盾（80.6%）；基层干群冲突（63.2%）；高房价与低收入的矛盾（62.8%）；诚信危机，道德失范（61.7%）；民主政治改革低于公众预期（52.3%）；环境污染，生态破坏（51.6%）；老龄化矛盾凸显，老无所依，老无所养（44.1%）；大学毕业生就业更加困难，诱发不稳定因素（43.4%）；主流价值观边缘化危机（36.3%）。③ 理论上的归纳与实证上的调查都深刻反映了中国软实力建设面临的危机。中国软实力建设在充分发挥现有软实力资源优势、巩固所获成就的同时还亟须迎难而上解决这些危机问题。

---

① Yanzhong Huang & Sheng Ding, *Dragon's Underbelly: An Analysis of China's Soft Power*, East Asia, Vol. 23, No. 4. 2006, p. 41.

② 参见北京大学软实力课题组《中国的软实力有哪些不足?》，人民网 http://theory.people.com.cn/GB/166866/166886/10068388.html，2009 – 09 – 16。

③ 高源、马静：《"未来10年10大挑战"调查报告》，《人民论坛》2009年第24期。

第一节　表层次的公民社会危机

1985 年邓小平同志在全国教育工作会议上的讲话中，着重强调了公民素质对国力的重要作用。他说："我们国家，国力的强弱，经济发展后劲的大小，越来越取决于劳动者的素质，取决于知识分子的数量和质量。"① 几十年来，虽然中国在公民教育上花费了大量的物力财力，但从整体上看，公民素质在质上基本上没有什么改变。时至今日，公民素质问题在中国依然是一个沉重的话题。公民素质的落后已严重影响国家形象的塑造与改善，民族创造力与社会活力的提升，社会凝聚力的增强，社会共识的形成，以及社会主义政治文化主流地位的巩固与主导作用的发挥。公民素质与社会活力存在的问题已成为中国软实力建设中最直观浅显的、让人有切肤之痛的严峻危机。

一　公民现代性基本素质严重缺失

公民素质对作为硬实力的经济发展至关重要，对国家软实力的发展同样至关重要。因为公民不仅是国家软实力的建设者，也是传播者。世界上那些软实力比较强大的国家无一例外地拥有较高素质的公民。但在从传统社会向现代社会的过渡中，中国公民素质的现代性转变很缓慢，国民性格中历史形成的主要缺陷在没有得到改善的同时，又形成了一些新的不良性格。尽管有很多公民习成了现代民主法治社会下的公民基本素质，但从整体上说，中国公民素质的低下仍是不容忽视的问题，成为制约中国软实力增长的一项软肋。中国不文明游客的丑闻与中国企业在海外的丑闻一次次成为国内外报刊的头条，以及外资企业在国内的贿赂报道，让中国的国家形象饱受诟病。2013 年 5 月中国游客埃及卢克索神庙刻字留念事件再一次地将中国公民素质问题暴露于国际视野。有专家称"中国与美国的最大差距是国民平均素质的差距"，更有专家称"中国日本国民素质差距有

---

① 《邓小平文选》（第三卷），人民出版社 1993 年版，第 120 页。

30 年"。① 尽管这种观点可能有夸大危机的倾向，但确实反映了中国公民素质存在严峻问题，严重影响了国家软实力的形成与增长。

一是文化自信与民族自尊的自我矮化，使国家软实力建设缺乏文化精神支撑力。"没有文化的积极引领，没有人民精神世界的极大丰富，没有全民族精神力量的充分发挥，一个国家、一个民族不可能屹立于世界民族之林。"② 为建设与国力相匹配的国家文化软实力，中国共产党与人民政府大力投资文化产业与文化事业，倡导民族复兴和"中国梦"。但近代鸦片战争以来民族文化自信与民族自尊大受打击而遗留的文化心理伤痕，似乎并没有随着中国的经济崛起和文化建设而消失或弥合。在对外交往中，部分中国人存在的文化与民族的自卑心态自觉不自觉地流露出来，使外国人认为中国人缺乏自信，不值得尊重。他们认为，即便中国最近 30 年已跃升为世界经济强国，但民族屈辱情结依然存在，因而在个人层面上，西方人在中国人眼里仍贴着"优等"标签。③ 尤其是一位日本人士通过在中国大陆的游历体验更是认为："日本人一点也不担心中国人的情绪问题，因为中国人缺乏民族自信与自尊，根本不是日本的对手。"④

这种文化自信与民族自尊的自我矮化，在国内使得部分人根本不相信中国会在文化科技教育上赶上西方发达国家，从而成为西方发达国家的文化信徒与软实力俘虏。2011 年温州动车事故之后，中国舆论对支持高铁战略竞争的意愿不够强，反对的声音充斥在互联网的各个角落。"在对待战略项目投入上，中国舆论近年有错把自己当成中小国家的倾向，仿佛我们对美国设施和其'安全福利'的使用可以永远都不会被打断。这样的天真如果最终实质性影响到中国发展战略能力的舆论大环境，将很糟糕。"⑤ 国家软实力的基础首先在于文化上的自信，自己都不认同自己的文化，别人更不会认同，更遑论文化上的吸引力与影响力。没有文化自信

① 参见訾海《中国国家软实力建设的不足之处分析》，人民网 http://theory.people.com.cn/GB/166866/12089518.html，2010－07－06。
② 中国共产党第十七届中央委员会第六次全体会议：《中共中央关于深化文化体制改革推动社会主义文化大发展大繁荣若干重大问题的决定》，《人民日报》2011 年 10 月 26 日。
③ Li Yuan，*China's Identity Crisis*，The Wall Street Journal，July 5，2010.
④ 《中国没有资格也不配做我们的对手》，《参考消息》2011 年 11 月 8 日。
⑤ 《小算盘算不了中国崛起的大账》，《环球时报》2011 年 12 月 28 日。

与自觉，一切文化软实力建设都将付之东流。

二是依法守法与规则意识的淡薄，直接影响国家形象的塑造。2012年国内讨论得如火如荼的"中国式过马路"，也引起了国外媒体的关注。在这背后，反映的是人们对公民规则意识与依法守法意识缺失的担忧。在中国，缺乏规则意识导致的集体无意识式的种种陋习司空见惯。"明知违反公共约定，这么干是不对的，但心里'冻结'了原则。"① 不仅在国内如此，到了国外可能依然如此，破坏了中华民族的礼仪形象和中国的国际形象。一位中国人通过游客行为比较见证了日本的国家形象为何强于中国，那就是日本国民良好的礼仪和公德受到各国欢迎，跟着导游的小旗子规规矩矩旅游的，十有八九是日本人，这就是日本人给世界留下的影响；反观中国却是另外的一番场景，罗马圣彼得大教堂第一次听到的汉语广播竟然是"请大家要排队，不要大声喧哗，不要乱丢垃圾"，然而没有对应的英文或日文。② 因此，当大批游客成为中国的最新出口品时，"中国人"却成了不文明、粗鲁的代名词。游客虽是中国人中的少部分，也不是什么大的违法行为，然而这些小事积少成多，会给国家形象带来近乎毁灭性的破坏。

中国人不依法守法的意识在国外也时不时地体现出来。2012年10月发生在西班牙的华商、马德里最大的贸易企业西班牙国贸城集团的董事长被警察正式拘捕以及大规模对华商犯罪调查的事件，西班牙华人联谊会会长认为，虽背后有一定的政治或经济原因，但也不意外，原因在于一部分华商在生意上取得的成功和不够低调有关，而且有一部分华商确实也存在洗黑钱和偷税漏税的情况。③ 在非洲，中国商人被指控欺诈、逃税或拒绝与当地供应商合作、销售劣质商品、不尊重消费者权益（大多数人不接受退货，哪怕东西是坏的）。因此，中国商人正在对非洲产生越来越大的影响时，"中国政府必须更加重视他们，不论如何，他们都影响着中国在非洲的声誉"。④

---

① 李智勇：《"中国式过马路"折射什么心态》，《人民日报》2012年10月16日。

② 王冲：《日本的国际形象为何强于中国》，《凤凰周刊》2009年第18期。

③ 祝优优：《中国商人涉洗黑钱在西班牙被捕 引发当地华人恐慌》，《法制日报》2012年10月31日。

④ Terence McNamee, *The Real Frontline of the Chinese in Africa*, Financial Times, May 7, 2012.

　　在部分企业缺乏规则与守法意识的同时，部分政府官员也同样缺少这种意识，造成中国制造的产品充斥着大量的假冒伪劣，严重影响了人民群众的生活生命安全和国家的内外形象，使人们想到"中国制造"是廉价的同时也是假冒伪劣的代名词。北京奥运会树立起来的良好形象轻而易举地被"三鹿奶粉"毁灭了。人们不禁担心，"中国制造"如果出现危机，"那主要也是由中国自己制造，是一小撮唯利是图的企业制造，是相关失职的监管当局以及反应失当的政府部门制造，是一些长期追求经济增长政绩、包庇境内企业投机取巧的地方政府制造"。① 如果这种现象得不到扭转，中国的国际形象必然会被马赛克化而零碎不堪，何来国家的吸引力与影响力？

　　三是社会信用与诚信意识的薄弱，动摇国家软实力建设的社会基础。信誉在软实力中的作用，奈有这样的论述："与强制性的硬实力相比，软实力正变得比以往更加重要，而信誉成为政府和非政府组织主要的权力资源。"② 在国家软实力竞争中，那些享有信誉的国家更有优势。然而，中国的社会信用与诚信处于危机状况，降低了中国的国家信誉程度并毁坏了国家形象。

　　2011 年调查显示，北京市城镇居民对个人诚信的不乐观转向了对企业、政府的怀疑，企业在诚信上的得分仅为 53.6%，公众人物在诚信方面起消极作用的占 65.5%。③ 上海市政协进行的一项调查反映诚信在当下社会的尴尬境地：诚实守信在相当一部分人心目中已成为"无用的别名"，有 90.2% 的人认为诚实守信在不同程度上会吃亏。"大量的不诚信事件，已深刻改变了一些民众的价值认知与行为预期，许多人走进了一个渴望诚信却又被迫不诚信的怪圈。"④ 在国外的调查中，外国人对中国人认同度最高的是"难以亲近"和"不可信赖"，"在这两个词上，中国2005 年的得分均接近满分，不同国家的受访者在评分的时候几乎没有差

---

① 江涌：《"中国制造"的危机由谁"制造"？》，《世界知识》2007 年第 17 期。

② ［美］约瑟夫·奈：《美国霸权的困惑——为什么美国不能独断专行》，世界知识出版社2002 年版，第 79 页。

③ 李松涛：《调查显示：食品、电信、房地产行业失去公众信任》，《中国青年报》，2012 年 1 月17 日。

④ 徐江善等：《超九成人认为诚信会吃亏 三大"软肋"使诚信受困》，《半月谈》2011 年第 17 期。

异"。由于中国人的这两种特点，妨碍了外国人对中国的了解，"直至
2004—2005 年左右，中国仍然是世界上最不被人理解的国家之一"。①

诸多现象说明，中国的政务诚信、商务诚信、个人诚信，都不同程度
地出了大问题。有些地方政府诚信缺失现象严重，对社会风气起到了极为
不好的示范作用。人民网舆情监测室的监测显示，目前社会公信力下降导
致的信任危机，以政府、专家及媒体最为严重。"不相信政府，不相信专
家，更不相信媒体已构成了当前社会上一堵亟待翻越的'信任墙'。"② 对
政府而言，政府公信力的下降会导致政府的动员能力下降，在危机来临时
政府得不到社会的支持，政府与社会之间因政府诚信缺失所导致的冲突会
动摇政权的根基。

社会信用与诚信意识的薄弱，直接带来社会资本的缺失与恐慌，极不
利于社会凝聚力、整合力以及活力的提升，从而使国家软实力的社会基础
变得松软。在最能表现社会活力的科技领域里，中国"科研人员的诚信
缺失正在阻碍中国的发展潜力，以及妨碍中国的科研人员与他们国际同行
之间的合作"。③ 如果学者教授、科技界精英都让人失去信任感，那么
"整个国家的软实力基础显然将遭削弱"。④ 因此，公民信用与诚信的缺失
不仅会破坏中国软实力建设的内部社会基础，也直接影响中国国际形象的
塑造。

四是公民文化精神与理想信仰的缺失，使国家软实力建设"无枝可
依"。目前，中国社会伦理道德衰微，公平正义缺失，贫富差距扩大，享
乐主义滋生蔓延，钱权交易肆无忌惮，假冒伪劣充斥市场，"这些问题不
但加深了现代民众的心理忧虑感、不公正感和思想观念的不确定性，而且
严重侵蚀了中国的核心价值体系，构成了中国软实力整体提升的内在隐
忧"。⑤

这些问题的存在尽管与中国当前的制度不成熟不完善有关，但更主要

---

① ［美］乔舒亚·库珀·雷默等：《中国形象》，社会科学文献出版社 2006 年版，第 21、
25 页。

② 陈仁泽：《公信力缘何被削弱？》，《人民日报》2011 年 9 月 8 日。

③ Andrew Jacobs, *Rampant Fraud Threat to China's Brisk Ascent*, The New York Times, October
6, 2010.

④ 《中国硬实力大增 软实力则要冲破假大空》，美国《世界日报》2010 年 7 月 15 日。

⑤ 袁三标：《中国软实力：瓶颈与增进之道》，《学术探讨》2010 年第 6 期。

是公民整体性的文化精神与理想信仰的缺失所致。当公民文化精神与理想信仰缺失的时候，公民就只剩下个人的利益，成为狭隘的"实用主义"与"利己主义"者而无所谓法律、道德、公共利益、民族与国家。有毒食品在全国各地大量出现，官员的极端腐化堕落以及"唯政绩观"而不顾人民生死存亡，表明公民个体道德的退化已经达到极其严重的地步。当下中国的物质主义、拜金主义、消费主义等各种追求纯粹物质享受与感官享受的社会思潮泛滥，已严重影响国家与民族的文化心理健康，正在日益腐蚀国民的心灵，消解民族的创造力与社会的凝聚力。虽说精神与信仰不是万能的，但绝对是一个社会共同体、国家共同体必不可少的构成要素。没有一种坚定的、共识性的精神与信仰，一个民族、一个国家就没有内在的心灵之城，国家软实力建设就无可依托之物从而成为"空中楼阁"。

　　五是国家利益意识与社会共同利益感低下，使国家软实力建设难以形成合力。2009年元宵节央视的一场大火，损失达几十亿元，然而网络上一片幸灾乐祸之声，没有悲伤，没有痛心，幸灾乐祸中透露的是某种难以言表的快意。网民感觉烧掉的是"他们的"而不是"我们的"。这种感觉实际上是一种心理上的疏离感，① 即对国家共同体与社会共同体的疏离，再进一步讲是对执政党与人民政府的疏离感。抱有这种疏离感的人，不再视自己为国家与社会的一员。而当有人站出来为国家利益与社会利益表达维护意见的时候，他们要么表示沉默，要么立马出来讥讽，久而久之形成传播学上的"沉默的螺旋"效应：如果一个人感觉到他的意见是少数的，他比较不会表达，因为害怕被多数的一方报复或孤立。所以，在网络上，站在公正立场上替共产党和政府说话的正面言论很少受到网民欢迎，反而是那些刻意批判的言论大行其道。国家利益意识与社会共同体利益感的低下，反映了中国社会缺乏共识，存在认同感危机，执政党与政府很难通过政治思想文化动员将国民凝聚成一个实体来进行国家软实力建设。

　　国家利益意识的淡薄也极不利于公共外交产生国家软实力效应。之所以奈认为一些非政府组织在国家软实力中具有非常重要的作用，一则是针对美国的具体情况而言。因为美国是一个强调分权制衡自治的国家，非政府组织众多且十分活跃，在内政外交方面具有很大的能量。二则是因为美

① 参见孙立平《中国社会正在加速走向溃败》，人民网 http://blog.people.com.cn/open/articleFine.do?articleId=1320953008057&sT=21，2010-03-21。

国是一个政治意识形态高度一致的国家，公民与非政府组织的国家利益情结非常浓烈，具有积极为国献身的精神，可以为国家利益不辞辛劳。前面提到的美国"和平队"就是典型。现在美国各种各样的志愿者服务遍布全球的各个角落，为美国软实力的增长立下了汗马功劳。因此，奈认为公共外交是美国软实力的重要资源。反过来，如果公民的国家利益意识缺失或不能正确看待，公共外交不仅达不到为国家积累软实力的目的，反而会给政府外交添乱增堵，从而危及国家软实力的培育与发挥。

二 社会创造活力严重受阻

新中国成立以后，出于现代化建设的紧迫任务与巩固新生无产阶级政权的需要，国家开始建立政治经济思想文化上高度集权的体制，使以前就已形成的"强国家—弱社会"格局呈现强化趋势。在高度的中央集权政治体制下，党和国家通过各种方式，整合、控制社会和个人，根本不存在相对于国家而独立的社会公共领域与私人空间，国家—社会关系出现高度一体化。

改革开放以后，随着社会主义民主政治建设与社会主义市场经济体制的确立，社会性组织与力量开始兴起（如表3.1所示），尤其是村民自治在宪法上得到确认，以及民营经济的迅速壮大，使"强国家—弱社会"的格局开始松动。

表3－1 近年来中国社会组织的增长[①]

	社会团体（个）	民办非企业单位（个）	基金会（个）	社会团体（人）	民办非企业单位（人）	基金会（人）
2006	191946	161303	1144	2695983	1540476	15391
2007	211661	173915	1340	2885287	1664959	18269
2008	229681	182382	1597	2855858	1892060	10414
2009	238747	190479	1843	3356506	2078160	12000
2010	245256	198175	2200	3960704	2208050	13164
2011	254969	204388	2614	3630298	2348326	14141
中央级	1834	46	183	26017	1007	1628
地方	253135	204342	2431	3604281	2347319	12513

但是，一方面，由于政治体制改革进展和党的领导方式与执政方式转

---

① 中华人民共和国国家统计局：《中国统计年鉴2012》（汉英对照版），中国统计出版社2012年版，第866页。

型的缓慢；另一方面，尽管自治性组织或团体、私人经济组织、独立性的公民个体所代表的社会力量得到了前所未有的增长，但总的来说相对于国家力量仍然显得过于单薄，而且很多社会组织需要党委、政府提供发展的平台或与党委、政府保持某种形式的依赖或依托联系，因此"强国家—弱社会"格局的惯性未能得以根本性扭转。

在"强国家—弱社会"格局下，"由于公民社会发育不良，原先由社会承接的社会功能——如教育与文化——都由国家包下来，而国家官僚具有天然的行政化、功利化倾向性，尤其是当政者大多出身于工科，工科思维的直线化、数据化、指标量化，等等，长此以往，将潜移默化地、消极地影响到社会人文领域的自然发展，行政官僚'保姆'对文化教育的强控制，势必对社会的原生态的文化创造力产生消极影响"。①因此，在"强国家—弱社会"格局的支配下，国家软实力建设陷入一种难以言状的困境：一方面国家强调并十分渴求社会创新来激发经济发展与科技进步，增强国家软、硬实力；另一方面又不能提供创新所需要的政治文化环境与制度环境。由于社会与公民不能有效地以宪法与法律规定的权利来制约执政党与政府，权利得不到充分保障也就不可能有真正的带有规模性的创新出现。

纵观世界科技发展史，实现科技创新，有两条相互交叉的途径，一是国家大规模的投入，二是依靠市场需求驱动。实现科技创新，政府要有所为有所不为。市场无法提供的特别是重大的原始性创新技术，必须依靠国家的投入。但应用层面的科技创新，就需要良好的市场环境来保障，要更多地依靠市场规则如财政政策和货币政策，为科技创新提供持续的激励机制。② 简言之，政府要为创新创造制度环境。但目前中国的政府还未能为社会创新提供所需的制度环境与文化环境，致使创新发展困难重重。以重庆为例，2012 年时民营高新技术企业 451 家，占全市高新技术企业总数的 82.4%；授权专利 3320 项，占全市高新技术企业授权专利的 64.7%。但据重庆市高新技术企业协会 2013 年对 100 家高企的调查显示：能全面享受到优惠政策的企业仅占 40%，大部分企业只享受到 1—2 项，甚至有

---

① 牛二波：《温和的改革与理性的保守比什么都重要——萧功秦专访》，《瞭望东方周刊》2011 年第 30 期。

② 参见杨英杰《科技发展决定着中国的未来》，《学习时报》2011 年 6 月 13 日。

少部分企业没有享受过；优惠政策办理流程、办理条件"基本可以"和"基本按文件执行"的比例虽达到80%，但仍有部分企业反映流程太复杂，个别部门和区县增设附加条件，致使企业实际难以享受。① 高新技术企业在成长初期得到的政策实惠因落实不到位而使优惠政策边际效应递减，也就加大了企业创新的难度。

在"强国家—弱社会"格局下，由于公民不能有效参与政治生活，失去了对政治经济社会文化的制度建构与政策制定的发言权，公民自身的积极性与创造性受到极大的压制。社会自身所能爆发出来的活力也就时时处处地受到执政党与政府有形的和无形的限制。即使一个人著作等身，在权力面前也得矮下身来，原因在于权力对教育科学技术学术的管制渗透实在过于深刻全面，给它们留下的自由发展空间实在有限。在这种格局影响下，一方面，中国传统的臣民文化性格很难转换为现代公民文化性格。"怕公仆"的奴隶型人格、"靠单位"的依附型人格与"随大溜"的盲从型人格这三大国民素质缺陷依然在整个社会中随处可见。② 另一方面，这三种普遍性人格也就使人习惯于指令性计划，导致社会责任感埋没或泯灭，缺乏为国分忧的内在动力。中国要培育现代性的独立自主的公民文化性格，不改变这种状况显然无异于缘木求鱼。

事实上，创新一定要有内在动力才行，任何外在的政治要求都无法持久地维持这种动力与热情。因此，尽管中国的科技研发投入已连续多年以每年约10%的速度递增，目前研发总投入位居世界第二而仅次于美国，然而分析人士指出，实现自主创新目标的主要障碍之一在于中国"坚持通过行政指令激发创造力，命令人们要有创新能力"的做法难以奏效。③ 所以，尽管中央领导人与各级党委政府以及很多专家学者大声疾呼"创新驱动"、"文化大发展大繁荣"，中国面临的尴尬局面却是：目前国内很多文化艺术作品创造力不够，90%的作品属

---

① 资料源于2013年重庆市科委宣传处一份调研报告。

② 参见解思忠《中国国民素质危机》，中国长安出版社2004年版。

③ Jamil Anderlini, *Innovation: Autocratic Directives Fail to Spark Creativity*, Financial Times, October 25, 2011.

于模仿和复制,① 以至于一些有识之士惊呼"中国出现严重文化赤字"。② 所以,"中国的高技术出口产品既非货真价实的中国产品,也非真正意义上的高技术:有90%以上的产品由外国企业生产,用的是进口零部件,仅仅是在中国组装而已。这一百分比不断提高,从而表明中国企业越来越落后于外国竞争对手"。③ 所以,教育部激发中国高等学校创新能力的"211"工程、"985"工程、"高等学校创新能力提升计划",都不可能真正实现创新的目的。"无数事实证明:创新能力永远只能产生于善待创新者的环境中。"④

通过行政指令来实现创新在某些方面(如航天)较为有效,但很难激发社会层面的创造活力并演化为民族的创新精神。因为权力至上压抑了经济、科技、文化、教育等方面的自由发展空间。探根寻源,在"强国家—弱社会"格局的惯性使然下,中国的政治制度与政治文化还不能为学术、思想、创造自由所形成的社会活力提供所需要的制度文化环境。"无论是中央领导人还是每个学者、专家、艺术家,都感到研究与创造的自由受到了束缚。这种束缚不在于具体的政治领导人、不在于创造者个人",而在于官僚化的体制使他们完全丧失掉个性。"思想艺术创造者变成了鹦鹉学舌者。不能否认其中有一部分人具有独立思考,但是整个大环境却不容许这种精神。"⑤ 因此,表层次上的公民素质与社会活力危机其实在很大程度上是中国政治制度危机的外在体现。在这个视角上,我们"从公民社会的赢弱当中可以窥测中国软实力建设所面临的最大障碍并非美国的霸权主义行径而是内在的良好治理"。⑥

---

① 杜丁:《国内九成文艺作品属"复制"》,《新京报》2011年11月13日。

② 吴新慧:《政协委员赵启正:中国出现严重文化赤字》,新加坡《联合早报》2006年3月10日。

③ Michael Beckley, *Don't Worry*, *America*：*China Is Rising But Not Catching Up*, The Christian Science Monitor, December 14, 2011.

④ 游宇明:《谁能"计划"创新能力》,《民主与科学》2012年第4期。

⑤ 尹保云:《现代化通病——二十多个国家和地区的经验与教训》,天津人民出版社1999年版,第322页。

⑥ 许少民:《中国软实力研究批判(1990—2009)(二)》,光明网 http：//guan-cha. gmw. cn/2010 - 05/20/content_ 1126047. htm,2010 - 05 - 20。

第二节　中层次的政治制度危机

对发展中国家来说，制度常常是它的软肋，而且是导致它经济落后与社会动乱的关键原因。这一点中国也不例外。虽然改革开放以来中国经济高速发展并且社会比较稳定，制度创新在其中的贡献不容抹杀，但我们还是要承认，无论是政治方面、经济方面，还是社会治理方面，中国的制度都是粗陋而不是精致成熟的，还"不能为国内外的普通大众提供一个全面的、令人振奋的愿景——如何建构起一个自由的、以权利为导向的政治经济体制"。① 异域的学者与观察家对中国软实力的评价也很少在制度层面上进行，大多集中在中国的经济增长奇迹及其对世界的影响，因此，"我们从中读到的都是规模，而不是对中国制度的评价"。② 即使部分人引以为傲的所谓"北京共识"或"中国模式"，虽然在国际上获得一些发展中国家的效仿，"但这只是一种发展模型，而不是中国的体制模式"。③ 这都反映中国软实力的大软肋在于政治制度的说服力严重不足。中国共产党的领导与执政能力和政府的行政与治理能力存在种种严峻问题，妨碍了中国特色社会主义政治制度内在说服力与外在吸引力和影响力的产生，从而给国家软实力建设带来的危机更令人忧虑——这是政治制度层面的危机。

一　执政党存在严重问题恐难成为中坚领导力量

中国共产党是中国唯一的与合法的领导党与执政党，中国的发展与建设也就需要党发挥坚强的领导核心与中坚力量的作用。在一党执政的宪定框架下，它的领导能力与执政能力就决定着国家政治经济体制的构建及其绩效，也决定着国家软实力如何建设以及建设的成效如何；反过来它面临的风险与考验也等同于国家与政府面临的风险，也是国家软实力建设面临

---

① Joshua Kurlantzick, *Charm Offensive: How China's Soft Power Is Transforming the World*, New Haven: Yale University Press, 2007, p. 229.

② 张剑荆：《"北京共识"与中国软实力的提升》，《当代世界与社会主义》2004 年第5 期。

③ 龚铁鹰：《软权力的系统分析》，天津人民出版社 2008 年版，第216 页。

的风险。从 2009 年的"四个不等于"，① 到 2011 年的"四大考验"、"四种危险"，② 到 2012 年党的十八大报告中的"亡党亡国"等中央的提法中我们可以看出目前中国共产党领导能力与执政能力存在的问题已经达到一个相当令人担忧的境地，严重阻碍着国家软实力建设。

一是党员干部队伍理想信仰的不纯洁即党性不强，已经严重影响中国共产党作为领导党与执政党应有的凝聚力与战斗力，使其难以担负起国家软实力建设的重任。近十多年来，以优化党员结构为名，逐渐使党员结构出现精英化趋势，而在《中国共产党党章》规定里应该作为主体的工人农民的比例却逐年下降。截至 2012 年底，中共党员总计 8512.7 万名，其中工人党员 725 万，占 8.5%，农牧渔民党员 2534.8 万名，占 29.8%。③ 二者比例已经大大低于他们占总就业人口的比例。同时，"各级领导干部的行为方式也出现了精英化的趋势，一些人与有钱人拉拉扯扯，却对普通老百姓的冷暖不闻不问，严重败坏了共产党的声誉"。④ 在这种情况下，我们还能说中国共产党在全心全意代表他们的利益吗？党又怎么能把工农阶级凝聚在党的周围，整合这两个主要阶级的力量进行国家软实力建设呢？

在一党领导与执政的现实政治条件下，很多人的入党动机可能是为了更好地就业、进入党政系统、升官发财、获得政治性荣誉等私利性因素，并非真正抱有共产主义理想和为人民服务的精神，从而导致党内思想良莠不齐，芜杂丛生。从 2011 年我们的问卷调查来看，46.5% 的党政领导干部认为党内各种非马列主义、非社会主义的思想观念"比较严重"；只有 28.4% 的认为"社会主义信念比较稳定且是主流"。⑤ 2012 年初，中国社

---

① 在《中共中央关于加强和改进新形势下党的建设若干重大问题的决定》中中央提出：党的先进性和党的执政地位都不是一劳永逸、一成不变的，过去先进不等于现在先进，现在先进不等于永远先进；过去拥有不等于现在拥有，现在拥有不等于永远拥有。

② 胡锦涛同志在庆祝中国共产党成立 90 周年大会上的讲话中提出：提高党的领导水平和执政水平、提高拒腐防变和抵御风险能力，加强党的执政能力建设和先进性建设，面临许多前所未有的新情况新问题新挑战，执政考验、改革开放考验、市场经济考验、外部环境考验是长期的、复杂的、严峻的。精神懈怠的危险，能力不足的危险，脱离群众的危险，消极腐败的危险，更加尖锐地摆在全党面前。

③ 盛若蔚：《我们党充满生机活力》，《人民日报》2013 年 7 月 1 日。

④ 王绍光：《两大潜在危险与"罗马尼亚悖论"》，《人民论坛》2011 年第 21 期。

⑤ 参见蒋英州《党政领导干部群体的政治文化调查及其影响分析》，《领导科学》2013 年第 11 期。

科院法学所对北京、四川、浙江等23个省市公职人员的调查显示：认为子女可以拥有外国国籍或外国永久居留权的省部级（含副部级）官员达到53.3%，司局级、县处级、科级公职人员的这一比例分别为53.4%、51.7%、49.6%，显示级别越高越有可能认同"裸官"。此外还有高达20%的省部级公职人员对此表示"不清楚"。[①] 2013年5月，某省委宣传部的问卷调查显示，在"对您思想形成影响最大"的选项中，马列主义在党员、共青团员和党政机关人员的思想形成中的优势地位并不明显，[②]如表3.2所示。

表3－2	党政系统内思想的复杂					单位:%
	马列主义	中国传统文化	西方价值观	宗教	宿命论	其他
党政机关人员	48.96	41.58	2.26	7.64	0.61	9.81
共产党员	50.25	41.32	2.42	5.19	0.63	8.21
共青团员	45.05	40.84	3.20	3.46	1.13	6.94

　　从以上三组调查数据可以看出，尽管中共党员人数已达8500多万，但确实已经患上"虚胖病"，外表虽庞然健硕，内部却信仰缺失、精神涣散，党内凝聚力与战斗力大为下降。更令人忧虑的是，尽管党中央一直要求团结在党中央周围，坚持集体领导，但"上有政策、下有对策"依然使政令不畅，严重削弱了中央权威。而且，种种迹象表明，党内可能存在的"派系"争论、党委与政府的冲突、中央与地方的博弈、部门之间的利益较量都会使决策过程变得更加冗长和复杂，甚至可能陷入僵局。而"在一个缺乏众望所归的强势领袖的年代，民众似乎不能忍耐、也不会允许领导人有诸多犯错的机会"。[③] 这样软弱涣散的领导党与执政党能否肩负起建设与发展的重任和使命是中国软实力建设的重大危机。

　　同时，中国共产党代表谁的利益尽管在理论上是不存疑的，但在实践上却有一个尖锐的问题摆在了人们面前。"党的最大危险是脱离人民群

　　① 杜强、叶雨阳：《社科院发布调研报告：官员级别越高越认同"裸官"》，《南方都市报》2012年2月21日。

　　② 数据源于2013年某省委宣传部思想动态研究中心某一课题组的调查报告。笔者为该课题组邀请参与成员。

　　③ 李成：《中国政治的焦点、难点、突破口》，FT中文网 http://www.ftchinese.com/search/%E6%9D%8E%E6%88%90/relative_ byline，2011－12－31。

众"隐喻地指出了这一问题的现实可能性。苏联东欧共产党的失败表明，"一个被人民群众认为并不代表他们利益的党，不管它以往的历史多么辉煌，它的最终垮台也是在必然之中的了"。① 中国共产党虽然高举人民旗帜并切实在"权为民所用、情为民所系、利为民所谋"，但这毕竟是政治要求，并没有一整套刚性的制度规范来具体落实。党员干部理想信念的缺失、战斗力与凝聚力的衰微，依然可能使党丧失领导与执政的权威，使这些政治要求失去号召力。中国共产党在实践中如果不能有效带领人民群众进行社会主义建设将成为中国软实力建设的致命之伤。

二是党员干部的腐败销蚀了党的灵魂，使中国共产党难以成为国家软实力建设的中坚力量，并有可能葬送国家软实力建设所作的一切努力。温家宝同志曾强调，执政党的最大危险就是腐败，这个问题解决不好，政权的性质就可能改变，就会"人亡政息"。② 尽管党一直致力于反对腐败，但腐败的情势却越来越严峻。尤其是在行政权力集中的部门和资金资源管理权集中的领域易发多发，社会事业、国有企业等领域腐败案件逐渐增多，领导干部中的腐败问题依然突出。在高官腐败的同时还有集体腐败和既得利益集团的结成。高官的腐败可以使所在的整个党政系统受到近乎毁灭性的打击，如郑筱萸与药监系统、刘志军与铁道系统、韩桂芝与黑龙江省，等等。而既得利益集团不仅可以大肆腐败，而且还阻挠对它们的改革或使改革出现"合法化"的异化，从而加大反腐的难度。

腐败的频发事实上与政治制度的缺陷是关联在一起的。在一党执政的情况下，"制度设计不能有效限制集团内成员的利益，就等于造就既得利益集团，同时弱化集团内成员追求高尚的动力，目前官员道德水平不高的原因之一在于利益过多过大"。③ 我国在民主政治制度设计上，对人民群众义务规定的强制性多于对党员干部义务规定的强制性，导致人民群众难以用公民权利去监督与遏制公共权力的"恶"的一面。我们在解决腐败问题与遏制既得利益集团问题上也就难以引入社会性力量的参与。因而"渎职案和经济大案频发的趋势，以及被控行为不当和与金钱相关的腐败的高级党政官员的数量急剧上升，显示出一种腐败不断加剧的形态，其中

---

① 严书翰：《党的优良传统流失当高度警惕》，《人民论坛》2011 年第 16 期。
② 温家宝：《解决不好腐败会"人亡政息"》，《新京报》2012 年 3 月 27 日。
③ 公方彬：《新政治观：创新点与突破口》，《人民论坛》2012 年第 28 期。

高层次腐败的增长已超过其他形式的渎职腐败的增长，更严重的是，超过了'低层次的'腐败"。① 腐败的加剧无疑使中国共产党的灵魂被镂空，剩下一具空壳，难以也无力成为国家软实力建设的领导核心与中坚力量。

同时，腐败的日益严重已成为中国近年来社会不稳定的最大根源，成为人们越来越焦躁不安的话题，也越来越成为阻碍国家形象提升的重要因素。在外国人眼中，"中国官员清正廉洁"这一选项的认同比较低。最高认知是在 20 世纪八九十年代来华的受访者，认同率达 9.4 个百分点；最低是在 2000 年后来中国的受访者，只有 6.2 个百分点。② 而环球舆情调查中心调查表明，在最损害中国的国际形象的诸多事件中，"部分官员的贪污腐败"这一选项的提及率最高，达到 65.3%，再次超过"产品的劣质和造假现象严重"选项（40.4%）。自 2009 年以来，受访者对"部分官员的贪污腐败"的关注度已连续 3 年上升。③ 这说明，党员干部的腐败在国际上已严重损害中国的国际形象。

在国外学者看来，社会不平等的拉大，加之日趋加剧的腐败，已经助长了人们的不满情绪。"如果这种不满情绪得不到遏制，它可能危及国家的稳定。最后的结果是，中国必须实施重大政治改革。"④ 这种重大政治改革要么是确保社会主义政治发展顺利推进，要么是改变它的发展方向——像苏联那样，相当一批苏共高级官员蜕变为苏共的掘墓人，他们乘苏共垮台和苏联解体之机，实现了从党内权贵阶层（既得利益集团）向新的权贵资本阶层的迅速转变。据 1996 年 1 月 10 日俄罗斯《消息报》的报道，苏联官员转化为俄国"精英"的总体比例，在商业精英中占 75%；在总统周围的人中占 57.1%；在各政党领袖中占 82.3%；在地方精英中占 74.3%。⑤ 前车之鉴表明，如果遏制不住党政领导干部的腐败和既得利益集团的坐大，那么中国也有可能步苏联的后尘，从而使国家软实力建设

---

① Andrew Wedeman, *The Intensification of Corruption in China*, The China Quarterly, No. 180, 2004. p. 920.

② 刘继南、何辉等：《中国形象——中国国家形象的国际传播现状与对策》，中国传媒大学出版社 2006 年版，第 176 页。

③ 段聪聪、魏莱：《中国人"世界强国"自信心上升》，《环球时报》2011 年 12 月 31 日。

④ Martin Jacques, *China's Path to Reform*, The Guardian, 18 Mar 2012.

⑤ 转引自季正矩《腐败与苏联共产党的垮台》，中共中央编译局网 http：//www.cctb.net/zjxz/expertarticle/201003/t20100323_21188.htm，2010 - 03 - 23。

失去了一切价值，目前进行的一切努力都是白搭！

　　三是社会阶层的多元分化以及"三大差距"的持续扩大，加大了中国共产党整合社会阶层凝聚社会力量的难度，而党的领导能力与执政能力存在的严重问题又使党难以将社会各种力量凝聚起来共同建设国家软实力。中国发展研究基金会发布的报告显示，中国改革开放初期的居民收入基尼系数不到 0.3，到 2001 年攀升到 0.45 左右，至 2007 年进一步上升到 0.48。① 同时，"中国实行了五十多年的户口制度，把中国分为富裕地区和贫困地区，分为农村和城市两个社会，更加深了中国人之间的割痕，社会因此失去凝聚力"。②

　　这种持续扩大的贫富差距、区域差距、城乡差距也日益制造社会的断裂，妨碍社会凝聚力与社会共识的形成。加之生产资料所有制与分配方式多样化的客观存在决定的价值观念多元化，更是加大了党和政府协调社会凝聚共识的难度，直接的结果是导致政策越来越难以协调不同利益群体的需要。处在贫富两端的阶层，处在社会结构不同层次上的群体，对党和政府的政策需求是存在巨大差异的；同时他们占有资源的能力和方式也差异巨大。因此，"在多元阶层中，党和政府的制度安排和政策过程很难实现对所有阶层的有效覆盖，由此所有的政策过程必然无法让所有阶层满意"。③ 地方党委政府在一定程度上又演化为与民争利的相关方，从而加剧了党群干群之间的利益冲突。"近年来的群体性事件，多肇始于此。"④ 其结果可能演变为所有的社会阶层与利益集团对党和政府都充满了不满情绪，从而使整个社会在表面团结一致的假象掩盖下离心离德。

　　在缺乏规则控制和法制调解的情况下，一个强势群体在另一种势力面前可能变为弱势群体，而弱势群体在某种情况下又变成强势群体。如在网络舆论面前，掌握权力的党政干部又变成了弱势群体。目前，在社会心理层面上，边缘与中心、弱势与强势、主流与末端会不断发生着转化。这就是中国每一个阶层都宣称自己属于弱势群体、整个社会充满焦躁暴戾的原因。

---

① 黄耀伟：《中国发展研究基金会：中国收入分配进入转折期》，中国新闻网 http://finance. chinanews. com/cj/2012/07 – 03/4002352. shtml，2012 – 07 – 03。

② 《中国没有资格也不配做我们的对手》，《参考消息》2011 年 11 月 8 日。

③ 蔡志强：《社会阶层固化的成因与对策》，《学习时报》2011 年 6 月 27 日。

④ 本报评论部：《筑牢干群关系的"信任基石"》，《人民日报》2011 年 11 月 3 日。

据《人民论坛》杂志随机抽样调查显示，认为自己是"弱势群体"的党政干部受访者达 45.1%；公司白领受访者达 57.8%；知识分子（主要为高校、科研、文化机构职员）受访者达 55.4%；而网络调查显示，认为自己是"弱势群体"则高达 73.5%。① 其实真正处在政治经济强势地位的群体仍然比其他群体更有优势，它们有时甚至可以公然践踏法律与道德的公平与正义，侵占其他社会阶层的合法利益，制造社会阶层的不信任、隔离、分裂和对抗，以及阻碍社会正常流动。从 2011 年的调查来看，58.8% 的被访者认为社会底层群体向上流动的机会不多，仅 7.5% 的被访者认为机会很多；仅有 38.8% 的被访者相信通过"自身努力"可改变命运。这种社会的不公正加剧了各个阶层对政治经济社会文化资源的掌控与争夺，并逐渐使各个阶层在各种资源配置中的地位与作用相对固定，导致社会出现阶层固化的现象。"社会阶层固化的危害，除了加剧中低阶层的身份焦虑、拉大社会阶层的断裂面、破坏社会的合理结构，还会有力地削弱政府管理能力。"②

在这种"丛林法则"下，中国共产党要整合社会阶层凝聚社会力量进行国家软实力建设变得非常艰难。而当前中国社会日益增多的社会矛盾与思想多元化以及各类利益集团影响力不断增加的情势，不仅使党政高层领导人达成共识变得非常困难，而且会引发社会各个阶层对高层政治领导人能否引领中国发展的严重担忧。"党和政府必须对来自不同群体的互相矛盾而又各有其正当理性的要求，有一种明智的态度，对其进行妥善的协调，并采取措施逐步给以解决。否则，就会埋下社会动荡的种子。"③ 但是，党自身的严重问题制约了党的领导能力与执政能力的充分发挥，也就从根本上制约了它能够承担这个协调与凝聚的艰巨任务，使国家软实力建设的各种主要力量不能形成合力。社会阶层之间的冲突与互疑严重侵蚀了国家软实力的内部基础，加剧了软实力建设成效在国家内部的损耗。

四是党的一元化领导与社会的多元化发展之间的冲突，限制了非政府组织与公民个体在国家软实力建设中的力量与作用。奈非常重视非国家行

---

① 人民论坛问卷调查中心：《"弱势"缘何成了普遍心态》，《人民论坛》2010 年第 12 期（上）。

② 李松：《重构社会阶层公正流动》，《瞭望》2011 年第 10 期。

③ 孙立平：《断裂——20 世纪 90 年代以来的中国社会》，社会科学文献出版社 2003 年版，第 13—14 页。

为体（非政府组织与公民个体）在国家软实力中的力量与作用，因为信息化时代为它们的活动提供了无处不在的空间，互联网已成为非政府组织展开软实力竞争的场域，相比政府而言，它们更活跃、花样更多、更贴近现实生活中的个人情感，传达的信息更丰富更及时。因此，"信息时代正变得更加重要的软实力，在某种程度上是社会、经济的副产品，而不单纯是官方行为的结果"。① 正因为如此，美国才要极力利用与控制互联网来为美国软实力服务。在这种背景下，中国软实力建设亟待非政府组织与公民个体发挥积极性和创造性的力量与作用。

但是，在"强国家—弱社会"格局的惯性使然下，党与政府倾向于用一种政治化的眼光来看待非政府组织的发展，对它持一种防范心态；用管控的心态看待非政府组织，希望一切社会组织都能纳入党和政府的领导与管辖之中，不希望非政府组织给党委政府出难题、惹麻烦。所以，中国的研究机构绝大多数是官方性质的机构，"不是现代意义上的思想库——专门研究公共政策的机构，因为真正的思想库必须思想，必须提出独立的、有政策意义的研究成果。思想库不应是'外宣'机构，'研究人员'不应该是'宣传人员'"。② 很多中国官员似乎相信，"一个国家在国际舞台上越是用一个统一的声音说话，用一个一致的观点发声，用一个整合的理念宣讲，就越是能够增强这个国家的软实力影响。这个国家若是内部观点五花八门、七嘴八舌，它的对外软实力影响就大打了折扣"。③ 因此，中国的国家软实力建设几乎全靠党委、政府来推动，而非政府组织和公民个体的作用受到抑制与埋没。

"但是软实力的根本还是健康的公民社会。"④ 相比之下，"美国的软实力很大程度上来自其公民社会，而中国软实力的推展却高度依赖政府，并且以凝聚国内人心、形成与加强主流价值观为首要目的"。⑤ 因此，在

---

① ［美］约瑟夫·奈：《美国霸权的困惑——为什么美国不能独断专行》，世界知识出版社2002年版，第77页。

② 庞中英：《中国不能与世界埋头做生意》，《环球时报》2007年12月29日。

③ 丁学良：《中国扩展"软实力"的途径》，FT中文网 http：//m.ftchinese.com/story/001019842，2008－06－06。

④ 张欢、王大骐：《李成 用数据分析中国高层政治》，《南方人物周刊》2011年12月2日。

⑤ ［美］约瑟夫·奈、王缉思：《中国软实力的兴起及其对美国的影响》，《世界经济与政治》2009年第6期。

国际舞台上，我们很难看到中国非政府组织的身影，从而使中国丧失了一个关键的软实力工具，"束缚了中国的公众外交，削弱了中国试图发出的信息的可信性，减少了北京获得的有关其软实力行动的反馈信息，进而限制了中国评估和改进现行计划的能力"。① 对此，中国应当转变对公民社会和非政府组织的观念，"促成中国公民社会和非政府组织有组织、有秩序和国际性的发展，在国际体系转型和建构中发出强有力的声音"。②

五是党的领导与执政方式改革缺乏实质性进展，政治体制改革滞后，导致国家软实力建设力量分散且内耗。早在1986年，邓小平就提出："政治体制改革的目的是调动群众的积极性，提高效率，克服官僚主义。改革的内容，首先是党政要分开，解决党如何善于领导的问题。这是关键，要放在第一位。"③ 从这时起，如何改革党的领导与执政方式就提上了议事日程。但遗憾的是，邓小平同志提出的这个重要命题迄今我们还未能找到解决的途径，以至于党的十八大还不得不重申要"改革党的领导方式与执政方式"。在一党执政的宪定条件下，没有党的领导方式与执政方式的改革，就无法真正推进政治体制改革。没有政治体制改革，原先存在的"条块分割"和"部门利益至上"会继续导致国家软实力建设力量分散与内耗。

自新中国成立以来形成的传统政治体制下，党的归口管理与政府部门的"条块关系"体制纠缠在一起，大大制约了行政机关的权威，使得一个行政部门不仅要受上级"口"或"系统"领导，还要受到同级党委和政府的领导。这种多重领导、政出多门的体制在实践上必然会分散公共权力的公共权威。这种状况也造成中央政府部门可以对它们的行为按照自己的标准和利益进行评判，视"部门利益"为"国家利益"而相互博弈。而行政垄断所形成的既定经济格局，在对外经济政策中依然可以看到作为利益集团的垄断行业的影子和力量。④ 例如，由于国有企业归属不同的中央部门管理，外交部、商务部这些涉外部委就很难对它们进行干预，因此中国企业的海外行为有时更多地考虑经济因素，而较少从中国总体的公共

---

① 陆宜逸：《公众外交，中国软实力增长的盲点》，《参考消息》2007年7月26日。

② 张沛：《国际体系转型与中国软实力建设》，《国际问题论坛》2008年冬季号。

③ 《邓小平文选》（第三卷），人民出版社1993年版，第177页。

④ 参见杨光斌、李月军等《中国国内政治经济与对外关系》，中国人民大学出版社2007年版，第92—143页。

外交、国家形象上去考虑问题。

同时，中央与地方的关系也十分复杂，地方政府的利益也可以居于国家利益之上。每个部门也力图使部门利益最大化，结果资源在我们手中，话语权却在别国手中。中国稀土资源的开采和出口就典型地反映了政治体制及政府治理的种种乱象。公共外交也一样。"在很大程度上，与其说是为了公共外交，倒不如说是各方为了分割一块巨大的经济利益。无论是媒体还是教育机构，公共外交的设计很差，野心过大，能力不足。这并不是说，中国社会缺乏专业能力，而是说，在现行设计的公共外交体制下，体现不出来这种所需要的职业精神和能力。"[①]

正如一人士说的那样：中国是一艘大船，我们不缺舵手，我们也不缺船舵，我们缺的是桅杆上的人，能看到前面是冰山还是雾。中国需要智库，坦率地说，许多智库很多时候代表的是部门态度，部门利益已经国家化了。[②] 国家利益是整体性的，但看不见摸不着感受不到，只有每个部门、每个人的利益才是真实的、看得见并摸得着的。于是，国家利益就在这些"分利集团"彼此的算计当中碎片化了，从而使国家软实力建设的努力及其成效不断在体制内部被消耗掉了。党中央和中央政府想要协调国内步伐共同建设国家软实力真是难上加难。我们也就不难理解为什么中央对国家软实力有明确的规划，投入也很大，但为何收效并不大的原因了。因此，"日益国际化的、自信的外交政策与国内封闭的、僵化的政治体制之间的差距"，以及"多个外交政策目标与依然处于起步阶段的软实力资源之间的持续张力"限制了中国软实力建设的成效。[③]

二　政府治理落后难以奠定内部坚实基础

在党的领导方式与执政方式改革缺乏实质性进展的情况下，中国的政府体制改革也缺乏实质性进展，政府的大部制改革和政府职能转换在很大程度上远未到位。党面临的"四大考验"与"四种风险"以及存在的严重问题在政府维度上体现为政府管理的混乱与治理能力的落后及其所导致

①　郑永年：《中国实现"大国大外交"几个条件》，新加坡《联合早报》2010 年 10 月 26 日。

②　魏建国：《部门利益造成中国智库失灵》，《凤凰周刊》2012.年第 6 期。

③　Yanzhong Huang & Sheng Ding, *Dragon's Underbelly*: *An Analysis of China's Soft Power*, East Asia, Vol. 23, No. 4. 2006, p. 41.

的政治经济社会文化生态问题。这些越来越严峻的问题对中国软实力建设的负面作用日益明显，日益危及它的国内基础。正如美国的一份研究报告指出的那样："中国内部的一系列因素最终会限制它的软实力，包括政治的、社会经济的和环境的挑战。"①

　　一是政府治理能力的落后与低下妨碍了社会凝聚力的形成与强化。随着社会阶层的分化与多元化，加大了政府治理的难度，对政府治理能力提出了越来越高的要求。尽管政府治理能力较以前有所提高，但仍远落后于人民群众的要求。对人民群众渴求严厉治理的食品药品安全、生产安全、社会治安、社会诚信、社会保障、文化教育、生态环境等关涉人民群众切身利益的基本问题，以及数量庞大的农民工群体问题，政府在某种程度上既疲于奔命，又显得无能为力。政府的治理往往是"头痛医头脚痛医脚"、"按下葫芦浮起瓢"，未能从根本上扭转这些问题的恶化趋势。一方面，公共资源被侵占，公共职位被无能者把持，政府吸收不到真正的"精英"来实现社会的有效管理；另一方面，还会因为政府部门之间的割裂状态导致社会的不信任，使其政策及政府本身产生合法性危机。②

　　由于政府多头治理，执法不严，执法主体形同虚设，法律法规没有落到实处，"结果是违法者先富，越违法越易富，不顾人命者则暴富"。③ 甚至很多地方政府在政策、措施的制定和执行上，不仅脱离实际、脱离群众，而且还将机构自身的特殊利益置于公共利益之上，与民争利，从而引发民众不满。因此，"短期来说，中国面临的最大问题是法治问题，而不是民主问题。重要的是，中国能否过渡到一个法治真正起作用的体制？"④

　　由于政府在公民的上述基本需求方面供给不足，社会资源分配不公，法制协调能力不够，"使大批社会成员为家庭基本生活计，为自己前程计，往往表现出一种焦虑不安、浮躁不定的情形，致使社会焦虑现象成为如今中国一个明显的时代标识。社会焦虑现象几乎弥漫在整个社会的方方面面：既存在于几乎所有社会群体当中，如公务员群体、企业家群体、白领群体、工人群体和农民群体；也存在于各个地区当中，如东部和西部地

---

　　① Carola McGiffert, *Chinese Soft Power and Its Implications for the United States: Competition and Coorperation in the Developing World*, A Report of the CSIS Smart Power Initiative, March, 2009. p. 126.

　　② 参见李松《重构社会阶层公正流动》，《瞭望》2011 年第 10 期。

　　③ 崔丽、王亦君：《食品安全监管难在哪里》，《中国青年报》2011 年 7 月 3 日。

　　④ Andrew Stevens, *Niall Ferguson*: "West Less Good at Being West", CNN, November 26, 2012.

区以及城市和农村地区"。① 这样，中国社会几乎被撕裂成碎片，原子化倾向越来越严重，无法内在地凝聚成一个社会共同体。

又由于社会地位与情绪的共通性，使中国社会在原子化的同时又呈现阶层分裂与对抗的奇特景象，所谓"仇官"、"仇富"就是一种明显体现。频繁爆发的群体性事件往往与阶层对抗相连，而泄愤伤害事件往往又与社会原子化相连。在社会的横切分裂与纵向对抗的交织中，任何一个看似微小的事件都可能引发大规模的群体性事件和故意伤害事件。在近年越来越频发的群体性事件背后，在多发的匪夷所思的泄愤伤害事件背后，其实反映的就是政府治理能力的落后与衰退，以及由此导致的社会分裂与对抗趋势的加剧、社会凝聚力的散失，从而在社会这一根基上动摇着国家软实力的内部基础。正如奈与国内一学者指出的那样：这些灾难性的事件"暴露了中国在治理方面的痼疾，只能损害中国的软实力"。②

二是政府治理能力的落后阻碍了社会创造力的激发与增强。在"强国家—弱社会"格局的影响下，政府习惯于行政化手段解决问题。当社会创造力不足以成为政府的切肤之痛时，政府首先想到的是用行政命令来促使人们创新而不是为之提供良好的环境以激发社会创造力。现在，阻碍中国科研创新的因素首先是行政化因素，大约再也没有几个人表示怀疑了。不管是教育还是学术研究，都存在非常严重的行政化问题，具体的特征就是行政主导了教育资源或学术资源的配置，导致了大家追求行政的指标，而忽视了教育规律和学术规律。"在行政的主导之下，学术机构和教育机构的领导，有一种急功近利的情绪，为了让大家达到某种短期的政绩，采取功利的指标来要求学者在短时期内作出学术研究的贡献，最后的结果导致了'泡沫学术'和'社交学术'。"③ 在这种环境下，中国出不了像乔布斯那样的创新型人才，也获不了科学方面的诺贝尔奖，也解决不了"钱学森之问"。

中国事实上不乏创新意识与创造精神的人才，但政府治理能力的落后与低下使这些人既不可能成为大师，也在成为大师之前早已移民异国他乡了。这主要表现为两种人才的流失。第一类是知识型人才，第二类是财富

① 吴忠民：《中国为何弥漫着社会焦虑》，《学习时报》2011 年 6 月 13 日。

② ［美］约瑟夫·奈、王缉思：《中国软实力的兴起及其对美国的影响》，《世界经济与政治》2009 年第 6 期。

③ 黄莹莹、郭爽：《中国科技创新真正缺的是什么?》，《国际先驱导报》2012 年 6 月 19 日。

型人才。从社会创造力的角度来说，他们都是最有创造力的人。遗憾的是，中国现在成为世界上人才流失最严重的国家，他们的创造力多在他国展现。"主要原因在于，西方发达国家优质的教育、健康的环境、安全的食品、规范的法律，甚至身份的象征，都对移民们有着巨大的吸引力。"① 反过来，国外的吸引力恰恰反映了人们对国内政府在这些方面的治理十分不满。

数据显示，2012 年中国出国留学人数已占全球总数的 14%，位居世界第一。② 以至于人们称国内顶尖大学的北大清华为美国博士生的摇篮。根据中央人才工作协调小组的调查，中国流失的顶尖人才数量也居世界首位，其中科学和工程领域滞留率平均达 87%。根据美国政府研究机构数据，2002 年在美国拿到科学和工程方面博士学位、五年后仍然滞留在美国的毕业生中，中国滞留率最高，达到 92%，韩国、中国台湾等地都在50% 以下，泰国只有 7%。2012 年，中国所有留学回国人员中，大部分都是具有硕士学位的学生，占 76%；博士学位高端人才仅占 11.2%。2005年希望留在美国工作的中国籍博士生的比例高达 89.4%，2011 年这一比例仍高达 82%。③ 这些既懂外语又懂中文具有高学历的科技人才是中国建设急需的高层次人才，他们的流失是中国最严重的智力资源损失。

为何我们引以为傲的新中国成立以后的第一、第二批留学生回国潮难以再现？为何我们的高等教育"为他人作嫁衣裳"？为何改革开放 30 年来高等教育从投入到规模都翻了几番，人才却饥渴依旧？相比 30 年前，今天尽管物质条件的改善如天翻地覆，高考依然热闹，为何高校的"灯塔"效应却日显暗淡？这种暗淡，"最突出的体现就是人才质量的下滑。如果大楼与大师之间、物质财富与精神成果之间、论文数量与学术创新之间同时出现反比，就不能不让人焦虑了"。④ 人才与潜在人才的巨量流失既是别国软实力的体现，也是中国软实力下滑的表现。没有国内政府治理的改善，没有人才成长与才能发挥的制度环境与文化环境的优化，所谓"到一定时候人才会回流"的观点只可能是黄粱美梦。因为，行政主导科研，

---

① 潘晓凌等：《多少精英正在移民海外 他们寻求什么》，《南方周末》2010 年 6 月 2 日。

② 参见王辉耀《中国留学发展报告（2012）》，社会科学文献出版社 2012 年版。

③．王辉耀：《筑好制度"巢"，吸引回流"凤"》，《人民日报》2013 年 8 月 27 日。

④ 瞭望东方周刊编辑部：《大学的"灯塔"效应为何日显暗淡》，《领导文萃》2009 年第 18 期。

创新流于口号，已经使不少海归人才二次"出走"了。

　　具有创造意愿及其物质条件的富人群体也加大了移民步伐。2012 年数据显示，个人资产超过一亿元人民币的超高净值企业主中，有 27% 已移民，47% 正在考虑移民；个人资产超过一千万人民币的高净值人群中，近 60% 的人士已完成投资移民或已有考虑。而近三年至少有 170 亿元资金流向国外。① 之所以移民国外，主要原因仍在于他们对政府治理绩效的不满意，诸如子女教育、财富安全、国内投资环境、医疗保障、法治等问题都困扰这些人。香港招行及贝恩公司联合发布的关于中国私人财富报告显示，富人移民原因中，58% 的是为了子女教育，43% 的是为了保障财产安全，32% 的为了将来养老，16% 的是为了海外投资，仅有 7% 的是为了国外旅游，6% 的是为了多生子女和避税。② 这就造成过去十年在制造业和基建领域大放异彩的"中国速度"，如今被人才短缺所困。根据普华永道第 15 期全球 CEO 年度调查，高达 54% 的中国 CEO 认为人力因素已经成为制约企业有效创新的掣肘。这一比例远远高于全球 31% 的平均水平。③ 因此，富豪群体的移民，是中国创新精英与财富精英的双重流失。如何留住这些富人群体，也就考验着中国共产党的领导与执政能力和政府的治理能力。

　　三是政府治理的混乱与落后遮蔽了社会主义制度的说服力与吸引力。"国内社会的善治不仅为软实力建设提供坚实的基础，其本身也可以转化为一种对'他者'的吸引力，这种吸引力本身就是一种软实力。如果国内社会治理水平较低，则会损害中国的国家形象，进而影响中国软实力的发展。"④ 在善治的背后，人们看到的是执政党与政府的治理能力与社会的创造活力，以及整个政治秩序有序与稳定的发展，说到底就是政治制度在充分发挥作用。那么，善治的吸引力也就反映了政治制度的吸引力与说服力。但正如上面提到的那样，国外对中国的国家软实力更多地集中在经济的增长速度与规模所带来的影响力与吸引力，很少提及中国的制度。主要原因可能在于，国内治理的混乱与落后反映的是中国的政治制度没有充

　　① 参见王辉耀、刘国福《中国国际移民报告（2012）》，社会科学文献出版社 2012 年版。
　　② 李宁：《富人移民海外与"爱国"无关》，《中国青年报》2011 年 4 月 22 日。
　　③ 参见付碧莲、李柯达《人才短缺制约中国速度》，《国际金融报》2012 年 3 月 16 日。
　　④ 黄金辉、丁忠毅：《"他者"视域下的中国软实力分析及其启示》，《西南民族大学学报》2009 年第 8 期。

分发挥出应有的制度效能，从而遮蔽了社会主义制度的内在说服力与优越性，更遑论它会对外产生吸引力与影响力。因此，如果有人还想绕开政治制度与政治文化问题来探讨中国软实力建设的问题，多半会徒劳无功。

中国政治制度缺乏说服力、吸引力与影响力，还在于中国经济增长的背后存在公民权利与法律制度被忽视的一面。一西方人士认为，一些人看到中国出口导向型经济的快速和持续的增长纪录，并得出中国是一个发展模式的结论，这种模式可以而且应该被其他国家仿效，但这是对中国的一种严重的误读，因为中国的经济发展模式损害了工人的利益。① 也就是说，当我们自己看到经济增长的时候，别人看到的是经济增长背后的公民权利保障、环境污染、法治等问题。虽然中国拥有严格的环保和排放法律，但由于有法不依、执法不严、违法不究，以及环保被置于官员们实现经济增长的优先考虑之后，因此严格的环保制度并没有阻止中国生态环境的整体性恶化趋势，以至于西方媒体戏谑地说："现在中国面临的最严峻的内部挑战是，如何保持经济飞速增长的同时不被呛死。"② 跨国公司和驻北京的外交使团都如是认为："北京令人震惊的空气污染是吸引高素质外籍人员的主要障碍之一。"③ 在西方主流媒体这种报道影响下，中国的政治制度还可能有说服力与吸引力吗？

四是政府治理能力的落后与低下阻滞了公民素质与国家形象的提升与改善。政府监管与治理的不到位，导致中国企业普遍忽视公民权利与环境保护，这既损害国家形象，也使中国的海外投资遭到了一些抵制与批评。有人认为，中国企业对自身法制与环境污染的熟视无睹将伴随着海外投资而扩展到其他国家，延缓其他发展中国家的法治建设，因而中国发展模式的输出对亚非拉许多国家而言将是一场灾难，中国输出的低劳工标准、环境污染与破坏以及漏洞百出的企业管理将面临其他接收国的反击。因此，"在成为国际舞台上的主要角色之前，中国的内政对于人民来说很可能是一个潜在的噩梦，同样，这种内政或采用这种政策对发展中国家的人民

① Martin Hart - Landsberg & Paul Burkett, *China and Socialism: Market Reforms and Class Struggle*, New York: Monthly Review Press, 2005.

② 《世界"雾都"从西方搬到东方》，《参考消息》2011 年 12 月 9 日。

③ Jamil Anderlini, *Beijing Confronts Pollution Dilemma*, Financial Times, January 14, 2013.

（如巴西、危地马拉或印度尼西亚）也可能是一种可怕的梦魇"。① 既然留给国外的是这种国家形象，那么中国的海外投资自然不是处处受欢迎。

政府在法律执行方面的有法不依、执法不严、违法不究以及各种形式的地方保护主义、行政不作为与乱作为，在毁坏国家形象的同时即使人们不信仰法律，又使人们难以将法律内化为自己的行为准则。中国公民素质的现代性转化之所以艰难，在很大程度上与政府对法律的信仰淡薄有着十分紧密的关联。同时，政府对一些违背社会主义法律与道德的普遍性社会问题，尽管一直在高度重视，但基本上束手无策，拿不出什么有效的手段从根上解决问题。公民素质也就在"易子相食"和"互疑"的恶性循环中难以得到提升与改善，从而从内外方面制约着中国国家形象的提升与改善。

因此，政府治理的混乱与落后显示不出社会主义制度的内在合理性与优越性，自然不能产生对他者的说服力与吸引力，从而妨碍了国家形象的改善与提升。从皮尤研究中心的调查来看，中国的国家形象在多数国家呈现下滑趋势，② 如表3-3所示，这需要引起我们的高度关注。

表3-3 一些国家对中国的好感

Views of China								
% Favorable								
	2002	2005	2006	2007	2008	2009	2010	2011	2012
U. S.	—	43	52	42	39	50	49	51	40
Britain	—	65	65	49	47	52	46	59	49
France	—	58	60	47	28	41	41	51	40
Germany	—	46	56	34	26	29	30	34	29
Spain	—	57	45	39	31	40	47	55	49
Italy	—	—	—	27	—	—	—	—	30
Greece	—	—	—	—	—	—	—	—	56

① Joshua Kurlantzick, *Charm Offensive: How China's Soft Power Is Transforming the World*, New Haven: Yale University Press, 2007, p. 154.

② Pew Research Center, *China's Ratings Down in U. S.*, Western Europe, Japan, June 13, 2012.

续表

Views of China								
% Favorable								
2002	2005	2006	2007	2008	2009	2010	2011	2012

	2002	2005	2006	2007	2008	2009	2010	2011	2012
Poland	—	37	—	39	33	43	46	51	50
Czech Rep.	—	—	—	35	—	—	—	—	33
Russia	71	60	63	60	60	58	60	63	62
Turkey	—	40	33	25	24	16	20	18	22
Egypt	—	—	63	65	59	52	52	57	52
Jordan	—	43	49	46	44	50	53	44	47
Lebanon	—	66	—	46	50	53	56	59	59
Tunisia	—	—	—	—	—	—	—	—	69
Pakistan	—	79	69	79	76	84	85	82	85
India	—	—	—	—	—	—	—	25	23
Japan	55	—	27	29	14	26	26	34	15
Brail	—	—	—	—	—	—	52	49	50
Mexico	—	—	—	43	38	39	39	39	40

PEW RESEARCH CENTER Q8c.

第三节　深层次的政治文化危机

自近代以来，中国社会变迁虽不乏激进的政治与文化革命，但社会的转型却不是按照革命者的理想来进行的和以激进的跳跃或决裂来实现的，因而每次新政权成立以后，原处于统治地位的政治文化依然存续。中华民国期间，资本主义政治文化并没有取得绝对的统治地位，而是与封建主义政治文化共时性存在。中华人民共和国成立以后，社会主义政治文化也未能将封建主义的和资本主义的政治文化在根基上清除掉，三者各自占领着社会思想领域中的一部分。这样，三种异质的政治文化共时性并存，使当代中国政治文化格局出现了结构性矛盾与水平冲突，导致中国社会出现巨大的思想文化危机，从而破坏了国家软实力的内部思想文化基础。尤其是应该占据社会主流地位并起主导功能的社会主义政治文化处在重重亚政治文化的包围之中，难以发挥其整合社会阶层、凝聚国民力量、引领社会思潮、彰显共产党精神风貌、体现社会主义民主优越性的应有作用，从而妨碍了它自身以及社会主义政治制度内在说服力的形成与彰显，导致中国缺乏核心的吸引力与影响力。这种深入中国的政治价值观层面与制度精神层面的深层次危机使战略界对中国软实力建设充满忧虑。

一　中国传统政治文化继承与批判之困

中国传统文化确实对改革开放以来中国软实力的增长有贡献，但它是否可以作为今后中国软实力建设的重要资源，学界的观点仍然是截然相反的。一种观点认为，"我们应不遗余力地弘扬中国传统文化，让传统文化成为观念、发展模式、国际制度和国际形象的直接推动力，以文化优势引领中国软实力的提升"。[1] 另一种观点却认为："中国传统文化带有浓厚的专制集权的消极特性，与现代文明的民主、自由、平等、权利、法治等观念格格不入，具有许多不符合现代文明进步方向的糟粕性，对中国软实力建设提供的资源不多。"[2] 因此，"我们不要把中国的国家软实力建设较多地寄托在传统文化的发掘、弘扬与传播上，需要在现代性文化上动脑筋"。[3]

姑且不论这两种观点孰更有理，但中国传统文化的软实力作用非常有限却是不争的事实。因为它的作用目前仅仅停留在软实力的表层次上，即停留在艺术兴趣与爱好等工具层面，而它积极的、可以实现现代性转化的政治价值观念，也就是较深层次的、与政治价值观相涉的软实力作用并没有展现出来。对国外媒体报道的统计非常清晰地表明了这点。如表3－4所示。

表3－4　　　　　西方人感兴趣的中国文化形式[4]

文化形式	中文或汉字	中国式烹饪	书法	中国功夫	中国民乐京剧	中国画	其他	风水
百分比	50.2	48.2	32.5	26.3	20.7	17.8	10.8	7.7

① 门洪华：《中国软实力评估报告》（下），《国际观察》2007年第3期。
② 金太军、李善岳：《论当代中国政治文化的现代化》，《人文杂志》1998年6期。
③ 庞中英：《关于中国的软力量问题》，《国际问题论坛》2006年春季号。
④ 刘继南、何辉等：《中国形象——中国国家形象的国际传播现状与对策》，中国传媒大学出版社2006年版，第198页。

这说明，在前面提到的中国传统文化中与价值观相涉的"和"、"天下观"、"王道"等政治文化观念还停留在理论或应然的层面上，尽管在一定程度上获得了世界的认同，但还没有切切实实地变为现实的国际政治行为。换言之，中国传统文化的软实力效应也就不太明显或曰没有真正发挥出来。

其实，与表 3-4 中外国人感兴趣的这些文化形式相比，中国传统文化中关于人与人、人与社会、个人与国家、官员政治修养与使命的许多积极成分，如"以民为本"、"天下兴亡，匹夫有责"、爱民亲民保民、忠孝仁爱、恕道宽和、立德立言立行、仁政王道、清正廉洁、以德服人、君子内省等政治文化观念同样有着超越时空而存在的价值，相比起来无论是对增强国家软实力的内部基础还是提升外部吸引力与影响力，都更有价值。因为这些政治文化观念是价值性的软实力资源。从这个角度看，我们需要真正将中国传统政治文化中的积极成分加以与时俱进的梳理、继承与发扬，它的软实力作用才可能有更进一步的广阔空间。

这就涉及如何批判性地扬弃中国传统政治文化的问题，使它能适应中国民主政治发展与社会现代化的需要。现在，"在政治文化现代化问题上，有一种趋势在于多强调传统与现代的对立与对抗，而忽视了传统与现代的调和与整合"。但是，"现代性不能经由与传统彻底决裂而获得，只能经由对传统进行创造性转化而获取"。[①] 只有传统政治文化中的这些积极成分被不断继承、发扬和融入新的价值观，人们在现代化过程中才不至于出现因政治变革造成的社会文化价值观的混乱、彷徨与焦虑。正如布莱克认为的那样，对于任何一个社会来说，现代化作为社会变化的一种进程，不可避免地要同传统文化发生互动。现代化过程是一个传统性不断削弱和现代性不断增强的过程，是传统的制度和价值观念在功能上对现代性的要求不断适应的过程。[②] 在现代化过程中，人们既不可能全然与传统政治文化决裂，也不可能全然蜷缩在传统政治文化里面，否则都会出现传统与现代的对立与冲突，导致人们价值观的混乱无序。因此，使中国传统政治文化在社会变革中实现与现代政治文明的对接，获得社会主义现代政治

---

　　① 吕元礼：《政治文化：传统与现代的会通》，人民出版社 2004 年版，第 1 页。

　　② 参见［美］西里尔·E.布莱克《比较现代化》，杨豫、陈祖洲译，上海译文出版社 1996 年版，"译者前言"，第 18 页。

文明对它的升级换代，无论是对国家与社会在现代化中保持稳定，还是对巩固与增强中国软实力的国内基础都有重要意义。

然而，对中国传统政治文化的扬弃却在实践中常常陷入继承与批判之间难以割舍的困境：应该继承的精华要么在现实政治生活中被曲解或扭曲，要么"只是一种'游魂'，无躯体可以附丽，在具体生活中无法落实实践履之"，[①] 使传统文化的软实力效应无法渗透国家软实力的价值观层面而停留在语言艺术与个人兴趣爱好等浅层次上；而应该批判的糟粕却大行其道，使社会主义民主政治蒙上专制集权与"人治"的阴霾，背离了社会主义民主的精神，消解了社会主义政治制度与政治文化的优越性，给中国软实力建设带来非常明显的负面作用。其结果是中国传统政治文化在理论上的或应然层面上的软实力效应确实难以变成现实。

在现实政治生活中，中国传统政治文化中应该大力批判并需要极力防止的消极阴暗的成分，如专制集权、官本位、等级意识、家长制、权力崇拜、主奴意识、弄权枉法、以言代法、升官发财、结党营私、人亡政息等政治文化观念得到了几乎是全滋全味的继承，给人一种恍如隔世的错觉。例如，"官本位"思想在现实中仍然十分浓烈。调查发现，如果以 0—10 这一区间来描述官本位程度（数值越大表明官本位越严重），"您对当前中国官本位状况的判断"时，有 65.8% 的受调查者选择了"10"，18.7% 选择了"9"，13.1% 选择了"8"，而选择"7"及以下区间的总共占比低于 3%。这一调查结果揭示了公众对当前中国社会官本位状况感受十分明显。"官迷"迷什么？排在最前面的是"灰色收入多，'当官不发财，请我也不来'"，占比为 73.7%；其次是"权力效用大，能帮助解决家庭亲友的各种麻烦"，占比为 60.7%。[②] 在党政领导干部队伍中，我们 2009 年调查时，76.2% 的党政领导干部认为"我国党政、人大、政协机关内部的权力与地位的等级意识""浓厚"；2012 年的调查则显示，只有 7.5% 的党政领导干部认为党员民主生活会中的民主气氛"浓厚"，高达 64% 的认为是"一般"，21.4% 的认为"差"；38.9% 的党政领导干部认为要得到提

① 龚鹏程：《生活儒学的重建：东亚儒学发展的新途径》，载马普德、常士闇《中西政治文化论丛》（第二辑），天津人民出版社 2002 年版，第 35 页。

② 杜凤娇、袁静：《择业时首选党政机关公务员 68.5% 的受调查者是"官迷"——当前官本位状况调查》，《人民论坛》2012 年第 30 期。

拔重用主要依靠"与上级领导搞好关系"。① 这些与社会主义民主背道而驰、应大力批判的传统政治文化观念对现实有着如此强大的影响，以致对中国软实力建设产生的消极作用相当明显。

一是侵蚀党政领导干部群体的社会主义政治文化主流意识，使这一群体不能有效地担当起中国软实力建设的领导核心作用，发挥中坚力量。党内顽固的家长制作风、专制主义行为、形形色色的特权现象、几乎无所不在的有悖于共产党人革命初衷的等级制及等级森严的现象、根深蒂固的"官本位"意识、任人唯亲的不良倾向、封建衙门式的官僚主义体制和作风、封建迷信思想的泛滥、"人治"思想及行为仍然广为泛滥等，使得党内生活少了许多健康的成分。② 党内中国传统政治文化消极阴暗面的盛行，导致最应该体现社会主义政治文化的党政领导干部身上缺乏民主的气息，丧失了党性、丧失了理想信念、丧失了为党和人民群众利益而艰苦奋斗的精神，玷污了党和政府的形象，导致普通党员、一般干部和人民群众对党和政府不满，从而削弱党的领导能力与执政能力，难以发挥国家软实力建设的领导核心作用。

二是消解民族的创新精神与社会创造活力，遮蔽了社会主义政治制度的合理性、有效性与优越性，制约了中国软实力增长与提升的前景。中国传统政治文化中影响至深的是"学而优则仕"与"官本位"思想，一切以做官为主要目的，一切以官职品位为衡量标准。有官者可以调配资源、掌管学术科研、垄断话语权，而无官者则处处受到限制。在"官本位"思想支配下，中国社会被严重等级化、官僚化了。科技人员、学者、教授不惜荒废自己辛苦耕耘的专业，稍有成绩就作为资本跑官争官，即使不去争官，上级也要安排一官半职以示肯定、奖励或者说是一种待遇。从比较来看，诺贝尔科学奖获得者在获奖前后一直具有行政任职的只约占总数的19%，一生从未担任过行政任职的占59%；而中国科学院院士当选前后一直担任行政任职占院士总数的63%，一生从未担任行政任职的仅占17%。中国工程院院士的兼职情况更不容乐观，据初步统计，在783名中

① 参见拙文《领导干部职务晋升"十六字箴言"鉴评》，《领导科学》2012年第21期；《党政领导干部群体的政治文化调查及其影响分析》，《领导科学》2013年第11期。

② 参见刘益飞《肃清党内生活中封建主义残余影响不容忽视——论执政党建设60年中的一个根本教训》，人民网 http://theory.people.com.cn/GB/49150/49151/9736892.html，2009-07-28。

国工程院院士中，共有 5610 个兼职，人均兼职 7.2 个。① 这样，"行政机构吸食了巨大的社会智力，许多受过较高教育的人都涌进行政机构，在官场的勾心斗角中浪费掉自己的聪明才智。这对于社会经济发展构成的损失，绝不亚于无效的财政支出"。②

这种官场文化塑造了人们的奴化性格，使人们崇拜权力、对上负责、畏上级、畏领导，从而扭曲了学术评价机制，桎梏了人的想象力、创造力与学术耐力。在这样的文化与制度环境下很难产生创造性思维。没有创造性思维，哪来创造性的萌芽和创新性的成果出现，又怎能够培养出"大师"呢？同时，"官本位思想也促成了权威统治的管理体系和等级遵奉心态的文化氛围，显然不利于形成一个鼓励创意、挑战权威、培育个人原创力的学术环境，而个人原创力是学术探索和学术新发现的能动力"。③

而对另一个具有创新精神与意识的企业家群体来说，为了拿到一个项目，需要打通很多环节，需要利用他人的权力来完成企业计划。"当所有的项目都必须是钱与权交换的时候，你会感到无奈、饱受摧残、出离愤怒。"④ 这就导致企业大量的金钱与时间被耗费在权力里面，真正留给企业用于创新的资本与精力并不多。因此，中国社会所具有的创新精神与创造活力，大量被吸引到官场中而消耗掉，无法推动国家软实力建设，从而制约了国家软实力增长与提升的空间与前景。

二　西方政治文化抗拒与借鉴之难

邓小平同志曾指出："我希望结束冷战，但现在我感到失望。可能是一个冷战结束了，另外两个冷战又已经开始。一个是针对整个南方、第三世界的，另一个是针对社会主义的。"⑤ 冷战以后美国及其西方盟国发动或支持的"颜色革命"和对社会主义国家持续的"和平演变"已证明邓小平同志的这个判断非常准确。但相比 1991 年以前的军事对峙与文化思

① 徐飞、陈发俊：《我国院士制度运行的问题及对策》，《学习时报》2012 年 5 月 14 日。

② 尹保云：《现代化通病——二十多个国家和地区的经验与教训》，天津：天津人民出版社1999 年版，第 321 页。

③ 上官子木：《官本位是阻碍我国学术发展的制度因素》，《社会科学论坛》2009 年第 5 期（上）。

④ 鲁扬：《权力经济逼走民企精英》，《中国企业报》2013 年 1 月 22 日。

⑤ 《邓小平文选》（第三卷），人民出版社 1993 年版，第 344 页。

想战并重的冷战，现在美国及其盟国更注重通过政治文化手段来实施策略。它们通过向发展中国家输入文化产品，将西方关于自由、民主、人权的政治价值观传播和渗透给发展中国家的人民，"重塑其价值观、行为方式、社会制度和身份认同，从而达到"不战而胜"的目的"。① 它们利用国际组织与国际制度的建构权以及实力雄厚的国际媒体所形成的国际话语权优势，对"自由"、"民主"、"人权"等进行有利于它们价值观传播与渗透的双重标准解释，并试图通过"话语霸权"把这些解释强加给其他民族和国家，"而处于弱势地位的民族和国家则由于强势话语传播物质文明、精神文明的潜移默化和扎根于自身生活世界的话语权的失落导致了一系列合法性和价值取向的危机"。②

在奈的软实力理论基础上，为了更好地达到这种目的，美国官方逐渐采取了软硬实力相结合的"巧实力"（smart power）战略。2009 年初美国前国务卿希拉里在参议院的听证会上明确提出美国政府即将实行"巧实力"外交政策来处理国际事务，即"根据所面对的每种不同的具体情况，能适当采取外交、经济、军事、政治、法律和文化等策略手段或综合运用不同的手段"。③ 7 月，希拉里在对外关系委员会上发表讲话，全面系统地阐述了奥巴马政府的"巧实力"外交战略及其具体运用。她坦言，要实现美国主导下的世界和平与发展，必须打破僵化的意识形态和陈旧的运作模式，尤其是不能回到 20 世纪的霸权制衡、冷战时期的相互遏制以及单边主义的老路上去，必须与时俱进，与世界现实相适应。④ 这标志着美国在推广其政治文化与政治制度时软硬实力手段会交替使用与灵活运用。加之"亚太再平衡"战略的实施，中国面临的美国政治文化压力与军事压力将会达到一个新高峰。

其原因在于，冷战结束之后，中国成为美国及其盟国最主要的"和

---

① 刘鹏：《文化软实力竞争与我国文化软实力建设的路径选择》，《中共浙江省委党校学报》2011 年第 5 期。

② 李根寿：《"中国政治发展模式"与"西方话语权"的打破》，《前沿》2010 年第 5 期。

③ Hillary R. Clinton, *Statement of Senator Hillary Rodham Clinton*, Nominee for Secretary of State, Washington, D. C, 13 January, 2009. http：//www. realclearpolitics. com/articles/2009/01/statement_ of_ senator_ hillary_ r. html.

④ Hillary Rodham Clinton, *Foreign Policy Address at the Council on Foreign Relations*, Washington, DC, July 15, 2009. http：//www. state. gov/secretary/rm/2009a/july/126071. htm.

平演变"对象国。美国不希望出现一个与美国所代表的资本主义制度不同的大国的兴起。所以,美国及其盟国在骨子里绝不愿意看到中国和平发展与民族复兴,分化、西化、丑化中国也就成为它们对华政策的一种指导思想。这可以概括为四个"凡是":凡是妄图推翻中国共产党领导和颠覆社会主义制度的组织、势力和个人,它们都极力扶植和庇护;凡是有可能影响中国政治稳定、引发动乱的事件,它们都设法插手;凡是会给中国抹黑的活动,它们都大肆渲染;凡是有利于西方思想文化渗透的机会,它们都百般利用。

透过 2010 年刘晓波被授予诺贝尔和平奖事件,美国及其盟国在释放一个令人不安的信号:它们绝不会在意识形态上"放过中国"。世界只有一条路,那就是西方的路。"对西方特别是美国来说,最大的安全就是把西方精神的边界扩展到整个世界。只要中国不在精神上臣服于西方,无论中国怎么发展,都是必须教化的异类。"① 因此,它们极力在中国寻找代言人,树立一个反抗中国共产党、人民政府和社会主义政治意识形态"专制权威"的"英雄人物",因此"没有什么比授予(刘晓波)诺贝尔和平奖更有象征意义"。② 此外,一些西方国家的阴招还包括有意识地有计划地抬高来自中国的所谓"异见人士"的知名度,大肆攻击对华持客观公正的学者与记者,其目的在于阻止西方民众对中国产生正面认识。

西方国家的一些非政府组织也大力扶持中国境内的分裂势力,制造社会暴力事件,妄图颠覆社会主义政权。新疆维吾尔自治区的一位官员就说:"这些年来,美国民主基金会给热比娅经费的多少与新疆社会的稳定与否有着直接的联系。"③ 美国国家民主基金会通过捐赠、培训、提供设备,资助中国"民运"、"藏独"、"东突"等势力,资助"中国民主运动"项目的金额支出,其公布的资料显示,近年来每年的支助额达到 200万—300 万美元。④ 而在奈看来,美国就是"要把中国的人权问题与美国

---

① 《对华思想战,西方既着迷又耐心》,《环球时报》2012 年 2 月 7 日。

② Kwame Anthony Appiah, *Why I Nominated Liu Xiaobo*, Foreign Policy, 2010/10/08. http://www.foreignpolicy.com/articles/2010/10/08/why_ i_ nominated_ liu_ xiaobo.

③ 邱永峥、丰帆:《美国民主基金会扶植热比娅 出力张罗反华团队》,《环球时报》2009年 8 月 12 日。

④ 参见彭建梅、刘佑平《美国 NGO 在华慈善活动分析报告》,中民慈善捐助信息中心 2012年版,第 63 页。

的长远战略目标努力权衡起来考虑"。① 可见美国对中国的分化瓦解是多管齐下。总之，以美国为首的一些西方国家开动一切机器想尽一切办法实施"巧实力"战略，对中国发动一波又一波的"自由"、"人权"和"民主"压力，要分化和瓦解中国的社会主义政治价值观，改变中国社会主义的"颜色"。

西方国家的这种政治文化渗透与诱变的软实力战略，使中国社会主义政治文化与政治制度面临着被侵蚀与瓦解的危险。而更危险的是中国许多人对这种侵蚀与瓦解的危险缺乏足够清醒的认识。在国内，一些深受西方政治文化影响的人，"企图先在世界上寻找出一个当代政治体制的样板，并以它的种种组成部分或构成要素为标准，去衡量其他政治体系的发展程度，而这一政治样板自然是美国。美国作为西方政治发展的典型，在理论上被假定为是完美无缺的，而其他的政治体系则统统是'不发展'的或'欠发展的'。对于这种'不发展'的或'欠发展的'政治体系来说，其任务就是要改变现状，向美国等国的政治体制看齐"。②

中国极少数所谓"公共知识分子"对西方尤其是美国的政治制度与政治文化顶礼膜拜，丝毫不容国内有人批判。如果一有人批判，他们就大加反驳；如果西方制度、西方政府、西方执政党一出问题，他们就寻找各种理由来为之辩护，仿佛比西方人还忠诚于西方政治制度与政治文化。他们的这种西化价值取向通过大学课堂与网络媒体感染了较多的年轻人。目前，中国一些青年，无论是生活方式还是价值观念，都明显"西方化"，高校中流行着全球主义、普世主义、消费主义等西方价值观念。部分青年国家民族意识淡薄，理想信念动摇；部分青年人崇尚抽象的"民主、自由、人权"，言必称美国的"民主、自由、人权"，对中国特色社会主义民主政治制度缺乏正确认识。东欧中亚发生"颜色革命"之后，国内互联网上已经有人在讨论中国今后的革命应该使用什么颜色。这些东西通过很多渠道渗透年轻人的思想当中，加上国内年轻人长期以来对西方民主思想的盲目崇拜和理想主义冲动，并与台湾年轻的民主理想者产生互动，形

---

① See：Joseph S. Nye, Jr., *Redefining the National Interest*, Foreign Affairs, Vol. 78, No. 4, 1999, pp. 22 – 35.

② 严强、孔繁斌：《政治学基础理论的观念——价值与知识的论辩》，中山大学出版社2002年版，173页。

成一种要改变大中华颜色的思想，这是对中国共产党执政地位的真正威胁。[①]

而比青年人政治价值观发生转变更具危险性的，是党政领导干部对西方政治文化的渗透与挑战缺乏全面的清醒的认识，甚至有点麻木漠然。中国共产党虽然对西方的"和平演变"保持警惕并采取了一定的措施，但在整体上对美国西化分化中国的战略图谋没有在全党完全达成共识。例如，我们缺乏对在华的国外非政府组织的详细研究，在一些事关民族命运与发展前途的科学技术引进方面，也没有一个明确态度与官方权威说明（如转基因粮食作物），更没有对隐藏在科学技术背后的政治目的展开研究分析。改革开放以来，大约1000家的美国非政府组织在华开展活动，但截至2009年，有正式合法非政府组织身份的，只占样本总数的10%，占整个美国在华非政府组织的比例不到3%。[②] 也就是说，大量的美国非政府组织游离在政府监管之外。由于缺乏这种整体性的认识，特别是没有得到全党的共识，我们对西方分化西化的警惕和抵制就容易空洞化、空泛化，就容易浮在意识形态宣传的表面。

从当代西方思潮的传播来看，互联网与影视作品是两大途径，如表3.5所示。

表 3 - 5　　　　　　　　中国公民了解西方思潮的主要渠道[③]　　　　单位:%

		上网	影视作品	讲座报告	NGO宗教团体	其他
职业身份	党政机关人员	57.90	39.84	16.23	2.69	17.36
	国企人员	50.83	39.18	11.07	2.56	7.38
	私企/外企/民企员工/个体户	38.45	20.41	7.83	4.04	1.57
	大学教师	57.67	30.47	24.88	1.86	10.23
	大学生	59.77	50.93	30.70	3.49	10.70
	其他	56.31	24.48	16.11	2.35	9.44

---

① 参见祝念峰、王群瑛《专家学者研讨"颜色革命"、"街头政治"及美国西化、分化中国战略》，《高校理论战线》2005年第6期。

② 参见彭建梅、刘佑平《美国NGO在华慈善活动分析报告》，中民慈善捐助信息中心2012年版，第10、54页。

③ 数据源于2013年某省宣传部思想动态研究中心一份调查报告。

续表

		上网	影视作品	讲座报告	NGO宗教团体	其他
政治面貌	共产党员	58.37	37.26	17.16	2.87	12.05
	共青团员	58.94	47.32	27.57	1.92	11.53
	民主党派	48.19	16.62	30.05	8.98	26.72
	无党派	43.67	34.85	11.63	2.34	17.05
年龄	30 岁以下	64.07	46.14	23.62	2.68	11.70
	31—45 岁	54.80	35.31	15.75	2.09	13.06
	46—59 岁	42.21	29.10	17.17	4.40	15.67
文化程度	研究生及以上	60.45	33.29	23.41	2.73	9.85
	大学本科	57.78	41.40	19.53	2.31	12.57
	大学专科	48.52	35.87	16.78	5.12	17.41
	专科以下	44.44	35.95	7.60	0.92	18.87

　　这一方面表明，西方国家的文化软实力战略已经取得一定的成效；另一方面表明，面对西方通过互联网和影视作品进行的政治价值观渗透，我们目前不仅在思想认识上缺乏足够的警惕与分辨，而且在实践上缺乏应对之策，简单的封堵并不能解决这个问题，因为通过合法渠道传播进来的我们想阻止也阻止不了。如何加大网络治理与政治思想引导，确保中国意识形态安全是国家软实力建设的重要内容。

　　其实，西方民主并不是尽善尽美的，而且民主的形式也是多种多样的，我们需要坚定社会主义民主的自信与自觉。以民主理论研究著称的赫尔德就认为："有这样两个重要的历史事实。第一，今天，几乎每个人都声称自己是民主人士。全世界所有的政治制度都把自己说成是民主制度，而这些制度彼此之间无论是在言论还是在行动方面都常常迥然不同。"第二，"民主在激烈的社会斗争中得以演进，但也经常成为这些斗争的牺牲品。"① 也就是说，民主没有一个固定模式。如果仅仅以美国民主作为唯一形式的民主模式，那么，其他形式的民主就会成为美国民主的牺牲品，而美国民主则会成为不宽容的根源和工具。正如高斯顿（William A. Gal-

① ［英］戴维·赫尔德：《民主的模式》，燕继荣等译，中央编译出版社2004年版，第1—2页。

ston）指出的那样："我并不是想发起一场对民主的攻击。但是，我真的想建议，当民主走得太远时，其他重要的价值就可能受到危害。"① 而事实正是，美国民主对其他民主的不宽容在某种程度上已经成为世界和平的威胁因素之一。他们的观点告诉我们，不需要对西方民主盲目崇拜，社会主义民主也是一种民主形式，我们努力要做的是使社会主义民主不断成熟与完善。

不可否定的是，西方民主也包含优秀的文明成果，有待成熟与完善的社会主义民主还需要从相对成熟与完善的西方民主那里借鉴有益成分为我所用。邓小平同志说过："社会主义要赢得与资本主义相比较的优势，就必须大胆吸收和借鉴人类社会创造的一切文明成果，吸收和借鉴当今世界各国包括资本主义发达国家的一切现代社会化生产规律的先进经营方式，管理方法。"② 这里的一切文明成果并不仅是指经营方式与管理方法，还应包括西方国家创造的政治文明成果，我们也可以大胆借鉴和吸收。正如周恩来同志在 1956 年说的那样："资本主义国家的制度我们不能学，那是剥削阶级专政的制度，但是，西方议会的某些形式和方法还是可以学的，这能够使我们从不同方面来发现问题。"③

也就是说，两位党的领导人认为，我们可以借鉴和吸收西方国家的某些政治文明形式，以扩大人民民主，促进社会主义建设。事实上，无论是西方民主，还是中国民主，只要是民主制度，就有共性与个性的区分与联系。我们坚持中国特色社会主义民主政治，就是保持自己的个性，但我们也不拒绝借鉴和吸收一些带有共性的民主制度与程序。例如，在教育、科技、食品药品管理、卫生管理、司法程序、选举程序、预防与治理腐败、生态环境保护等方面，西方国家有比较成熟有效的制度，我们基本上可以大胆采取"拿来主义"的态度。在外交方面，中国虽已多次向世界宣示对外援助的理念、原则、指导方针、目标等，但通常都是以领导人讲话、会议文件等方式表现出来，缺乏法律的约束和规范，对外援助决策和执行难免会有较大的随意性。西方国家在援外立法方面已经有了较多经验值得

① William A. Galston, *Liberal Pluralism: the Implications of Value Pluralism for Political Theory and Practice*, Cambridge: Cambridge University Press, 2002, p. 8

② 《邓小平文选》（第三卷），人民出版社 1993 年版，第 373 页。

③ 《周恩来选集》（下卷），人民出版社 1984 年版，第 208 页。

中国借鉴。①

　　但借鉴的困境不在于工具性层面的法律制度与程序，恰恰在于涉及价值性的政治文化观念层面，尤其是民主、自由、人权、法治、宪政等带有普遍意义色彩的政治价值观，中国在国家软实力建设中如何对待？"假定软实力也有赖于合法性的运用，那么，在某种程度上，中国的共赢战略和'只做生意、不谈政治'的方法已经导致了一些不和谐的事实，这无助于中国'和谐世界'在南半球产生软实力。"② 原因在于，经过西方国家多年的苦心经营，这些政治价值观基本上传播到了世界各地，中国想避免也避免不了。这是客观事实。如果中国"只做生意"而"不谈政治"，会使中国陷入进退两难境地，不利于构建负责任的大国形象。

　　西方国家在国际政治中喜欢打出"人权高于主权"的大旗去干涉发展中国家的内政，无非是为了占据道德制高点，一方面为了师出有名，另一方面为了动员国内外的力量。而中国的政体属性与特定内政问题（台湾、西藏、新疆、香港、澳门等问题），决定了它要受到西方所倡导的以自由、民主、人权为核心的政治价值观的压力，因此中国强烈要求在国际事务中坚持不干涉他国内政的原则。不干涉内政的原则尽管在国际上获得了多数国家的认同，但具体到个别国家时会遭到一些非议，而固守这个原则的中国往往被置于风口浪尖之上和两难困境之中。这种情况目前在非洲和西亚表现得比较突出，如苏丹和叙利亚问题。在内政干预与人权救济之间，中国外交政策往往显得尴尬。因此在联合国决定类似问题时，在左右为难之际，中国往往投的是弃权票。中国是联合国安理会五大常任理事国中投反对票最少的国家，往往是涉及中国国家核心利益时才投的反对票。这就给国际社会一种印象——中国只顾及本国利益的自私形象。是否承认人权、自由、民主的普适性问题一直困扰着中国的外交政策，也困扰着中国国际形象建构。

　　事实上，《联合国宪章》序言的第二句就是"重申基本人权，人格尊严与价值，以及男女与大小各国平等权利之信念"。这句话写进宪章，离不开中国的艰辛努力。1998 年底中国签署了《公民权利和政治权利国际

---

　　①　参见魏雪梅《中国援助非洲与提升中国软实力》，《国际关系学院学报》2011 年第1 期。
　　②　Sheng Ding, To *Build A "Harmonious World"*: *China's Soft Power Wielding in the Global South*, Journal of Chinese Political Science, Vol. 13, No. 2, 2008, p. 202.

公约》，2004年3月将"尊重和保障人权"正式写入了宪法，2007年10月党的十七大又将"尊重和保障人权"写入了党的正式报告。因此，中国作为联合国的创始国和安理会五大常任理事国之一，既将人权保障写进宪法，又写进党的正式文献，也就没有理由不保障人权。我们一方面要反对西方国家借人权口实对中国主权的干涉，但另一方面也要把主权和人权作适当区分，不能患上"人权过敏症"。关键在于中国自己要切实保障和维护公民的基本权利，减少西方国家攻击的机会。只有自己做好了，中国才有反击的最好武器。如果在这个问题上我们不很好地遵守与执行自己的宪法规定，其实是我们自己在给自己出难题，破坏自己的国家形象。

从这个角度看，"软实力本身主要对内而不是对外，它主要指核心价值观、信仰、道德等，这些如果一直停留在口头上，没有转变成硬实力，便无法发挥作用"。① 因此，对于那些具有普遍性意义的民主、自由、人权、法治、宪政等政治文化价值观念，我们该借鉴与吸收的还得借鉴与吸收。"只做生意、不谈政治"不利于中国大国形象的塑造。我们建设国家软实力既不关起门来进行，也不惧怕西方国家软实力在中国出现。没有这种政治意识形态上的自信，中国软实力建设就难有国际空间的进一步拓展。

诺思曾说过，"大凡成功的意识形态必须是灵活的，以便能得到新的团体的忠诚拥护，或者作为外在条件变化的结果而得到旧的团体的忠诚拥护"。② 中国问题研究专家、美国乔治·华盛顿大学教授沈大伟（David Shambaugh）认为："中国模式"的独特之处就在于"它在很多领域里能灵活地将来自国外的元素嫁接在它自己的根基之上，创造出了一个独特的混合的和折中的体系，这就是中国真正的'模式'"。③ 这说明中国的社会主义意识形态也是需要灵活的。社会主义政治文化要获得发展，除了自身与时俱进的创新外，还需要在中国传统政治文化与西方政治文化那里汲取有用养料来弥补自身的不足，使自己不断获得新旧团体的忠诚拥护。

正因为西方政治文化对中国的渗透与诱变是多种形式多种手段的，令人眼花缭乱、防不胜防，而且西方政治文化传入中国的也是优秀的与消极

---

① 葛传红、徐向科：《葛剑雄：软实力对内而不是对外》，《时代周报》2011年11月28日。

② ［美］道格拉斯·诺思：《经济史中的结构与变迁》，陈郁等译，上海三联书店1991年版，第58页。

③ David Shambaugh，*Is There A Chinese Model?* China Daily，2010-03-01.

落后的相互掺杂，即使是优秀的也未必就适合中国；同时，受传统意识形态的认识方法、西方对中国"和平演变"之心不死、国内一些西化人士背离"四项基本原则"的言论不绝于耳并和国外反华势力形成应和、借鉴的技术性与操作性等因素的综合影响，西方政治文化给中国带来的是在抗拒与借鉴之间徘徊不定、难以抉择的困境，导致中国软实力建设与中国现代化道路一样，是坚持走自己的社会主义道路还是西化道路，何去何从，给我们留下了政治价值取向上的巨大困扰。社会主义政治文化是否需要借鉴西方政治文化，如何借鉴优秀文明成果、如何防御诱变与颠覆，都是相当艰巨的难题。正是政治价值观上的种种混乱与困惑，使得中国软实力建设缺乏核心政治价值观的支撑和指引。这就不能不谈到社会主义政治文化自身面临的危机。

三　社会主义政治文化空心化与边缘化之痛

1976 年中国虽然结束了"文化大革命"，但思想文化面临的危机并没有结束，在经历一个短暂的稳定阶段之后迅速表现出来。面对西方文化的汹涌而来，以及商品经济的快速兴起、多种所有制与分配方式的并存格局出现，中国传统文化与社会主义文化均受到强烈冲击，文化价值观的混乱与冲突也就前所未有地呈现在人们面前。

其中，"西方现代性与中国传统文化的冲突是中国文化认同危机最直接、最基本的原因。随着传统文化被西方文化的解构而失去原有凝聚力作用时，人们在诸多选择面前感到困惑，甚至会出现无根的感觉"。[1] 另外，"在传统文化资源面前的文化自负感和中国现代化之路离中国传统文化精神愈来愈远时，受西方文化精神影响却愈来愈大。其结果是，在中国文化现代化之路上，不是对中国传统文化价值观的创新，而是把一套西方文化价值观念移植到了中国"。[2] 西化派人士在抛却中国传统文化的同时，更是蔑视社会主义政治制度与政治文化，把西化想象为中国的救治之道。中国西化派之根本错误就在于忘记了托克维尔的名言——"美国的联邦宪法，好像能工巧匠创造的一件只能使发明人成名发财，而落到他人之手就

---

① 虞崇胜、李艳丽：《当代中国政治文化的多元性分析》，《学习论坛》2004 年第 11 期。

② 胡键：《软实力新论：构成、功能和发展规律》，《社会科学》2009 年第 2 期。

变成一无用处的美丽艺术品"。①俄罗斯的自由派后来终于懂得了这个道理，所以苏联解体以后，一些自由派知识分子，纷纷后悔不迭。索尔仁尼琴最终内心忏悔无比，回到俄罗斯终老。"这个教训中国人应当引以为戒。"②

但从目前来看，中国的自由派或西化派几乎根本没有认识到这点，自觉或不自觉地与西方国家一唱一和，力求中国的政治价值观向西方看齐，并照搬西方尤其是美国的政治制度。因此，沈大伟认为，当代中国早已出现价值观危机，西方民主思想和公民社会观念对日益壮大的中国中产阶级产生了吸引力。③中国传统文化的崩溃与西方文化的大肆侵入所产生的社会思想文化的混乱、无序与冲突，以及社会主义政治文化的凝聚、整合与指引的功能虚弱，"不但加深了现代民众的心理忧虑感、不公正感和思想观念的不确定性，而且严重侵蚀了中国的核心价值体系，构成了中国软实力整体提升的内在隐忧"。④

这种内在隐忧根源于中国传统政治文化、西方政治文化与社会主义政治文化相互之间的矛盾与冲突，极大地扰乱了中国人的文化价值观，使中国软实力建设面临严峻的"不完整的政治文化"危机。"所谓不完整的政治文化，是指人民对于指引政治生活的方法没有普遍赞同的文化。在政治文化层次，人民因对于政治生活有矛盾和不和谐的态度取向而分裂（或'瓦解'）为孤立的不同的团体。"⑤之所以出现如此深层次的政治价值观危机，就在于中国作为主流与主导的社会主义政治文化应有的凝聚、整合与指引功能未能充分发挥出来，未能成为社会文化思想的核心支撑起国民的精神与信仰，从而从根本上防止社会文化思想的崩溃与混乱。无论是马列主义、毛泽东思想、邓小平理论，还是"三个代表"重要思想、科学发展观，还是社会主义道德观，对社会的指引与凝聚功能都离官方意识形态建设所要达到的要求差距甚远。"这是目前和未来一段时期中国思想文

---

① ［法］托克维尔：《论美国的民主》（上卷），董果良译，商务印书馆1988年版，第186页。

② 郑彪：《中国软实力》，中央编译出版社2010年版，第78页。

③ 引自［俄］亚历山大·加布耶《党员寻找新思想》，《参考消息》2011年10月21日。

④ 袁三标：《中国软实力：瓶颈与增进之道》，《学术探讨》2010年第6期。

⑤ ［美］罗森邦：《政治文化》，陈鸿瑜译，桂冠图书股份有限公司1984年版，第45页。

化领域中最大的政治不稳定因素。由于人们部分地失去原有的精神家园和精神支柱，因此难以摆脱精神空虚的困扰。"① 居于主流与主导地位的社会主义政治文化的功能因它的空心化与边缘化而丧失，远比中国传统文化与西方政治文化带来的问题要严重得多，对中国软实力建设而言更令人痛心！

一是社会主义政治文化在话语体系上出现了空心化，使国家软实力建设有形无魂。如果一种政治文化很合理很先进，但它不能被绝大多数人认同与接受，也不能在它那里获得共同利益和意志的表达与反映，还需要官方的强制灌输、倡导与执行，它就不能说是真正意义上的主流政治文化。社会主义政治文化成为主流政治文化本应是社会主义国家的应有之义，但它在社会主义执政党内部遭遇的扭曲或丧失而出现的空心化现象首先就使它失去了成为主流政治文化的先决条件。

导致这种状况的主要原因可能在于两个方面：西方政治经济哲学上的自由主义对党政干部思想的侵蚀，尤其是新自由主义经济思想对党政决策的深度影响，使党政干部的言行与政策制定偏离了社会主义的本质与要求；中国传统政治文化的阴暗消极面对党政干部的深度影响，使党政干部的实际行动背离了社会主义话语体系的要求，即台下的言行违背了台上的讲话精神。两种情况都导致社会主义政治文化观念仅仅停留在宣传上和文件上，沦为一种空洞说教而无法说服人、吸引人、影响人。

调查显示：53.9%的人民群众对"党的优良传统流失状况"持"担忧"态度。其中，"艰苦奋斗"的满意度为38.8%，"为人民服务"的满意度为45.4%，"密切联系群众"的满意度为35.6%；"背离党的优良传统的不良作风，哪项最令您反感"排在前几位的分别为："贪污腐败，以权谋私"（45.9%）、"公款吃喝，铺张浪费"（42.6%）、"办事拖拉，官僚气重"（38.7%）、"不讲政治，信仰缺失"（34.9%）、"独断专行，作风粗暴"（28.2%）、"不守法纪，官官相护"（22.4%）。② 党政干部自己就在背离社会主义民主政治的要求，怎能使他们承载的社会主义政治文化让人民群众信服呢？其结果是使社会主义政治文化在话语体系里经常出现假大空的现象。

---

① 马建中：《政治稳定论》，中国社会科学出版社2003年版，第128页。

② 艾芸、杜美丽：《党的优良传统流失状况调查》，《人民论坛》2011年第16期。

同时，"共产主义渺茫、社会主义不如资本主义、中国不如西方社会的思潮，在相当一部分人，甚至在党政干部队伍中都存在。部分党政领导干部沉溺于灯红酒绿、留恋于声色犬马，毫无党性可言"。[①] 党内脱离群众的现象大量存在，形式主义、官僚主义、享乐主义和奢靡之风"四风"盛行，离间了党群关系干群关系。由此导致的政治认同危机的可能性日渐增大，"表现为体制认同危机，体现为对政治制度以及党政机构权威的认同危机；政策认同危机，体现为对政策的怀疑、不满或漠视；观念认同危机，体现为价值观的混乱，理想信念的动摇和丧失，道德的滑坡等"。[②]

从我们的调查来看，西方政治文化对中国党政领导干部确实产生了较大的软实力影响，是体制认同危机、政策认同危机与观念认同危机产生的主要原因之一。2012 年的调查显示，40.9% 的党政领导干部认为西方国家的民主、自由、人权等政治文化和两党制或多党制、司法制度、选举制度、监察制度等政治制度对他们的影响力、吸引力与说服力"很强"（5.7%）或"强"（35.2%）；只有 15.1% 的认为"较弱"（13.2%）或"没有"（1.9%）。从社会层面来看，60.3% 的党政领导干部认为西方自由民主人权的政治价值观与政治制度对中国民众的影响力与吸引力"很强"（10%）或"强"（50.3%）。[③] 2013 年的调查显示，"认为三权分立、多党制与我国国情""完全符合"的观点虽然在党政机关人员中的比例仅占 12.33%，但却高于国企人员（6.35%）、私企人员（5.45%）、大学教师（4.42%）、大学生（11.16%）。[④] 这暴露出西方政治文化在中国的渗透已经达到令人忧虑的境地，又暴露出党政系统内部隐藏着社会主义政治文化危机。党政领导干部自己就对社会主义政治制度缺乏信心，让他们来领导国家软实力建设就是一句空话。

党的优良作风的流失、理想信仰的丧失、社会主义政治认同危机，意味着党的灵魂的消失，也意味着党所代表的社会主义政治文化出现了空心

---

① 李章军：《深入扎实开展党的群众路线教育实践活动 为实现党的十八大目标任务提供坚强保证》，《人民日报》2013 年 06 月 19 日。

② 许纪霖：《当代中国人的精神生活》，载唐晋《大国软实力》，华文出版社 2009 年版，第 81 页。

③ 参见蒋英州《党政领导干部群体的政治文化调查及其影响分析》，《领导科学》2013 年第 11 期。

④ 数据源于 2013 年某省宣传部思想动态研究中心的一份调查报告。

化危机，严重削弱了社会主义政治文化的主流地位与主导作用的发挥。在这种状况下，软实力建设无论投入多大，其效果都可能是微乎其微的。

奈之所以强调文化的普世性，在于一种具有普世性价值的文化容易对他国民众产生吸引力，而且不同文化国度里的人们可以在这种文化里照见自己的文化影子和利益追求。从这个角度看，具有普世性的文化比狭隘的文化确实更具软实力。"坚持和推广那些为世界所接受的价值观念就是最好的软实力，当然关键问题在于一个国家确实拥有一套自己深信不疑并且可使他者心悦诚服的核心价值。"① 如果我们对自己的社会主义政治文化尤其是社会主义核心价值观就缺乏自信与自觉，自己就在怀疑与动摇，那怎么能说服别人，怎么能对外界产生说服力与吸引力呢？因此，社会主义政治文化的空心化，就等于抽掉了国家软实力建设的灵魂。

二是社会主义政治文化在实践体系上出现了边缘化危机，使国家软实力有影无实。如果说社会主义政治文化面临着巨大危机的话，那么这种危机并非来自西方政治文化与中国传统政治文化以及其他文化价值观的挑战与冲击，而是来自社会主义政治文化自身的弱化。这种弱化首先表现为它的主要载体的中国共产党党员干部对社会主义政治文化在理论上的怀疑与动摇和实践上的蔑视与歪曲。党政领导干部的言行背离宪法与党章的要求，制度在实践执行中的变异，使人们看到"人治"的盛行、腐败的嚣张、法治的软弱与执政党意识形态的扭曲。

在党内民主实践方面，党员干部还缺乏讲真话和相互批评的勇气，一直突出的"讲真话的遭殃，讲假话的吃糖"的不正常现象仍然大量存在，"它自然地、必然地引导着相当一部分党员的价值取向，从而反作用于党内生活"。② 这导致党内"潜规则"盛行，使党员干部不敢创新、不敢思考问题、不敢提出真知灼见、不敢坚持原则。"如果一个国家的官员大部分都是思想空虚、身体懒散的低调行为者，这个国家肯定会出现问题的。长此以往，就会失去群众，失去追随者，就会使党和国家的视野逐渐走向停滞，整个社会运转不灵，就会使党内矛盾越来越深，最后会把党的肢体蛀蚀，久而久之丧失执政地位。"③

---

① 王石川：《普适价值观是最好的软实力》，凤凰网 http：//blog. ifeng. com/article/1329575. html，2008 年 4 月 16 日。

② 刘益飞：《为什么党内批评的声音越来越少》，《学习时报》2011 年 8 月 8 日。

③ 李逸浩：《潜规则盛行助长官员"低调"》，《人民论坛》2011 年第 33 期。

在党内制度实践方面，党员领导干部被高调问责、随后又被不经意地发现低调复出，几乎成了现实操作手法的铁律，沿着出事→问责→冷却一段时间→悄然复出→被发现→舆论哗然→解释复出符合规定→不了了之（个别新的任命被撤销）的不算完美但有惊无险的轨迹一路狂奔。"现在问责的官员大面积、几乎100%的复出，免职如同带薪休假，伤透了民心。"① 在那些公然违背党纪国法，光天化日之下胡作非为、飞扬跋扈，公开场合满嘴胡言的党政干部身上，人们看不到任何社会主义民主法治的文化影子、中国共产党党员的形象或人民政府的形象，看到的是流氓地痞的嘴脸。尽管这样的党政干部很少，但几乎每个地方都有。这些官员或党政干部往往是社会矛盾与社会离心力的制造者，是党与人民政府形象受损的制造者，是使社会主义政治文化出现空心化与边缘化危机的制造者。

在党内决策实践方面，"三拍干部"俯首可拾。在这种决策模式下，"官员权威将最大化，而公众对政策的影响将最小化"，② 不仅造成国民财富的巨额损失，而且造成党的执政资源的巨大流失。然而，因决策失误造成巨大损失的官员鲜见有被问责的，更难以见到受到法律惩处的。

在党内民主带动人民民主方面，公民权利的虚化与悬置导致社会主义政治文化无法深入社会层面。社会主义政治文化要成为主流政治文化，一定需要被社会上的大多数甚至绝大多数人认可与接受并内化为一种政治意识形态，它才真正称得上主流政治文化。也只有这样，社会主义政治制度才能扎根于社会，中国共产党的执政基础才牢固。但这种内化需要建立在公民权利得到制度与文化上的有效保障才可能产生。而现实却是，宪法规定的一些公民权利还没有具体的法律来详细阐释与严格保护，而党中央一些重要文献规定的公民权利也没有得到很好的落实。例如，"村民自治在相当一部分地区实际上已经陷入制度实效的困境，民主治理的机器始终没

---

① 陈霄：《学者称问题官员几乎100%复出 免职如同带薪休假》，《法制日报》2011年12月14日。

② Kai He & Huiyun Feng, *A Path to Democracy: in Search of China's Democratization Model*, Asian Perspective, No. 3, 2008, p. 156.

能在乡村地区有效地运转起来"。① 也就是说，党中央重要文献中的"依法保障农民知情权、参与权、表达权、监督权"② 还没有落到实处，侵犯农民合法权利的现象此起彼伏。

从比较的角度来看，中国公民的权利意识在很大程度上与西方国家公民的权利意识是不一样的。西方国家公民认为权利是天赋的而不是国家与政府赋予的，而中国公民的权利意识多来源于宪法规定和党的宗旨与中央主要文献的社会化。因此，在此情景下，中国民众对行使自身权利的诉求很可能是对国家权力的强化而不是挑战。一个非常明显的事实是，人民群众是要求地方党委政府及其工作人员遵守法律与中央政策来维护他们的权利，而不是通过挑战的方式来维护自身权利。换言之，保护公民权事实上也就是在维护中国共产党、人民政府、宪法与社会主义政治制度的权威。党委政府的权威得到保障，它们的社会动员能力就强，公民与社会组织就积极响应中央的国家软实力建设的号召。但由于公民权利得不到有效保障，其政治热情就降低了，社会主义政治文化也就得不到社会普遍认同而失去了社会基础。党和政府的权威也因此而受损，动员、组织与主导国家软实力建设就得不到公民与社会组织主动积极的配合。

正是由于多种亚政治文化的并存，以及作为主流政治文化的、中国共产党党员干部所承载与代表的社会主义政治文化又未能发挥出应当的主导与引导的功能而出现的空心化与边缘化的危机，使中国出现一种"没有模范的精英文化"③ 的局面。现实社会中，无论是政党精英、政府精英，还是财富精英、知识精英，就整体而言，由于种种原因并没有成为社会肯定与正面仿效的对象。在这种局面下，人民连谁应该为国家提供道德标准的问题都还没有解决。这也是中国存在文化和意识形态严重"巨额赤字"的主要原因。因此，"社会核心价值观缺位是中国现实中最严重的问题之

① 陈剩勇：《村民自治何去何从——对中国农村基层民主发展现状的观察和思考》，《学术界》2009 年第 1 期。

② 中国共产党第十七届中央委员会第三次全体会议：《中共中央关于推进农村改革发展若干重大问题的决定》，《人民日报》2008 年 10 月 20 日。

③ 参见唐光华《政治文化的沈思者——白鲁恂》，允晨文化实业股份有限公司 1992 年版，第 123 页。

一，中国要崛起，就无法回避重建社会核心价值观"。①

　　社会主义核心价值观的缺位导致中国共产党在社会主义政治文化的内容和表述上脱离群众、脱离生活、脱离实践，造成面对现实问题时没有自己的立场和话语，只能在他者话语之间寻觅和躲闪。这其实是一种自我"边缘化"的迹象。"如果我们的主流价值观在现实问题面前失效或'失语'，那么就意味着，'主流价值'体系本身在弱化和自我'边缘化'。若是如此，那么它在社会上被边缘化也将难以避免。"② 这就使得本来应该占据社会主流地位并起主导功能的社会主义政治文化处在传统政治文化与西方政治文化等亚政治文化的包围之中而难以发挥应有的整合社会阶层、凝聚国民力量、彰显社会主义政治制度说服力与吸引力的软实力作用。

　　社会主义政治文化在思想话语体系与实践体系中的主流地位与主导功能难以发挥，所以它难以抗拒来自中国传统政治文化与西方政治文化的强大挑战，更遑论消解它们的消极影响，使社会主义文化难以成为当今时代人们思想精神的凝聚纽带与核心，从而支撑起国家软实力大厦的核心基础与支柱。同时，党的领导与执政和政府的治理存在的严重问题，也使社会主义政治文化难以产生软实力效应，导致"中国特色社会主义"很难在国内取得共识、在国外引起共鸣。尽管中国特有的改革开放道路催生了"北京模式"，"但真正效仿这一模式的国家少之又少，绝大多数国家还是对美欧的民主和自由市场模式心向往之"。③

　　因此，中国软实力不强大或被视为弱不禁风，或被视为有剑无锋，根本原因就在于社会主义政治文化自身力量被严重束缚而显得疲乏软弱。正因为中国的社会主义政治文化、社会主义政治制度与政府治理存在种种比较严重的危机，导致许多西方学者认为这是中国软实力的最大软肋。④

　　中国软实力建设面临的表层次危机、中层次危机与深层次危机，我们如何去应对、去解决呢？这是我们值得深思的问题。

---

　　① 北京大学软实力课题组：《中国的软实力有哪些不足？》，人民网 http：//theory. people. com. cn/GB/166866/166886/10068388. html，2009 – 09 – 16。

　　② 李德顺：《当前的价值冲突与主导价值观到位——从"主流价值观边缘化"的危机谈起》，《学习时报》2010 年 3 月 29 日。

　　③ 张锋：《中国寻找新的发展理念》，新加坡《联合早报》2006 年 4 月 9 日。

　　④ See：Yanzhong Huang & Sheng Ding, *Dragon's Underbelly*：*An Analysis of China's Soft Power*, East Asia, Vol. 23, No. 4. 2006.

第四章

中国国家软实力建设的基本路径

奈认为，软实力不是万能的，许多国际问题单靠软实力是无法解决的，它需要与硬实力相结合才有效，而硬实力有时也可以产生软实力效应，在很大程度上软实力和硬实力是互相补充、互相加强的关系。后来他进一步接受了"巧实力"理论，并认为"巧实力"打通了软硬实力之间的界限而实现了二者的结合。① 而且，"巧实力不是简单的'软实力的升级版'。它指的是在不同环境里将软硬实力结合生成有效战略的能力"。② 这表明奈的软实力理论在不断进化，为美国对外政策提供了新思想。同时，美国对中国软硬实力的兴起作出了过度紧张的反应，如何利用"巧实力"压制中国软硬实力建设的国际空间成为美国对华外交战略的重中之重。一些学者认为，中国的综合国力，包括硬实力与软实力在未来的10年到20年里将不断缩小与美国的差距。③ 美国政府对此的认识也毫不含糊，2006年"hedge"（含有防范、围堵、两手准备等意图）一词被正式写进美国国防部的文件，并成为官方政策，意图在于使用软硬实力和"调动一些在战略决策十字路口徘徊的国家一道防范未来20年里可能崛起的大国对美国战略带来的不确定性"。④ 美国提出的20年时间与中国提出的20年战略机遇期是耦合的。但这不是一种巧合，而是带有极强的针对性。因此，面对中国软实力建设的种种危机，以及软实力理论与外部局

---

① Joseph S. Nye, Jr., *Public Diplomacy and Soft Power*, Annals of the American Academy of Political and Social Science, Vol. 616, 2008, p. 94.

② Joseph S. Nye, Jr., *The Future of Power*, New York: PublicAffairs, 2011, p. xiv.

③ Yong Deng, *Hegemon on the Offensive: Chinese Perspectives on U. S. Global Strategy*, Political Science Quarterly, Vol. 116, No. 3, 2001, pp. 343 – 365.

④ Department of Defense, *Quadrennial Defense Review Report*, February 6, 2006, http://www. globalsecurity. org/military/library/policy/dod/qdr – 2006 – report. htm.

势的变化，我们在中国软实力建设上需要走出一条软硬实力结合建设的新
路径。

第一节　夯实国家软实力物质技术支撑力

在奈看来，经济实力与军事实力同属国家硬实力，而那些软的力量
"与军事和经济实力这类有形力量资源相关的硬性命令式力量形成对
照"。① 这是奈从力量的形态与使用的方式上对软实力资源与硬实力资
源所作的区分。但奈在阐释软实力时依然看重经济军事科技实力对软实
力的基础性作用。一方面，从国家内部来讲，"在信息时代，重要性上
升的软实力一定程度上是社会和经济的副产品，而非仅为官方政府行动
的结果"。② 因此，"只要目前的经济和社会发展趋势继续下去，信息革
命的领导作用和软实力就会变得更加重要"。③ 另一方面，从国家外部
来讲，"一国经济和军事的衰落不仅使其丧失硬力量，也能使其丧失部
分影响国际议程的能力，并丧失自身的部分吸引力"。④ 因此，"经济发
展不仅为硬实力提供实力资源，而且为国家的声誉和自信增辉，从而同
样有利于软实力的增强"。⑤ 这样，构建中国软实力建设的基本路径与
战略体系，仍然需要和硬实力的提升同时推进，"软""硬"配合，相
互促进，把中国软实力的建设建立在硬实力不断增强的基础上。同时，
与美国这个富有全球霸权意识的国家相处，只有均势的对手才可能达成
真正的和平关系。对中国而言，没有硬实力的巩固和强大，国家软实力
很难发挥作用。

---

① ［美］约瑟夫·奈：《美国定能领导世界吗》，军事译文出版社 1992 年版，第 25 页。
② ［美］约瑟夫·奈：《软力量——世界政坛成功之道》，东方出版社 2005 年版，第 30
页。
③ ［美］约瑟夫·奈：《美国霸权的困惑——为什么美国不能独断专行》，世界知识出版
社 2002 年版，第 13 页。
④ ［美］约瑟夫·奈：《软力量——世界政坛成功之道》，东方出版社 2005 年版，第 9
页。
⑤ ［美］约瑟夫·奈：《美国霸权的困惑——为什么美国不能独断专行》，世界知识出版
社 2002 年版，第 133 页。

一　继续巩固国家软实力的物质基础

改革开放以来中国软实力的增长在很大程度上依赖经济硬实力的增长，但软实力的增长还是远远赶不上硬实力增长的速度。在空前的硬实力繁荣中，软硬实力的不匹配可能隐藏着致命的隐患。一方面，"没有软实力的同时成长和积累，中国这个庞大的经济躯体将无法支撑得住而继续前行。中国之软肋，在于软实力太薄弱"；① 另一方面硬实力资源的软实力转化还不够，常常导致硬实力孤掌难鸣。但国家软实力的落后并不意味着当前与今后很长一段时间内中国可以放缓经济军事科技等硬实力的发展而专注于国家软实力建设。因为与那些软实力大国相比，中国软硬实力的质量均有比较明显的差距。因此，加强经济军事科技等硬实力建设对中国软实力建设仍然有着极为重要的意义。

从国内来看，继续发展经济，保持经济的较高增长率，既有利于解决人民群众日益增长的物质文化生活的需要，增强人民群众对执政党与政府的认同感以及民族文化自信与文化自觉、道路自信、理论自信与制度自信，又可以为国家软实力建设提供坚实强大的物质基础与软实力资源。反过来，经济军事科技等硬实力的强大可以证明文化、政治价值观、制度等资源的合理性或先进性，从而增强国家的吸引力与影响力。

20世纪初的中国，"就是因为领略到了西方国家的船坚炮利，以及这种军事实力与其制度之间的联系，才认识到西方制度与文化的先进性，从而产生了学习西方的宪政制度的想法和运动"。② 反过来，环球舆情调查中心的调查表明：经过十几年的积累，2011年中国科技和军事发展的标志性成果突出，民众感觉这有助于巩固中国的大国地位，自信心也提高。但随着中国的强大，普通市民也普遍感觉到西方遏制中国的行为越发明显。对于"西方是否正在遏制中国的发展"这个问题，共有79.9%的受访者认为西方有意图，或者有明显的遏制中国的行为。③ 因此，作为一个有着近代百年屈辱史的发展中国家，中国对硬实力的敏感与体会不是一般国家的民众能够感同身受的。"中国已领悟到硬实力对捍卫国家主权的至

① 楚寒：《中国化解危机还需提升软实力》，香港《苹果日报》2008年5月9日。
② 北京大学中国软实力课题组：《软实力在中国的实践之二——国家软实力》，载唐晋《论剑：崛起进程中的中国式软实力（壹）》，人民日报出版社2008年版，第10页。
③ 段聪聪、魏莱：《中国人"世界强国"自信心上升》，《环球时报》2011年12月31日。

关重要性，并竭力通过经济发展和军事现代化获得硬实力。中国人有句口号，'国家尊严是打出来的'，显示了从这种经验中获得的智慧。"① 中国要认真锻造能够抵御一切外部侵略和平息内部骚乱的硬实力。没有强大的硬实力，中国提倡的"和平发展"与"和谐世界"，就会招人轻视与嘲讽，而难以令人真正地信服和尊重。

因此，中国坚持以经济建设为中心，着力增长国家的硬实力不仅对巩固国家政权的稳定性、执政党的合法性与抵抗外来侵略都有重要作用，对国家软实力建设亦有重要作用，尤其能激发民族文化自信与民族创造力。正如亨廷顿所言："硬的经济和军事权力的增长会提高自信心、自负感，以及更加相信与其他民族相比，自己的文化或软实力更优越，并大大增强该文化和意识形态对其他民族的吸引力。"② 奈也赞同亨廷顿的这个观点，即硬实力决定软实力，或者硬实力是软实力的基础，物质上的成功使文化和意识形态具有吸引力，而经济和军事上的失败则导致自我怀疑和认同危机。③ 所以，"经济发展不仅为硬实力提供实力资源，而且为国家的声誉和自信增辉，从而同样有利于软实力的增强"。④

从国际来看，继续发展经济军事科技等硬实力有助于国家利用硬实力手段来增加国家软实力。一方面，经济实力雄厚的国家可以向外界展示其经济发展能力与繁荣发达，以及扩大对外援助等方式来对一些国家产生吸引力。因为"一个国家有可能在国际政治中获得所期望的结果，是因为其他国家仰慕其价值观，模仿其榜样，渴望达到其繁荣和开放的水平，从而愿跟随其后"。中国之所以在广大的亚非拉国家有较强的软实力影响，就与中国逐渐扩大的经贸交流与对外援助是分不开的。中国一下子减免非洲一些国家高达数亿美元的债务，没有经济实力的增长是办不到的。

另一方面，在国际政治中，经济政治化和政治经济化越来越明显。

① Qingguo Jia, *Continuity and Change: China's Attitude toward Hard Power and Soft Power*, The Brookings Institution, December 2010.

② ［美］塞缪尔·亨廷顿：《文明的冲突与世界秩序的重建》，新华出版社 2002 年版，第89 页。

③ Robert O. Keohane & Joseph S. Nye, Jr., *Power and Interdependence in the Information Age*, Foreign Affairs, Vol. 77, Issue 5, 1998.

④ ［美］约瑟夫·奈：《美国霸权的困惑——为什么美国不能独断专行》，世界知识出版社2002 年版，第 133 页。

"如果一个国家拥有广阔的市场，并且愿意把它作为施加政治影响的手段的话，就能够有效促进国家利益的实现。拥有广阔市场的大国，都可以凭借对本国市场的管制权来影响他国的政治行为和外交政策，以此影响地区乃至全球国际政治经济秩序的变革和发展。从这个意义上讲，中国刺激内需的政策拥有无法估量的国际政治经济意义。"① 那些把本国经济发展的目光瞄准中国经济增长与巨大市场的国家，中国可以将这种经济机会与吸引力有效转化为国家软实力。

二 扎实加固国家软实力的科技支撑

中国要建立强大的国家软实力，就要拥有全球性的新闻传播渠道、非政府组织、基金会学者和智库学者，"依靠他们争取普世价值思想和概念的定义力、国际政治和经济标准制定力、全球议程设置力、新闻报道框架力，冲破西方为约束中国的软实力编织的'复杂的网'"。② 这既离不开经济发展提供的物质基础，更离不开教育、科学与技术发展提供的智力与科技基础。

改革开放以来中国软实力的增长科学技术的进步为之作出了重要贡献，但与发达国家相比，中国的教育、科学与技术仍然落后于它们。与此相对应的是，中国软实力的传播工具也远远落后于美国等西方大国，"既没有像 CNN、VOA、BBC 和被英语高度垄断的网络等媒体，也缺乏支撑媒体巨无霸的技术工具。因此，中国面对国际舆论的横加指责却无力回击。其结果是，中国良好的形象被严重歪曲"。③ 在科学技术、信息传媒与国家软实力的结合方面，中国还有很大的提升空间。中国一方面需要着力发展经济，为科学技术的研发提供物质支撑，另一方面需要扎实改善教育与科技管理体制，促进教育、科学、技术的发展，为国家软实力提供更好更多的传媒人才与传播技术支撑。

同时，教育科学技术的发展与进步本身也会成为国家软实力的资源，因为它们不仅能够改善人们的生产与生活方式，增添生活情趣，影响和培

---

① 王慧彬：《扩大内需可以提升中国的国际影响力》，新华网 http://news. xinhuanet. com/world/2010 – 03/18/content_ 13193342. htm，2010 – 03 – 18。

② 李希光：《中国软实力战略研究》，载刘康《国家形象与政治传播》（第一辑），上海交通大学出版社 2010 年版，第 29 页。

③ 胡键：《软实力新论：构成、功能和发展规律》，《社会科学》2009 年第 2 期。

育价值观念，而且是一个国家文化发展水平与社会活力的象征，从而吸引人们对该国的关注与向往。在这方面，美国是非常典型的案例，如表 4 - 1 所示。

表 4 - 1　　　　　　　　　　美国的科技吸引力①

U. S. Technological and Scientific Advances Widely Admired			
% Admire U. S. for its technological and schentfic advances			
2002	2007	2012	07 - 12 Change
%	%	%	
Spain —	61	76	
Italy 79	74	81	+ 7
France 65	71	76	+ 5
Britain 77	74	77	+ 3
Poland 80	71	70	- 1
Czech Rep. 56	56	55	- 1
Germany 64	65	60	- 5
Greece —	—	73	—
Russia 41	32	33	+ 1
Pakstan 42	36	47	+ 11
Turkey 67	37	42	+ 5
Lebanon 84	74	77	+ 3
Egypt —	69	72	+ 3
Jordan 59	68	65	- 3
Tunisia —	—	82	—
Japan 89	81	87	+ 6
China 87	80	73	- 7
India —	—49	—	
Mexico 69	62	65	+ 3

PEW RESEARCH CENTER Q58.

从表 4 - 1 可以看出，中国人对美国先进发达的科技的羡慕感 2012 年时虽然高达 73%，但逐年在下降，这与中国以航天技术与航

① Pew Research Center, *Science and Technology*, June 13, 2012.

母技术取得举世瞩目的成就是联系在一起的。这也说明中国需要继续大力推进科技创新，努力缩小与发达国家之间的教育与科技差距，一方面为国家软实力提供先进的投射工具与技术基础，另一方面为国家软实力的形成提供资源支撑。因此，"中国要加强与世界的沟通和了解，多谈谈国家的创新、不断涌现的新思想以及应对诸多问题的新举措，效果要比古老传统好得多"。"调查数据表明，世界上大多数人早就知道中国拥有历史悠久、博大精深的文化。反复再强调这一点根本无助于树立中国的新形象。"①

现在，"西方发达国家在传播技术方面占据了巨大的优势，而广大发展中国家即使拥有丰富的文化资源，也苦于没有传播能力而无法发挥其软实力效应。但应当注意的是，软实力能否得到有效传播，不仅取决于技术手段，还受资金投入、传播内容、传播策略等因素的影响"。② 面对西方国家的全球软实力攻势，中国要稳住发展的阵脚，沉着应对各种挑战，"在硬实力未能足够增强之前，切忌大谈什么软实力，为别人戴的'北京共识'高帽所累"。③ 中国软实力建设所要做的就是着力发展自己的教育、科技、文化与经济等实力，一方面提升中国的文化传播技术与技巧，另一方面增强中国教育、文化、科技等的竞争力。也就是，一方面重视国家软实力的传播渠道建设，另一方面重视国家软实力的实质内容建设，把国家软实力建设的形式与内容有效地结合起来。

三　正确认识经济增长的软实力作用

改革开放以来中国经济硬实力的增长对国家软实力增长的贡献确实十分突出，经济军事等硬实力建设对中国维护国家主权坚持走社会主义道路的重要意义也自不待言，但我们仍然需要正确认识和处理硬实力与软实力之间的关系。

一是我们不能对硬实力在中国发展战略中的重要作用无限拔高，在发

---

① ［美］乔舒亚·库珀·雷默：《淡色中国》，载［美］乔舒亚·库珀·雷默等《中国形象》，社会科学文献出版社2006年版，第41、45页。

② 赵刚、肖欢：《国家软实力》，新世界出版社2010年版，第97页。

③ 《硬实力不够硬忌谈软实力中国外交仍宜以静制动》，《环球时报》2005年7月29日。

展经济的同时一定要重视国家软实力建设。一方面，中国的经济军事科技等硬实力的质量与美国、日本、德国、英国、法国、俄罗斯等国相比存在非常明显的差距，对此我们一定要以教育与科技的创新发展促进经济结构的升级换代，促进国民经济的可持续发展，努力把硬实力转化为软实力；另一方面，我们也不能因为经济硬实力的快速增长与相对成功冲昏自己的头脑，而忽视国家软实力建设。在过去很长的时间内，许多人以为只要经济发展了，即"硬力量"上去了，其他一切问题就迎刃而解了。其实"这是不全面的，甚至可以说是幼稚的"。① 虽然经济军事科技等硬实力的增长可以产生国家软实力，但它不能取代文化与制度等所代表的国家软实力。而且，"相比之下，软实力主要运用在长远目标的达成上，如文化价值观的接纳、国家形象的塑造、国际制度的遵守等，这些都是无法通过硬实力短期完成的"。②

中国要成功地成长为世界软实力强国，仅仅有物质力量的积累是不够的。"世界史上，没有一个国家仅靠物质力量的强大而可以持久。那些成功地维持了世界强国地位的国家莫不是向世界提供了某种文化和制度。"③软硬实力是中国成长为世界强国的两条腿，我们不能顾此失彼，需要统筹发展。因此，我们无须想当然地认为硬实力建设就等同于软实力建设，更不能用硬实力建设的实用主义来看待软实力建设，软实力建设是一个长期的积累过程。

二是正确处理好国内具体的经济建设、民生发展和对外投资与援助的矛盾与冲突。在经济建设方面，怎么处理国家软实力的内部基础建设与外部吸引力的关系是中国需要考虑的问题。随着经济实力的增长，中国加大了对外投资与对外援助的力度，为国家软实力的增长添砖加瓦。"在 2008年以前，我们尽了自己的义务，免除了 46 个最不发达国家的债务，多达400 亿元人民币，并且提供发展中国家的援助超过 2000 亿元。"④ 目前中国的对外援助在发展中国家中居首位。正是凭借中国经济实力的增长与对外援助的扩大，中国在亚非拉地区不仅逐步扩大了自己的经济影响力，而且逐步增强了国家软实力。美国威斯康星大学中国问题专家爱德华·弗

① 庞中英：《中国软力量的内涵》，《瞭望新闻周刊》2005 年第 45 期。

② 肖欢：《国家软实力研究：理论、历史与实践》，军事谊文出版社 2010 年版，第 25 页。

③ 张剑荆：《"大国热"冷思考：软实力致胜》，《人民论坛》2007 年第 1 期。

④ 孙力舟：《中国政府外援居发展中国家之首》，《青年参考》2009 年 3 月 20 日。

里德曼（Edward Friedman）就说："中国'软实力'的吸引力必然会改变世界，特别是亚洲。"[①]

但是，不仅国内有人，而且国外也有人，在质疑中国如此浩大的对外投资与对外援助是否应当与值得？因为，"中国正在海外投资数百万美元的项目，而同时国内失业率在上升，基础设施滞后，令人忧虑的数亿中国公民还生活在贫困线以下。要是放在美国，美国人就可能反对政府如此的海外投资"。[②] 确实，中国国内很多经济落后地区需要大量的政府投资与财政转移支付，上千万的贫困人口需要政府予以投资来脱贫致富，遭受频发自然灾难袭击的人民群众需要政府的物质援助与灾后重建投资，众多的中小企业需要政府的财政扶持。

尽管国家对外投资与援助和受援国的贫困无关，但要量力而行，更要与国内具体的经济建设与民生发展相结合。之所以中国的某些外援受到质疑，就在于中国对自己国内民生的关注不够。因此国外人士看到的是中国通过外援在收买人心，而忽视了国内人权民生的改善与发展。虽然我们认为这是西方部分人士对中国经济实力增长"羡慕嫉妒恨"的一种表现，但也在某种程度上体现了他们一贯的人权思维，对我们今后如何处理对外援助与对内援助的矛盾与冲突还是有一定的警示意义。在他们看来，一个对本国公民权利都漠视的国家是不值得尊重的。毕竟，国家软实力的基础在国内而不是在国外。

相对于国外的评价，国内人民群众的评价对中国软实力更重要、更有决定性作用。中国 20 世纪五六十年代的历史经验也告诉我们，"如果长期依靠输出国家的硬实力而大幅提升自己的软实力水平，势必严重伤害国家实力，单薄的硬实力基础无法长久地支撑超重的软实力，最终导致中国外交政策以及对外援助政策的大调整"。[③] 因此，经济实力增长的软实力作用要首先表现在国内，其次才表现在国外。唯有如此，中国"这个国家比西方想象的更加稳定，并将继续获得更大的国际强权，从而把经济成

---

① Quoted from: Robert Marquand, *China's Banner Year Felt Abroad*, The Christian Science Monitor, January 27, 2004.

② Thomas Lum（ed.）, Comparing *Global Influence*: *China's and U. S. Diplomacy*, *Foreign Aid*, *Trade*, *and Investment in the Developing World*, CRS Report for Congress, Order Code RL34620, August 15, 2008, p. 20.

③ 赵刚、肖欢:《国家软实力》，新世界出版社 2010 年版，第 51 页。

就转化为政治影响力"。①

　　三是国家软实力建设不能把眼光仅仅盯在经济总量上，要重视政治制度与政治文化建设和教育、科学与技术的发展，促使经济实力更好地转化为软实力。单纯从主要工业产量来看，中国与西方经济大国差距并不大，甚至还可以超过它们。在贸易和投资领域，中国都保有令人艳羡的顺差。但在国际关系互动的大格局下，"真正制约、阻碍甚至会威胁国家稳定和安全的，恰恰是中国与主要西方国家之间的'软实力逆差'"。②

　　这种软实力逆差并非在经济领域，而是在政治、教育、科技、文化等领域。国外一研究机构的学者指出："中国的软实力存在严重局限。除了它的经济实力巨大外，中国似乎没有什么拿得出手的。中国一心一意地强调经济增长（硬实力）所造成的负面影响日趋明显。"③ 在他们评估国家软实力的 10 项指标中，中国有很多都是弱项，得分很低。在很大程度上说，与那些得分较高的国家相比，中国的政治民主、教育、科技、文化、生活环境的优良程度确实还存在很大的差距。什么时候使大多数国家的精英都愿意把孩子送到中国来留学，而不是大量的中国人把孩子送到美国和欧洲去留学，什么时候使外国人更多地看中国的电影、听中国音乐、阅读中国的书籍，什么时候国外消费者选购产品的时候更多的是选择中国的品牌而不是美国欧洲的品牌，"这三个问题确实击中了中国经济发展的一个软肋，只有当中国经济从软实力方面真正地和自己的硬实力匹配，才会在世界上具有真正的影响力"。④ 中国不仅要重视经济总量的提升，更要重视制度与文化、教育与科技的发展，即提高经济发展的质量，才能使经济实力的软实力作用更明显。

---

　　① ［德］弗兰克·泽林：《中国远比想象的更稳定》，《环球时报》2012 年 1 月 10 日。

　　② 吴旭：《为世界打造"中国梦"——如何扭转中国的软实力逆差》，新华出版社 2009 年版，"代序"，第 5 页。

　　③ Peter Johansson, Seung Ho Park & William Wilson, *Guest Post: the Rising Soft Power of the E-merging World*, Financial Times, Dec 19, 2011.

　　④ 参见蔡蕴琦、马燕《精英都愿到中国留学，才叫影响力》，《扬子晚报》2012 年 5 月 27 日。

第二节 加强和谐社会建设增强国家说服力

中国如何影响世界，如何对外产生软实力，也许孔子的思想与唐朝的经验富有启示意义。孔子曾说："盖均无贫，和无寡，安无倾。夫如是，故远人不服，则修文德以来之；既来之，则安之。"[①] 虽然孔子所希望的归顺式的"服"难以实现，但让别人因"佩服"而来是能实现的。"九天阊阖开宫殿，万国衣冠拜冕旒"的盛唐气象就是例证。唐朝能达到这种盛况，确实与唐太宗等人坚持了孔子的这种思想有关。唐太宗说："朕即位之初，上书者或言'人主必须威权独运，不得委任群下'；或欲耀兵振武，慑服四夷。唯有魏征劝朕'偃革兴文，布德施惠，中国既安，远人自服'。朕从其语，天下大宁。绝城君长，皆来朝贡，九夷重译，相望于道。"[②] 其实，奈的软实力理论与孔子、唐太宗的这种观点是相通的，也就是先把自己国内治理好了，自然会对外部世界产生说服力与吸引力。正是在这个意义上，奈强调软实力是国家政治经济社会文化建设的副产品。中国在经济实力增长之后，国家软实力建设需要像孔子与唐太宗所言那样，"仁政首先要在国内创立一个令人满意的社会模式，然后才能产生对国外的吸引力。这必须将优先权从经济发展转向构建和谐社会，消除今天巨大的贫富差距，用传统美德取代拜金主义，清除政治腐败，实现社会公平正义"。[③] 没有国内良好的治理与经济文化发展，中国软实力就缺乏内在的说服力支撑。

一 以公平正义促进社会和谐

日渐凸显的社会阶层多元分化与阶层之间的对立与冲突，给中国软实力建设制造了很多不利因素。中国需要尽快扭转经济发展和社会发展失衡的问题，高度重视社会的公平正义，以此缓解社会的紧张关系，稳定社会秩序，增强社会活力。"没有社会发展的经济发展充其量只能加强一些部

① （春秋）孔子：《论语·季氏第十六》，中国社会科学出版社 2000 年版，第 126 页。
② （后晋）刘昫等：《旧唐书》（卷七一），吉林人民出版社 1995 年版，第 1616—1617 页。
③ Yan Xuetong, *How China Can Defeat America*, The New York Times, November 20, 2011.

门的硬实力，不能获得社会进步和道德提高的制高点，还会从根本上制约国家软实力的增长。"① 只有实现社会公平正义，才能让每一个公民怀揣自己的梦想去成就"中国梦"，去为国家软实力建设作贡献。

一是注重社会的公平正义，健全民生保障体系，逐步"使全体人民学有所教、劳有所得、病有所医、老有所养、住有所居"，促进社会稳定，增强社会主义和谐社会发展模式的吸引力。当前社会的横向断裂与纵向对抗所导致的社会不稳定与焦虑躁动情绪多与社会民生基本问题未得到切实解决是紧密相连的。中国要建设和谐社会，也就需要通过提高最低收入保障、医疗保障、教育保障、住房保障等基本民生问题的服务水平与福利水平，来比较彻底地缓解目前日渐加剧的社会焦躁情绪与对立情绪，为人民群众提供一个比较良好的生产生活环境，从根本上保证社会秩序的稳定与发展，从而为国家软实力建设提供一个较好的社会环境。

事实上，公民基本民生问题得到保障以后，会有更多的时间从事发明创造和参与社会活动。这对社会创造力的提升有极为重要的作用。一个稳定而有活力的社会有利于国家软实力建设，而公平正义、福利好的社会是不会缺乏吸引力的；反之，一个动荡不安的、缺乏基本公平正义的社会无法产生内在的说服力与外在的吸引力。之所以中国有那么多的知识精英与财富精英移民欧美，并非他们全没有爱国精神，一个很重要的原因在于中国的社会民生保障体系既不完善也未能有效发挥出应有的保障作用。因此，中国需要加倍努力健全社会民生保障体系，给人民群众与外来人才提供一个安居乐业的良好环境。

二是注重公民权利的公平正义，调节国民财富分配机制，使全体人民共享改革开放的成果，促进社会各个阶层之间的融合，凝聚社会人心，增强社会活力。"正义犹如支撑整个大厦的主要支柱。如果这根柱子松动的话，那么人类社会这个雄伟而巨大的建筑必然会在顷刻之间土崩瓦解。"② 罗尔斯在论证作为公平的正义时也指出："正义是社会制度的首要价值"，"正义否认为了一些人分享更大利益而剥夺另外一些人的自由是正当的，不承认许多人享受的较大利益能绰绰有余地补偿强加于少数人的牺牲"。③

---

① 庞中英：《发展中国软力量》，《瞭望新闻周刊》2006 年第 1 期。
② ［英］亚当·斯密：《道德情操论》，商务印书馆 1997 年版，第106 页。
③ ［美］约翰·罗尔斯：《正义论》，何怀宏等译，中国社会科学出版社 1988 年版，第3—4 页。

在他看来，一种利益分配制度在保证多数人获得利益的同时，也能让剩下的少数人，即最少受惠者的利益最大化。中国提倡先富带动后富最终实现共同富裕的小康社会在很大程度上与罗尔斯的那种"组织良好的社会"是一致的。中国要全面建成小康社会，也就需要调整国民收入分配格局，加大再分配调节力度，着力解决收入分配差距较大的问题，使发展成果更多更公平地惠及全体人民，朝着共同富裕方向稳步前进。同时，"我们需要通过一系列的制度设计，牢牢控制住党政公务的开支比例，控制住政府收钱的规模，为人民创业创造一个充满活力的宽松的环境，从另一个方面改变国强民不富的状况"。①

从目前来看，中国急需解决贫富差距、阶层差距与地区差距三大问题，从宏观上确保社会的稳定、和谐与发展。一方面，"目前有一种十分活跃的全球性观点，认为缩小贫富差距不仅是社会和政治的需要，从经济上讲也是必需的"。而"日益加剧的不平等现象可能很快会削弱中国和印度等国家赖以取得经济成功的基础"。② 只有经济增长而没有国民财富的公平分配和社会的公平正义，最终会阻碍中国经济的发展和毁坏经济增长所取得的成就。另一方面，马克思曾说："权利永远不能超出社会的经济结构以及由经济结构所制约的社会的文化发展"③，即人们的政治与文化权利会受经济权利的制约。如果"所有不同的阶层和社会团体都依靠国家，从国家那里得到安全和保护"，那么国家会趋于稳定，公民会增强对国家的热爱。④ 如果社会各个阶层之间的经济权利差距缩小了，那么政治与文化上的权利差距也会随之逐渐缩小。当社会的各个阶层普遍能从国民财富分配中看到公平与正义的话，也就扩大了人们对国家政治经济基本制度的认同感，社会凝聚力与整合力的力度也就随这种认同感的提高而增强。从微观来看，人人能从国民财富分配中受益，分享到改革开放的成果，人民群众的主人翁责任感也就凸显出来了，从而能够激发人民群众的社会创造力与创新精神，也就保证了社会活力的源泉问题。

三是注重教育科技的公平正义，改革教育与科技管理体制，创造优良

① 周天勇：《不同现代化道路比较及其对中国的启示》，《理论动态》2009 年第 34 期。
② Heather Stewart, *Asian Growth Story Doesn't Have to Follow the Western Model*, The Guardian, 11 Apr., 2012.
③ 《马克思恩格斯选集》（第三卷），人民出版社 1995 年，第 305 页。
④ ［英］亚当·斯密：《道德情操论》，商务印书馆 1997 年版，第 299 页。

的教育科技环境，激发民族创新精神，培育高素质的国家软硬实力建设者。目前中国的教育与科技管理体制机制存在的问题相当严重，成为阻碍国家软实力建设的重要因素。中国没有教育与科技的强大支撑，在他国看来，不仅经济军事硬实力上缺乏核心支撑力与竞争力，而且国家软实力也缺乏竞争力。他们认为："中国企业不愿意在长期性的技术研发和传播上投资，而是严重依赖进口外国技术和零部件，这种为了片面的企业利益而极大地限制了中国发挥技术或贸易力量的能力。"[1] 由于教育与科技的落后和科技成果没有及时运用到经济发展上，因此中国经济的腾飞是基于汗水而不是创新和科技进步对经济增长的作用。[2] 根据经济合作与发展组织的调查，美国知识密集型服务业对 GDP 的贡献率是 50%，韩国是 22.1%，中国仅有 7%。[3] 可见中国的科技对经济增长的作用还很低，因此经济的增长在很大程度上来源于自然资源的耗费与低成本的人力资源。因而在他人眼里中国在国际上顶多算是一个强有力的商业竞争对手而不是科技与管理的原创者。[4]

分析其原因，在较大程度上是中国的教育与科技上的公平正义严重不足，既不能培养高素质的劳动者，也不能为经济发展提供先进的科技支撑。除了城乡基础教育的巨大差异之外，呼唤多年的素质教育一直未能实现，而应试教育愈演愈烈，导致学生的身体素质与思想道德素质普遍每况愈下，在整体上无法培养出具有创造力的劳动者。对中国经济发展具有支柱性作用的制造业企业，在缺乏高端创新意识的管理者的同时也缺乏高端的职业技术工人。原因在于，中国的职业教育是"大家谈起来都认为很重要，现实生活中又离不开，打心眼里却瞧不上"。[5] 国家考试录取制度一棍子把职教打入底层，职教毕业生就业受到歧视性政策约束，职业晋升受到人为性的制度隔断，职教投入上缺乏制度保障，种种不公正性因素阻

---

① George J. Gilboy, *The Myth behind China's Miracle*, Foreign Affairs, Vol. 83, Issue 4, 2004, pp. 33–48.

② Paul Krugman, *The Myth of Asia's Miracle*, Foreign Affairs, Vol. 73, No. 6, 1994, pp. 75–76.

③ 李雨谦：《2009 年中国 GDP 很可能超日本》，《中国经济时报》2010 年 1 月 18 日。

④ Bates Gill & Yanzhong Huang, *Sources and Limits of Chinese "Soft Power"*, Survival, Vol. 48, No. 2, 2006, p. 27.

⑤ 李剑平：《纪宝成：市长市委书记孩子几乎不上职业院校》，《中国青年报》2013 年 4 月 15 日。

碍了中国职业教育的发展，也就无法为国家培养大批的高素质劳动者。

科技管理制度上的不公平正义更是严重阻碍了中国科技的发展，与发达国家的差距不是越来越小，而是越来越大。学术上的短平快式的功利化、学术资源分配与收益的不公正、科技创新上的知识产权保护不力、国有企业与民营企业的政策不公平等原因都造成中国与发达国家在教育与科技上的差距越拉越大。一位长期研究院士制度的学者观察到一种奇特现象，即与院士人数猛增成为鲜明对照的是，中国经济在 20 世纪 90 年代一路高速增长的情况下，科技的高层次创新却呈现负增长态势。[1] 正因为如此，英国外交政策研究中心认为："分析中国科技体制时存在这种矛盾：表面上看起来有惊人的进步，实质上还是一潭死水。"[2] 如果"中国制造"仅仅是"制造"，仅仅是中低端的"制造"，而无法上升到"中国设计"和"高端制造"，中国注定是个二流经济大国而不是一流经济强国。若是如此，美国、日本等国会把中国放在眼里吗？中国会有国家软实力吗？因此，中国要改革目前的教育与科技管理体制，彰显教育、学术、知识产权的公平正义，培养一批又一批的高素质的、具有创新精神的科学家、工程师与技术工人农民等劳动者，为经济社会发展和国家软实力建设提供强大的智力支持和人才队伍。

四是注重代际的公平正义，维护公民环境生态权利与生存权利，努力建设"美丽中国"，改善国家形象，在国际上争取更多更广的主动权与话语权。2013 年 6 月习近平同志在全国组织工作会议上强调，要把民生改善、社会进步、生态效益等指标和实绩作为重要考核内容，再也不能简单地以国内生产总值增长率来论英雄了。[3] "习近平同志在这个时刻提出要在民生改善、社会进步、生态效益见成效，可谓抓住了让中国经济可持续发展的关键。因为一个国家的综合国力不仅包括了一国对他国施加影响所必备的物质性实力，如军事能力、经济实力，也包括非物质性实力，如软实力，即文化、价值观、制度、生活方式等等。只有公众福利有保障了，劳动者素质提高了，科技创新能力才能提高，自然环境才能得到有效的保

① 王婧、林茵：《官而优则院士？》，《中国新闻周刊》2009 年第 47 期。

② ［美］克里斯多夫·J. 福斯特：《中国的秘密武器？——科学政策与全球实力》，载［美］乔舒亚·库珀·雷默等《中国形象》，社会科学文献出版社 2006 年版，第 63 页。

③ 盛若蔚：《建设一支宏大高素质干部队伍 确保党始终成为坚强领导核心》，《人民日报》2013 年 6 月 30 日。

护，老百姓才能在一个公平、公正的社会制度下安居乐业。国泰民安，中国才能成为有综合整体竞争力的经济强国。"① 因此，努力建设"美丽中国"，搞好生态环境保护，不仅是优化经济建设的需要，也是中国软实力建设的需要。

总之，也许就是在"社会公正"这一核心价值原则指导下，"中国可以为解决当代文明发展所遇到的困境提供一个药方。中华文明的复兴，只有通过以'公正'为核心原则的社会主义意识形态的支撑，凸显我们的核心价值，夯实以'公正'为核心的制度安排，也才能为未来人类文明的发展贡献我们的力量，确立我们在世界文明中的地位"。② 中国以公平正义来促进社会和解与发展、劳动者素质提升与科学技术进步、生态环境整治与保护，为的是创造一种社会主义和谐社会的发展模式，为人类发展作出中国这个文明大国应有的贡献。

二　以诚信友爱提高公民素质

社会主义市场经济体制转型与经济增长并不必然带来国民公共意识的提升和社会的成长。"市场经济所带来的仅仅是民众利益主体意识的觉醒，但利益主体意识并不必然带来互利共赢的公共诚信意识，如果没有能力及时在全社会构建起诚信的社会体系，这样的利益主体意识越膨胀，最后很可能带来的是一个有民众无公民的社会，是一个残酷无序竞争的社会。"③ 改革开放以来的历史与现实已经证明经济增长与公民素质提升之间的脱节对国家软硬实力建设带来了危害。现在，公民的诚信友爱问题已成为全社会高度关注的公民素质问题。

诚信友爱是中国的传统美德，但这一传统已遭到破坏，成为中国软实力建设的一大危机。中国要建设国家软实力，就需要重拾这一传统美德并发扬光大。在社会主义和谐社会建设与国家软实力建设中，"诚信"要求公民诚实无欺，在社会人际交往、经济往来、学术研究、生产销售中讲信用重信誉。"友爱"要求公民文明礼貌、助人为乐、爱护公物、保护环境、遵纪守法，讲究社会公德、职业道德、家庭美德、个人品德，在全社

---

① 瑞菲：《美国政府为何不谈 GDP》，《学习时报》2013 年 9 月 2 日。
② 竹立家：《中国复兴的意识形态基础》，《学习时报》2011 年 12 月 19 日。
③ 张志明：《社会建设中一个不容忽视的重要问题》，《学习时报》2011 年 2 月 28 日。

会形成平等友爱、融洽相处、共同进步的社会文化氛围和人际环境。公民的诚信友爱所形成的社会资本，对社会阶层之间的融洽与凝聚、社会的稳定与有序发展、社会组织的形成与壮大以及科技的创新与进步都有极其重要的促进作用。

公民的诚信友爱在奠定国家软实力的这种内部基础的同时，对改善中国形象，提升国家软实力也具有重要的作用。外国人不喜欢中国，在很大程度上可能就源于在日常交往与观察中发现中国人缺少诚信友爱，主要表现为学术上作弊、商业行为中行贿与产品假冒伪劣、诈取经费、不注重文明礼貌、政府信息不公开透明等。从国家软实力的角度来看，如果一个国家只对某国的政治经济精英产生吸引力而不能对该国的普罗大众产生影响力的话，那么它的国家软实力是脆弱的、不牢固的、不深入的。因为政治经济精英的变动性与流动性较大，其说服力、影响力与吸引力也就难以持续稳定。但如果一个国家既能对精英阶层有吸引力，又能对社会普通公民有影响力的话，那么这种国家软实力是持久的，因为众多的普通公民在保有的同时可以通过政治社会化将这种影响力传递给他们的下一代。"软实力是一种客观存在的非物质性资源，是一个国家所享有的被追随、被爱戴以至被谅解的道义和民意基础。"① 这种道义和民意基础越深厚，一个国家的软实力就越强大。

在很大程度上说，中国目前的软实力还很少深入受影响国的社会层面，这与政府、企业与公民的诚信友爱缺失是有很大关系的。中国工人在国外频遭绑架与杀害、中国企业在国外频遭洗劫，恐怕不仅是政治经济因素，还与我们的公民诚信友爱、遵纪守法的素质低下有关。这样的案件每发生一次，都对中国国家形象多多少少地抹了一点黑。而大量的中国游客在国外也很少传递了中国文化的魅力与中国人诚信友爱。太多的负面新闻遮蔽了中国人道德品质良好的一面。从这个角度看，中国公民的文化修养、文明举止亟待提高，尤其是中国公民国外旅行者与留学生的行为举止、中国驻外使领馆工作人员的服务意识、中资企业工作人员的守法诚信环保慈善意识等。

公民诚信的另一层次表现为政府工作人员的诚信，即政府诚信。"政

---

① 吴旭：《为世界打造"中国梦"——如何扭转中国的软实力逆差》，新华出版社 2009 年版，第 92 页。

府的诚信不仅表现在对法律的尊重和维护上，也表现在对社会公众的承诺及日常工作中对职业道德规范的遵守上，更落实在杜绝与惩治违法失职、官僚主义、滥用职权、贪污受贿等现象的行为上。"① 中国要提升公民诚信度，首先要从政府诚信做起。一个诚信的政府，无论是对国家的内部形象还是外部形象的塑造都大有裨益，自然影响着国家软实力的形成与发展。

因此，一个有吸引力的国家发展模式不仅要有公平正义的社会福利、教育与科技、环境与生态、公民权利，还要有高素质的公民来具体承载和充实。这就需要我们以诚信友爱的形成与发扬来切实提升公民素质。没有公民素质的切实提升，中国软实力建设就缺乏具有正能量的建设者与推动者。

三　以"四个尊重"激发社会创造活力

人民的幸福与尊严，社会的公正与和谐，是一国拥有道德感召力的政治诉求。"这种普遍价值是我们进行道德和政治评判的基础，任何政治人物和集团，无论其政治宣言如何，归根到底还是要看其是否普遍地尊重人，尊重人的权利，为人民谋幸福。这是衡量软实力的重要精神尺度。"② 党的十六大报告第一次提出"必须尊重劳动、尊重知识、尊重人才、尊重创造，这要作为党和国家的一项重大方针在全社会认真贯彻"，其目的在于"让一切创造社会财富的源泉充分涌流，以造福于人民"。随后，党的十六届四中全会把"四个尊重"作为"不断增强全社会的创造活力"的前提，进一步突出了"四个尊重"在构建社会主义和谐社会中的重要作用。这就要求我们需要通过"四个尊重"，来激发国民创造社会财富的积极性和主动性，充分发挥工人、农民、知识分子推动经济社会发展的根本作用。

尊重劳动，不仅指脑力劳动，还指体力劳动，我们都要尊重它们在创造国民财富促进社会发展中的作用。尊重劳动，也就意味着我们需要努力缩小各个社会阶层之间的政治经济社会文化差距，尤其是要想方设法改善

① 肖剑：《社会主义核心价值体系与加强党的执政能力建设》，《湖南师范大学社会科学学报》2008 年第 2 期。

② 顾肃：《论国家软实力的政治和文化维度》，《江苏行政学院学报》2011 年第 3 期。

弱势群体或社会底层人民群众的生产生活状况；通过统筹城乡发展实现城乡一体化来稳步提高农民和工人这两大阶级的经济收入水平，稳步扩大他们的政治参与权。在亨廷顿看来，"农村在现代化中国家的政治中起着举足轻重的作用"，它若能支持政治体系和政府，政治体系就可以稳如泰山地应对革命的冲击，而一旦充当反对派的角色，政治体系和政府就都有被颠覆的危险。① 中国共产党领导的革命运动就是例证。中国共产党一直强调人心向背决定执政党的命运也正是指执政党要获得绝大多数人的支持。现在，占人口绝大多数的农民与工人的生产生活状况需要党和政府从社会公平正义的角度予以改善，以扩大党的执政资源、夯实执政基础。这就需要我们尊重他们的劳动，扩大他们在国民财富分配中的比例。工人与农民这两大阶级的劳动获得尊重，政治经济社会文化权利获得保障，是中国社会最大的稳定因素，能从社会层面抗拒西方国家的"和平演变"。

尊重知识、尊重人才与尊重创造，就是要尊重人才在传播与创造知识中的作用与地位。现在世界人才竞争越演越烈，发展中国家越来越处于不利地位，世界人才的流向越来越集中到少数几个国家，尤其是美国、英国、法国、加拿大、澳大利亚、德国等国。而中国在这场人才竞争中尤其处于不利地位。但在新中国成立初期的 20 世纪 50 年代，以钱学森、钱三强、李四光、华罗庚、邓稼先、吴文俊等为代表的留学生，在建设祖国的爱国热情感召下纷纷回国。在他们那个时代，党和政府十分珍惜他们，尽最大努力给他们创建了才能发挥的空间。到了 60 年代初期，新中国派往苏联和东欧的留学人员也大量回国参与社会主义现代化建设，逐渐成为中国教育与科技的中坚力量。尽管这两次回国潮有着特定的历史时代背景，但也说明尊重人才与尊重创造对吸引人才具有重要作用。

可是，改革开放以后中国留学生回国潮开始发生变化，大量的留学生尤其是自费留学生开始留在国外。报告显示，截至 2011 年底，在中国的持有外国人永久居留证的外国人有 4752 人，但同期中国对世界几个主要的移民国家永久性移民数量超过 15 万人，其中在美国获得永久居留权的人数达 87017 人，在中国国际移民总数中排名第一，其次是加拿大、澳大

---

① ［美］塞缪尔·亨廷顿：《变革社会中的政治秩序》，李盛平等译，华夏出版社 1988 年版，第 285 页。

利亚和新西兰。① 这就显示出中国在人才流失与引进上的巨大差距。该报告认为,移民问题之所以引发广泛关注,还源于它折射着社会方方面面的现状,与政治改革、产业结构升级、环境污染、教育与社会保障等问题密切相连。再不重视人才流失的问题,再不改善人才的生存与发展环境,中国将付出更惨重的代价。

人才流动是衡量国家软实力大小强弱的重要表征。奈就自豪地认为:"移民对美国软实力带来的好处,也同样重要。人们想到美国来这一事实本身,增加了我们的吸引力,同时移民在地位或职业方面的向上流动,对其他国家的人们也富有吸引力。"② 如果中国能吸引越来越多的国内外人才,就表明国家软实力建设卓有成效。反过来,人才越多,也越能推动国家软实力建设向前发展。中国传统文化的忠孝观念、落叶归根的故土情结与社会主义文化的爱国主义是我们的优良传统,很多中国留学生都受过这方面的熏陶,我们不能低估他们报效祖国的热情,但如果我们在尊重知识、尊重人才、尊重创造方面做得不尽如人意的话,也就消解了他们的这种情怀。因此,尊重知识、尊重人才、尊重创造,需要党和政府努力为各种人才创造尽力发挥才能的科研与生活的硬环境与制度文化的软环境。

四　以健全公民组织确保社会安定有序

随着社会主义市场经济体制的逐步成熟和社会主义民主政治建设的推进,作为社会性力量的公民组织逐渐走入公众视野,开始在政治经济社会文化生态领域里发挥作用。2011 年胡锦涛同志在中共中央党校省部级主要领导干部社会管理及其创新专题研讨班上的讲话中指出:加强和创新社会管理要"牢牢把握最大限度激发社会活力、最大限度增加和谐因素、最大限度减少不和谐因素的总要求,以解决影响社会和谐稳定突出问题为突破口,提高社会管理科学化水平,完善党委领导、政府负责、社会协同、公众参与的社会管理格局"。要引导各类社会组织加强自身建设、增强服务社会能力,推动社会组织健康有序发展。③ 他的讲话代表着党和政

---

① 参见王辉耀、刘国福《中国国际移民报告(2012)》,社会科学文献出版社 2012 年版。

② [美]约瑟夫·奈:《美国霸权的困惑——为什么美国不能独断专行》,世界知识出版社 2002 年版,第 127 页。

③ 李章军:《扎扎实实提高社会管理科学化水平 建设中国特色社会主义社会管理体系》,《人民日报》2011 年 2 月 20 日。

府要重视社会组织在协调社会关系、规范社会行为、解决社会问题、化解社会矛盾、促进社会公正、应对社会风险、保持社会稳定等方面的重要作用。

但我们也需要看到，中国的社会组织仍处于形成与发育期，这些职能与作用的发挥多停留在应然层面，在实然上远未到位，尤其是承担公民与国家（政府）之间的桥梁作用还没有真正发挥出来。

一是社会组织数量不多。截至 2012 年底，全国正式登记注册的社会组织有 49 万个。此外在各地存在大量未登记的社会组织和 4000 多家在华活动的境外社会组织。① 即便如此，与中国庞大的 13 亿人口相比，社会组织的数量显然是微不足道的。社会组织不多，在很大程度上意味着社会的自我组织化程度不高，社会凝聚力不强，参与社会治理的内在动力不足。

二是社会组织质量不高。社会组织一旦形成，就需要开展活动来实现组成社团的目的。但从目前来看，中国社会组织的内部自治与民主协商的精神与文化还比较欠缺，凝聚力不强，奉献精神与事业心不足，因此中国的很多社会组织质量并不高。除了经费制约以外，恐怕这是中国缺乏在世界上有影响力的非政府组织的一个主要原因。如果说社会的创造力或创新精神主要体现为个体劳动的话，那么现代社会的活力则可能主要体现为社会组织的活跃程度。这就需要有高质量的社会组织来撬动社会活力。

三是社会组织与公共权力的边界不清。在 2013 年之前，中国社会组织登记一直实行"双重管理"，社会组织必须先拿到所在行业业务主管部门的审批，才能到民政部门申请登记。这就造成很多社会组织需要挂靠单位，结果有不少社会组织变相成为各级党委政府下属的一种事业半事业单位，占有国家编制，吃国家财政饭，由党政官员干部出任负责人。这影响了社会组织的独立性，也使那些没有党政机关背景的社会组织难以享受到同等的待遇。

四是社会组织制度供给不足。目前社会组织在登记成立过程中审批环节与关系繁复，限制了众多社会组织的入门机会。表面上看这好像是制度供给过多，其实反映的是公共权力对社会的干预程度很深，而有助于社会组织发育成长的制度供给并不多。这主要表现在社会组织在法律上的身份

---

① 罗旭：《社会组织"短板"如何补齐》，《光明日报》2013 年 7 月 18 日。

模糊，一些社会组织尤其是基金会之类的社会组织很难以"社会公益组织"或"非营利组织"的身份获得登记，无奈之下只能以"企业"身份登记，而一旦以后者的身份登记，就需要向政府缴纳税收。因此很多慈善、公益活动无法开展，更无法为捐赠人提供免税发票。还有就是政府重视的是由官方成立或由官方管理的红十字会、慈善总会、"希望工程"、宋庆龄基金会等组织（甚至包括商会），而对民间组织则冷眼相待。

此外，公民的维权类政治组织很难成立，政治性社会团体基本上还是禁区。尽管民政部曾表示，政治类、人权类组织"虽然不是发展的重点，但在登记管理上是平等的，也要依照有关法律法规来审查它成立的条件和必要，以及开展活动的宗旨，对经济社会发展的作用"。[①] 这潜在地表明国家并不鼓励公民成立政治性社团。事实上，按照《社会团体登记管理条例》第十三条规定的五种登记管理机关不予批准筹备的情形来看，它并没有明确规定不容许公民成立维权类社会组织。即使是"法律、行政法规禁止的其他情形"也不应该与宪法第三十五条关于公民享有结社自由的精神相抵牾。事实上，公民的绝大多数维权行为并没有超出宪法与法律的范围，也没有触及执政党的政治底线，只是要求党委、政府公正处理他们的权利诉求。只有公民的基本权利得到法律与政治上的保障，"尊重劳动"才不会停留在口号层面。强制维稳是刚性稳定，短时间内可取，但不可能长期如此。要维护社会安定有序与发展，它需要由公共权力维稳向公民权利维稳转换。

五是社会组织发展空间受到政府职能转换的制约。以广东为例，尽管从 2000 年以来广东的社会组织一直走在全国的前列，但 85% 的社会组织还未承担政府转移的职能，91% 的社会组织还未得到政府的购买服务。由于以往政府相关部门不想、不愿、不敢放手让社会组织参与，导致社会组织参与社会管理的空间相当有限。[②] 这就需要加快政府职能转换、简政放权，让更多的社会组织来承担政府的一些社会管理职责，既增强社会的自我管理、自我服务、自我教育、自我监督的自治能力，也让政府减轻了很大的负担。

---

① 王姝：《民政部：政治类人权类社会组织在登记管理上平等》，《新京报》2012 年 5 月 8 日。

② 彭国华：《社会组织建设将引入竞争机制》，《南方日报》2011 年 11 月 23 日。

因此，按照"十二五"规划的要求，中国要"完善扶持政策，推动政府部门向社会组织转移职能，向社会组织开放更多的公共资源和领域，扩大税收优惠种类和范围"。通过政治体制改革，促进公共权力与社会组织的适度分开，给社会组织自主发展和参与公共事务拓展更大的空间和舞台，搭建公民个体与国家之间的参与桥梁和矛盾的缓冲地带，实现由党政主导的国家一元化社会矛盾解决机制转化为社会组织参与的多元化社会矛盾解决机制，用以化解社会矛盾、减轻国家威权作为唯一整合功能实施者的沉重负担，真正落实党中央提出的创新社会管理格局的要求，实现社会的安定有序与活力发展。

五　以人与自然和谐相处创造美好家园

在不同时期和阶段上，一个国家的软实力资源范畴会发生一些变化。例如，在18、19世纪和20世纪初期时，英国、法国、美国、苏联等国的国家软实力主要在于政治制度与政治文化的吸引力与影响力，而此时生态危机尚未引起世界重视，因此生态环境保护方面的制度、技术与价值观的软实力作用并不明显。但在当前和未来，生态环境问题在国际政治经济文化领域里成为重要话语权的来源，一国良好的生态环境及其治理手段与科技已成为国家形象的重要指标，亦成为国家软实力的一项重要衡量指标。

从国际来看，一个经济发达而又生态环境良好的国家能够产生较强的吸引力；反过来，生态环境遭到破坏的国家不仅在国际上会受到批评，而且也不利于经济的可持续发展。中国生态环境的污染与破坏就遭到了西方国家的长期批评。中国在生态环境整治方面投入了大量资金，一方面我们可以看到政府为生态环境保护所作的努力，但另一方面也可以看到中国生态环境出现整体性恶化。环境污染在降低人民生活质量、危害人民生存权利的同时也在阻碍国民经济的良性增长。而且近年来中国严重的城市空气污染经世界大型媒体的报道，使国家形象大为下降，减少了中国对本国人才与外来人才的吸引力。

在国际政治领域，生态环境问题正在成为一国政治话语权的重要变量。围绕《京都议定书》而召开的一系列气候世界会议，从2009年哥本哈根气候峰会到2011年德班世界气候大会再到2012年多哈气候变化大会，中国都是一个非常显眼的国家。这不仅是因为中国要维护自己的国家利益和为广大的发展中国家争取利益，而且因为中国的污染问题受到西方国家的责难。因此每次气候大会，中国多多少少显得疲于应对。尽管我们认为西方发达国家应该要为世界气候作更多的贡献、承担更多的责任，但我们自己真的需要整治环境、保护生态，减少污染物排量。为此我们"必须增强危机意识，树立绿色、低碳发展理念，以节能减排为重点，健全激励与约束机制，加快构建资源节约、环境友好的生产方式和消费模式，增强可持续发展能力，提高生态文明水平"。[1] 只有在生态环境保护得越好，中国才有更多的政治话语权和感召力，才有更多的政治主动权，"美丽中国"才有更大的说服力与吸引力。

"我们讲发展是党执政兴国的第一要务，这里的发展绝不只是指经济增长，而是要坚持以经济建设为中心，在经济发展的基础上实现社会全面发展。我们要更好地坚持全面发展、协调发展、可持续发展的发展观，更加自觉地坚持推动社会主义物质文明、政治文明和精神文明协调发展，坚持在经济社会发展的基础上促进人的全面发展，坚持促进人与自然的和谐。"[2] 这说明中国已经认识到生态环境保护的重要性，党的十八大也正式提出了"生态文明"。这样，物质文明、政治文明、精神文明与生态文明要全面协调可持续的发展便成为中国现代化建设的一个指导思想。建设中国软实力，也就需要将这四种文明协调发展落在实处。实现了生态文明、"美丽中国"，中国软实力的大国之梦也就不远了。

第三节　塑造执政党与政府良好形象提升国家吸引力

1989 年"六四风波"之后，国际舆论很不利于中国，"反华"论调甚嚣尘上，对中国共产党的执政和中国的改革开放也是疑虑重重。面对复杂的国际局势，邓小平同志提出："无论如何要给国际上、给人民一个改革开放的形象，这十分重要"，要"给国际国内树立一个好的形象，一个

---

[1]　第十一届全国人民代表大会第四次会议：《中华人民共和国国民经济和社会发展第十二个五年规划纲要》，《人民日报》2011 年 3 月 17 日。

[2]　胡锦涛：《在全国防治非典工作会议上的讲话》，载中共中央文献研究室《十六大以来重要文献选编》（上），中央文献出版社 2004 年版，第 396—397 页。

安定团结的形象，而且是一个安定团结的榜样"。① 风波之后，中国加快了经济政治文化建设的步伐，使中国顺利度过了 1997 年的东南亚金融危机，并积极帮助遭受冲击的亚洲国家走出经济危机的泥潭，塑造了一个负责任的、改革开放的大国形象。2007 年世界金融危机爆发以后，西方国家普遍经济增长缓慢，而中国经济基本上保持在 7% 以上的增长率，使得很多国家再次对中国刮目相看。但是，中国的国家形象在世界上仍然是一个古老的文明古国与现代经济大国的形象，"一个好的形象"还没有真正树立起来。要达到邓小平同志提出的这个目标，中国还要进一步改善执政党与政府的形象，从根本上更好地提升中国的国家形象来增强中国的吸引力。

一　加大民主政治建设改善执政党国际形象

与陷入经济危机的一些西方国家和陷入社会动乱的一些发展中国家相比，中国经济不仅持续增长而且社会局势比较稳定，使得西方一些人士改变了对中国政治制度的刻板认识与传统观念。他们认为："许多人虽然认为西方民主制优于一党制，因为政治力量的轮流赋予政府作出必要的政策变化的灵活性，但中国的一党制也证明它非常适应变化的时代。"② 不过，这种比较视角下的观点在西方国家中并非主流观念。一是长期以来，一党制在西方主流政治学理论里被视为专制集权而非民主形态的政治制度，这几乎是西方国家一个固有的认识与理念，这就使得中国首先在前提上失去了被认为是"民主国家"的标准。二是中国共产党在具体的政治实践中出现了以党代政与集权的现象，以及部分党政干部对民主、法治、公民权利等的漠视与违背，导致执政党与政府的形象在国内外都受到严重玷污。因此，这种观点只是在说中国政党制度具有一定的积极作用，并不意味着在他们眼里中国就可以划入"民主国家"的阵营。

正因为中国不是西方国家和部分发展中国家所认定的"民主国家"，所以中国在国际交往中吃了太多的亏。一个非常鲜明的对比案例可以说明这个问题。由于中国和印度既是邻国，几乎同时走上独立发展道路，又是

① 《邓小平文选》（第三卷），人民出版社 1993 年版，第 315—316、317—318 页。

② Eric X. Li, *China's Political System Is More Flexible Than US Democracy*, The Christian Science Monitor, October 17, 2011.

世界上人口最多的两大发展中国家，所以西方国家喜欢拿中印作比较。其实真正原因在于，印度在西方国家眼里是"民主国家"，而中国是"专制国家"。在制度决定论的惯性思维支配下，西方国家有意识地扬印度而抑中国，因为它们不认为社会主义制度比资本主义制度更有优越性。因此，印度虽然对国际社会的贡献、经济发展水平与国内人民生活水平都比不上中国，但由于沾了"民主国家"的光，所以西方国家操纵的国际舆论都站在它那一边。中印边界冲突中如此，国际经济竞争中如此，国家领导人选举亦是如此。它们在"看好印度"的同时极力"唱衰中国"。

在这背后，西方国家的目的在于论证西方民主制度的优越性与唯一性。"从这个现实境遇来看，中国先不用说'争取军事盟友'，就是为了不让别人以不是'民主国家'为借口凝聚国际社会反对我们，折腾我们，我们也有必要坚决挤入'民主国家'的行列。这个行列挤不进去，中国的'软实力'永远是个负数，再怎么宣传自己的文化如何'和平'，'和谐世界'如何美妙，都不会有太大的效果；中国永远不可能和'民主国家'在道义平等的基础上打交道，永远是国际社会中的'贱民'，更不用谈什么'纵横捭阖'了。"[1] 虽然这种观点有情绪化倾向，但的确反映当前中国软实力建设面临着不利的国际民主舆论环境。

从这个角度看，中国软实力建设不仅要继续增强国家的经济实力与经济影响力、吸引力，更重要的是增强社会主义民主制度的说服力与吸引力。在很大程度上说，前者是中国软实力的物质基础，后者才是中国软实力最主要的、最基本的来源之一。这就需要我们怎么抓住"民主"的国际话语权而不是倒向或照搬西方国家的"民主话语权"，也不是在"民主"上使用"沉默权"。坚决挤入"民主国家"的行列并不是说中国要搬用西方的两党制或多党制，而是中国共产党和人民政府切实依法执政民主执政，切实保障人民群众的民主、自由和人权。

事实上，"制订人权行动计划是联合国大会 1993 年通过的《维也纳宣言和行动纲领》的要求。但很少有人了解，迄今为止，世界上只有包括中国在内的 26 个国家制定了此类计划"。[2] 问题是中国共产党和政府如

①　王小东：《敢于使用力量才是和平崛起的基本保障》，新浪网 http://blog.sina.com.cn/s/blog_53a7ac510100028w.html，2006 - 02 - 10。

②　林治波：《中国人权进步常常被忽视》，《环球时报》2011 年 7 月 18 日。

何将宪法规定的民主自由人权和制订的相应计划加以贯彻落实，减少国内外对党和政府的批评借口。在民主问题上，只有党和政府在国内有充分的实绩，在国际上才有底气，在民主话语权上才有中气。在这个问题上，过去苏联共产党的最高领导人之所以在与西方国家领导人人权谈判上屡屡处在下风，其原因就在于苏共在国内的民主自由人权上屡屡被西方国家抓住辫子，不得不一步一步地作出让步，从而让反对党或反对势力堂而皇之地攻击执政的共产党。因此，改善中国的国家形象，在一党执政的前提下就是改善中国共产党的国际形象，党要在国内外树立起民主形象。

这就要求中国共产党除了政绩合法性追求以外，须以民主合法性来塑造自己的民主形象。仅有前者，并不能保证党的长期执政。随着党的十八大召开之后党中央一系列的反腐败、正党风、严政纪，进行群众路线教育实践活动，就是要凸显党的民主合法性来整合社会力量、凝聚民心、达成共识，在国内外树立起良好的民主形象。

一是改进党的领导方式与执政方式，改变以党代政、权力绝对化和权力过分集中的现象，扛起社会主义民主政治的大旗，树立民主型政党的形象。这就必须改革党和国家的领导制度。温家宝同志曾说："这个任务是小平先生在 30 年以前就提出来的，我认为在今天尤为紧迫。"[1] 党的十八大对此提出了"要更加注重改进党的领导方式和执政方式，保证党领导人民有效治理国家"的要求。改进方式，树立起民主政党形象，就需要中国共产党及其党员干部依照宪法和法律办事，严格在宪法和法律范围内活动，坚持民主执政依法执政科学执政；解决"官大还是法大"的根本问题，确认执政党自身要在也只能在法律制度的框架内活动，而不能凌驾于法律制度之上；克服革命政治观中只能由党垄断政治权力的固有观念，改革政治体制结构中权力过于集中的致命弊端；从法律制度上规定决策权、执行权、监督权的政治权力的相互分离，实行政治权力之间的相互制衡。执政党依据法律、制度这样的规范进行政治治理，其执政活动才能具有权威。[2]

"实践证明，加快建设小康社会的目标，早日实现中华民族的伟大复

---

① 郭金超：《温家宝就政治体制改革谈五点看法》，中国网 http：//www. china. com. cn/news/txt/2011 – 09/14/content_ 23416651. htm，2011 – 09 – 14。

② 参见许耀桐《政治观革命新的六个方面》，《人民论坛》2012 年第 28 期。

兴，最根本的是要一如既往地遵守宪法，依宪执政，依宪治国。"① 这就要求中国共产党加快改进领导与执政方式，实现民主执政依法执政，树立起民主形象，才能从根本上扭转中国的国家形象。中国塑造起民主的执政党形象，才有充足的理由反驳西方国家对中国人权自由民主的攻击，才能增强社会主义民主的说服力、影响力与吸引力。

二是坚定有序地扩大人民民主，毫不动摇地推进社会公平正义，树立立党为公、执政为民的政党形象。中国共产党历来以追求人民民主为己任，强调"人民民主是社会主义的生命"，坚持人民的主体地位。要把党的人民民主的政治价值观加以贯彻落实，就需要各级党委政府坚定不移地有序地扩大人民民主，推进社会的公平正义，"更加注重健全民主制度、丰富民主形式，保证人民依法实行民主选举、民主决策、民主管理、民主监督"。"如果这样做下去，我们就会使人心平静下来，使每个人都有安全感，使弱势群体得到帮助，使大家对国家的未来充满信心。"② 在积极发展人民民主的同时，各级党委政府还需要重视民生问题的解决，因为"要唤起民众的服从与参与，民主必须产生实质性结果：它必须为所有相关的政治力量提供机遇以改善它们的物质福利"。③

从近年来国际局势发生的变动来看，切实解决民生问题，扩大人民群众的有序政治参与，大力打击贪污腐败，树立中国共产党与政府的权威，是防止"街头政治"及其引发"颜色革命"的最具根本性的办法，是治本之策。在中国，共产党的执政基础主要是工农阶级，其他社会阶级和集团是团结的力量。离开人民群众的支持，无论经济怎样发展，中国共产党和国家政权都不能得到真正的巩固。

三是坚决反对腐败，解决党员领导干部和公务员法律信仰淡薄问题，切实将社会主义民主政治贯彻落实，树立清廉、法治的政党形象。对执政党而言，腐败是丧失政权最主要的因素之一。"反对腐败"是反对党或反对势力最有号召力的武器，而一个腐败的政府也就意味着另一

————————

① 孙莹：《中国法学会就"宪法实施"举办论坛 强调依法治国即依宪治国》，中国广播网 http：//china. cnr. cn/gdgg/201210/t20121013_ 511116039. shtml，2012 - 10 - 13。

② 郭金超：《温家宝就政治体制改革谈五点看法》，中国网 http：//www. china. com. cn/news/txt/2011 - 09/14/content_ 23416651. htm，2011 - 09 - 14。

③ ［美］亚当·普沃斯基：《民主与市场：东欧与拉丁美洲的政治经济改革》，包雅钧等译，北京大学出版社 2005 年版，第 19 页。

个政府的产生。中国共产党的本质与政治使命决定它必须与腐败作斗争。在新时期，反腐败迫切需要解决党员干部和公务员队伍的法律信仰淡薄问题。没有发自内心的法律敬畏感，以权压法、以权代法、以权乱法所产生的腐败现象就不可避免。当前，一些党政领导干部不仅懂法甚至是法律专家和司法机关的领导人，甚至是高级法官和高级领导人，却大搞腐败，其重要原因就在于他们法律信仰淡薄。"在这些人眼里，法律与制度已沦落为以权谋私、进行腐败勾当的工具。目前严峻的腐败，不仅使法律与制度有整体失效的危险，而且已经严重败坏了执政党的为民、清廉、法治的形象。"①

因此，中国要解决党政领导干部与公务员法律信仰淡薄的问题，在不断提高党政干部法律素养，丰富廉政法制知识，树立和增强法治信仰的同时，加大对权力的监督与制约，以确保人民赋予的权力始终在法律的范围内运行，真正用来为人民谋利益。领导干部和公务员只有首先成为"法律的臣仆"，才能真正成为"人民的公仆"。通过法治建设，将社会主义民主政治从理论走向实践，树立起执政党清廉、法治、民主的形象，以扩大中国共产党在世界政党中的软实力影响。

四是以民主的多元观念对待其他发展中国家的政治变迁，树立民主宽容的政党形象。出于国内国际方面的种种考虑，中国对许多发展中国家的多党制、民主化变革和国家分裂采取同西方国家截然不同的态度。"这说明中国同发达国家和部分发展中国家的体制和意识形态差异仍然十分巨大，而且看不到缩小的趋势，中国也因此而被西方发达国家视为国际社会中的'异类'。"②

东欧剧变和苏联解体之后，它们确实经历了好几年的阵痛。我们看到这种现象，很庆幸中国避免了这种历史悲剧，但也在有意无意之中夸大了它们的失败和我们的幸运。现在看来，俄罗斯和东欧国家基本上已经度过共产党垮台后所造成的社会动乱时期而走上了经济社会比较稳定发展的西方民主政治道路，共产党在这些国家中已经衰落不堪，基本上不可能重返政权了。我们需要用理智客观和发展的眼光来看待俄罗斯和东欧的这段历

① 韩亨林：《认真贯彻实施"六五"普法规划 切实加强反腐倡廉法制宣传教育》，《法制日报》2011 年 10 月 18 日。

② 王缉思：《中国的国际定位问题与"韬光养晦、有所作为"的战略思想》，《国际问题研究》2011 年第 2 期。

史，不需要引起不必要的误解与别人的反感。

对于一些发展中国家包括这些转轨国家的资本主义民主化，以及因反对党或势力的出现所制造的国家政权颠覆或分裂，如南北苏丹的分裂、利比亚卡扎菲政权的覆亡，我们都需要以宽容和同情的心态去看待它们的政治变迁，但不需要以自护的意识形态高度去批评反对党派、分裂势力或外国势力的干预，更多地需要分析民族问题、历史问题、国家政策问题等内因。否则，中国可能会遭到很多难以预料的结果，从而导致外交上的被动，把自己搞成"孤家寡人"。

在这些方面，中国的外交教训已不少。近年来中东北非出现的政治变动已经使中国的经济利益受到较为严重的损失，但中国的政治解决效果明显不及西方国家。"一个重要原因在于非洲各国的价值观和国际行为准则越发认同民主、人权等西方理念。"① 因此，无论这些国家与中国是否有经济上的共同利益，中国作为联合国安理会常任理事国，都可以积极展开政治上的斡旋，甚至可以与西方国家一道斡旋，以促成事态向良性结果发展。

以民主的多元观念看待国际政治，还涉及一个重要话题，即近年来在国内沸沸扬扬的"普世价值"争论。1997年，联合国教科文组织曾经推出"普世伦理计划"，为期三年。然而，雄心勃勃的计划却在1999年该计划主持人金丽寿②发表《21世纪伦理学之共同构架》报告之后便戛然终止了。这是参与者大会讨论的结果，在一定程度上反映了许多国家当政者的"共识"——无法在普世价值上取得共识，只能终止该计划。但它的终止并不意味着普世价值的讨论就结束了。

首先，西方人尤其是美国人，将自己的文化和价值观念普及于世界的意图是不肯放弃的。这样，普世价值的问题，已经不是一个存在还是不存在的问题，而是西方一些人士的主观意图和愿望的问题了。这就是作为一种权力话语、作为一种意识形态的普世价值的由来。③ "这些被境内外媒体渲染得沸沸扬扬的意识形态话语建构，其主要内容可以概括为一个公

---

① 秦天：《从利比亚危机看国际格局》，《紫光阁》2011年第10期。

② 金丽寿，韩国首尔庆熙大学教授，时任联合国教科文组织"世界普遍伦理工程"的主持人。

③ 参见赵修义《联合国"普世伦理计划"一波三折说明了什么》，《毛泽东邓小平理论研究》2009年第4期。

式，即'私有产权＋竞选民主＋自由贸易＋多元文化＋开放社会＝国强民富'。表面上看，这套公式被宣扬为全球共享的价值观，倘若中国加以拒绝，似乎势必陷入'四面楚歌'之中。"① 以美国为首的西方国家积极向中国推销所谓的"普世价值"，其目的就在于促使中国接受这套公式来改变中国的社会主义政治制度及其基本价值理念。国内的西化派人士明里暗里地鼓吹"普世价值"，其实也就是要将这套公式试验于中国。

其次，反过来看，作为"应然"状态或"理想"状态的一些价值观是人类共同追求的东西，如果中国一概反对普世价值，那么我们在自由、民主、人权等问题上就不能自圆其说。例如以毛泽东同志的话来驳斥"宪政"就容易自相矛盾。毛泽东同志在《新民主主义的宪政》一文中曾明确说："宪政是什么呢？就是民主的政治"；"但是这种民主，在现在的中国，还行不通，因此我们也只得暂时不要它。到了将来，有了一定的条件之后，才能实行社会主义的民主"；"我们一定要把事情办好，一定要争取民主和自由，一定要实行新民主主义的宪政"。② 也就是说，毛泽东同志认为在将来中国具备条件之后也要实行社会主义宪政。

如果我们自己不谈"宪政"，不敢讲"宪政"，就等于将国内的话语权拱手让给西方国家。"宪政"一词的发明权在西方，但不等于宪政的一切标准就是西方的。中国应该有自己的民主政治的标准。我们是需要警惕国内部分人借"宪政"之名行颠覆中国共产党执政之实，但也不能因此就不谈不讲"宪政"，关键在于我们需要按照宪法来执政、行政与治理。这是宪政的实质。这也是党中央提出的依法执政民主执政与建立法治政府的基本精神。在这个问题上，我们没必要躲闪羞涩，自觉理亏，自己把自己搞得"边缘化"，应理直气壮！

因此，一方面，我们需要有分析地对待普世价值问题。对于全球普世价值对话，中国要积极参与，对于强加于人的做法则要加以坚决的理智的有策略的抵制，在国内则坚决防范打着抽去社会主义实质的"自由、民主、人权、宪政、法治"等旗号来污蔑或颠覆中国基本政治制度与人民政权的言行。即使是在标榜言论最自由的美国，也不会允许颠覆资本主义制度与现行政权的言行出现。所以在防范问题方面，我们要有底气，不要

① 易涤非：《增强国际传播能力实事求是传播中国》，《红旗文稿》2011 年第 7 期。

② 《毛泽东选集》（第二卷），人民出版社 1991 年版，第 732、732—733、739 页。

畏手畏脚。另一方面，对民主、自由、人权已被世界广泛接受的事实，我们也不需要回避或淡化，而应加大这方面的国际对话，阐释中国特色社会主义民主的内涵与外延，拿事实与理论说话，从而扩大中国特色社会主义政治理论与价值观在国际上的话语权。这样，中国共产党的民主形象才会增色，至少在国内和一些发展中国家会如此。

在一党执政的社会主义政治体系下，执政党的民主执政、依法执政、科学执政的能力与实绩不仅关涉到执政党的合法性与国内外形象，在很大程度上说，它代表着人们对社会主义政治制度与社会主义道路的认识与评价。对于东欧剧变与苏联解体，尽管我们需要客观地将共产党的失败与社会主义道路的科学性区分开来，但无论如何，执政的共产党与社会主义道路是连为一体的，它们的失败的的确确影响了世界各国对社会主义的认识。所谓中国形象、中国特色社会主义形象、中国共产党形象，其实是三位一体的东西。中国共产党加大民主政治建设，树立民主法治的政党形象，也就关系到国内外人们对中国特色社会主义道路的认识与评价。中国软实力建设，说到底，也就是铸造中国特色社会主义政治制度、道路与理论的说服力、吸引力与影响力。而中国共产党在其中扮演着指挥者、领导者的核心角色。这就是中国共产党要不断提高执政能力、塑造良好形象的关键原因所在。尽管中国的政党制度在国际上是极少数，受到很多国家的歧视与偏见，但执政的中国共产党若能在内政上务实清廉、推动经济社会发展与民主政治建设，在外交上秉持公平正义而有所为有所不为，树立宽和良好的政党形象，仍然可以逐渐改善国家形象而提升中国软实力。

二 注重廉洁法治建设提升政府国际形象

中国政府在国内外的形象不佳，主要原因可能在于政府的廉洁与法治做得不好，严重影响了国家软实力的形成与提升。党的十八大对这个问题予以了空前的关注，指出："反对腐败、建设廉洁政治，是党一贯坚持的鲜明政治立场，是人民关注的重大政治问题。这个问题解决不好，就会对党造成致命伤害，甚至亡党亡国。"在随后的十八届中共中央政治局第一次集体学习时，习近平同志再次强调："近年来，一些国家因长期积累的矛盾导致民怨载道、社会动荡、政权垮台，其中贪污腐败就是一个很重要的原因。大量事实告诉我们，腐败问题越演越烈，最终必然会亡党亡国！"① 为反对腐败，党的十八大报告提出要坚持中国特色反腐倡廉道路，坚持标本兼治、综合治理、惩防并举、注重预防方针，全面推进惩治和预防腐败体系建设，做到干部清正、政府清廉、政治清明；依法治国基本方略全面落实，法治政府基本建成，司法公信力不断提高，人权得到切实尊重和保障。

党中央要求政府建设实现两个主要目标，即廉洁政府与法治政府，来提升政府在国内外的形象，来"充分展示中国人民依法治国，建设社会主义法治国家的形象"。② "良好的政府形象在倡导良好的国家形象方面能起到决定性作用。"③ 一个追求公平和效率、廉洁和法治的政府形象不仅是中国政府应在国内公民心目中树立的形象，而且是在国际上追求的形象。

一是要切实解决政府的腐败问题，建立起廉洁政府，来获得人民群众的拥护与治理权威，改善中国政府与社会主义政治制度在国际上的形象。目前，中国防治腐败的法律法规种类已够繁多，加上党内方面的条例规章，多达千余件，但仍不能有效防治各种形式的腐败。这说明中国现有的反腐法律制度防范不力，存在漏洞。国家法律、部门法规、条例、规章、准则、办法、意见等反腐法规，体系不够完善、逻辑不够严密、操作性不强，难以形成合力。相关的反腐机构虽然有几个，但也难以形成合力。除了法律制度自身原因外，腐败还与政府工作人员的法治意识不强、社会与公民对政府的监督不力、政府体系内的权力制约不够有关。如何通过反腐来重构政府权威，是一个任重道远的任务。如果中国能有效解决腐败问题，建构起一个廉洁的政府，会大大改善中国政府在国内外的形象，从而增强社会主义政治制度的说服力与吸引力。

二是切实解决法律制度的落实问题，建立起法治政府，改善中国政府的国际形象。目前，由于政府未能有法必依、执法必严、违法必究，不仅在国内带来了很多弊端，而且严重影响了中国在国际上的形象。如今，"中国制造"虽遍布全球，但同时在很大程度也是廉价产品与劣质产品的

① 习近平：《紧紧围绕坚持和发展中国特色社会主义 学习宣传贯彻党的十八大精神》，《人民日报》2012年11月19日。

② 江泽民：《在全国对外宣传工作会议上的讲话》，《人民日报》1999年2月27日。

③ 汪涛、邓劲：《国家营销、国家形象与国家软实力》，《武汉大学学报》2010年第2期。

代名词。从德国与韩国的产品形象曾经历的历史来看，"没有一个国家天生制造劣质品，有的只是不完善的管理制度"。① 中国至今未能摆脱假冒伪劣的恶名，不仅国人对此深恶痛绝，外国人亦如此。2013 年的一项调查表明，"中国的内部声誉得分 31 分，高于外部声誉得分"。② 纽约华人组织"百人会"的民意调查结果显示，在美国商界领袖当中，55% 的人认为中国对知识产权保护不力，这比"百人会"2007 年开展调查时高了一倍。美国高管们说，腐败是他们在中国做生意的第二大顾虑。③ 造成这两种不良形象的原因主要在于中国政府对法律的遵守和执行力度不够，使法律往往成为摆设，在人们看来中国是一个"有法不治"的国家，自损国家形象。

此外，中国日益严峻的生态环境污染同样与政府法律执行不到位有非常紧密的关系。有人认为：改革开放 30 年来，中国在世界上构建的是一个竭泽而渔的"淘金梦"，吸引全世界的人来此投资赚钱。但是，所有这些人都只是想着来中国大陆赚钱，然后就拍屁股走人，因为他们并没有把这里当成家和归宿，因此也就从来没有想过像对待自己的家园一样主动爱护，这些外企或者本土企业到国外都很规范，而在中国则都漠视环保、开血汗工厂、忽略产品质量。④ 与此相应的是，"对环境保护的轻视使我国出口企业频频遭受绿色技术壁垒"。⑤ 这些原因均在于政府法律执行不到位，甚至可以为了招商引资和税收而绕开法律规定，置环境保护于不顾。既然政府如此，企业更是出于成本考虑而不顾环保。外企自然也会"入乡随俗"。因此，如何解决法律制度的落实问题，成为建设法治政府的关键所在，不仅关系到中国的政治经济社会文化生态的建设问题，也关系到中国在国外的形象问题。

三是努力提升政府的治理能力，增强中国政府在国内外的说服力、吸引力与影响力，从根本上塑造中国政府的国际形象。廉洁与法

---

① 纪赟：《中国制造为何挡不住劣质产品》，《参考消息》2012 年 6 月 15 日。

② Carlo Davis, *The World's Most Reputable Countries*, *According To The Reputation Institute*, The Huffington Post, 06/28/2013.

③ Mark Mcdonald, *New Survey Finds U. S. Concerns Over a Rising China*, The New York Time, June 27, 2012.

④ 参见王辉耀《中国梦 谁的梦》，《商界评论》2009 年第 8 期。

⑤ 汪涛、邓劲：《国家营销、国家形象与国家软实力》，《武汉大学学报》2010 年第 3 期。

治在很大程度上是政府国内外形象塑造的外在评价因素，但真正能影响政府国内外形象塑造的是政府治理能力的高低，因为廉洁与法治并不一定能引起他国的羡慕与模仿，而政府治理能力却能从内在的角度提供说服力与吸引力。原因在于，世界各国都面临着政治经济社会文化生态发展的压力与需求，哪个国家的政府治理能力高，其治理模式就能吸引他国的借鉴与模仿。这就说明廉洁与法治还需要上升到政府治理的层面。

从国内来看，当国民从政府治理能力中看到并亲身感受到中国共产党、人民政府与法律制度能有效合理地解决他们的政治经济社会文化生态问题时，他们会有一个中国历史的纵向比较——历史上出现动乱时人民所遭受的巨大创伤，和一个国际现实的横向比较——一些发展中国家采取了西方的新自由主义经济政策和政治制度，但并没有较好地解决政治经济社会问题，由此他们会更加支持中国共产党与人民政府从而巩固党和政府的合法性。内在的说服力有助于产生外在的吸引力与影响力。中国政府治理能力的提升也就有助于改善中国政府的外在形象，塑造中国的国家软实力。因此，对中国而言，"'和平崛起'是国家目标，'摩擦崛起'是最可能遭遇的途径，'和平崛起'本身不应被单纯界定为一个经济上是否富足的目标，其重点应在政府治理能力是否具有全球竞争力上"。[1]

从国际来看，政府治理能力是国家声誉评价的综合反映，是国家软实力衡量的主要指标。2011 年声誉研究所的调查表明，在 50 个国家中，加拿大、瑞典、澳大利亚、瑞士和新西兰位居前列，其后是挪威、丹麦、芬兰、奥地利、荷兰、德国、日本、比利时、意大利、英国、西班牙、爱尔兰、德国、葡萄牙、新加坡等；美国居第 23 位，中国居第 43 位。[2] 那些全球声誉好的国家，都得益于它们民主制度稳定、人均产值高、生活方式健康、政治制度完善、在国际政治中保持中立，以及社会安全状况和生态环境良好。这些都是推升国家声誉的主要动力，也是提升国家软实力排名

　　① 中国经济体制改革研究会公共政策研究所：《"和平崛起"是战略还是目标》，《改革内参》2004 年第 15 期。

　　② The Reputation Institute, *Canada Is the Country with the Best Reputation in the World According To Reputation Institute*, September 27, 2011. http：//www. reputation institute. com/events/27_ Sept_ 11_ PR_ Country_ RepTrak_ Results. pdf.

的主要动力。

　　国家声誉对国家软实力的重要意义在于，一是国家声誉对国家经济发展有重要推动作用，可以增强国家的吸引力。"一个国家的声誉对它的国际旅游与外资吸引力有巨大的影响，一个国家的声誉每提高 5 分，国际旅游收入就会增长 12% 。"① 声誉研究所的行政合伙人尼古拉斯·乔治·特拉德（Nicolas Georges Trad）根据研究如是认为。中国既是一个旅游资源十分丰富的大国，也是一个吸引外资的大国，国家声誉的提升显然有利于中国经济的增长和国家吸引力的产生。二是国家声誉是国家形象的重要组成部分，它的提升有利于国家吸引力的塑造。如果我们能够建构起一个廉洁法治、治理能力强的政府，就会提高中国在国际上的声誉度，这无论是对中国的经济增长，还是中国特色社会主义政治制度与政治文化，以及社会生活模式的影响力与吸引力，都将产生重大的推动作用。

　　因此，如果中国政府的治理能力具有全球竞争力，那么中国政府对广大发展中国家的吸引力与影响力就会大大增强，既大大改善中国政府的国际形象，也大力提升中国的国家软实力。作为共产党领导与执政的国家，打开世界软实力大国的大门，对世界产生政治文化层面（尤其是社会主义政治意识形态与社会主义政治制度基本价值观）上的说服力、吸引力与影响力，须在全世界塑造一个民主执政、依法执政、科学执政的中国共产党形象和廉洁法治的政府形象。中国共产党的民主、依法、科学的领导与执政，以及中国政府的廉洁与法治，根本目的在于向世界提供一种异于资本主义制度的社会治理模式与发展模式，增强中国特色社会主义政治制度与社会主义道路的内在说服力与外在优越性，使国内外的人们对中国的执政党与政府产生信心、信赖与仰慕。

第四节　强化社会主义政治制度影响力

　　邓小平同志曾说："改革党和国家领导制度及其他制度，是为了充分

---

　　① Carlo Davis, *The World's Most Reputable Countries*, *According To The Reputation Institute*, The Huffington Post, 06/28/2013.

发挥社会主义制度的优越性，加速现代化建设事业的发展。"① 中国塑造执政党与政府的良好形象在本质上也就是为了凸显社会主义制度的优越性，为国家软实力提供政治制度上的资源与支持。在国内外，我们凭什么说社会主义制度有优越性，总得要拿出理由来说服人家，影响人们改变对中国不好的观念。那就是在中国共产党的领导与执政、人民政府的行政与治理和人民群众的积极参与下，中国的政治制度合理有效地解决了中国的政治经济社会文化生态领域里存在的问题，能充分使社会各个阶层在政治制度里获得共同利益与共识，社会主义和谐社会与全面小康社会的奋斗目标能实现。同时，政治经济社会文化生态建设最终也要体现为政治制度上的进步并由政治制度来保障建设的成果。对于国家进步与良好的社会生活模式，人们看到的和归结为的往往也是在它们背后起支撑作用的政治制度。也就是说，它们的吸引力的产生源于一国政治制度对人们的影响。正如奈所言："在国际政治中，一个国家取得它所选择的结果可能是因为别的国家会以其为榜样，或者接受一种会导致这种结果的制度。"② 对中国而言，由于政治制度的本质差异，其国家软实力建设面临的重大问题是如何使社会主义政治制度在国内外产生核心影响力的作用，以便从根本上增强和提升国家软实力。

一　增强社会主义政治制度国内影响力

在前面我们曾提到，在 50 个国家中，美国的国家声誉仅仅处在中游位置，但为何美国的国家软实力却高居榜首呢？ 2011 年英国的一个机构曾对世界作了一个排名，认为美国软实力居世界第一。2012 年伦敦奥运会为英国软实力添色不少，在英国一家杂志（*Monocle*）公布的全球各国软实力排行榜上英国首次超过美国。排在前十位的国家依次是英国、美国、德国、法国、瑞典、日本、丹麦、瑞士、澳大利亚和加拿大；紧接着是韩国、挪威、芬兰、意大利、荷兰、西班牙、巴西、奥地利、比利时、

---

① 《邓小平文选》（第二卷），人民出版社 1994 年版，第 322 页。

② ［美］约瑟夫·奈：《美国定能领导世界吗》，军事译文出版社 1992 年版，第25 页。

土耳其。① 从这个排行榜我们可以看到：

一是在国家声誉排行榜上靠前的国家基本上国家软实力排名也比较靠前。在某种程度上可以说，国家形象与国家软实力保持一定的正相关关系，国家声誉的评价指标基本上也是国家软实力的评价指标，尤其是政治制度完善、社会秩序稳定、人民生活水平较高、生态环境保护良好等均是二者主要的评价指标。这就是说，我们要重视国家形象的建构，但绝不是仅仅依靠外交与传媒来完成的，更主要的是依靠我们对社会主义政治制度的改革与完善并以此并凸显社会主义制度优越性来实现的。我们需要抓住国家形象建构的主要矛盾，即社会主义政治制度建设。

二是美国可能是一个例外，它的国家声誉排名与国家软实力排名差距很大，这又作怎样的解释？政治制度又在其中产生了什么样的作用？美国声誉排名仅在中游，主要与美国的单边主义与霸权主义的外交政策有关，同时美国国内的种族歧视与社会暴力的层出不穷也妨碍了美国声誉的排名。但是，美国的国家软实力却居世界前列，相比英国、法国、德国、日本而言，除却生态环境与社会生活水平、公民素质不相上下之外，这与美国的政治制度活力、政治文化吸引力、社会创新活力、教育科技文化的影响力是分不开的。这就是奈一再强调制度在国家软实力中的重要性的主要原因。他说道："我们的制度将继续对许多人具有吸引力，我们社会的开放性将继续增强我们的信誉。这样一来，我们这个国家将处于从软实力中受益的有利地位。"② 也就是说，奈与美国普通民众一样，对美国的政治制度充满信心。美国人的爱国热情就是建立在对美国政治制度深信不疑的基础上的。

为什么美国的政治制度对美国民众有如此强烈持久的影响力？"最根本的原因，是美国政治体系的内聚力强，是美国民众对美国政治制度的深度信任。他们认为，美国的制度优势是明显的，他们以他们的政治制度为

① 具体参见《外媒公布全球软实力排行榜 英国胜美国名列第一》，中国新闻网 http：//www.chinanews.com/gj/2012/11-19/4338352.shtml，2012-11-19；《年度"软实力"国家排行榜——中国未入围前20》，世界经理人数据网 http：//data.icxo.com/htmlnews/2012/11/20/1448625.htm，2012-11-20。

② ［美］约瑟夫·奈：《美国霸权的困惑——为什么美国不能独断专行》，世界知识出版社2002年版，第151页。

荣。"① 正如美国第一位黑人上将鲍威尔总结的那样："我们之所以能取得胜利是因为我们的开国元勋留给我们一个天才的政治制度，它适用于千秋万代，在任何时候都能激发人们的崇高理想。"② 对外国移民而言，虽然他或她不一定喜欢美国政府，但他们相信美国的制度能够保护他们的利益。一些中国移民就有如此体会：我们思来想去，最后还是选择留在国外，其中很大一部分原因是因为"国外的教育、医疗、法律体系都相当完善，不会出现叫天天不应、叫地地不灵的状况，不管大事还是小事，总会有一个渠道能解决你的问题"。③

作为移民中最杰出的代表，爱因斯坦曾经对全世界的各色人种为什么漂洋过海来到美国，谈了一个很有启发意义的观点。他说："体谅到人类的不足之处，我的确觉得，在美国实现人生最有价值的东西是可能的，它们包括个人及他的创造力的发展。"④ 以他为代表的"这些'流亡者'的文化修养依然是欧洲式文化修养，但是他们看到美国制度之后修正了自己的思想"。⑤ 这就是美国政治制度的影响力所在，因此，美国的政治制度为美国吸引世界各方面的人才准备了最重要的条件。正是美国政治制度对内凝聚了国民的感情与力量，对外显示了强大的影响力，美国软实力能高居榜首也就不足为奇了。

从美国的案例我们可以看到，政治制度无论是在国家形象建构中还是在国家软实力建设中，都具有核心影响力作用。这就需要各级党委、政府坚决落实党的十八大提出的"要把制度建设摆在突出位置，充分发挥我国社会主义政治制度优越性"的要求，通过制度建设来增强社会主义政治制度的内在说服力与外在影响力。

在国家内部，通过社会主义政治制度建设，"最大限度激发社会活力、最大限度增加和谐因素、最大限度减少不和谐因素"。面对人民群众的不同利益诉求和多元思想文化，以及社会阶层的分化与多元化，充分发

① 肖德甫：《美国崛起沉思录》，中国华侨出版社2008年版，第237页。
② ［美］科林·鲍威尔：《我的美国之路》，王振西主译，昆仑出版社1996年版，第686页。
③ 田鹏、张然、王雨蓉：《中国精英移民地理》，《经济观察报》2010年11月29日。
④ 转引自肖德甫《美国崛起沉思录》，中国华侨出版社2008年版，第276页。
⑤ ［意］萨尔沃·马斯泰罗内：《欧洲民主史——从孟德斯鸠到凯尔森》，黄光华译，社会科学文献出版社1998年版，第410页。

挥社会主义制度的协调与规范作用，不断解决社会问题、化解社会矛盾、促进社会公正、应对社会风险、保持社会稳定，形成科学有效的利益协调机制、诉求表达机制、矛盾调处机制、权益保障机制，统筹协调各方面利益关系，就能够不断实现人民群众最关心、最直接、最现实的利益，充分调动人民群众积极性、主动性、创造性，最大限度地增强社会凝聚力。①制度问题带有根本性、全局性、稳定性和长期性，"如果不坚决改革现行制度中的弊端，过去出现过的一些严重问题今后就有可能重新出现。只有对这些弊端进行有计划、有步骤而又坚决彻底的改革，人民才会信任我们的领导，才会信任党和社会主义，我们的事业才有无限的希望"。②

在国家外部，通过社会主义政治制度建设，使国内外的公民能在中国体验到中国特色社会主义的政治经济社会文化生态的发展与进步，尤其公民权利在民主、自由与公正方面的进步，能给他们提供一个安居乐业的环境与发展创造的机会。通过社会主义政治制度的内在合理性与外在有效性凸显其与资本主义制度相比的另一种制度优越性，来增加中国的说服力与吸引力，从而对那些移出去的中国移民和外来移民产生影响力，吸纳更多的人才与资金为国家软实力建设服务。

对正在进行现代化建设的中国而言，新一次的中国移民浪潮的主力军是新富阶层和知识精英阶层，他们的移民无论在哪个方面都是国家与社会的损失。正如前面分析的那样，中国移民多数是出于教育、医疗、社会福利等政治经济社会文化环境的综合考虑而移民国外的。如果能通过政治制度建设有效解决这些问题的话，那么中国的外出移民人数会减少，而移出去的也会逐渐回来。

从目前来看，中国的经济增长与经济机会虽然可以影响部分移民和留学生回国，但不能寄望于此。一是中国的经济机会是相对于西方国家的经济危机而言，一旦西方国家恢复之后，中国有可能很快丧失这种比较优势；二是回国的人才中顶尖级的少而一般性的较多。即使顶尖级的人才回来后中国的制度及其评价体系他们是否喜欢或接受还值得打个问号。有人就认为，"人的记忆会记住好的东西，忘记不愉快的东西。他们回来一段时间后，还是可能会回去的。中国和国外的差距还是太大了。移民回潮是

① 参见人民日报评论员《在最大限度中增强社会凝聚力》，《人民日报》2011 年 3 月 25 日。
② 《邓小平文选》（第二卷），人民出版社 1994 年版，第 333 页。

一个伪命题。这就有待于政治体制和法律体制的改革，只有环境真正改变才能留住人才和资金"。① 这是很有道理的。

通过社会主义政治制度建设，来实现国家治理方式的现代化和国家—社会关系的合理化，从而实现社会的良性发展，是中国软实力建设的政治制度条件和保障。所以，"站在以社会主义政治制度为核心的现代国家建设的高度，思考推进我国软实力发展的可能路径，具有高屋建瓴的性质"。②

二　转化社会主义政治制度国外影响力

"从现代政治发展的普遍状况来看，民主、法治和善治，便是政治实力的制度体现，而民主、自由、平等的价值观和仁义、仁政的理念，是支持这种体制的思想基础。"③ 政治制度在其发展过程中，从弱到强、从不文明到文明，它所倡导的民主、自由、平等、权利等基本价值观念已经在人们心中产生了共鸣，被广泛认同和接受。"这些政治价值观念也是人类共同追求的价值，在形成无比强大的民族凝聚力和国际吸引力、影响力中发挥着重要作用。这种政治制度正是国家软实力的体现。一国的政治制度所倡导的政治价值观念若被世界各国所接受和认同，具有普遍意义，并且不断被其他国家学习和采纳，那么这一政治制度就会形成巨大的国际吸引力和影响力。"④

因此，中国特色社会主义政治制度的优越性不仅要在国内获得认同，还需在国外获得他者的转化性认同——将中国的经济优势转化为社会主义政治制度优势，外国人对中国经济发展的认同转化为对中国政治制度的认同，这样才真正有国家软实力。国内认同虽然是最重要的、最基本的、最核心的，因为没有国内认同，社会主义政治制度就失去了合法性与存在的价值，就没有生命力。但能在国际上获得他者的转化性认同，说明中国的社会主义政治制度对他者产生了说服力、影响力以及一定程度的吸引力。

应该说，目前的国际局势对中国特色社会主义政治制度产生软实力影

---

① 田鹏、张然、王雨蓉：《中国精英移民地理》，《经济观察报》2010 年 11 月 29 日。
② 黄金辉、丁忠毅：《中国国家软实力建设路径研究的回顾与反思》，《教学与研究》2010年第 11 期。
③ 顾肃：《论国家软实力的政治和文化维度》，《江苏行政学院学报》2011 年第 3 期。
④ 田湘波、徐如祥：《政治制度与文化软实力的关系》，《湖南大学学报》2010 年第 6 期。

响提供了比较好的机会。国外的部分学者与媒体已经认识到，要研究中国的经济增长就需要研究中国共产党的执政及其建立起来的社会主义政治制度的优势；反过来，分析西方世界的经济危机就要反思资本主义制度的缺陷。

从前者来看，英国共产党总书记罗伯特·格里菲思认为："中国巨大的经济和社会发展成就让全球动容、令世界瞩目。中国在过去的二十多年内使数亿人摆脱了贫困，这是社会主义制度优越性的集中表现，更是了不起的人道主义成就。"① 西方人士通过中国的经济增长与人民生活水平的提升，看到了社会主义政治制度在其中的作用。他们认为，中国现行政治体制具有弹性与生存能力，政治精英也积累了丰富的执政经验，对执政环境和执政能力有着清晰的认识，他们利用娴熟的政治技能和丰富的政治资源来应对民间民主改革要求的压力。中国的威权政体并不像一些研究者认为的那样会迅速崩溃，更不会像一些比较民主化的研究者认为的那样会迅速步入"第三波"民主化浪潮的后尘。"中国的政治精英不断推进政治制度化水平，增强了威权政体的适应能力。他们通过明确规定领导干部的任期和年龄，实现了权力的和平交接。"② 尽管中国的政治制度还不成熟完善，"但在华尔街金融危机席卷世界的今天，西方制度模式的历史局限性不仅使广大发展中国家开始认真研究'中国模式'，而且许多有远见的西方人士也开始转向关注中国的制度优势"。③

从后者来看，2007 年爆发的金融危机及随后西方多数发达国家开始陷入经济增长危机，至今仍未出现令人欢喜的反弹，在一定程度上动摇了西方世界对资本主义制度的超强信心。西方部分学者与媒体也开始反思资本主义制度存在的不足和长期被掩饰的缺陷。作为这次金融危机首发地的美国，它既是西方资本主义的典型代表与精神领袖，学者与媒体提出反思与批判也最为深刻与尖锐。"面对经济迟迟走不出困境，使70%的美国人认为国家正走在错误的道路上，将近2/3 的美国人认为这个国家正在衰落。《纽约时报》专栏作家戴维·布鲁克斯撰文指出，美国人不再信任其政治制度的可靠性，而这一制度是整个政府的根基之一，这种信任的丧失

---

① 骆珺：《英共总书记：中国用成就反击西方偏见》，《参考消息》2012 年 10 月 18 日。

② Andrew J. Nathan, *Authoritatian Resilence*, Journal of Democracy, No. 1, 2003, p. 10.

③ 胡键：《软实力新论：构成，功能和发展规律》，《社会科学》2009 年第 2 期。

导致整个国家陷入复杂而阴郁的情绪，焦虑、悲观、羞愧、无助并且戒备心强。"①

扩展到西方世界，"金融危机的发生与蔓延折射出西方国家的政治未能作出调整，以适应这个时代的巨大变化：全球化、被科技彻底改变的生活方式以及个人主义。西方政治的合法性依然建立在民族国家的基础之上，它所采取的方法仍停留在过去，加之从政人员素质平庸，这一切都导致了民主的失败"。② 他们认为，西方国家有必要对资本主义制度进行检讨，"最好对社会赖以运转的制度构架提出更深层次的质疑"。③ 原因正如经济学家斯蒂格利茨（Joseph Stiglitz）深刻揭示的那样："美国的政治制度制订了有利于富人而让其他人付出代价的规则。"④ 正因为如此，"美国贫富差距的逐渐加大，促使了'占领华尔街'运动的发生。对很多美国人来说，'占领'运动的诉求正好触动了他们的心弦"。⑤

同时，对国内一向崇拜西方的人士来说，在这场"占领运动"中西方主流媒体的表现也给了他们一记耳光。美国主流媒体在"占领华尔街"运动中的集体失声表现，深刻揭露了其为大资本服务的本质和功能，戳破了美国所谓"新闻自由"、"客观公正"的假面具。"一段时期以来，国内有一些人对美国所谓的'新闻自由'羡慕赞赏、顶礼膜拜，新闻界有一些人也将其视为样板，鼓吹引进照搬过来。事实上，美国媒体对中国的报道完全是另一套标准。如果其他国家发生类似的'占领运动'，美国这些政客无不会祭出民主、自由、人权等口号。"⑥ 但这次针对自己的问题，它们却根本不予理睬，使我们再次看到美国政治制度与政治文化的虚伪与

---

① 郭纪：《西方正在经历深刻制度危机》，《求是》2011 年第 17 期。

② ［法］埃里克·勒布歇：《世界危机首先是西方政治危机》，《参考消息》2011 年10 月 10 日。

③ Andrew Stevens, *Niall Ferguson*："West Less Good at Being West"，CNN，November 26，2012.

④ Joseph Stiglitz, *America Is No Longer A Land of Opportunity*，Financial Times，June 25，2012.

⑤ ［美］伊丽莎白·雅各布斯：《"美国梦"实现几率在减少》，《国际先驱导报》2012 年 1 月 12 日。

⑥ 甄言、晓刚：《美国媒体为何对"占领华尔街"失声失焦》，《北京日报》2011 年 10 月11 日。

阴暗的一面。西方资本主义制度暴露出的严重危机与缺陷，有利于人们反观到社会主义政治制度的相对优越性。

平心而论，美国的政治制度虽然存在这样或那样的弊端，但相比于其他一些国家来说，仍然有着毋庸置疑的优势。"除此之外，美国还有一套成熟的贸易制度、投资制度、金融制度和税收制度，还有比较健全的法律法规，而且美国的经济政策透明，可预见性强。这些方面同样为美国制度的吸引力增色不少。"① 因此美国的政治制度软实力并未从根基上受到影响。也正如布热津斯基认为的那样，"学者们称之为美国霸权的'软实力'方面"均在全球占据了主导地位，这"并不是某种政治策略的产物，而主要是由开放性的、具有创造魄力的、竞争力强的美国民主体制所造成的动态现实"。② 因此，美国软实力的超强地位有着其政治制度的核心支撑。中国要赢得世界性的软实力，没有社会主义政治制度的核心支撑和国际影响力是实现不了的。

总之，这一场经济危机为中国的社会主义政治制度与西方国家的资本主义政治制度都提供了一个互视的机会与场域。"中国30年的经济增长反驳了国家要繁荣就必须民主化的假定"，但"中国为了迎接下一阶段的繁荣与发展，也必须从这些富裕国家身上吸取更多的优点"。③ 中西政治制度各有长短，中国还需要以人之长补己之短。同时，当前国际经济局势的变化为中国提供了促使外国人将对中国经济增长的认同转化为对中国社会主义政治制度认同的契机。我们要抓住这个契机进一步推进社会主义政治制度建设。

一方面，通过政治制度建设，解决社会的公平正义问题，建设一个和谐的社会。解决教育、社会保障、生态环境等关系人民群众切身利益的问题，增强社会主义制度的凝聚力与整合力。解决科学技术与企业发展的问题，激发民族的创新精神与社会的创造活力。扎实地逐步地凸显社会主义政治制度的优越性，使其获得国内普遍的、真实的、充满感情的认同与拥护，树立起国民的制度自信、道路自信与理论自信，为使其在国外获得认同与赞誉提供内在的说服力与吸引力，从而从政治制度这一核心基础上构

---

① 韩勃、江庆勇：《软实力：中国视角》，人民出版社2009年版，第146页。

② ［美］布热津斯基：《大抉择：美国站在十字路口》，新华出版社2005年版，第201页。

③ James Fallows, *Can China Escape the Low - Wage Trap*? The New York Times, May 26, 2012.

建起中国软实力的国内基础。

另一方面，在坚持基本政治制度和"四项基本原则"的基础上，中国积极借鉴与吸收西方政治制度中的优秀文明成果为我所用，扩大与西方政治制度的交流、共识与共通之处，提升中国特色社会主义政治制度的国际认同感与影响力，从而在政治制度这一核心资源上支撑起中国软实力的建设与发展。

第五节 提升社会主义政治文化竞争力

政治制度的背后是政治文化。在中国软实力建设中，要强化社会主义政治制度的核心影响力，势必要提升社会主义政治文化对社会主义政治制度这种影响力的支撑功能。如果说社会主义政治制度是中国软实力大厦的柱与墙的话，那么社会主义政治文化则是包裹在它里面的钢筋与水泥。中国软实力大厦目前之所以摇摇晃晃、岌岌可危，缺乏的关键素材外在于作为柱与墙的社会主义政治制度的合理性与有效性所承载的社会主义优越性还未能比较充分地显现出来，以至于中国软实力大厦的轮廓并不清晰，给人一种若有若无之缥缈感。而包裹在"柱"与"墙"之中的社会主义政治文化所起的钢筋水泥般凝聚、支撑、抗压的功能也没有发挥出来，以至于中国软实力大厦的力量感并不清晰，给人一种软弱无力之感。要建设中国软实力，势必要提升社会主义政治文化在国内外的核心竞争力，使它对内能凝聚国民的理想与信念、整合社会阶层的意识与力量、激发国民的创造与创新，消解中国传统政治文化与西方政治文化的消极作用，对外能显现社会主义政治文化与政治制度的说服力、吸引力与影响力。

一 培育社会主义政治文化国内竞争力

20世纪90年代以来，在经济全球化和新科技革命背景下，中国的社会主义政治文化尤其是社会主义主流意识形态面临着国内外的全面挑战。一是西方敌对势力的文化渗透对中国意识形态的威胁。二是新科技革命造成的社会变迁淡化了两大意识形态的差异。三是市场经济的多元化价值取向对中国主流意识形态的影响。四是国际社会主义运动的曲折发展对中国意识形态的影响。五是网络化的传播方式对中国意识形态的挑战。① 由于西方某些国家并不希望中国的社会主义政治制度与政治文化对西方资本主义形成竞争与挑战,"因此西方今后仍将使用意识形态这个长项,不断骚扰中国。这样做,下策可以做到干扰中国的发展;中策是希望以此压中国让步,换取中国开放更多市场、金融上听命于西方;作为上策,西方一些人甚至幻想最终在意识形态上击垮中国,中国崩溃,这样西方就彻底赢了。为对付中国,他们既很着迷,又十分耐心"。② 面对这些挑战与骚扰,中国软实力建设只能寄望于社会主义政治文化的自我革新、奋发图强,而不能寄望于内部与外部挑战的减弱来实现社会主义政治文化的主导功能与主流地位。

作为一种无形的国家力量,"软实力的特殊性在于,它一方面可以对其他国家产生吸引力,另一方面又能够构成对本国民众的凝聚力。这两方面相辅相成,而后者又是前者的基础。只有当一国独有的文化在本国国内有根深蒂固的基础,并且由这种文化背景下所形成的制度、理念等在国内能够取得推动本国社会进步等良好效果时,它在传播出去之后才能够让他国信服与向往"。③ 社会主义政治文化要在国际政治意识形态竞争中产生软实力,就必须首先在国内发挥出强大的竞争力与凝聚力,即在国内获得绝大多数人的认同与内化,成为国民思想行为的基本指导原则。这是当前中国摆脱思想文化价值观混乱冲突困境的唯一出路。

社会主义政治文化作为中国主流与主导的政治文化,在重重亚政治文化的包围与裹挟下,它的软实力在很大程度上还仅仅是一种潜在的力量。"这种潜在的力量要变成现实的力量,就必须通过各种方式为人们所接受、所认可、所认同。"④ 社会主义政治文化要在中国传统政治文化与西方政治文化及其诸多社会思潮的冲突涤荡中发挥主导与引导功能,成为社会的主流政治文化,就需要纯化党政领导干部的政治思想、引导人民群众

---

① 王岩、杜锐:《我国意识形态建设面临的五大挑战》,《光明日报》2011 年 5 月 9 日。

② 《对华思想战,西方既着迷又耐心》,《环球时报》2012 年 2 月 7 日。

③ 杨宇等:《"和谐世界"思想与中国软实力塑造》,《国际关系学院学报》2008 年第 3 期。

④ 郑杭生:《论社会建设与"软实力"的培育——一种"大传统"和"小传统"的社会学视野》,《社会科学战线》2008 年第 10 期。

的政治认知、整合社会阶层的政治意识、凝聚民族的共识，使中国共产党担负起国家软实力建设的领导重任与中坚力量作用，使建设中国特色社会主义现代化国家成为社会共识，使社会主义政治制度与政治文化的优越性发挥出来，从而扎实地培育社会主义政治文化在诸多亚政治文化中的竞争力，把社会主义政治文化的潜在软实力价值变成现实的力量。

一是加强党的思想建设、作风建设与组织建设，确保党的纯洁性、先进性与战斗力、凝聚力。这是培育社会主义政治文化核心竞争力的关键环节。在某种意义上说，"中国共产党是因为信仰的力量，才赢得了政权，取得了执政地位。""中国共产党 90 年的历史深刻地揭示：信仰坚定，党的事业才可能昌盛；信仰淡化，党的事业则会受挫。"① 因此，中国共产党作为社会主义政治文化的建立者、实践者、传播者，其党员干部对党章与法律制度的遵守与信仰程度决定着社会主义政治文化主导功能的发挥程度与主流地位的巩固程度。中国共产党要坚决把那些混进党内的投机分子、动摇分子、蜕化变质分子、违法乱纪分子、腐化堕落分子、胡言乱语分子清理出党，以保持党组织的纯洁性与先进性，使党承载的社会主义政治文化高尚起来，真正能够引领社会文化思潮。

同时，中国共产党要加大党内民主建设，扩大党员干部和人民群众的知情权、参与权、选举权、监督权，"下决心解决存在的突出问题，促使广大党员、干部在履行岗位职责中充分发挥先锋模范作用，并让人民群众来监督党员和评判党员"，使党员干部保持纯洁性与先进性。② 只有党员干部保持党性的纯洁与先进，才能充分发挥出政治战斗力和凝聚人民群众的力量；只有党组织充分发挥出战斗力与凝聚力，党的榜样与示范作用才能充分发挥出来，才能领导和团结人民群众为国家软实力建设而奋斗。

正如毛泽东同志说的那样："只要我们党的作风完全正派了，全国人民就会跟我们学。党外有这种不良风气的人，只要他们是善良的，就会跟我们学，改正他们的错误，这样就会影响全民族。"③ 在很大程度上说，党风引导官风，官风引导民风，甚至决定着民风。社会主义核心价值观能否蔚然成风，能否得到广泛认同和普遍实践，关键取决于各级党政领导干

---

① 辛鸣：《信仰的生命力在于政党成员的一举一动》，《北京日报》2011 年 6 月 13 日。

② 胡锦涛：《在庆祝中国共产党成立 85 周年暨总结保持共产党员先进性教育活动大会上的讲话》，《人民日报》2006 年 7 月 1 日。

③ 《毛泽东选集》（第三卷），人民出版社 1991 年版，第 812 页。

部能否身体力行，作出榜样与示范。只有广大党员干部展现出先锋模范作用，使社会主义的民主、自由、权利、理想、信念、道德、精神及其社会主义法律与制度深入人心，才能使社会主义政治文化消解中国传统政治文化与西方政治文化的消极作用，获得竞争力。

二是积极建设社会主义民主政治制度，发展社会主义民主，保护人民群众的法定权利，维护人民群众的利益。这是培育社会主义政治文化核心竞争力的基础工程。社会主义政治文化不仅要在中共党员干部中体现出来，还需要从他们中走出来，渗透社会与普通公民当中，它的生命力才有深厚的土壤与良好的成长环境。这就需要加强党内民主政治建设，以党内民主带动人民民主，保障人民民主权利，积极落实人民的选举权、知情权、监督权和参与权。积极发展社会主义民主，置执政党与政府代表的公共权力于人民群众的监督与制约之下，以保证人民群众权力主人的地位与作用，从民主政治的高度维护人民群众的利益，以激发人民群众的想象力与创造力。

"如果公民有作为公民而积极行动的实际权利，也就是说，当公民享有一系列允许他们要求民主参与并把民主参与视作一种权利的时候，民主才是名副其实的民主。"① 当人民群众享有真实的法定权利与权力时，社会主义政治文化就渗透到了人民群众的心中，既能真心拥护党与政府，又能抗拒西方政治文化的渗透与演变。外国人已经看到，"乌坎事件中最引人关注、最为独特的是，抗议者们坚称对中国共产党的忠诚。尽管2011年中国的群体性事件数量可能超过整个阿拉伯世界，但上述这个特点是中国仍远离'阿拉伯春天'式运动的原因之一"。② 因此，建设社会主义民主政治是提升社会主义政治文化竞争力、巩固国家软实力内部基础的重要措施。

三是加强党的执政能力建设与法治政府建设，提高政府治理能力与人民群众的物质文化生活水平。这是培育社会主义政治文化核心竞争力的前提条件。"进入执政年代后，执政政治观不应把阶级矛盾和阶级斗争继续作为推动社会前进的根本动力，不能事先设定某些阶级、阶层先进，而某

---

① ［英］戴维·赫尔德：《民主的模式》，中央编译出版社2004年版，第396页。

② Max Fisher, *How China Stays Stable Despite 500 Protests Every Day*, The Atlantic, Jan 5, 2012.

些阶级、阶层落后。在执政时代，社会各阶级、各阶层、各团体等政治力量的长期存在是一个客观事实，应转向社会各阶级、各阶层、各团体等政治力量之间的共存共处、平等合作，实现政治关系的和谐化。"① 要实现政治关系的和谐化，一方面，需要社会主义核心价值观成为各阶级、各阶层、各团体的共识；另一方面，需要加强党的执政能力建设和法治政府建设，用民主与法治来促进和保障政治关系的和谐化。

　　一种政治文化要发挥主导与主流的功能，除了政治民主法治建设外还需要它显示出经济发展上的功能。从目前来看，中国共产党在经济建设上取得的成就十分显著，但在解决贫富差距、区域差距与阶层差距上显得十分不足，众多的弱势群体与社会底层人群的物质文化生活还处在温饱线以下；在解决社会制度的公平正义问题上显得十分不够，经济增长所带来的教育、医疗、住房、社会保障等问题已经达到尖锐的程度；在解决社会创造力与创新精神问题上显得十分落后，经济增长的量是上去了，但经济结构、经济增长方式、科技贡献率与智力资本等经济的质的增长远远落后于发达国家。简言之，人民群众的物质文化生活模式与经济发展模式的说服力还没有形成，更遑论向外辐射它们的吸引力与影响力。

　　这就需要进一步加强党的执政能力建设与法治政府建设，提高政府的治理能力，改善人民群众的物质文化生活水平。这对社会主义政治文化核心竞争力的培育同样重要。因为它们从政治的经济基础上支持着民主的政治文化。英格尔哈特（Ronald Inglehart）在对英法等五国的经济、政治、文化等相互关系的社会分析基础上认为，如果某些社会流行着高水准的生活满足感、人际信任感与宽容态度，他们就会比那些缺乏这种态度的公众更容易采纳和维持民主制度。② 因此，培育社会政治文化的核心竞争力还需要各级党委、政府大力提升社会治理能力，通过不断提高人民群众物质文化生活水平来实现。

　　四是大力加强社会主义核心价值观建设，提高社会主义政治意识形态的说服力、吸引力和凝聚力。这是培育社会主义政治文化核心竞争力

①　许耀桐：《政治观革新的六个方面》，《人民论坛》2012 年第 28 期。

②　See：Ronald Inglehart，*The Renaissance of Political Culture*，The American Political Science Review，Vol. 82，No. 4，1988，pp. 1203 - 1229.

的重点任务。"一个民族、一个国家，如果没有自己的精神支柱，就等于没有灵魂，就会失去凝聚力和生命力。"① 我们要建设中华民族的精神家园，也就需要社会主义核心价值观发挥精神支柱的灵魂作用。"在很大程度上说，在社会主义现代化进程中，提升国家软实力，增强综合国力，中心在于提升自身的文化价值观和政治价值观及其吸引力和认同能力。"② 社会主义核心价值观是社会主义政治文化的核心内涵。培育社会主义政治文化的核心竞争力，说到底就是加强社会主义核心价值观建设。通过社会主义核心价值观的濡化与涵化功能发挥，来统摄社会意识形态，凝聚社会阶层的力量，使人民群众能在社会主义制度与政治文化领域里寻求最大利益共识与心理皈依，构筑起中华民族的精神家园，从而将民族拧成一股绳，以国家利益为最高准则发挥正能量，培育社会主义政治文化的核心竞争力。

培育社会主义政治文化的核心竞争力，既是中华文化"走出去"的目的，是国家软实力建设的迫切需要，也是中国防止西方政治文化渗透与演变、避免成为别国软实力负面效应牺牲品的保障路径。中国软实力之所以被视为"有剑无锋"，或"有体无魂"，或"有形无实"，根本原因就在于社会主义政治文化的主导功能乏力与主流地位不牢，核心竞争力不强。没有社会主义政治文化核心竞争力的支撑，中国软实力这座大厦就缺乏"钢筋"与"水泥"，充其量有经济与传统文化这些"窗帘"与"砖瓦"来点缀，既不能筑牢国家软实力的国内基础，又不能对外抗拒西方国家软实力的消极影响和展示中国特色社会主义政治文化与政治制度的说服力、吸引力与影响力。

美国奥巴马政府自上台以来，对信息安全、网络空间政策等信息技术的政治化议题给予了前所未有的重视和关注，先后出台国家网络政策，创立网络空间司令部，加紧打造网络空间的攻防能力，并将其视为21世纪美国外交战略的优先目标之一，标志着美国政府的互联网政策已经从单纯的技术垄断、技术控制发展为推广美国价值观进行政治塑造的工具。通过对美国"互联网自由"战略主要内容及措施的梳理分析，我们不难发现，"这一战略延续了社会主义和资本主义两大阵营在意识形态领域相互颠

---

① 《江泽民文选》（第二卷），人民出版社 2006 年版，第 231 页。

② 董立人、董乐铄：《提升"软实力"增强综合国力》，《中国发展》2005 年第 4 期。

覆、相互渗透的冷战思维，其本质就是冷战时期和平演变政治阴谋的网络翻版，标志着美国政府对互联网应用的定位已经超越技术领先、技术垄断和技术控制的层面，更进一步使之成为推进西方民主、政治渗透、和平演变的意识形态工具。"①

对中国而言，这就标志着社会主义政治文化所体现的政治意识形态安全遭遇前所未有的挑战。这种挑战相对于传统的人员交流、广播电台与纸质媒体宣传、书籍进出口等的政治意识形态传播，更具有隐蔽性、全面性、爆炸性（如病毒式传播）、自主性（如"翻墙软件"）等特点。这不仅是中国遭遇的软实力难题，而且是大量发展中国家遭遇的难题。如表4-2与表4-3所示。

表4-2　　　　　不同国家各年龄阶段的人对美国的正面态度②

Double - Digit Age Gap in U. S. Favorability			
% Favorable			
18 - 29	30 - 49	50 +	oldest - youngest gap
%	%	%	
Russia 60	57	42	- 18
Poland 75	73	62	- 13
China 51	40	38	- 13
Japan 81	71	69	- 12
Germany 61	51	49	- 12
Lebanon 54	47	42	- 12
Spain 66	58	55	- 11
Brazil 66	62	55	- 11
Czech Rep. 62	53	51	- 11
Turkey 19	17	8	- 11
Mexico 60	58	50	- 10

PEW RESEARCH CENTER Q8a.

---

① 蔡玮：《从技术控制到政治塑造——美国"互联网自由"战略的解读与批判》，《学习时报》2011年3月28日。

② Pew Research Center, *Young People More Positive About U. S.*, June 13, 2012.

表 4 - 3　　　（1）不同国家年轻人对美国观念与习俗持的态度①

Young People More Open to American Ideas and Customs

% Say it's good that American ideas and customs are spreading here

	18 - 29	30 - 49	50 +	Oldest - youngest gap
	%	%	%	
Germany	41	24	16	- 25
Poland	49	40	27	- 22
Lebanon	52	37	32	- 20
France	42	31	23	- 19
Russia	31	20	12	- 19
Britain	42	37	24	- 18
China	50	44	34	- 16
Brazil	58	47	43	- 15
Japan	67	61	53	- 14
Tunisia	35	20	21	- 14
Spain	35	25	21	- 14
Italy	48	44	35	- 13

PEW RESEARCH CENTER Q54.

表 4 - 3　　　（2）不同国家对美国文化传播的正面态度

Spread of American Culture Still Generates Concerns

% it's good that American ideas and customs are spreading here

	2002	2007	2012	07 - 12change
	%	%	%	
Italy	29	25	40	+ 15
Poland	31	23	36	+ 13
Britain	39	21	32	+ 11
Spain	—	16	25	+ 9
Germany	28	17	23	+ 6
Czech Rep.	34	20	25	+ 5
Greece	—	—	26	—

---

①　Pew Research Center, *Spreading American Customs and Ideas*, June 13, 2012.

Spread of American Culture Still Generates Concerns			
% it's good that Anerican ideas and Customs are Spreading here			
	2002	2007	2012	07 – 12change
	%	%	%	
Russia	16	14	19	+ 5
Turkey	11	4	10	+ 6
Lebanon	26	38	41	+ 3
Pakistan	2	4	5	+ 1
Egypt	—	13	11	– 2
Jordan	13	12	10	– 2
Tunisia	—	—	25	—
Japan	49	42	58	+ 16
China	—	38	43	+ 5
India	—	—	26	—
Mexico	22	23	38	+ 15
Brazil	—	—	49	—

PEW RESEARCH CENTER Q54.

　　以上表 4 - 2、表 4 - 3 说明,在当今网络媒体时代,美国文化比其他国家的文化更容易得到传播与接受,尤其是年轻人对美国文化更持积极的、正面的态度。皮尤研究中心的调查显示,"在个别国家,大学毕业生对美国表现出更积极的态度。例如,66% 的中国大学毕业生对美国持喜爱态度,41% 的大学程度以下的中国人也持同样态度";"43% 的中国受访者赞同美国观念与习俗的传入,60% 的中国大学毕业生认为美国观念与习俗传入中国是件好事"。① 如此一来,以至于"在中国大城市的年青人身上,一位观察家发现他们中的很多人以为中国的未来是西化"。②

　　反过来,积极推进美国文化的对外传播与渗透是美国全社会的共识,并成为一种政治意识形态。在美国,"媒体造势、政客发言、外交协商、

---

　　① Pew Research Center, *Spreading American Customs and Ideas*, June 13, 2012.

　　② Mingjiang Li（ed.）, *Soft Power: China's Emerging Strategy in International Politics*, Lanham: Lexington Books, 2009, p. 262.

集团游说、智库求证，社会各阶层常常有为了国家利益总动员的自觉和默契"。① 之所以如此，原因就在于美国人对他们的政治文化核心价值观深信不疑，对美国政治文化的传播自建国以来就成为他们的历史使命。美国政治文化对世界的强烈影响除了它自身的吸引力之外还在于美国全社会有意识地、主动地向外传播。这就是美国政治文化具有强大竞争力的主客观原因。奈就是从这个角度来阐释他的软实力理论的，其立场与观点都是围绕美国政治文化这一核心来展开的。

因此，中国需要强调社会主义政治制度的核心影响力与社会主义政治文化的核心竞争力对国家软实力建设的重要意义。但这并不意味着我们因为要抗拒西方政治文化的渗透与诱变就强化社会主义意识形态的控制，"在公民行为方式上整齐划一，思想文化上绝对一元化"，"而是要求思想上、政治上、价值观念上的个性和分歧从属于共同的社会信仰、政治理想和主导价值"。② 面对国内外的政治意识形态挑战，仅仅一味依赖御"敌"于国门之外的"屏蔽"思维和"封堵"策略，或一味采取压制政策，不仅无助于思想文化安全问题的解决，反而会造成意识形态领域的封闭和凋零，激起更多的公民对本国政治意识形态的反感和对西方政治意识形态的欣赏。我们要科学地准确地研判社会主义民主政治面临的问题，并要采取合理的切实可行的策略才能真正使社会主义政治文化占据主导与主流地位，发挥它的核心竞争力。

2008 年北京大学国情中心全国范围内的抽样调查显示了普通中国人的政治文化观念。对"民主是什么"的看法，数据显示，42.8% 的受访人不知道民主是什么，17.8% 的受访人没有回答，具体作答的有 1579 人，占受访总人数的 39.4%。其中，认为民主就是"有权利"的人数最多，占有效回答人数的 31.2%，其次是"自由"（27.5%），再次是"平等、公正"（21.9%）。值得一提的是，认为民主是"共同参与，大家一起商量作决定"、"选举"、"少数服从多数，不专制，民主集中制"等选项的加在一起总共才有 15.9%。从这个结果当中可以发现，尽管大多数公民对民主仍然有着模糊的认识，但传统的一些民主观念几乎荡然无存了，取

① 金微：《西方用话语权"掘金"中国》，《国际先驱导报》2011 年 12 月 5 日。
② 袁三标：《从软实力看当代中国国家意识形态安全》，《河南师范大学学报》2010 年第 5 期。

而代之的是西方所谓的"权利"、"自由"、"平等"等观念。①

　　不管人们对"民主"作怎样的理解，但根据王正绪（Zhengxu Wang）的研究，中国公众对"民主"持较高支持的态度，调查显示90%以上的人相信"民主"是个好东西。在可预见的将来，"越来越多的人认为政治权利与自由比经济福祉或达到其他物质主义目标更重要。这些人成长于20世纪70年代末期以来的经济起飞之后，并且认为经济福祉是应有之权利。他们的政治权利与自由观念超过他们的上辈，更愿意挑战政府机构。在未来的15—20年里，中国社会将被这些'70后'主宰，许多领导岗位也将由这些具有民主意识的人占据"。②

　　这一方面说明，各级党委政府要重视公民权利、社会自由与公平正义等问题，要坚持贯彻民主集中制和党的群众路线，积极推动基层民主自治，用社会主义民主政治的内涵充实来自西方的"民主"、"自由"、"平等"、"权利"等政治文化核心概念，从而使社会主义政治文化形成核心竞争力。在这方面，中国共产党拥有的传统优势应该继续发扬和创新，来培育社会主义政治文化的核心竞争力。"中国共产党革命成功的秘诀之一是'组织群众、宣传群众'。'宣传'便是一种'软实力'的使用，即便在今天，'宣传'仍然是当今中国政治文化的最重要的组成部分和内容之一"。③ 中国共产党要继续发扬群众宣传传统，并在信息化与民主化时代对它进行创新发展，不断增强与人民群众的血肉联系。

　　可以说，深入宣传党的路线方针政策，维护和保障人民群众利益，注重争取和扩大人民群众对党的认同，是中国共产党进行革命和建设的核心任务，是社会主义政治文化社会化的重要途径，是国家软实力建设的一条基本经验。在当今时代，"现代媒体和网络实际上已经成为政党的最大竞争对手，它们和政党争夺受众（成员），争夺对社会主流意见的主宰权。政党的一些传统政治功能，如宣传功能、教育功能等，已在媒体的冲击下

　　① 参见沈明明等《中国公民意识调查数据报告2008》，社会科学文献出版社2009年版，第138—147页。

　　② Zhengxu Wang, Public *Support for Democracy in China*, Journal of Contemporary China, Vol. 16, Issue 53, 2007, p. 579.

　　③ 王希：《中美软实力运用的比较》，《美国研究》2011年第3期。

丧失殆尽"。① 在这种情势之下，中国共产党的群众路线优势更需要继承、发扬与创新，从而使社会主义政治文化在社会政治思潮中的核心竞争力不断增强与巩固。

但另一方面，我们要辩证地看待事物的两面性，即尽管很多中国年轻人受到西方政治文化的吸引与影响，"在个人层面，中国人羡慕甚至迷醉于美国式的个人主义。但同时，他们认为这对于个人与国家竞争优势都是危险的"。② 换言之，很多中国年轻人之所以倾向美国式的个人主义，但很大程度上可能源于对现实社会主义政治文化空心化与边缘化的一种无奈的或过激的反应。他们并非全部一味倒向西方，在祖国受到外来挑战时，心中的爱国情结仍然在起支配作用，也就是对中国国际竞争优势一种担忧。2012 年环球舆情调查中心在全国 7 个城市进行的"爱国主义公众态度调查"显示，98.1% 的受访者表示自己爱国，96.6% 的人支持中国社会进一步弘扬爱国主义。③ 因此，中国要使年轻人的政治文化观念符合主流政治意识形态权威的引导，就需要各级党委与政府切实履行党章与宪法法律规范的职责，认真解决政治经济社会文化生态各领域存在的普遍性问题，重视年轻人的思想情绪问题的解决。

历史经验告诉我们，一个一盘散沙的民族和国家是没有软实力的，也是不会被人尊敬的。国家软实力主要来自人们对社会核心价值的认同。"我们一定要以高度的文化自觉和文化自信，在深化文化体制改革，推动社会主义文化大发展大繁荣时，把社会主义核心价值体系建设作为第一位的任务，努力在全社会形成统一的指导思想、共同的理想信念、强大的精神支柱和基本的道德规范。"④ 在国内文化建设中，增强广大人民群众对中国特色社会主义的认同，并在这样的自觉认同上增强民族凝聚力；在对外文化交流中，增强各国人民对中华文化的认同，并在这样的认同基础上增强中国文化的吸引力、影响力和传播能力。面对国内外意识形态的挑战，中国软实力建设的应对之策是内外兼修，即对内在政治经济社会文化

① ［德］托马斯·迈尔、陈林、郭业洲：《关于媒体社会中政党政治的对话》，《当代世界与社会主义》2000 年第 4 期。

② Tom Doctoroff, *Buying A Piece of America：Why Chinese Shoppers Love U. S. Brands*, The Atlantic，May 24，2012.

③ 《调查显示：九成六受访者支持弘扬爱国主义》，《环球时报》2012 年 5 月 29 日。

④ 李君如：《在文化认同上下大工夫真工夫》，《学习时报》2011 年 12 月 5 日。

生态各个方面建构更有理性权威的社会主义政治文化，增强其国内核心竞争力，对外倡导"和而不同"的政治价值观，优化中国共产党与人民政府的民主自由人权的国际形象，增强和提升社会主义政治文化的国际核心竞争力。

二　型塑社会主义政治文化国际竞争力

从国外学者对中国软实力的研究与评价来看，他们认为，中国在东南亚的软实力较多表现在中国经济高速增长对它们的吸引力，以及对外援助和经贸方面，而在价值观、政治制度、高等教育和大众文化方面相对于美国仍有很大的差距。中国提出的"和谐世界"、"和平发展"或"和平崛起"等理念的吸引力仍不明显。[①] 在文化软实力方面，中国主要在于传统文化，大众文化或流行文化则远不如美国。美国的产品、学校、报纸、杂志、银行、电影、电视节目、小说、摇滚明星、文化、宗教团体、非政府组织和其他的美国机构及价值观念在全球远比中国有更广泛的影响力。[②]

因此，从整体上看，或从质的维度来审视中国的国家软实力，也许结论是令人沮丧的：中国除了经济与传统文化的吸引力与影响力外，作为国家软实力核心影响力的社会主义政治制度与核心竞争力的社会主义政治文化所能提供的说服力与吸引力还没有显现出来。一句话，"不像发达工业民主国家，中国经济的迅速增长在提高总体生活水平的同时，在人类发展的其他重要领域里没有被转化为类似的成果"。[③] 也就是说，中国的社会主义政治文化与政治制度在国际政治中并没有优势，也就没有真正的国家软实力。

这就意味着，我们需要在诸多资源中找到那些对中国软实力建设具有重要意义甚至是决定性意义的资源变量，才有利于我们从根本上增强与提升中国软实力。在这个问题上，党的十八大报告提出的积极培育和践行社会主义核心价值观，牢牢掌握意识形态工作领导权和主导权，壮大主流思

---

① Christopher B. Whitney & David Shambaugh, *Soft Power in Asia*: *Results of A* 2008 *Multinational Survey of Public Opinion*, The Chicago Council on Global Affairs, and EAI, 2008, p. 5.

② The Congressional Research Service Library of Congress, *China's Foreign Policy and "Soft Power" in South America*, Asia, and Africa, Washington: U. S. Government Printing Office, 2008, p. 12.

③ Bates Gill & Yanzhong Huang, *Sources and Limits of Chinese "Soft Power"*, Survival, Vol. 48, No. 2, 2006, p. 27.

想舆论，把制度建设摆在突出位置，充分发挥中国社会主义政治制度优越性等要求，既点中了中国软实力的真正缺陷与软肋，也点出了社会主义政治文化与政治制度对中国软实力建设具有的决定性地位与作用。这就需要我们在深化政治体制改革、完善社会主义政治制度的同时，着力型塑社会主义政治文化在国内外的核心竞争力，以便从国家软实力的核心层面上增强和提升中国软实力。

一是通过国内政治经济社会文化生态问题的有效解决来展示社会主义政治文化的内在合理性与外在有效性，增强与西方政治文化的核心竞争优势。政治经济社会文化生态领域里主要矛盾与问题的解决，能为社会主义政治制度与社会主义政治文化提供说服力——内在的合理性与外在的有效性。一种具有这种说服力的制度与文化才能形成吸引力与竞争力。因为每个地方的人们无论生活在哪种制度结构与文化模式之下，均需要解决面临的政治经济社会文化生态矛盾与问题。只要能有效解决这些问题，都会对他者提供一种借鉴、参考与启示。

这就隐含着这样一种逻辑："某种价值观以及体现这种价值观的政治制度、政治文化和生活方式——不管它来自哪个国家或哪种制度——可能会带有的一种具有普遍的人类意义的吸引力。"① 在奈看来，一种具有普世性的文化比较容易产生软实力，而狭隘的文化则不容易产生软实力。因为带有普世性的文化，他者才比较容易借鉴与吸收。从目前来看，社会主义政治制度与社会主义政治文化仅在极少数国家存在。从这个意义上说，社会主义制度文化是狭隘的，与资本主义制度文化相比，并不具备核心竞争力。但是，中国是一个 13 亿人口的大国，国土面积居世界第三，在通向现代社会的过程中面临着复杂艰难的政治经济社会文化生态的矛盾与问题。如果中国的社会主义政治制度与社会主义政治文化能够有效解决这些矛盾与问题，建设成一个富强、民主、文明、和谐的社会主义国家，那么这种制度与文化价值观念在世界面前就具备了内在的说服力，对那些正在建设现代化的广大发展中国家就会产生强大的吸引力与影响力。同时，对西方发达国家而言，中国也会向它们展示一种异质的国家发展模式与文化生活模式的魅力，从而丰富人类发展的道路选择范式。"随着世界陷于骚乱中，长期以来西方模式首次遇到一个真正的对手。如今的中国在地缘文

---

① 王希：《中美软实力运用的比较》，《美国研究》2011 年第 3 期。

明进化过程中是一种至关重要的存在。"① 在这个意义上，中国的社会主义政治制度的核心影响力与社会主义政治文化的核心竞争力就自然而然地具备并展现出来了。

从这个角度来看，社会主义和谐社会建设、新农村建设、社会民生问题解决、统筹城乡发展、人民民主建设、政治体制改革、执政党能力建设、法治政府建设、经济体制改革等直接与间接的民主政治建设，尽管其世界性的影响力还不是那么强烈，但毕竟开始使社会主义政治文化产生了核心竞争力。正如我们在前面提到的那样。由此，西方一学者认为："具有中国特色的民主化，有助于西方政治学家丰富'民主'这一词汇的内涵。今天中国人享有的个人自由与过去相比是史无前例的，并且随着法治建设的推进，中国社会、经济与政治等方面将会取得更大进步。"② 随着这种进步的不断取得，中国将发展一种迥异于西方民主的"具有中国特色社会主义的民主"。

因此，"中国文化的国际影响力不在于使外国人猎奇式地偏好中国文化表象化的东西，而是要使其对中国文化的内在精神和基本价值产生认同"。③ 这就是中国的社会主义政治文化，尤其是社会主义核心价值观。它的核心竞争力的本质在于为人类文明的未来提供另一种政治制度结构与政治文化路径。这是中国软实力建设的核心任务。它不在于与西方国家一较高下，一争雌雄，而在于以和平与自愿选择的方式为世界提供一种异于西方已有的制度文化模式，从而增强中国软实力的优势。

二是通过社会主义民主政治建设争取社会主义政治文化的国际政治核心话语权优势。"二战以来的历史证明，谁拥有'自由'的定义权和使用权，谁就获得了设定议程能力；谁被指责'践踏自由'，谁就丧失了设定议程的权力。"④ 换言之，谁在国际组织与国际制度、国际交往与国际传媒中拥有"自由"、"民主"、"人权"等政治核心话语权，谁就拥有了国

①　George Yeo, *How China Will – and Won't – Change the World*, The Christian Science Monitor, July 14, 2010.

②　David Gosset, *A new world with Chinese characteristics*, Asia Times, Apr. 12, 2007.

③　刘鹏：《文化软实力竞争与我国文化软实力建设的路径选择》，《中共浙江省委党校学报》2011 年第 5 期。

④　李希光：《中国软实力建设中的几大难点》，人民网 http：//unn. people. com. cn/GB/22220/142506/8625983. html，2012 – 02 – 07。

际动员能力与影响力、吸引力。在一定程度上可以说，国际政治核心话语权的大小也是国家软实力强弱的体现。因此，除了美国、英国、法国、德国、日本、澳大利亚这些经济大国在国家软实力排行榜上占据前列以外，西欧与北欧那些小国也能跻身排行榜上游，除了国家形象良好之外，也与它们充分利用政治经济社会文化生态上的相对优势，加强在国际政治中的自由、民主、人权、生态等方面的话语权争夺密切相关。

在这方面，中国需要鼓足勇气，大胆向世界阐述自己关于自由、民主、人权、非政府组织、公民社会、民族主义、爱国主义、恐怖主义、极端主义、武装分子这些新闻标签型的基本概念，获得使用权和定义权。因为这些国际常用的概念至今都没有放之四海而皆准的定义。美国有发言权，其他国家有发言权，中国也应有发言权，就看谁在国内做得好和在国际上说得好。谁在国内做得好，谁就拥有说服力；谁在国际上有说服力并说得好，谁就拥有吸引力与影响力。因此，中国一方面要"扩大对外文化交流，加强国际传播能力和对外话语体系建设，推动中华文化走向世界。理顺内宣外宣体制，支持重点媒体面向国内国际发展"。① 另一方面要抓紧推进社会主义民主政治建设，在民主、自由、人权、发展、和谐、公平、正义等方面切实加以改善，提高国民的政治经济社会文化生态权利，为争取社会主义政治文化国际话语权优势提供坚实条件。

因此，"中国人在构建国际形象时，应该要有自己的思想，应该要有自己的政治语言，而不是盲目地跟随西方的'全球化'口号，人云亦云"。② 在国际政治核心话语权上，中国既不要回避或免谈自由、民主、人权等政治敏感话题，也不用照搬照用西方国家（尤其是美国）现成的概念与理论，"言必称希腊"，而是在坚守自己的民主政治核心内涵的基础上使用这些概念和与其他国家交流通话，缩小分歧、求同存异。在国内社会主义民主政治建设逐步推进并显实效的基础上，提升社会主义民主政治的世界认同感，努力转化为国际组织与国际制度中的主要观点与原则。

另外，中国文化确实需要走出去，但"走出去"只是策略，是为了实现其他战略目的。"如果'走出去'像输出革命一样输出文化，注定要

---

① 中国共产党第十八届中央委员会第三次全体会议：《中共中央关于全面深化改革若干重大问题的决定》，人民出版社 2013 年版，第 41—42 页。

② 王希：《有关中国国际形象的思考》，《国际新闻界》2000 年第 1 期。

失败。"① "走出去"是为了让他者认识、了解中国文化,加强文化之间的交流与互动,其目的可能应在于让世界了解中国的政治制度与政治文化,达到认同中国政治发展与进步的目的,改变他者对中国政治的偏见;同时将中国的政治制度理念与政治文化价值观念融合在国际组织与国际制度中,使中国提出的"和谐世界"有具体的载体。"如果一个国家能够把它的核心价值,发展成为国际社会的价值观念、价值取向和价值标准,并能够变为各国愿意遵守的道德律令和行为准则,无疑将能够极大地提升其软实力,占据'道德制高点'。"② 因此,在涉及当代人类的基本价值观中的民主、自由、人权、法治、治理等基本概念上,中国需要争夺概念定义权、使用权、国际议题设置权和讲故事的话语权。"要想增强中国特色的社会主义的吸引力和凝聚力,就必须让全世界听到的是中国人讲的有关自己的民主的故事、自由的故事、人权的故事和法制的故事,更有说服力和吸引力地让世人看到有特色的中国社会主义道路,不仅是一条适合发展中国家的发展模式,而且符合人类未来发展需求的一种软实力源泉。"③

三是积极参与国际组织、创建新的国际组织、建设国际制度,借助于国际政坛阐释中国的社会主义政治文化先进理念。在当前国际体系转型当中,中国还要完成从国际体系的积极参与者到积极建设者的角色转变,在国际组织、国际制度的改革、完善与创建方面争夺话语权,使中国的社会主义政治文化理念和价值观以及用社会主义政治文化创新了的中国传统文化注入国际组织与国际制度。中国要想成为真正的软实力大国,"就必须具有一个强大且富有亲和力的文化存在,就必须承担起一个世界大国应当具有的全球文化责任,即不仅在国际秩序的建设中发挥建设性作用,而且能对世界文化发展方向提供重要的启示和影响"。④

一个国家具有强劲的民族文化力量或者制度创新力量原本为本土的,然而要想成为真正意义上的软实力,往往需要上升为国际政治文化或者世界文明现实的或潜在的组成部分,才能使之发挥更大的国际影响。"制度的道义力量来源于人类对国际社会秩序化的渴望,来源于造就一种尊重彼

---

① 葛传红、徐向科:《葛剑雄:软实力对内而不是对外》,《时代周报》2011 年 11 月 28 日。

② 张沛:《国际体系转型与中国软实力建设》,《国际问题论坛》2008 年冬季号。

③ 李希光:《中国软实力建设中的几大难点》,人民网 http://unn. people. com. cn/GB/22220/142506/8625983. html,2012 – 02 – 07。

④ 王瑾:《文化软实力建设与意识形态安全》,《当代世界与社会主义》2009 年第 6 期。

此价值和准则、同舟共济的文化。"① 我们要提升中国软实力，在国际政治中也就需要把糅合了中国传统政治文化与社会主义政治文化的精华充实在我们倡导的"和谐世界"理念里，使之进一步详细化、制度化，从而能够形成一种大多数国家接受的价值和准则。

　　为达到此目的，我们需要构建一套相对完整的国家软实力战略体系来指导基本路径的具体展开，努力使社会主义政治文化的这种核心竞争力与社会主义政治制度的核心影响力在国内外得到充分展现，从而在核心层面上增强与提升中国的国家软实力。

---

① 　赵刚、肖欢：《国家软实力》，新世界出版社 2010 年版，第 41 页。

第五章

中国国家软实力建设的战略体系

在中国硬实力建设逐步受制于市场规模、能源供给、文化差异乃至政治偏见等诸多因素的现实下，"重视和加强软实力建设对于中国整体的国家力量建设具有不言而喻的可持续成长价值"。[①] 中国高层领导人已将国家软实力的建设与发展提上了议事日程，并作出了一些具体部署。"中国政府很清楚，要想在军事上迅速赶上美国，除非通过超预算的开支才能实现。因此，中国是，至少现在是，坚持在增强软实力上下功夫——试图通过吸引而非威慑来扩展它的影响力。"[②] 但即便如此，"中国的软实力战略确实还处于形成阶段，不管它的宣传多么费尽心思，目的仍不明确"。[③] 而且，"中国对美国、欧洲与发展中国家的软实力目标存在差异"，也主要集中在战略资源、"一个中国"、文化传播与中国形象这些方面。[④] 目的的不明确且分散意味着中国还未构建起国家软实力建设战略体系。面对中国软实力建设的种种危机，我们需要构建一套较为完整的国家软实力建设战略体系来指导具体建设路径的实施与展开，以便增强和提升中国软实力，实现社会主义现代化建设的目的——富强、民主、文明、和谐的社会主义国家。

---

① 刘杰：《中国软力量建设的几个基本问题》，载上海社会科学院世界经济与政治研究院《国际体系与中国的软力量》，时事出版社 2006 年版，第 102 页。

② Philip Seib, *China*：*The First Soft Power Superpower*, The Huffington Post, 05/29/2012.

③ Rukmani Gupta, *Soft Power*：*China's Emerging Strategy in International Politics* by Mingjiang Li (ed.), Strategic Analysis, Vol. 35, No. 1, 2010, pp. 154 – 155.

④ Shanthi Kalathil, *China's Soft Power in the Information Age*：*Think Again*, p. 4. This paper was prepared forthe ISD (Institute for the Study of Diplomacy Edmund A. Walsh School of Foreign Service Georgetown University, Washington, DC) Working Group on the Internet and Diplomacy, May 2011.

第一节 科学发展观是战略指导

改革开放以来中国虽然取得了巨大的发展成就，但也面临着一系列十分严重的发展问题。以前，我们过多地强调中国的后发优势，而很少注意到后发劣势。"随着中国经济规模的日益扩大和经济社会发展的日益引人注目，中国在前20年较充分利用的后发优势正在削弱，而后发劣势有强化或显化的趋势。中国日益突出的后发劣势突出表现为资源的制约和环境的制约。"① 如何解决中国面临的一系列发展难题，党中央提出了"科学发展观"。党的十七大报告指出，科学发展观是同马克思主义、毛泽东思想、邓小平理论和"三个代表"重要思想既一脉相承又与时俱进的科学理论，是中国经济社会发展的重要指导方针，是发展中国特色社会主义必须坚持和贯彻的重大战略思想。深入贯彻落实科学发展观，要积极构建社会主义和谐社会，切实加强和改进党的建设，实现各方面事业有机统一、社会成员团结和睦的和谐发展，实现既通过维护世界和平发展自己，又通过自身发展维护世界的和平发展。通过党的十七大对科学发展观的阐述，我们可以看到，科学发展观本身就是一种社会主义政治意识形态或政治价值观，是中国软实力的一种重要文化资源，体现了中国共产党对社会发展的正确认识，对解决政治经济社会文化生态的矛盾与问题的科学态度，对共同推动世界发展的责任感。在党的十七大之后，科学发展观正式写进党章，成为中国共产党领导中国人民建设社会主义现代化国家的指导思想。这也意味着，中国软实力建设需要以科学发展观为战略指导。

一 "全面协调可持续发展"是指导方针

从目前来看，党中央与中央政府在国家软实力建设的具体部署主要在于文化建设方面，以及依靠经济实力来转化软实力。但国家软实力建设涉及政治经济社会文化生态各个方面。一方面，中国的和平发展应该包括"硬实力"和"软实力"两个方面的内容。以经济实力、军事实力、科技实力为代表的硬实力发展在中国已是一种共识，并且它们的建设成就能够

---

① 王华超：《从我国日益突出的"后发劣势"说起》，《文汇报》2004年6月14日。

通过客观的物化成果与国际比较来感知。而软实力建设在很大程度上属于制度文化形式或精神意识形态，相对硬实力建设时间既长且不容易见到成效。它既与硬实力建设密切相关，又具有相对独立性。它既涉及政治经济社会文化生态各个方面，又相对集中于政治制度与政治文化、执政党与政府能力、国家形象、公民素质、社会活力等方面。另一方面，相比较而言，在实用主义思维和世界霸权追求的影响下，"美国的'软实力'建设更多的是把软实力当作外交斗争和国际战略博弈的一种武器。对于我们，则应该有更宽广的视野，把软实力发展置于我国综合国力的提高这个大视阈之中，制定出符合我国国情的综合、协调的软实力发展战略"。① 因此，中国软实力建设是整体性的，应遵循全面的、协调的、可持续发展的科学发展观。

第一，科学发展观的第一要义是发展，从本质论上指出了中国软实力建设的首要原则在于只有通过自身艰苦努力的发展才能增强与提升国家软实力，而不能寄望于外部世界对中国提供帮助和预留增长空间。奈对"衰落"曾有一个较有意思的解释，即"衰落是一个容易使人上当的词，因为它包含了两个相去甚远的概念：一是外部力量的减弱，一是内部力量的衰败。因此，一个国家的衰落也许只是其中一种意义上的衰落，在另一种意义上则不然。"但国家"内部的衰败可以导致外部力量的丧失"。② 从大国兴衰的历史来看，无论是其外部力量的减弱还是内部力量的衰败，都会导致大国地位的变化及其相应的国际格局变动。尽管没有哪一个大国能永久地占据世界霸权地位，但国家内部的持续发展是防止内部衰败的根本之道，是大国相对优势与地位的保证。

当今世界各国都在大力发展国力，国力竞争日趋激烈，中国要跻身软硬实力大国之列，只能依靠中国人民自身的艰苦奋斗，确保国家软硬实力的持续发展。我们既不能想当然地认为西方国家已经或即将衰落，也不能天真地希望西方国家会帮助中国复兴与崛起。正如一位国外人士尖锐地指出的那样：不要被因中国经济崛起而写的《中国震撼》《中国将统治世界》《魅力攻势》等论著的论调所迷惑，因为，"尽管它的历史和艺术在

---

① 孟献丽、王玉鹏：《2009 年美国"软实力"研究述评》，中国社会科学网 http：//www. cssn. cn/76/7601/201102/t20110222_ 246258. shtml，2011－02－22。

② ［美］约瑟夫·奈：《美国定能领导世界吗》，军事译文出版社 1992 年版，第25页。

很多方面都是举世无双的，但世界舞台并没有为中国崛起预留特定的空间，历史就这样简单。当下次读到诸如'美国的终结'或中国'注定'统治世界这样的文章时，请戴上你怀疑的眼镜"。[①] 所以，建设中国软实力，也同硬实力建设一样，必须把发展放在第一位。只有通过全面的、协调的、可持续的发展，来展现中国特色社会主义政治制度与政治文化的内在说服力，才可能对外部世界产生真实而深远的国家软实力。

第二，科学发展观的核心是以人为本，从本体论上抓住了软实力的本质在于人的政治经济社会权利与价值的思想观念取向的特征。"我们过去所提的现代化纲领'四个现代化'中，选择的发展目标全部是经济的，不重视应有的社会主义的政治与文化发展的战略与目标。"[②] 的确，中国以前的现代化重视的是物的现代化而忽视了人的现代化，寄望于通过经济与科技的现代化来解决一切社会问题。但现代民主政体里，"任何政治系统（包括一党系统在内）都必须面对人民各种需求，这些需求多数与物质分配无关。在一个多元的系统里，人民广泛参与政治过程，可满足诸如认同等许多需求，此时对经济资源分配的需求就相对地降低；反之，在一个只重视经济发展的一党政治体系下，人民所有需求只能用经济方法来满足，因而对国家有限的资源带来无法负荷的压力，其结果终究有害于经济发展"。[③] 事实业已证明，随着经济的发展，中国的社会矛盾不是越来越少，而是越来越严重，原因在于与人民需求相关的制度、民生、民主、自由、人权等方面积累的弊端在经济发展过程中一直未能得到解决。简言之，"人"的问题一直受到忽视。科学发展观的提出，把"人"的问题提到了"物"的重要性之前了。

既然要以人为本，各级党委与政府就要切实解决人民群众的利益需求问题，把民生放在首要位置，走坚持民生的科学发展之路；以人为本，就需要通过法律制度的改革与完善、增加教育文化供给来提升公民素质，增强社会活力；以人为本，就需要在宪法与法律的规范之下，切实维护和保障公民的权利，使公民享有的权利自由越来越充分，权力主人的地位越来

---

① Lyric Hughes Hale, *China's 99% – Why China Will Not Surpass the U. S.*, Huffington post, 11/03/11.

② 罗荣渠：《现代化新论续篇》，北京大学出版社 1997 年版，第 127—128 页。

③ 唐光华：《政治文化的沉思者——白鲁恂》，允晨文化实业股份有限公司 1992 年版，第 198 页。

越牢固。简言之，科学发展观以人为本，即是尊重人的创造精神、劳动价值与民主权利，提高人民群众的政治经济社会文化生活质量，达到社会和谐的目的。能合理有效地解决"人"的政治民主问题、经济权利问题与社会价值问题，中国的社会主义制度与文化就能影响人们的思想观念取向——从内部来讲，能提升人民群众对社会主义制度的拥护与忠诚度、巩固执政党与政府的合法性和社会主义政治文化的主导功能与主流地位，提升公民素质和增强社会活力，从而增强国家软实力的内部基础；从外部来讲，能提供解决发展中国家共同面临的经济社会问题的智慧，体现中国共产党的执政理念、社会主义政治价值观与生活方式的说服力与吸引力，改善中国国际形象，从而提升中国的国家软实力。

第三，科学发展观的基本要求是全面协调可持续，从认识论上切中了软实力建设中软硬实力均衡发展、全面发展与相辅相成的特点，避免软硬实力建设的整体不协调与软实力建设中的各自为阵对国家软实力建设的负作用。事实上，"硬实力和软实力相辅相成，因为它们都是以影响他人行为达到自身目的的能力。它们之间的区别在于其行为的性质和资源的实在程度不同"。① 软硬实力作为国家实力的两个组成部分，虽存在一定的差异，但二者是统一的，其中的任何一个力量的不足都会影响另一个力量的形成与发挥。这就要求软硬实力的协调发展。

国家软实力建设涉及很多方面，因为政治经济社会文化生态各个方面都能对它的形成与发挥产生影响，只是其中的政治价值性因素与公民社会性因素起着主要作用而已。同时，有些软实力资源要素则介于软硬实力之间，如社会生活方式、国家形象、社会活力等，这就有赖于社会全面发展才能增强和提升国家软实力。再者，在中国软实力建设过程中，在诸多的软实力资源范畴中，也存在主要与次要的排序问题和主要资源中谁决定谁以及谁更重要的问题。这些都是软实力建设中的困扰，常常会使我们难以适从而陷入矛盾之中。如果我们陷入非此即彼的两难困境，那么中国软实力建设就会是曲曲折折的。像中国这样的复杂国情的超大型国家，只有坚持全面的、协调的、可持续的发展，国家软实力建设才可能比较顺利。

第四，科学发展观的根本方法是统筹兼顾，从方法论上指出了中国软实力建设需要内外兼顾、统筹发展。我们要坚持软硬实力的统筹发展，不

① ［美］约瑟夫·奈:《软力量——世界政坛成功之道》，东方出版社2005年版，第7页。

能一手"软"一手"硬",要化经济军事科技的硬实力优势为社会主义制度与文化的软实力优势;将国内的发展与推动世界的发展统筹兼顾起来,力所能及地担负起国际责任,发扬社会主义大国的国际共产主义精神,塑造和平的、负责任的良好大国形象,使国内的经济社会发展与治理的制度优越性在国外产生说服力与影响力。

之所以在国内外一些人士看来,中国软硬实力不配套、不均衡,原因在于中国过多地重视经济建设,而在相当程度上忽视或懈怠了软实力建设,结果"说中国经济影响力在上升是一回事,说中国软实力在上升则完全是另一回事"。[①] 因此,中国要坚持统筹兼顾的方法论,既重视经济军事科技等硬实力建设,一方面为国家发展、中国国际地位和传统国家安全提供物质基础和保障,另一方面也要重视硬实力的软实力效应,在奠定国家软实力建设所需物质基础与技术支撑的同时促使硬实力产生说服力、吸引力与影响力,即硬实力向软实力转化,使国内外的人们透过中国硬实力的建设与发展看到中国特色社会主义的政治制度与政治文化的合理性与有效性,将硬实力优势转化为软实力优势;又重视国家软实力建设,一方面为硬实力的建设与发展提供制度与文化环境,确保硬实力发展有一个比较良好的国内外环境,另一方面为国家发展、中国国家形象和文化安全提供制度文化基础和保障。只有软硬实力的统筹均衡发展,中国软实力建设才能顺利推进。

因此,中国软实力建设不仅要重视软硬实力全面协调可持续的发展,还要重视软实力各个资源要素全面协调可持续的发展,以增强和提升中国软实力。简言之,坚持全面协调可持续的科学发展观是中国软实力建设的指导思想。"作为一种符合时代要求的发展观,如果得到切实执行,它将成为中国共产党政权合法性的新基石乃至中国软实力的一种新来源。"[②]

二　"韬光养晦、有所作为"是指导策略

人们对"韬光养晦、有所作为"可能持有截然相反的意见与理解,但它一是科学发展观精神的体现,即统筹兼顾国内发展与国际发展。"韬

---

① Bill Powell, *The Limits of Power*, Time, Jul. 19, 2007.

② 訾海:《中国国家软实力建设的不足之处分析》,人民网 http://theory.people.com.cn/GB/166866/12089518.html, 2010-07-06。

光养晦"主要是指"发展是第一要务",增强国家硬实力;"有所作为"主要是指中国在国际政治中要维护国家利益,履行大国责任,积极参与和构建国际组织与国际制度,塑造良好的国家形象,提升国家软实力。二是从国家软实力建设的角度来看,中国软实力建设恰恰需要"韬光养晦、有所作为"作为指导性策略。

首先,"韬光养晦"是做好中国自己的事情,降低外部挑战与风险的系数,夯实国家软实力的内部基础。软实力是国内经济社会发展与治理所树立起来的榜样与示范产生的说服力、吸引力与影响力,同时"软实力激发的不仅仅是敬畏和羡慕,还有愤恨和敌意",所以软实力应是"润物细无声"般的,不需要高调宣扬。软实力尽管离不开自身有意识的策划与传播,但在很大程度上是别人的认识、理解与感受,越是以顺其自然的方式,别人越容易接受。反过来,高调或措辞上忽视中外理解上的差异,对中国软实力建设的负面作用可能大于正面作用。

"崛起"一词就是例证。从国家内部来看,我们提倡"崛起"有利于振奋民族士气、凝聚人心、激发民族的创造精神,确实对国家软实力建设有利。但从国外反应来看,提倡者与宣传者可能在国际上作了不恰当的表达,如过分强调中国走向大国复兴的决心与意志,或没注意中文的外文翻译问题,以致"在西方看来,崛起'描绘的是一场地震'",[①] 从而引起某些国家加强了对中国的防范——因为在历史上,每一个大国的崛起基本上都是以另一个大国的衰微为代价,都要挑战或改变当时的国际格局。因此,我们大谈"中国的崛起"制造出来的问题是:"中国离'崛起'还很远,别人就已经打上门来了,说你有'崛起'的嫌疑。如果我国的'崛起'意味着要同美国平起平坐,这目标太过'远大',似乎不值得在眼下热火朝天地讨论,讲一堆大话、空话,徒惹别人'生气'或者'笑话'。"[②]

奈就认为:"拥有最多人口的中国,其日益增长的经济和军事的实

① [美]乔舒亚·库珀·雷默:《淡色中国》,载[美]乔舒亚·库珀·雷默等《中国形象》,社会科学文献出版社2006年版,第6页。
② 潘维:《地球上发生过"和平崛起"吗》,《改革内参》2004年第15期。

力，在 21 世纪初期对亚太地区和美国的外交政策将是一个主要问题。"①
他虽然建议"中国有必要通过'软实力'和负责任的行为来消除这些恐
惧"，② 但并不意味着美国会坐视中国建设国家软实力。美国"hedge"策
略与"重返亚太"或"亚太再平衡"的战略部署就包含着削弱中国软实
力的企图。

这就说明，"韬光养晦"既是必要的，又要注意宣传上的内外有
别。虽然中国 GDP 目前居世界第二，但中国仍然还是一个比较落后的
发展中国家，与发达国家的人均 GDP、科技、教育等还有相当大的差
距，因此中国不要盲目自大、沾沾自喜。国内一些人和部分媒体热衷
于高调宣示或炒作"世界第二"、"超过日本"、"本世纪三四十年代
超过美国"等口号，也许出发点在于激发民族自豪感和爱国热情，但
在国际上往往适得其反、得不偿失。因为我们越是高调，越容易引起
西方部分国家对中国的恐惧、怀恨、防范与遏制，处处针对中国设置
难题。表面上意思相反的"中国威胁论"与"中国责任论"是异曲
同工，都是逼中国就范。

其实，在心态与策略上平和一点谦虚一点谨慎一点，对中国软实力建
设是百益而无一害的。"我们说中国要发展，要改变长期落后的面貌，中
国要从小康社会经过几十年的努力步入中等国家社会发展生活水平，这谁
也说不出话，你要是强调中国崛起的说法，并且把中国的崛起和历史上大
国崛起兴衰作比较，就会引起不同反应。其实和平崛起也好，和平发展也
好，本来是一个意思，我们为何一定要用那些引起别人不愉快和引起异议
的词呢，我们的宣传能否少一些咄咄逼人的口气呢？"③ 我们"对外不将
'韬光养晦、有所作为'作为一个公开的政策宣示，而将其精神更多地表
述为'谦虚谨慎'（英文是 modest and prudent）。对内对外，'谦虚谨慎'
都不含贬义，而且内涵外延都更为明确，也贴切地反映了中华文化的精
髓。就中国的人口基数、自然资源、生态环境、地缘条件、经济基础而
言，再造一个美国式的超级大国，确实只是神话。现实的国家战略目标，

---

① Joseph S. Nye, *China's Re-emergence and the Future of the Asia-Pacific*, Survival, Vol. 39,
Issue 4, 1997, p. 65.

② 《中国描绘人类未来积极图景——〈环球〉杂志对话约瑟夫·奈》，《环球》2007 年
10 月 16 日。

③ 黄安年：《美国的崛起与发展》，《社会科学论坛》2008 年第 10 期（上）。

不应该是超越美国，而应该是超越自己。这就是按照科学发展观的要求，统筹国内国际两个大局，在国内加快经济发展方式的转变，重质量而非规模，重民生而非政绩工程，重社会公正和谐而非激化矛盾，重实效而非各种各样的世界排名"。①

其次，"有所作为"是既不高调也不低调地行事，科学合理地构建中国的国际形象，提升国家软实力。过于低调而不作为，会引起别国的怀疑，对中国的和平发展充满疑虑，以为中国在暗中积聚力量一旦时机成熟就争霸称霸；不积极参与国际活动和对外援助，又会被国际社会指责中国缺乏责任感，结果自我排斥在国际社会之外。过于高调大揽责任或抢风头，别国认为中国在炫耀而产生反感；那些希望中国"扛大旗"、"当盟主"的国家则会对中国抱有过高期望，一旦失望之后就会责难中国；那些对中国怀有戒备之心的国家，则不希望中国挑战国际秩序现状和树立国际权威。即便是对外援助，中国也需坚持"韬光养晦、有所作为"的策略。过于高调的对外援助，某些国家认为这是中国在收买人心，因此中国政府也应避免"中国阴谋论"的无限扩张。"事实上，中国的财力还不足以充当有求必应的'财神爷'。对外援助可能得到受援国的欢迎和颂扬，但也增加了自身压力，甚至引起部分发展中国家对我不切实际期望的增加或国内弱势群体的不理解、不支持。因此，如何在量力而行的基础上内外兼顾，必须有所考虑和安排。"② 在这方面，中国有太多的历史教训与现实教训。

在维护国家利益问题上，中国需要坚持"有所作为"的策略。如果中国一味忍让包容，势必会造成某些国家尤其是中国周边某些国家产生投机心理，妄图利用与美国的关系为所欲为，侵蚀中国的国家利益。以前，中国过多地顾及美国、日本、菲律宾、越南等国的利益与感受，而刻意压制自己正常的诉求，结果被某些国家视为中国在示弱和好欺辱而使中国外交处处陷入被动。中国只有主动作为，坚持有理有利有节的斗争，才能化被动为主动，才能展现负责任的大国形象。

当然，更高层次上的"有所作为"是中国加强软硬实力建设，为世

---

① 王缉思：《中国的国际定位问题与"韬光养晦、有所作为"的战略思想》，《国际问题研究》2011 年第 2 期。

② 赵磊：《理解中国软实力的三个维度：文化外交、多边外交、对外援助政策》，《社会科学论坛》2007 年第 5 期（上）。

界秩序提供制度与行为方面的保障性力量。中国已成为世界第二大经济大国，且是联合国安理会常任理事国，对维持世界秩序负有不可推卸的责任。这也需要中国实现军事现代化。"没有军事现代化，中国会继续目前的（如美国人所说的）'搭便车'的局面，不仅保护不了自己的利益，更不用说承担国际秩序维护的责任了。"① 因此，中国要加强硬实力建设，为世界尤其是亚洲地区的安全局势提供保障性力量，在国家软实力方面要为世界尤其是亚洲地区的安全与发展供给国际制度与机制和文化价值观。

　　说到底，"有所作为"其实是要求中国正确履行自己的国际责任，不意气用事而量力而行、原则性与灵活性相结合、软硬实力兼顾运用，在增强与提升软硬实力的同时尽量避免招惹是非，减少国际国内的阻力与破坏力。在外交方面在坚决维护国家利益和国内发展的基础上力所能及地帮助别国，既不大包大揽，也不势利冷漠。在国际组织与国际制度及其国际活动中，超出中国国力承受范围的事不为，损害他国利益的事不做，科学地、合理地构建国际形象。总之，"有所作为"强调的是我们要坚持科学发展观，统筹兼顾国内外发展，合理有效地运用各种手段维护国家利益和型塑中国的国际良好形象与国际政治道德感召力。

　　最后，从总体情势来看，中国现在处于将起未起之时，是日子最难过和最容易出现战略决策失误的时候。"这一阶段，中国不仅在现存国际格局中处于不利的地位，就是现实的硬实力，都还没有转变成现实的影响力。"② 那些迎合狭隘的民粹主义或民族主义的需要而批判"韬光养晦"的言论，"希望与西方特别是美国和日本对着干，用强硬的态度和手段捍卫国家利益，甚至直言要取代美国成为世界革命领导，其实是一种不负责任的、破坏性的态度，会误导国人，并导致国际社会的对抗性反应，从而损害国家利益和人类共同利益"。③ 目前国际格局仍处在美国的主导之下，中国要谦虚谨慎，不主动承担责任，更不要去抢美国人的责任。"历史经

　　① 郑永年：《中国实现"大国大外交"几个条件》，新加坡《联合早报》2010 年 10 月26 日。

　　② 熊光清：《中国外交为什么需要忍》，新加坡《联合早报》2011 年 12 月 23 日。

　　③ 蔡拓：《当代中国国际定位中的几个重要问题》，《当代世界与社会主义》2010 年第1 期。

验表明，不承担责任受到指责的危险要远远小于主动承担过多责任的风险。"① 在可预见的将来，"虽强犹弱"的中国国际定位不会发生重大变化。"这就决定了中国仍然必须坚持'韬光养晦、有所作为'的战略思想。"②

"韬光养晦"的精神实质是冷静、谨慎，长期埋头苦干，集中精力干中国自己的事，在国际上不当"头"。"有所作为"是不妄自菲薄，在国际舞台上发挥应有的作用。这二者是辩证统一的，不能割裂开来理解，前者是内强体魄，后者是外树形象。在国际挑战与风险增加而不是减少的情况下，作为一种战略思想，"韬光养晦、有所作为"仍然具有强烈的现实意义，必须坚持而不能放弃。"要韬光养晦，收敛锋芒，保存自己，徐图发展。我国国情与国际力量对比决定了我们必须这样做。"③ 但告诫自己要"韬光养晦"是好意，跟别人说"韬光养晦"却容易引起误解甚至反感。所以，邓小平同志和江泽民同志都是在内部讲话中提出和坚持"韬光养晦"的战略思想，而不宜将其作为对外宣传的方针。④ 宣传也要讲究"内外有别"。这是中国软实力建设的方法与技巧问题。

三　"五位一体"总体布局是实施指南

"中国应该如何实行自己的软实力战略？国内的经济和政治改革是发展软实力的关键和核心。为此，坚定不移地改革开放和坚持科学发展观是正确的路线、方针和政策。"⑤ 坚持科学发展观的战略指导思想就需要把经济建设与国家软实力的政治社会文化生态方面的建设统筹兼顾起来，实

---

① 金灿荣：《从"中国威胁论"到"中国责任论"中国如何应对》，中国网 http://www.china.com.cn/international/txt/2010-08/23/content_20767726.htm，2010-08-23。

② 王缉思：《中国的国际定位问题与"韬光养晦、有所作为"的战略思想》，《国际问题研究》2011年第2期。

③ 《江泽民文选》（第二卷），人民出版社2006年版，第202页。

④ 1992年4月28日邓小平同志同身边人员谈中国的发展问题时指出："我们再韬光养晦地干些年，才能真正形成一个较大的政治力量，中国在国际上发言的分量就会不同。"（参见冷溶、汪作玲：《邓小平年谱（1975—1997）》（下册），中央文献出版社2004年版，第1346页。）江泽民同志是1998年8月28日在第九次驻外使节会议上讲到的。可见两位领导人都是在内部讲话中提出要把"韬光养晦"作为内部策略而不是外宣口号。

⑤ 庞中英：《中国不能与世界埋头做生意》，《环球时报》2007年12月29日。

现国家软实力全面协调可持续的发展。但从目前经济增长对中国软实力的作用来看，在财富的分配和社会公平正义方面存在比较严峻的欠缺，导致它对国家软实力的边际效益递减。在经济增长过程中对生态环境保护的忽视，也导致它的两面性比较明显："中国经济快速、连续的增长提升了中国软实力，但是，高速增长带来了极其严重的生态恶化和全球资源的紧张。以严重的生态和资源为代价的增长，削弱了中国的软实力。"① 在经济增长中政治体制改革与社会文化建设的落后，也使中国软硬实力出现较大的差距，以致"中国的软实力影响看起来是有限的。这是因为中国全神贯注于国内发展与改革。这也显示出中国要花很长的时间去开发它的软实力资源——例如政治制度、价值观、国家前景——以达到一个令人满意的层次"。②

这就要求我们要按照"五位一体"总体布局来具体指导中国软实力建设的实施。一方面，"'综合国力论'所掩盖的，是力量在结构上的不均衡和在质量上的不同质。这种不均衡和不同质无法通过综合而消除，反而被综合所掩饰起来了。尽管中国的综合国力可能居世界前列，但它掩盖了中国的教育、科技、政治制度、政治文化等的吸引力与影响力与那些综合国力强盛的国家，如美国、日本、英国、法国等国之间的明显差距。这些差距是不可能依靠经济军事等硬实力来弥补的。所以，在国家软实力建设问题上，综合国力论的意义并不大"。③ 这就是"木桶原理"中的短板理论，实质在于要求我们坚持科学发展观，按照全面协调可持续的发展要求全面落实"五位一体"总体布局，来指导中国软实力的具体建设。

另一方面，从国外研究机构对国家软实力的评估指标来看，也是综合了政治经济社会文化生态各个方面的因素。斯科尔科沃—安永新兴市场研究所（the Skolkovo – E &Y Institute for Emerging Market Studies）依据的十项指标是：移民（外国出生的移民总数）、大学（全球一流大学的数量）、传媒出口（出口电影、音乐和书籍等产品赚取的版税）、政治自由、偶像

---

① 张剑荆：《"北京共识"与中国软实力的提升》，《当代世界与社会主义》2004 年第5 期。

② Qingguo Jia, *Continuity and Change：China's Attitude toward Hard Power and Soft Power*, The Brookings Institution, December 2010.

③ 张剑荆：《"大国热"冷思考：软实力致胜》，《人民论坛》2007 年第1 期。

力量、最受仰慕的公司、法治和入境游、二氧化碳排放和选民参选率。[1]
其评估结果如表5－1所示。

表5－1　　斯科尔科沃—安永新兴市场研究所国家软实力得分排行榜

名次	国家	2005 年	2006 年	2007 年	2008 年	2009 年	2010 年
1	美国	84	85.5	86.3	88.1	87	87
2	法国	49.7	48.4	50.3	49.6	49.6	49.5
3	德国	44	46.6	46.6	45.8	44	43.2
4	英国	46	45.9	46.3	46	46.7	43
5	加拿大	36	39.4	38.6	36.8	35.3	39
6	意大利	33	34.6	33.9	34.6	34.2	32
7	日本	36.9	36.5	35.4	34.7	32.5	31.8
8	中国	31.1	32.2	32.2	32.2	33.7	30.7
9	印度	22.6	21.5	21.9	26.7	22.6	20.4
10	俄罗斯	22.9	18.4	22.9	21	23.5	18
11	巴西	5.9	6	9.3	12.7	9.7	13.8
12	土耳其	10.3	12.5	11.4	14.4	10.3	12.9
13	墨西哥	10	11.8	11.8	17.1	19.3	11.5
14	南非	13	10	8.5	12.6	11.8	10.3

　　尽管这种评估结果与前面我们所提及的国家软实力排行榜不一致，但
由于它的指标涵盖了政治经济社会文化生态各个方面，因而它更全面地反
映了国家软实力的大体格局。从得分情况来看，中国不仅远远落后于美
国，也落后于日本。原因在于，日本在政治经济社会文化生态各个方面的
国际评价基本上都比中国要好。在"世界和平指数"调查中（得分越高
说明这项的情况越差），人权一项日本得1分，中国得3.5分，说明中国
的人权状况在西方眼中依旧不佳；政治不稳定性一项，日本得1分，而中
国得2.875分，说明西方对中国政局缺乏足够的信心。另外，在暴力犯
罪、警察比例、潜在示威、潜在恐怖行为等各项，中国也全面落后于日
本。比较而言，日本的社会诚信、环境保护、贫富差距、教育程度、科技

　　[1]　Peter Johansson, Seung Ho Park & William Wilson, *Guest Post: the Rising Soft Power of the E-merging World*, Financial Times, Dec. 19, 2011.

力量均强于中国，人与人之间的关系也更和谐，从而"和平指数"比中国更优。① 平心而论，除却这些研究可能存在的对中国的偏见之外，日本的得分比中国要高要好确实反映了中日之间的软硬实力差距。

这都说明，中国要改善国家形象，提高国家声誉，增强国家软实力，需要坚持科学发展观，按照"五位一体"总体布局的要求来指导软硬实力建设的具体实施。只有政治经济社会文化生态全面地、协调地、可持续地发展，中国软实力建设才有质与量的全面增强和提升，不断缩小与西方软实力大国之间的差距。

第二节　公民素质与社会组织活力是战略基础

奈认为："软实力的很多方面主要是美国社会的副产品，而不是政府的刻意行为，它们可以增强或是削弱政府的力量"；"软实力有许多是各种社会力量无意造成的副产物，政府往往难于驾驭"。这表明奈比较强调国家软实力的社会特性，即公民与社会组织在国家软实力形成、成长与发挥中的基础性作用，政府虽处在主导地位，但更多的是充当导演而不是演员的角色。因此，"由于软实力在信息时代变得更加重要，有一点就值得我们牢记：软实力是非政府组织及网络准备竞争的领域，因为这正是它们主要的力量资源"。② 尽管奈的这个判断是基于美国的软实力经验，但从中外比较来看，在国家声誉、和平指数与国家软实力排行方面，中国公民素质与社会组织活力的得分低下是导致中国这三种排名落后的一个共同重要因素，也是中国软实力建设面临的主要危机之一。这就意味着，我们在国家软实力建设中要重视公民素质与社会组织活力在其中的基础性作用。

一　公民素质是国家软实力建设的基本保证

在国力资源的三种形态中，"人力资源较之自然资源更为重要；而在人力资源中，国民素质又起着主导的作用；国民素质不仅决定着人力资源

① 王冲：《日本的国际形象为何强于中国》，《凤凰周刊》2009 年第 18 期。

② ［美］约瑟夫·奈：《美国霸权的困惑——为什么美国不能独断专行》，世界知识出版社2002 年版，第 133、151、78—79 页。

的水平，而且还决定着社会发展的水平。因此说，国民素质是国力中最重要的因素，以'第一国力'相称当之无愧"。① 1993 年，党的十四届三中全会通过的《关于建立社会主义市场经济体制若干问题的决定》，对国民素质的这种重要性再度予以了强调："社会主义市场经济体制的建立和现代化的实现，最终取决于国民素质的提高和人才的培养。" 由此可见，中国相当重视公民素质在国家建设中的基础性地位与保证作用。

公民素质在国家软实力中的基础性地位与保证作用，摩根索曾间接地说道："在影响国家权力的具有定性性质的三项人的因素中，民族性格和国民士气比较突出，因为它们不仅特别难以进行理性的预测，而且它们对于一个国家在国际政治的天平上的重量有着持久的并且经常是决定性的影响。"② 奈在此观点上进一步认为，公民素质及与之紧密联系的社会问题会妨碍美国软实力的形成与发挥。因为公民与社会的道德原则和习惯的沦丧、对当局和社会公共机构尊重的丧失、家庭的瓦解、礼仪的衰退、高尚文化变得粗俗以及大众文化的品位降低，都可能使美国的集体行动能力受到限制，从而削弱美国的硬实力，又由于美国社会和文化吸引力的降低而削弱美国的软实力。③ 这是奈从国家内部社会治理所树立的榜样吸引力与国家软实力传播的角度看待公民素质对国家软实力的基础性保证作用的。

一是从国家软实力的建设与实践来看，它既然在很大程度上不是政府的刻意行为，也就意味着除政府之外，软实力的形成、建设与运用基本上要依靠公民及社会组织来完成。公民及社会组织就成为国家软实力的主要建设者与实践者。从现实来看，当政府这个"导演"出现错误政策影响国家软实力时，公民与社会组织的积极活动能弥补因此造成的损失。在这个意义上，公民素质的高低就在很大程度上决定着国家软实力建设的状况。尤其是在社会的凝聚力与创造力等关涉国家软实力的内部基础方面，公民素质有着至关重要的保证作用。社会凝聚力与创造力越强，国家软实力的内部基础就越坚实，国家软实力建设就越顺利，对他国及其民众就越具有说服力与吸引力。

---

① 解思忠、胡若隐：《国民素质是第一国力》，《人民日报》2002 年 6 月 22 日。

② ［美］汉斯·摩根索：《国家间政治：权力斗争与和平》，北京大学出版社 2006 年版，第 166 页。

③ 参见［美］约瑟夫·奈《美国霸权的困惑——为什么美国不能独断专行》，世界知识出版社 2002 年版，第 79 页。

布热津斯基曾这样说:"没有本能的、固有的民族抱负(它甚至无须作出强有力的表述),任何民族都无法立足于伟大国家之列。只有那些国家,具有以某种不确定的方式促成在文化上自发地爆发出不断探索和取胜的、富于自信、敢于竞争和充满活力的欲望,才能自行转变成一个明显高出别国一头的实体。"① 换言之,一个拥有强大社会凝聚力与创造力的国家与民族,他者就比较尊重,不敢轻视与侮辱;反之,就不可能真正得到别国或别民族真心的敬意、佩服或谅解。

因此,一个经济强大而公民素质低下的国家,不可能成为真正意义上的大国强国,也不可能成为一个令人尊敬的软实力大国。中国软实力建设就需要在传播中国文化的过程中突出人文关怀和普遍道义价值的力量,真正将中华民族优秀的文化发扬光大,在全社会形成诚实守信、勤俭节约、互帮互助、自强不息、尊老爱幼的传统美德,以及民主、自由、人权、法治、平等、科学的现代文明素质。这既是发扬中国文化传统,也是弘扬具有普遍价值的文化精神。整体性地提升中国公民素质,是中国软实力建设的重任,也是确保建设成就的基础性保证。

二是从国家软实力的形成与传播来看,公民素质是国家形象的主要衡测指标,是公共外交与民间外交产生吸引力与影响力的基础保证。公民素质"潜伏于国家成员的每一个个体身上,随时都在发挥着作用,影响其行为,并以语言符号系统的形式显示出来,从不同层面和程度上映射着国家和民族形象"。② 一个国家内部的社会治理状况在很大程度上就可以透过公民素质的高低来衡测。一般而言,公民素质高可以反映社会治理处在良好状态,而公民素质的低下与落后则在很大程度上反映社会治理状况的不良。公民素质高与社会善治能保证国内秩序的稳定发展,保证国家软实力的国内基础得到不断的增强与巩固,并对外部世界树立良好的榜样示范,从而对他国产生吸引力。

在政府外交、公共外交与民间外交中,以及在与外国人的日常接触中,公民素质传递出许多重要的信息。外国人通过对一国公民素质的观察与体验,大体可以感知该国的社会文化与政治文化状况如何,尤其是该国

---

① [美]布热津斯基:《大失控与大混乱》,中国社会科学出版社1995年版,第128页。

② 张毓强:《论国家形象传播的基本模式》,载刘康《国家形象与政治传播》(第一辑),上海交通大学出版社2010年版,第89—90页。

公民对他们的法律、制度、道德规范、执政党、政府、民族、国家等的认知与态度。公民在日常生活与对外交流中，越是自然地显示出对法律与道德的尊重、对国家的尊崇、对民族文化的自信、对异质新奇文化和批评声音的宽和包容心态，越能引起他者的尊重与喜爱，从而对他者产生吸引力与影响力。"这实际上是一个民族的真正软实力所在。不如此，我们就不能言称走向世界。"① 因此，良好的公民素质是保证公共外交与民间外交取得软实力效应的重要保证。反之，公民素质的低下往往造成他者的厌恶或蔑视，公共外交与民间外交的软实力效应就可能大打折扣。

"由于中国的巨大，比一般国家更受关注，而且中国政治制度和文化传统与西方截然不同，西方很难理解中国。在国际政治、经济影响力以及话语权方面仍处于劣势的情况下，中国形象建构也更加困难。"② 在这种难以一时改变的情况下，中国公民素质的提升对国家形象的改善与国家软实力的提升也就具有难以估量的作用。"良好的公民素质是国家形象的基础元素，加快国民素质的培养，可以强化国家形象的正面效应，减少对国家形象的负面影响。"③ 公民素质作为一国内化的文化资本，它与现实更为切近，对他者认知该国更有直接影响，因而更为重要，更加得到关注。在这种意义上，对于中国软实力的建设而言，公民素质的提高具有不亚于文化"走出去"的重要意义。因此，"中国低下的公民素质势必显著影响国家的软实力水平，必须作为国家软实力建设的重要一环来抓"。④

三是从现实意义来看，提升公民素质是确保社会主义政治文化不受传统政治文化与西方政治文化贬斥与破坏的基本保证。今天，"美国软实力的内容不再局限于文化、意识形态和教育领域，其传播也早已不再是一种单一的政府行为，而是以多层次和多方位的方式，通过商业、贸易、教育、学术、体育、大众文化、出版、新闻、网络和民间交流等渠道渗透到世界的每个角落，传播的深度和广度是史无前例的"。⑤ 那么，中国要抗拒美国为首的西方国家的政治文化诱变与颠覆，也需要我们从提升公民素

① 于建嵘：《一个民族的真正软实力》，《人民论坛》2009年第21期。
② 王渠等：《中国到底是怎样一条"龙"》，《环球时报》2012年1月13日。
③ 汪涛、邓劲：《国家营销、国家形象与国家软实力》，《武汉大学学报》2010年第2期。
④ 訾海：《中国国家软实力建设的不足之处分析》，人民网 http://theory.people.com.cn/GB/166866/12089518.html，2010-07-06。
⑤ 王希：《中美软实力运用的比较》，《美国研究》2011年第3期。

质这个基础做起,筑牢自己的政治意识形态防线,而不是通过封堵与压制来达到这个目的。

一方面,加强社会主义核心价值观的社会化,使社会主义政治制度与社会主义政治文化内化为公民的主流政治意识形态,增强公民的社会主义凝聚力与中华文化的自信与自觉,努力提升公民的诚信友爱、团结互助、遵纪守法等道德素质,科技文化知识素质与生态环境保护意识,构建社会主义和谐社会的生活模式,最终建构起公民的社会主义道路自信、理论自信与制度自信。

另一方面,通过公民素质的提升来显示中国社会主义制度与文化的说服力与吸引力,以公共外交与民间外交的途径来实现国家形象的新塑造。中国需要向世界说明自己,但这不是"自言自语","而是通过与世界诸国民众的互动交流,达到取得理解和认同的目的"。① 中国的社会主义政治制度与社会主义政治文化不仅要"可亲",还要"可爱",这不是依靠硬邦邦的、口号式的政治意识形态的语言灌输与宣传来实现,而要依靠中国公民的充满真善美的言行与人格魅力来实现。在很大程度上说,通过公民高尚的素质来实现中国软实力的形成、发展、建设与传播,是相对最贴近国家软实力的特性的。

二　社会组织活力是国家软实力建设的基础动力

在奈看来,"公民社会是大多数软实力的起源"。② 这既强调了公民个体在国家软实力形成与建设中的重要作用,更强调了由公民组成的社会组织在国家软实力中的基础性的动力作用。社会组织及其活力能为国家软实力的形成与传播提供基础性的动力作用,其原因在于:

一是信息化时代随着网络的兴盛繁荣,网络提供的信息不仅覆盖人们生活的各个方面,而且是在世界范围内传播,其信息量之大、范围之广、速度之快、网民之多都非常惊人,对人们的政治价值观、政府的决策影响极大,而在网络世界里,社会组织是文化价值观传播最活跃的、积极的、有效率的主体。这就是当今各国相当重视网络传媒及其安全的主要原因。

---

① 郭洁敏:《从国家"软实力"到国际"软权力"——中国推进软力量建设的方向和路径》,《学术月刊》2012 年第 3 期。

② [美] 约瑟夫·奈:《软力量——世界政坛成功之道》,东方出版社 2005 年版,第 16—17 页。

在网络媒体中，政府由于受到法律制度程序以及政治顾虑等的种种条件限制，对网络信息的收集、选择、反馈、发布等方面的灵活性可能不及数量庞大的、结构相对简单有效的社会组织及其组成的网络。另外，在西方国家，科技创新的主角往往是企业与研究团队这样的社会组织，它们往往比政府更善于创造或使用网络技术。这样，信息革命"正改变着政府和主权的实质，使非政府角色的作用加强，并使外交政策中软实力的重要性增加"。①

从深层次上讲，社会与国家的关系理论也是奈看重社会组织的基础动力作用的原因。西方国家相信公民与社会组织自身的力量胜过对国家与政府的信任。西方的社会发展史与政治思想史从实践与理论的角度阐释了公民与社会组织要相信自己的力量，以及人们对结社和公民社会的偏爱缘由。正如一位政治学家说的那样："只要有足够的多数人强烈地要求运用和保护他们的权利，这些权利就会得到保护并得以运用，于是制度就能够发挥功能。如果没有这样一种要求和决心，无论是法院、国会还是议会都爱莫能助。"②

西方人尤其是美国人，对结社情有独钟。早在19世纪30年代，托克维尔就观察到，"美国人无论年龄多大，不论处于什么地位，不论志趣是什么，无不时时在组织社团"。这些社团既有十分认真的，也有非常无聊的，或许是因为一点小事而成立的。他们想传播某一真理或以示范的办法感化人的时候，也要组成一个团体，相信通过契约的方式结社可以完成个人不能单独完成的任务，相信结社"才能使自己的情感和思想焕然一新，才能开阔自己的胸怀，才能发挥自己的才智"。③ 在托克维尔看来，美国社会其实是一个"巨大的社团的集合体"。

因此，相比政府机构而言，社会组织的数量及其人员分布以及与公民个体的切近性在国内外都占有相对的优势，它们更了解公民的思想状况，也比政府机构及其人员更有亲和力，更容易得到认同，对传播本国的政治价值观比政府机构更灵活更有兴趣，其吸引力与影响力比较容易产生。因

---

① ［美］约瑟夫·奈：《美国霸权的困惑——为什么美国不能独断专行》，世界知识出版社2002年版，第47页。

② ［美］莱斯利·里普森：《政治学的重大问题》，刘晓等译，华夏出版社2001年版，第216页。

③ ［法］托克维尔：《论美国的民主》（下），商务印书馆1988年版，第635、638页。

而美国很多非政府组织在国际上享有很高的声誉,但美国政府"确信它们的行为是在强化而不是削弱美国的软实力"。① 美国政府之所以确信其社会组织的软实力与国家软实力保持一致,或曰社会组织的行动与政府外交政策目标保持一致,在于美国政治意识形态的高度一致性确保了社会组织对国家利益的服从并为之作出贡献的热情,它们的软实力就是美国的国家软实力。从这个角度看,一个国家的核心价值观的培育对国家软实力建设具有核心作用。

二是民主化时代随着公民社会的发展与健全,社会组织在凝聚公民、推动创新、传播文化以及参与政府决策与公共外交中的作用越来越重要,基础地位与提供基础动力的作用越来越明显。在民主化时代,权力逐渐从国家与政府的手中转移一部分到社会,承接这部分权力与政府职能的主要是各种社会组织,尤其是一般意义上的非政府组织。而在国际政治中,各种形式的非政府组织日益活跃于其中,成为仅次于国际组织和国家的政治主体。公共外交的兴起,则为社会组织建设国家软实力提供了良好契机与广阔的国际舞台。公共外交的主要特征是透明性、非正式性、便捷性和大众化、个性化,行为体多借用媒体为"外交平台",尤以网络信息技术为主要工具,其目的在于传播本国价值观、引导他国对本国内外政策的了解和认同,以期增强本国的文化吸引力和政治影响力,改善国际舆论环境,维护国家形象,获得国家利益的最大化。② 因此,公共外交的特性与目的和社会组织的特性与目的有很大的交集,甚至在某种程度上可以说公共外交是为社会组织的需要而应运而生的。

在如此高度的契合下,社会组织的软实力建设作用就不容小觑。奈认为:"美国国内外的个人和私营机构将被赋予在世界政治中发挥直接作用的力量。"③ 例如,美国的社会组织如国家民主基金会、国际民主研究论坛、索罗斯基金会、福特基金会、国际研究和交流协会等,向那些倾向于美国民主标准的国家和组织提供资金,从而成为具有国际影响力的非政府组织而活跃于很多发展中国家。它们非常积极主动地向所在国传播美国的

---

① Joseph S. Nye, Jr., *Limits of American Power*, Political Science Quarterly, Vol. 117, No. 4, 2002, p. 554.

② 参见钱皓《关于中国公共外交的几点思考》,《国际观察》2010 年第 1 期。

③ [美] 约瑟夫·奈:《美国霸权的困惑——为什么美国不能独断专行》,世界知识出版社 2002 年版,第 56 页。

政治文化与生活方式。它们宣扬民主自由，提供食品医疗，哪里贫穷落后，哪里就有它们的身影。在发生"颜色革命"的发展中国家里，随处可见美国这类的社会组织。由此，非政府组织被认为是美国软实力的象征之一。

例如，2005 年发生"郁金香革命"的吉尔吉斯斯坦，最活跃的索罗斯基金会就是最早进入该国的非政府组织之一，此外还有美国国家民主基金会和自由之家。① 在它们的背后，往往可见美国政府的影子，并接受政府的大额资助，但同时又保持相对独立的姿态，既使它们灵活有效地开展政治文化传播与渗透的活动，又避免了美国政府受到攻击的可能性。当社会组织有可能违背政府外交目标的时候，政府可以通过减少资金资助的形式予以纠正或劝说。而当政府外交政策出现错误时，社会组织又站在对立面对政府进行批评，来弥补因政府外交错误导致的国家形象损失；而当政府出于政治形式考虑不便出面之时，社会组织就一马当先，干政府不敢或不便干的事，从而在公共外交中与政府一唱一和相得益彰，成为政府的得力帮手和国家软实力的主要建设者与运营者。

正是由于美国社会组织的数量之多能力之大，而中国社会组织的数量之少能量之小的鲜明对比，奈与一些学者才认为："美国的软实力很大程度上来自其公民社会，但是中国的软实力的推展却高度依赖政府。中国社会的巨大潜力，包括那些处于草创阶段的民间社团，都亟待哺育和提高。"② 他们的观点比较中肯地指出了中国软实力建设中的不足。我们在前面也已经提到，公民素质低下与社会组织活力不足是中国软实力建设中的主要危机之一，需要切实采取措施加以改善。中国的非政府组织不仅应该参与中国的社会建设，在社会生活中发挥重要的作用，也应该向西方非政府组织学习，走出国门，在国际舞台上拥有一席之地。中国对世界的影响，仅仅靠购买欧美国债、开办孔子学院是不够的，应该让中国的非政府组织成为政府对外开放交流与国家软实力建设的重要补充力量！③

---

① 刘俊等：《吉尔吉斯斯坦：俄美掌勺的一盘小菜》，《南方周末》2010 年 4 月22 日。

② ［美］约瑟夫·奈、王缉思：《中国软实力的兴起及其对美国的影响》，《世界经济与政治》2009 年第 6 期。

③ 刘佑平在其与彭建梅主编的《美国 NGO 在华慈善活动分析报告》（中民慈善捐助信息中心 2012 年发布）表达了这个观点，具体参见该报告的第 79—81 页。

　　尽管奈认为社会组织为国家软实力建设提供了基础动力，其活力关系到国家软实力形成、建设与发挥的效能，是基于美国的实践经验与理论认知，但信息化与民主化时代社会组织所具有的这些重要作用并不局限于西方国家。现在很多发展中国家社会组织的兴起，包括中国，都已是不争的事实。在这背后是公民权利与人民权力增强的普遍趋势问题。只要宣称自己是民主国家的国家，都需要面对人民权力与公民权利的主体地位与社会组织的崛起。社会组织为国家软实力提供基础动力，以及社会组织的活力程度与国家软实力建设的效能程度的正相关关系，事实上都在表明人民权力与公民权利的本位意识与社会组织是公民社会核心的自我意识。要建设国家软实力，就需要唤起公民与社会组织的这种本位意识的觉醒，使其发挥主动性与创造精神。唯有如此，国家软实力建设才会有真正的、不竭的动力。

　　从中国软实力建设实践出现的问题来看，政府一手操作与把关而社会组织稀少与活力不足均已严重地削弱国家软实力建设的效能。尤其在文化传播上，政府主导的模式已经对中国文化的对外吸引力构成双重损害：一方面，"强国家—弱社会"的格局制约了中国文化生产力的发展；另一方面，"政府过多的介入与干预引起了国际社会对中国文化传播的疑虑、担忧和反感。他们认为，中国的文化传播因为政府的作用而具有了政治目的，要谨慎对待"。[1] 英国伦敦经济政治学院的克里斯托弗·休斯（Christopher Hughes）就发文说孔子学院是中国的国家宣传工具，还批评伦敦经济政治学院接受中国资助建立孔子学院。[2] 事实上，自开办以来孔子学院已多次被污蔑为"洗脑机构"，非常不利于中国文化的传播。在这方面，中国政府应支持、资助与"鼓励社会组织、中资机构等参与孔子学院和海外文化中心建设，承担人文交流项目"。[3]

　　因此，孔子学院这种探索虽值得肯定，但一方面不能"像搞运动式的"，"因为那样宣传意味太浓，容易引起对方的怀疑和反感"。[4]

<hr />

① 韩勃、江庆勇：《软实力：中国视角》，人民出版社 2009 年版，第 119 页。

② Christopher Hughes, *Beijing Cash Threatens to Plunge LSE into New Donations Scandal*, The Sunday Times, 20 May, 2012.

③ 中国共产党第十八届中央委员会第三次全体会议：《中共中央关于全面深化改革若干重大问题的决定》，人民出版社 2013 年版，第 42 页。

④ 吴建民：《构建中华主流文化成当务之急》，《人民论坛》2007 年第 Z1 期。

另一方面，中国政府不要过多地出面，需要借助社会组织的力量来实现中国文化的传播。如果政府过多地介入文化传播，就可能授人以政治目的的口实，反而不利于文化传播。反过来，在文化传播中，由于受众对某国政府的不满、歧视或憎恨，由政府主导的文化传播就较易打上"殖民"或"侵略"或"洗脑"的烙印，而由公民与社会组织的亲和力产生的文化传播却较易实现。以社会组织的形式来实现中国制度与文化的传播可能会减少阻力与偏见，从而提高传播效能。这就需要我们在中国软实力建设中把提升公民素质与社会组织活力放在国家软实力建设战略基础的地位。

第三节　执政党与政府能力是战略关键

在一党领导与执政的体制下，中国软硬实力建设的最终成就均取决于执政党的能力。这是中国软实力建设及其战略体系构建绕不开的一个问题。中国特殊的政治体制、自身的历史经验与所处的现代化阶段表明，奈的软实力理论与西方国家的软实力建设实践经验都只具有参考价值而不可能照搬不误。奈的理论与西方国家的实践都强调公民与社会组织的基础作用，这在政治理论的本体论上，是西方根深蒂固的个人主义及其由此决定的自由主义和公民社会理论。在中国，中国共产党不仅要领导政治经济社会文化以及武装力量建设，又由于公民社会的发育不成熟不完善，公民与社会组织的力量有待成长，这就决定了中国共产党与人民政府在国家软实力建设中扮演着不同于美国执政党与政府的角色和发挥着不同的功能。同时，现实国际政治变化多端和日益复杂，以及软实力甚至巧实力的理论对国家领导人的领导能力提出了更高的要求。① 而在国家软实力建设中，"中国面临的最大挑战，一方面是团结和凝聚整个社会；另一方面是伴随着日益增长的实力，在国际社会中成为负责任的超级大国"。② 这都说明，相对于西方国家软实力建设实践与奈的软实力理论对公民与社会组织的强

---

① Joseph S. Nye, Jr., *Soft Power, Hard Power and Leadership*, http://www.hks.harvard.edu/netgov/files/talks/docs/11_06_06_seminar_Nye_HP_SP_Leadership.pdf, 2006-11-06.

② ［德］普夫卢格：《解决社会问题对中国很重要》，《参考消息》2012年12月12日。

调而言，中国软实力建设则是在此基础上更强调执政党与政府的关键作用。

一　执政党能力决定国家软实力建设成败

我们在前面提到，中国共产党自身存在的一些严峻问题是中国软实力建设面临的重大危机之一。作为中国唯一的领导党与执政党，中国共产党存在的问题也就相应地决定着其他问题及其由此产生的软实力建设危机的程度。反过来，党存在的问题越少，中国的经济社会发展就越顺利。正如习近平同志所说："我们党成立 90 多年来的历史证明，党的坚强有力和事业发展取决于多种因素，党的纯洁性对党的创造力、凝聚力、战斗力有着根本性影响。什么时候党的纯洁性保持得好，党就更加坚强有力，党的事业就能健康发展；什么时候党的纯洁性受到影响和削弱，党的战斗力就会下降，党的事业就会遭受损失。"①

从亨廷顿对大量发展中国家的政治研究结论来看，也在很大程度上支持了这一论断。他说道："一个现代化中政治体系的安定，取决于其政党的力量。一个强大的政党能使群众的支持制度化。政党的力量反映了大众支持的范围和制度化的水平。凡达到目前和预料到的高水平政治安定的发展中国家，莫不是拥有一个强大的政党。"② 他看到了一个强大的政党对发展中国家经济社会发展的决定性作用。他后来在《第三波》一书中从反面的角度再次进行了阐释。从他对东欧国家共产党的描述中我们可以窥视到亨廷顿依然在强调一个强大政党的重要性。

对于东欧共产党，还在解体之前尼克松就曾指出："东欧共产党人已完全丧失了信仰。当今大多数都是野心家和官僚。共产党的意志和信心已经破灭。……正在崛起的一代东欧人不是思想家，而是实干家，而实用主义则能为和平演变打开缺口。"③ 由于共产党自身的蜕变，东欧与苏联在某种意义上成为西方软实力的试验品。尽管在苏共失败问题上，国内学界

---

① 习近平：《扎实做好保持党的纯洁性各项工作》，《学习时报》2012 年 3 月 5 日。

② ［美］塞缪尔·亨廷顿：《变革社会中的政治秩序》，华夏出版社 1988 年版，第396 页。

③ ［美］理查德·尼克松：《1999：不战而胜》，中国人民公安大学出版社 1988 年版，第169 页。

一派强调根本原因在苏共，另一派强调根本原因在体制，"其实这二者都具'根本性'，并不是根本对立不可兼容的。但党的问题的确具有'全局性、致命性'"。① 如果我们"攻其一点不及其余"的话，苏联东欧共产党的失败在于其民主法治意识的缺失及其所导致的合法性的丧失。正如罗斯切尔德（J. Rothsechild）所言："即使一个传统的政治体系完全拥有统治的合法性，但如果它长期以来表现得昏庸无能的话，也会慢慢消耗其统治的合法性。"② 这种昏庸无能不是指别的，而是指执政党的经济社会发展能力与民主法治建设能力的缺失。仅有经济发展能力而在民主法治建设上昏庸无能，执政党同样会陷入"合法性危机"，即亨廷顿所言的"政绩困局"。这样的共产党既不能真正有效地巩固人民政权，也无力有效指导国家软实力建设。

　　因此，东欧苏联的社会主义历史给中国软实力建设提供了两方面的重要经验教训。一是在社会主义国家里，共产党的领导能力与执政能力决定着国家建设与发展的成败，二是社会主义执政党的生命力不仅要有量的优势，更要有质的优势，而质的优势决定党的领导能力与执政能力。一个强大的政党除了党员量上的优势外还需要有质上的优势才称得上真正意义上的"强大"，才能真正担负起国家软硬实力建设的重任。质的优势就是党员的政治理想信念与民主法治意识的坚定性，政治意识形态上的凝聚力、亲和力与战斗力。作为一个整体，执政党质的优势还表现为具备较高的国内外社会动员能力，尤其是国内的社会动员能力，与汲取支持自己的领导与执政的合法性的能力。这就考验着执政党的能力建设是否适应经济社会建设与发展的需要和时代发展的潮流。

　　同理，中国共产党的领导能力与执政能力决定着国家软实力建设的成败。"为了有效促进软实力，一方面需要为发挥创造力提供适宜的政治环境，另一方面需要为获得新的忠诚建立完全符合民主准则的基础。这将是中共'软实力'策略面临的最大挑战。"③ 中国共产党面临的这两大挑战集中在社会主义政治文化建设与社会主义政治制度建设两大方面，或曰党

---

① 肖枫：《究竟应如何看待苏联解体?》，《学习时报》2011 年 6 月 27 日。

② J. Rothschild, "*Political Legitimacy in Contemporary*", in B. Benitch（ed.），*Legitimation of Regimes*, Beverly Hills: Sage Publications Inc. , 1979, pp. 38 - 39.

③ ［西班牙］胡利奥·里奥斯：《中国实施"软实力"战略面临挑战》，《参考消息》2011 年 11 月 5 日。

的领导与执政这两大方面。而这两大挑战既是中国共产党自身面临的重大挑战，即党员干部的社会主义理想信念与民主法治意识的纯洁性与先进性问题，以及党的民主制度与领导制度改革与完善的问题，又是国家软实力建设面临的核心挑战，即社会主义政治文化与政治制度改革和完善的问题。

这两大挑战叠合起来就是社会主义政治文化能否真正在话语体系与实践体系中占据主流地位并发挥主导作用的问题，从核心层面上决定着中国软实力建设的成败。说一千道一万，作为唯一的领导党与执政党，中国共产党能否担当起中国软实力建设的重任。如果拥有 8600 多万名党员的世界第一大政党，占据政府、人大、政协以及司法机关等重要领导岗位的中国共产党不能担当起这个重任，就没有其他政党或利益集团或社会组织能够担当，更不可能荒唐地希望其他国家来帮助中国实现软实力大国这个"中国梦"。中国需要剔除"赌"的臆想——"中国赌的是，尽管对于中国力量有许多负面传言，但美国会逐渐系统化地看待中国力量的增长，美国会最终坚定地帮助中国力量的增长。"[1] 美国不可能这样做。这是美国自殖民地时代以来的政治意识形态决定的。中国力量的增长只能依靠在中国共产党的领导下通过全国各族人民团结一致艰苦奋斗来实现。这就意味着，中国共产党的领导能力与执政能力对中国软实力建设具有决定性意义。

"防止中国实力地位下降的关键因素是避免重大政治决策失误。"[2] 这直接考量着中国共产党的领导能力与执政能力。为了有效应对中国软实力建设面临的危机与挑战，防止出现重大决策失误，切实增强与提升国家软实力，需要我们将中国共产党的领导能力与执政能力建设作为中国软实力建设的战略关键，并从这个战略高度来认识党的建设的极端重要性。从国家软实力的角度来审视这个问题时，中国共产党的建设一是能否实现党员干部政治文化的纯洁性与先进性，二是能否在此基础上实现党倡导的社会主义政治意识形态凝聚社会共识整合社会力量以增强党和政府的合法性，即党的领导能力与执政能力能获得大幅度提升。

---

① ［美］戴维·蓝普顿：《中国力量的三面——军力、财力和智力》，姚芸竹译，新华出版社 2009 年版，第 230 页。

② 阎学通：《国际政治与中国》，北京大学出版社 2005 年版，第 231 页。

首先，中国共产党作为唯一的领导党与执政党，党员干部的政治理想信念、民主法治意识与道德品质"对全社会具有重要的示范和导向作用"，① 能否起到这种作用就决定了社会主义政治文化的说服力、吸引力与影响力的大小强弱。中国自古以来就有"以吏为师"的传统，如果官德不彰，民风就难淳，官员的道德高度往往决定着整个社会的道德高度。一项调查显示，90%以上的人认为，社会信任体系的缺损，始自官德缺损。公众期待通过加强"官德"建设，对良好社会道德风尚的形成起到示范作用。② 邓小平同志曾说过："党和政府愈是实行各项经济改革和对外开放的政策，党员尤其是党的高级负责干部，就愈要高度重视、愈要身体力行共产主义思想和共产主义道德。否则，我们自己在精神上解除了武装，还怎么能教育青年，还怎么能领导国家和人民建设社会主义!"③ 这就要求中国共产党党员干部在政治社会生活中要发挥出示范与导向作用。

那么，中国共产党能否贯彻落实党的十七大报告提出的"要以造就高素质党员、干部队伍为重点加强组织建设，要扎实抓好党员队伍建设这一基础工程，坚持不懈地提高党员素质"的要求来造就一支具备质的优势的党员干部队伍，不仅决定着党的生死存亡和长期执政，而且决定着中国共产党所代表的社会主义政治文化的说服力、吸引力与影响力的大小强弱。

"一个政党信仰的生命力不存在于经典著作里，也不存在于文件报告中，而是实实在在地体现在每一个政党成员的一举一动中。"④ 只要每一个中共党员切实把党章与党内法规践行到具体的言行中，做遵纪守法、严于律己、勤政爱民、公正廉洁、艰苦奋斗、勇于创造、保护生态环境的模范，就能对社会风尚起到导向与示范作用。如果8600多万名党员能够发挥示范与导向作用，把全国各族人民紧紧团结在党的领导与执政之中，那么，中华民族的凝聚力将是坚不可摧的，社会主义政治文化在国内外显示的说服力、吸引力与影响力将是极为强大的。反过来，如果中国共产党不能起到示范与导向作用，那么社会凝聚力的下降就是必然的，社会主义政

---

① 李源潮：《党的干部要做全社会思想道德的模范》，《人民日报》2012年3月21日。

② 《中国多举治吏整饬"官德"公众期发挥示范效应》，中国新闻网 http://www.chinanews.com/gn/2011/11-12/3455563.shtml，2011-11-12。

③ 《邓小平文选》（第二卷），人民出版社1994年版，第367页。

④ 辛鸣：《信仰的生命力在于政党成员的一举一动》，《北京日报》2011年6月13日。

治文化就不具备内在的说服力与外在的吸引力与影响力。

其次，中国共产党的政治意识形态能否对内凝聚社会阶层、整合社会力量、激发社会创新，这决定着国家软实力的国内基础是否牢固坚实，能否对外产生说服力、吸引力与影响力，决定着社会主义政治制度与政治文化的核心竞争力的强弱。列宁同志说："任何负有远大使命的政党的第一任务，就是说服大多数人，使他们相信这个党的纲领与策略的正确。"①中国共产党的纲领与策略是党的政治意识形态的具体体现。党需要把自己的政治意识形态通过政策与策略的方式化为人民群众的指导思想与行动指南，这是提升党的领导合法性与执政合法性的有效工具。

"历史与现实一再表明，能够充分表达、代表民众诉求的政党具有较高的合法性，而脱离民众意愿、实行高压手段统治的政党必定被人民所抛弃，这是历史发展的必然逻辑。"② 执政党要发挥这些作用和实现这些目的：

一是要使用说服而不是强制的手段。这种说服首先是依靠党员干部自身的质的优势来体现，然后是依靠贴近人民群众的工作方法或曰群众路线来实现。

二是要使人民群众相信党的政治意识形态的正确。这首先是党的意识形态本身要具有科学性、理想性与现实性，即党的政治意识形态符合社会发展规律，人民群众在它的指引与鼓舞下追求美好的社会生活，同时亦能有效、合理地解决人民群众的政治经济社会文化生态需求，使党的政治意识形态成为凝聚社会共识的黏合剂，提高人民群众对社会主义政治共同体的认同感和归属感，在多样性中寻求一致性，以增强国家的内部凝聚力。其次是意识形态的吸引力和凝聚力在于对人民群众利益的深切关怀与现实追求。党的政治意识形态所建构的社会主义政治制度能维护、保障和发展人民群众的基本利益，社会矛盾能在法律制度的框架内得到合理有效的解决。

三是要使政府治理能力得到改善与提升。"作为居于政治系统轴心位置的执政党，其治理能力不仅仅限于利用强力手段维持其执政地位，搞好国家治理，更重要的是要以其自身特定的政治理念和治理绩效说服、吸引

---

① 《列宁全集》（第 27 卷），人民出版社 1990 年版，第 220 页。

② 康晓强：《增强政党意识形态吸引力》，《学习时报》2011 年 12 月 26 日。

和凝聚广大社会民众，并取得他们的信任与支持。"① 在一党执政的制度框架下，中国共产党的纲领与策略及其国家治理方式仍然需要借助政府的途径和力量来执行，而党通过人民代议机关制定的法律法规更需要政府来执行，因而政府的治理能力反过来直接影响着党的政治意识形态的效能。政府能有效解决人民群众的民生问题，推动经济社会发展，在法律与制度的范围内有效地回应人民群众的诉求，构建起稳定、有序、有活力的社会秩序，实现社会的公平正义，能直接使人民群众对党的领导与执政产生认同感，增加对党的政治意识形态的信任度。

葛兰西曾指出："社会集团的领导作用表现在两种形式中——在'统治'的形式中和'精神和道德领导'的形式中。"② 中国共产党的领导作用不仅在于"统治"的形式中，更要在于"精神和道德领导"的形式中，前者体现为对政权的领导，后者体现为对社会思想文化的领导。在很大程度上说，在社会主义建设时期，对后者的领导更决定了对前者的领导。因为后者在本质上是一个统治合法性的问题。如果统治合法性弱化或丧失，政权也就危如累卵了。这既需要中国共产党的政治意识形态具有说服力与吸引力，又需要其党员干部具有质的优势来实现。

中国共产党的政治意识形态与党员干部能否发挥主导作用、凝聚作用、整合作用、激励作用，既决定着中国共产党自身的吸引力、合法性与执政基础，也决定着整个国家的社会凝聚、阶层整合与社会创造的力度。中国共产党的领导与执政的成功也就意味着中国特色社会主义建设的成功，它的失败也就意味着中国特色社会主义道路的失败。在这种意义上来说，中国共产党的能力建设也就决定着中国软实力建设的成败。因此，中国软实力建设对中国共产党的领导能力与执政能力建设提出了更高更紧迫的要求。

最后，中国共产党的领导能力与执政能力是社会主义政治文化与社会主义政治制度的合理性、有效性与优越性的集中体现，如果在国内治理中体现不出党的领导能力与执政能力的先进性，体现不出社会主义政治文化与政治制度的优越性，中国的国家软实力就没有质的增长与发展，更不可

---

① 杨爱华：《社会政治生态变革背景下的中国共产党软实力建设》，《理论导刊》2010 年第 10 期。

② ［意］安东尼奥·葛兰西：《狱中札记》，葆煦译，人民出版社 1983 年版，第316 页。

能与西方软实力大国相提并论。在国际上，"中国奉行着让人民摆脱贫困和苦海的实用主义发展模式和'对外不干涉'的外交指导方针，但是其经济成功——以大量的廉价劳动力为基础——是否能输出到其他国家，是否对别人有借鉴意义，还很难说"。① 原因在于，"美国仍能提供一种政治和社会的模式、一套能引起普罗大众兴趣的价值观。中国的价值观——不干涉内政、尊重他国内政、国家主导的经济渐进主义——能引人感兴趣，但仅仅对特定人群感兴趣——威权政体中的精英"。② 因此，与美国相比，中国真正能拿得出手的东西少之又少。

　　归结起来，在国外学者的眼里，中国软实力的根本缺陷就在于中国的社会主义政治文化与政治制度的优越性还不能与西方媲美，无法为广大发展中国家提供国内治理上的先进模式。尽管国外的观点是从西方国家尤其是美国的现实出发的，以美国民主模式与社会治理模式为参照对象的，对中国存在一定的偏见，但也并非全无道理。中国共产党只有切实按照党章党规党纪和宪法、法律的要求，切实担负起领导责任与执政责任，努力改善民生，加强生态环境保护，推进政治体制改革，实现政治清明、官员廉洁，实现社会公平正义，实现政治经济社会文化生态全面的、协调的、可持续的发展，凸显社会主义政治制度与政治文化的合理性、有效性与优越性，为世界提供一种全新的社会治理模式，中国软实力才能从美国软实力的"普照之光"中凸显出来，发出自己柔美的光耀。

二　政府能力决定国家软实力建设快慢

　　在国家软实力的诸多资源范畴中，政府的政策是主要方面之一。但软实力资源并不等于软实力本身，因为"将资源转化为力量以取得所期望的结果需要运筹帷幄并领导有方"。这就需要执政党和政府运用各自的能力将潜在的软实力资源转化为国家软实力。对政府而言，其政策就是软实力资源转化为软实力的桥梁或工具。因此，奈既强调政策是软实力的主要资源之一，又强调政策对软实力的双重性。一方面，"政府的政策可增强或者减损国家的软实力。如内政外交显得虚伪、傲慢、一意

---

① 《中国软实力为何赶不上美国》，《参考消息》2011 年 11 月 17 日。

② Joshua Kurlantzick, *Charm Offensive: How China's Soft Power Is Transforming the World*, New Haven: Yale University Press, 2007, p. 229.

孤行，或是基于狭隘的国家利益，都会损害软实力"。① 另一方面，"软实力部分是由政府创造的，部分与政府无关"。② 但这种"无关"并非真的与政府无关，只是说软实力并非由政府一手包办，公民与社会组织也能创造软实力。这就取决于政府对公民与社会组织的这种作用采取何种政策。

这既需要政府重视公民与社会组织在软实力建设中的主动性与积极性，善于利用他们的力量来建设国家软实力，同时又需要政府运用正确的政策来协调他们的行为，使其与政府的外交目标保持一致。因为"电影、大学、基金会、教堂和其他非政府组织自身形成的软实力能够增强或者抵触官方外交政策目标。这也正是政府要确认其自身的行为和政策增益而非减损软实力的原因。随着软实力的私有资源在全球信息化时代更可能变得日趋重要，这点就显得尤为重要"。③

总体来看，政府的这种软实力资源转化能力与管理能力及政府行为主要表现为三个方面。一是政府对政治软实力资源进行的软实力转化。这部分软实力是由政府创造的，主要集中在政府及其官员的行政管理与政府外交方面，以及政府组织结构与效能、官员的自身能力与素质。"政府、政府官员善于在特定的传播情境中选择适当的传播策略，对内树立良好的政府形象，对外树立良好的国家形象，正是'政府公关和公共外交中软能力'的关键组成部分。"④ 二是政府与公民和社会组织一道对公共软实力资源进行的软实力转化。这主要表现在政府治理与公共外交方面。三是公民与社会组织对私有软实力资源的软实力转化。这种行为主要表现为公民与社会组织的行动以及公民素质与社会活力，如学术创造、文化传播、教育交流、国外旅游与访问、发表政论时评、互联网互动交流等，对他国公民、社会组织与政府进行的公共外交和民间外交。除了第一种情况政府是主角以外，第二、三种情况政府基本上处在配角位置，其功能主要在于协调与管理，确保公民与社会组织的软实力行为与政府的目标保持一致，形

① ［美］约瑟夫·奈：《软力量——世界政坛成功之道》，东方出版社 2005 年版，第 3、13 页。

② ［美］约瑟夫·奈：《美国霸权的困惑——为什么美国不能独断专行》，世界知识出版社 2002 年版，第 73—74 页。

③ ［美］约瑟夫·奈：《软力量——世界政坛成功之道》，东方出版社 2005 年版，第 17 页。

④ 余艳青：《论美国政府官员展示国家软实力的策略》，《新闻传播》2012 年第 2 期。

成合力。但毕竟软实力是一种政治行为，其核心目标在于本国政治制度与政治文化的传播与接受，因此处在配角位置的政府依然需要发挥主导作用，或者说充当导演角色，既可以在关键时刻客串一下配角，也可以完全在幕后进行指导。

在软实力建设中政府无论是充当主角还是配角，都需要政府制定科学合理的政策来实现它的主导作用。如果政府一手包办软实力建设与运用而排斥公民与社会组织的话，公民与社会组织的巨大潜力要么无从发挥，要么与政府对着干，从而使国家软实力建设在内部被耗散；如果政府充分履行自己的角色功能，在建设国家软实力的同时鼓励公民与社会组织发挥主动性与积极性并加以适当引导，则国家软实力建设就有强劲的内在动力和爆发力。从这个角度看，政府是否拥有软实力资源转化与管理的能力，就决定着国家软实力建设的快慢程度。

从中国的实情来看，中国的"全能政府"虽然随着社会主义市场经济体制的建立健全而正在改变，公民与社会组织的力量逐渐增强，但"强国家—弱社会"的格局基本上仍然保持着，加之宪定的一党领导与执政，因此在中国软实力建设中党委一直处在绝对的主导地位而政府则成为具体的执行者。在这种背景下，政府的执行能力对贯彻落实党中央国家软实力建设的战略部署与政策就有着至关重要的作用。政府能力强，国家软实力建设就比较快；反之，政府能力弱，则比较慢，甚至毫无进展。

从实践来看，"尽管中国领导人已经明确意识到软实力建设的重要意义，尽管中国各级政府已经意识到硬实力发展受制于软实力而支撑不够的窘境，但国家建设模式的路径依赖决定了战略调整的滞后性，甚至不重视软实力建设的情况依旧比比皆是"。① 事实上，国家软实力建设不仅是党中央与中央政府的职责，也是地方各级党委政府的重要职责。地方各级党委政府的主要任务就是贯彻落实与创新发展中央的软实力建设部署与要求。

因此，政府坚持科学发展观、贯彻落实"五位一体"总体布局，具备协调、统筹发展软硬实力的能力，从根本上决定着中国软实力建设的质量与快慢。如果政府真正能够在坚持科学发展观的基础上又好又快地建设

---

① 门洪华：《中国软实力评估报告》（上），《国际观察》2007 年第 2 期。

国家软硬实力的话，那么中国软实力与美国、法国、英国、德国等软实力大国之间的差距就会逐渐缩小。只有中国软硬实力均全面超过日本，中国在亚洲尤其是在东亚的外交才会打开新的局面。当然，中国软实力建设不会以超过某国作为终极目标，超越自己才是正道，以达到民主、富强、文明、和谐的社会主义国家的战略目的。

第四节　良好的大国形象是战略保障

从国内来看，良好的国家形象有利于增强人民的政治信心和爱国主义感情，有利于巩固国家政权和政治制度的合法性基础。从国际来看，"良好的国家形象作为软实力可以提升国家的国际地位，改善外交环境，增强国家的对外交往力量以及在国际上的发言权和影响力，促进政治目标的实现"。① 具有良好形象的国家在争取国际公众的支持与引导国际舆论方面相对占有优势。在国际政治中，普通民众尽管很难直接参与政府的外交决策，但是他们对具有良好形象的国家的支持力度会对本国的外交政策产生影响；而在国际冲突中，他们也会站在自己比较喜爱或支持的国家一边，从而敦促本国政府制定有利于良好形象的国家的政策。从这两个方面看，良好的国家形象既是国家软实力的一种资源，又为国家软实力建设提供内外的保障性条件。中国要真正成为一个软实力大国，就必须在全世界树立起良好的国家形象。这不仅关乎中国作为一个文明古国实现全面复兴的命运，还关乎中国共产党所代表所追求的社会主义道路在世界上的生命力问题。

一　良好国家形象巩固国家软实力内部基础

中国在国际一些主流媒体上的形象在很多方面是负面的，但我们不能由此推断出中国的国家形象就是负面的结论。如表 5－2 所示。

---

① 韩源：《全球化背景下的中国国家形象战略框架》，《当代世界与社会主义》2006 年第 1 期。

表5－2　　　西方主流媒体中的中国形象（2000.12.20—2003.12.20）①

报纸	纽约时报		时代周刊		泰晤士报		经济学家		费加罗报		法兰克福汇报		读卖新闻		国家报	
评价	正	负	正	负	正	负	正	负	正	负	正	负	正	负	正	负
政治	4.8	42.6	5.4	62.2	7	45.6	7.9	49.4	23.8	33.7	10.4	40.3	0	37.5	0	54.8
经济	9	9.2	12	12	18.3	18.3	14.3	20.3	35.7	10.2	32.1	19.6	26.1	4.3	9.2	23.7
外交	7.4	21.2	14.3	7.1	10.3	21.6	5.1	25.4	19.3	5.6	19.9	8.1	9.2	6.9	1.3	5.2
人权	1.9	71	0	84	0	73.1	5.6	94.4	7.3	78	5.3	73.7	0	25	0	100
军事	5.4	21.4	0	100	5	25	0	75	22.2	22.2	0	11.1	0	36.4	0	0
社会法律	6.4	47.1	4.5	36.4	17.8	50.7	9.1	50	10.3	22.4	17.1	39	8.6	14.3	0	57.1
人物	11.2	23.6	12.2	19.5	30.2	18.6	32.1	17.9	64.5	9.7	12.5	25	0	14.3	0	0
环境	7.1	42.9	0	33.3	50	33.3	0	33.3	0	33.3	0	100	50	0	0	100
科技	35	10	0	9.1	33.3	11.1	62.5	0	52.5	10	57.1		33.3	16.7	0	0
医卫	1.7	45.3	0	61.5	11.5	30.8	9.1	54.5	12.5	45.8	13.9	63.9	0	0	0	40.7
文艺	17.7	13.9	0	3.3	16	28	15.4	30.8	67.3	2.7	16.7	16.7	33.3	0	20	0
政府	7	39	3	58	12.8	37.2	9	42	15	30	19	30	17	8	3	26
国家形象	基本正常，但同时又是"多病"和"面目丑陋"		稳定的一党制大国，官员腐败，有政治性压迫，经济快速发展		（单点突出，评价和缓）		既有蓬勃发展、健康积极的方面，也有阴暗消极的方面		经济快速发展，官员有政治性压迫，外交比较成功		政治不够开朗，外交上整体形象不错		既有健康积极方面，也有弊病方面		经济实力增强，文艺有魅力，政治方面比较暗淡	

一方面，在西方主流媒体中，中国各个方面并不全是正面评价低于负面评价，它们也看到了中国在某些方面取得的进步；另一方面，"西方媒体没有我们想象的那么重视中国，有关中国的报道所占的比例是很小的。如果看西方的媒体时不看别的，专门看有关中国的报道，特别关注有关中国的负面消息的话，自然会产生西方正在'妖魔化'甚至围堵中国的印象"。②

从现代传媒的视角来看，"传媒全球化影响的程度和因各国的大小强弱、本国文化的力量、语言差异和其他因素而不同，媒体在帮助人们建立共同的文化和价值体系、共同的传统和观察世界的方法的同时，也越来越

---

① 根据刘继南、何辉等著的《镜像中国——世界主流媒体中的中国形象》（中国传媒大学出版社2006年版）一书中的统计数据和总结性文字整理而成。表中的数字为百分比。

② 赵灵敏：《国家形象的塑造关键在国内》，《南风窗》2009年第14期。

成为一种有力的政治和外交武器"。① 西方媒体对此深谙其道，确实有有意识地对中国进行负面报道的可能，以引导社会民众对中国产生误解与反感。分析其原因：

一是从主要原因上讲，中国在表5－1中所涉及的多方面确实存在比较严峻的问题。现在，中国国内任何一件负面新闻都可能及时出现在国外主流媒体的报道中，从而引发国外公众对中国的不良印象。②

二是从根本原因上讲，进入20世纪90年代，特别是冷战结束后，"中国经济和政治上的进步与开放不符合西方尤其是美国公众长期以来从学校教育、传媒和好莱坞电影所看到的共产党的反派形象，中国在共产党领导下发生的巨大的社会经济与政治进步这样一个现实，与美国公众心目中的共产党形象有天壤之别。对美国媒体而言，如果不刻薄地报道中国，就会令很多公众失望和倒胃口，就会失去读者"。③ 正如费正清深刻指出的那样："我们（指美国当局——引者注）感到我们的基本价值观受到威胁。如果中国人自愿选择共产主义，那就可以断定人类的大多数是不会走我们的路——至少目前如此。因此，我们在这场危机中聊以自慰的，是认为新的中共独裁政权并不代表中国人民相当大的一部分人的利益，认为它只是靠武力和操纵手段才能维持下去，总之，我们认为它太坏，不能持久。因此作为一种原则和义务，我们无论如何必须反对它。"④

三是从西方媒体报道的潜规则上讲，一个事件的负面因素越多它构成新闻的可能性就越大。因此，西方媒体对中国负面新闻的报道多于正面新闻或刻意从负面报道中国都不足以为奇。例如，在缅甸密松电站事件中，缅甸部分非政府组织因对政府缺乏信任，又受西方媒体影响很大，它们极少传递有关中国投资的正面信息，甚至对电站环境评估报告等根本不知道。中国记者从缅甸媒体的相关讨论中透露出的信息看，支持密松项目的

---

① 何英：《美国媒体与中国形象》，广州：南方日报出版社2005年版，第1页。

② 例如，发生在2013年八、九月间的山西男童被挖眼案，英国《每日邮报》社、美国美联社等国外媒体都进行了详细报道。具体可参见：http://www.dailymail.co.uk/news/article-2410172/Aunt-Chinese-boy-6-eyes-gouged-prime-suspect-jumped-death-village-covered-blood.html；http://globalnews.ca/news/817590/police-in-china-suspect-woman-who-gouged-out-boys-eyes-was-aunt-who-later-killed-self/。

③ 李希光、刘康：《美国媒体为什么消极报道中国》，《环球时报》2000年10月13日。

④ ［美］费正清：《美国与中国》，张理京译，世界知识出版社2000年版，第437页。

人也有不少。"但缅甸民众显然并未能获得有关这一项目的更真实、全面的信息,特别是对中国投资方履行社会责任、对当地社会的贡献等了解不够。"① 因此,中国无须指望西方媒体主动客观公正地报道人民群众如何拥护中国共产党和中国政府以及中国政府在其他国家的合作共赢的投资。中国的国家形象得靠我们自己来塑造。

这从侧面反映公民素质、公共外交与民间外交对塑造国家形象的重要性,也说明一个国家塑造国家形象的关键是自我形象,即国内形象,是一个能否让人民群众满意的形象。如果一个政府在国内人民心中的威信很高,那它的国际形象一定也很好。国内民众不满意,却有好的国际形象,这基本上不可能。国内人民满意,而外国人不满意,第一不大可能,第二完全可以不予理睬。"中国不是世界政府,它不需要对全世界人民负责,而需要对自己的老百姓负责。"② 我们只有在这个基础上才谈得上对世界作贡献。正如戴秉国同志就中国发展目标阐释的那样:"中国发展的目标归结为一句话,就是对内建立和谐社会,对外推动建设和谐世界,也就是中国首先要对13亿中国人民负责,同时也对世界人民、对世界和平与发展负责,使中国发展的成果惠及国内民众和国际社会。"③ 国内人民满意,国家形象就好,执政党与政府的根基就牢,就不惧怕任何形式的外来威胁或渗透诱变。人民不满意,执政党与政府的国外形象不管多好多高,到头来都是一场空。把一个庞大落后的、经济社会发展不平衡的国家治理好了,中国共产党和人民政府的治理模式自然会吸引别人来学习与模仿,国家的国际形象就自然提升了。中国要有"酒好不怕巷子深"的自信。

所以,坚持科学发展观,贯彻落实"五位一体"总体布局,切实解决好国家内部的政治经济社会文化生态问题,使人民群众的物质文化生活得到真实提高,干部清正、政府清廉、政治清明,社会趋于和谐,国家在人民群众中的形象自然就良好起来,爱国主义情感就生长起来,执政党与政府的合法性就得到持续性提升。这既为中国软实力建设提供了必需的政治社会环境保障,又巩固了软实力建设的国内基础。国内基础不稳不牢的话,国家软实力建设就会受到国内诸多因素的掣肘而收效甚微。

① 丁刚:《中国投资显著改善缅甸民生》,《人民日报》2011年10月7日。

② 赵灵敏:《国家形象的塑造关键在国内》,《南风窗》2009年第14期。

③ 戴秉国:《坚持走和平发展道路》,《人民日报》2010年12月13日。

中国的国内形象越好，就越能改变国际形象。国内形象搞得好，也就意味着中国共产党与人民政府具有较强的执政能力与治理能力，能把人民群众紧密团结在共产党的周围，中国有强大的民族凝聚力，社会主义政治制度与政治文化具有较强的吸引力与竞争力，从而使别国不能也不敢小觑。国内形象不好，人民群众不满意，社会不满情绪暗流涌动，那么国内外的敌对势力就会更加兴奋，其企图就会更加得逞。事实上，中国的国内形象越好，对世界的吸引力与影响力就越大，就越能改变西方对中国的看法。正如美国一些人士说的那样，我们可以批评中国，但不能妖魔化，美国要学会与中国分享世界舞台；① 中国不是苏联，"如果奥巴马总统认为他在外交上是务实派的话，就应该停止将中国当作潜在的敌人，发挥想象力与中国搞好合作"。②

从这方面看，国家的内部形象是中国进行软实力建设的根本保障。而改善中国的国际形象不能仅仅把焦点集中于提升国际话语权和改进宣传策略上，这些都不足以从根本上改善中国的国家形象。"一个国家要塑造良好的国际形象，首先要练好'内功'，即发展经济、政治、科技、文化、教育；同时奉行和平、友好、合作的对外政策"。③ 因而塑造中国的国家形象，更重要的是"内修文德"（改善民生、提升民权、促进社会公平），"外彰义举"（公正处理国际争议、积极参与国际规则制订、应对全球性问题、为发展中国家争取权益）。"这才是提升国际形象的'治本'之道。"④

二　大国形象保证国家软实力建设外部环境

"在当代国际社会，国际形象已经成为一国最重要的无形资产之一，而且其重要性与日俱增。一般说来，一国国际形象的优劣，在很大程度上决定着该国对国际责任履行和国际制度建设的成效。一方面，良好的国际形象是一国履行国际责任和参与国际制度建设的基本前提。……另一方面，良好的国际形象可以转化为一国履行国际责任和参与国际制度建设的

---

① Rekha Basu, *An Important Lesson Is That We Need China, and China Needs Us*, The Des Moines Register, Dec. 18, 2011.

② Marvin Kalb, *China Is not the Soviet Union*, The Brookings Institution, January 10, 2012.

③ 门洪华、周厚虎：《中国国家形象的建构及其传播途径》，《国际观察》2012 年第 1 期。

④ 《底气十足 杨洁篪一番话令台下记者眼前一亮》，《参考消息》2012 年 3 月 9 日。

物质力量。"① 因此，中国软实力建设在巩固国内基础的同时还需要构建一个良好的国际形象，从履行国际责任、参与国际组织、构建国际制度中既获得国家软实力，又为国家软实力内部基础建设的顺利进行，提供相对稳定的良好的国际环境保障。

但从目前来看，中国面临的国际局势比较凶险。虽然在经济方面中国可以在很多地区比较顺利地实现了国家意图，但在政治军事文化方面遭到的阻力比较大，尤其是在东、南、西等周边地区美国已经形成对中国的政治军事防御带，使中国软实力的建设与运用受到了很大的压制。同时，西方媒体中形形色色的"中国威胁论"、"殖民掠夺"等论调在世界上此伏彼起，使中国的国际形象被解构得支离破碎。中国软实力建设面临的一个战略任务，就是如何通过大国形象的整体性塑造来保障国家软实力建设所需要的国际环境，并通过这个良好的大国形象来进一步打开中国软实力的国际空间。

一是塑造坚决捍卫国家利益的国家形象，为国家软实力建设提供一个相对安定的周边环境保障。现在，"中国面临的安全挑战更加多元和复杂"，② 捍卫国家主权和领土完整更加艰巨。对此，中国的武装力量要"随时应对和坚决制止一切危害国家主权、安全、领土完整的挑衅行为，坚决维护国家核心利益"。③ 在关系到中国领土主权问题上，中国的底线必须坚守，必须以实力宣示主权，以实力赢得和平。"这种实力宣示不能狭义理解为武力解决，它可以是经济外交力量的综合运用，可以是军事威慑、能量展现。"④ 中国要善于利用软硬实力和灵活多样的手段坚决维护国家利益，防止日本、菲律宾和越南等国借用美国力量来挑衅滋事，妨碍或扰乱中国的软硬实力建设。

在领土争端问题上，"搁置争议、共同开发"在当时的历史环境下不失为一种较好的过渡性策略选择，但这种策略没有从根本上解决问题。中

① 田建明：《中国软实力战略研究——国际形象、国际责任与国际制度的战略互动》，2010年吉林大学博士学位论文，第113页。

② 中华人民共和国国务院新闻办公室：《2010年中国的国防》，《人民日报》2011年4月1日。

③ 中华人民共和国国务院新闻办公室：《中国武装力量的多样化运用》，《人民日报》2013年4月17日。

④ 《南海博弈：中国要用实力赢得和平》，美国《侨报》2012年4月23日。

国可以做到"搁置争议、共同开发"，但问题是有些国家做不到，时不时地提高军事行动级别来破坏早一代领导人之间达成的协议。而美国更不愿意看到大洋彼岸有一个强国的出现，因而对这些争议进行煽风点火。钓鱼岛与黄岩岛的争端升级一再表明，中国要拿出誓死一拼的决心与对等升级的原则树立起坚决捍卫国家利益的国家形象，才可能维持一个比较安定的周边局势来保证国内的软硬实力建设。如果没有这种决心与智慧，中国应对不了日本、菲律宾与越南等国的挑衅；如果在核心利益上摇摆不定的话，国家形象就是模糊不清的，或软弱的，那些支持中国的国家就不能作出有利于中国的外交政策，国内的民众也可能因此对中央政府产生失望情绪，从而不利于国内民族凝聚力的增强。也只有如此坚决誓死的信心与勇气，才可能使美国和与中国有领土（海）争端的国家回到谈判桌上解决问题。

二是塑造负责任的大国形象，为国家软实力建设提供良好的国际环境保障。中国要构建起负责任的大国形象，就需要有"大国作为"，承担起与其国力和国际地位相应的国际责任与义务。"'大国作为'是指一个大国不单单是在实施自身应承担的国际责任和义务，而且会结合本国利益和需求，将国际形势和地区环境向有利于自身利益的方向引导，甚至采用一些非常规手段，这就是大国的有所作为。如果无法有所作为，便说明这个国家的力量还不够强大，影响力还不够深远，尽管有了一定的实力，但还是不能被称作'大国作为'，顶多就是充当承担大国责任的角色。目前的中国就是这样的角色。"① 要改变这种现状，就需要中国发挥政治智慧与政治勇气，用"有所作为"来塑造起负责任的大国形象，来改变中国的国际生存与发展空间，保障中国的软硬实力建设。

一方面，中国塑造负责任的大国形象既不以美国为对手，也不以美国的意志为转移，要有自己的坚定立场、战略意志与战略目标。中国在塑造大国形象的过程中，不能被美国的意见左右，对美国既不害怕斗争，也不排拒合作。正如新加坡学者马凯硕（Kishore Mahbubani）说的那样：美中两国应该互相竞争，就如何促进地区和全球更好合作拿出各自的构想。② 这就考验中国的治理模式、政治制度与政治文化是否具备内在的说服力与

---

① 《中国承担大国责任是自然过程》，《参考消息》2011 年 12 月 4 日。

② Kishore Mahbubani, *The New Asian Great Game*, Financial Times, November 23, 2011.

外在的吸引力。因此，中国的大国形象建构要有自己鲜明的特性，紧紧扭住自己的战略目标，在"和谐世界"构想里不断充实自己的治理模式和提供国际公共产品，展示中国特色社会主义政治文化与政治制度的内在说服力与外在吸引力。

　　另一方面，中国要转变战略思维，中国外交要有政治意志，要敢于承担维护地区安稳的重大责任。在国际安全体系仍受控于强权政治和霸权主义的背景下，没有这样的责任承担，中国就找不到真正的朋友和友谊。现在，"中国周边诸国在安全问题上正在开始重新'站队'，如果中国不能有所作为，那么美国就会'大有作为'"。① 我们发现，随着中国国力的增强，中国的国际生存与发展环境不是越来越好，反而是越来越不利，在国际上的政治经济文化军事活动受到的批评越来越多。对中国提出批评的不仅有西方国家，也有一些发展中国家。现在，与中国有政治经济文化紧密联系的东盟部分国家，对中国也越来越不安。菲律宾、越南、马来西亚和印度尼西亚日益加强与美国的政治军事关系，希图借助美国的力量来制衡中国。这正与美国"重返亚太"或"亚太再平衡"战略意图不谋而合，于是美国借机加强了它在亚太地区的军事力量。"虽然中国不能取代美国维持世界秩序，但中国也不能光依赖美国来维持世界秩序。只有当中国发展出了维持世界秩序的足够的能力，中美合作才能更具制度化和更有效。"② 因此中国要积极主动地提供地区与国际性的公共治理与安全产品，通过中国的国际治理能力贡献来增强中国对世界的吸引力与影响力，以争取更多的国家对中国的支持。"如果中国能提供更多繁荣与安全的机会，（东亚）国家自然会被中国吸引；如果美国提供更多的机会，则吸引力会朝向它这边。"③

　　实事求是地讲，作为联合国安理会常任理事国之一，中国在这一重大国际组织中的话语权在很多时候不如另外几个大国，"在全球事务中的威望和代表权的'含金量'，并不像国内一些媒体宣扬的那样或普通百姓以

　　① 《中国应为周边输出安全保障》，《参考消息》2011 年 11 月 7 日。
　　② 郑永年：《中国实现"大国大外交"几个条件》，新加坡《联合早报》2010 年 10 月 26 日。
　　③ Geun Lee, *China's Soft Power and Changing Balance of Power in East Asia*, p. 5. The paper presented at a Center for U. S. – Korea Policy workshop, August 2010, Korea.

为的那样"。① 除了在经济上有较大的发言权以外，中国在政治上的发言权并不大。这既与中国参与国际组织与国际制度的深度不够有关，也与中国向世界提供的公共治理与安全产品的不足有关。中国在国际上的政治活动焦点与公共安全产品供给主要与中国自身的经济政治利益问题紧密相关，如内政中的台湾问题、西藏问题、新疆问题等。外交中的很多问题也直接与中国的政治经济安全相关，如苏丹达尔富尔问题、中东问题、朝核问题。中国倡导建立或作为重要成员的一些区域性合作组织或合作框架，如上海合作组织与"湄公河流域多国开发合作"等，直接关系到中国的周边局势与国内安全。中国代表在安理会和其他国际场合投下的否决票也多与中国的战略和政治经贸利益有关（尤其是中国台湾问题）。除这些之外，中国则少以供给国际公共产品。与国际性问题相关的公共产品供给不足，表现中国负责任的大国形象就缺乏一些关键性的要素，既不利于中国大国形象的塑造，也不利于中国软实力生长与运用所需的国际环境。

三是中国在国际上要塑造公道正义的大国形象，争取更多政治盟友的国际支持，为国家软实力提供广阔的国际空间保障。"在中美不可避免的竞争中，决定最终谁将胜出的是争取民心的角逐，人心向背最终将决定这场竞争的胜负。为了与美国竞争，中国就需要向世界展示中国文化的传统魅力与现代意义，塑造王者风范，发展出比美国质量更高的外交和军事关系。事实上，中美之间竞争的焦点就是看谁拥有更多高质量的盟友。为了实现这一目标，中国必须为世界提供比美国道义水平更高的领导。"② 因此，中国要给世界塑造一个追求和平、自由、诚信、责任、民主、人道、仁爱、宽和、合作、平等、公正等政治价值观和遵守联合国宪章的国家形象。

"如果我们希望国际社会把中国看成是在国际上伸张正义的国家，我们必须在国际事务中有勇气来做到这一点。"③ 正如习近平同志所说，中国在"走前人没有走过的路，做前人没有做过的事"，④ 那么这样的"孤独的领跑者"需要有一批追随者才意味着中国在赢得他国的民心——即

① 王逸舟：《用国际贡献赢得世界认同》，《环球时报》2008 年 10 月 10 日。

② Yan - Xuetong, *How China Can Defeat America*, The New York Times, November 20, 2011.

③ 王希：《有关中国国际形象的思考》，《国际新闻界》2000 年第 1 期。

④ 钱彤：《习近平会见欧洲理事会主席范龙佩和欧盟委员会主席巴罗佐》，《人民日报》2013 年 11 月 21 日。

"软实力"。摆脱孤立状态，获得政治上的盟友或追随者，是中国亟待解决的软实力问题。不然，仅仅依靠经济增长与全球经贸来形成中国的国家软实力，在西方国家和部分发展中国家日益挤压中国国际政治空间的现实与未来背景下只会越来越被动，经济增长所带来的软实力效应只会越来越微弱。在经济迅速增长的激励下，"很多人错误地认为，中国能够通过加大经济援助来改善对外关系。但是经济援助很难买到感情，这样的'友谊'经不起困难时期的考验"。①

仅仅只有经济上的联系而无政治上的相互照应，顶多算是生意场上的朋友。由于中国外交慢慢地从意识形态逐渐转移到了经济上来，使得一些过去和中国有着非常深厚的意识形态关系的国家也都纷纷改弦易辙，变成了经济至上的关系户。但在经济大发展的时候，中国与其他国家之间的关系，不是变得牢不可破而是变得异常的脆弱了！"其主要原因在于中国坚持的'不干涉别国内政'原则导致一些国家受到欺负的时候中国冷处理了这种意识形态上存在共同立场的国家，使一些对中国抱有希望的国家开始慢慢地疏远中国，所以一旦涉及领土等这一类的政治议题的时候，中国就显得成了孤家寡人。"②

也就是说，在国际政治中，中国怎么塑造坚持公道正义的国际形象。没有对国际公道正义的坚定立场与支持，中国也就树立不起与美国平衡的国家形象，也就打不开中国软实力的国际空间。中国改革开放以前的意识形态外交产生了很多弊端，但并不意味着意识形态外交就一无是处。现在中国将经济外交作为重点也没有错，但与改革开放以前的意识形态外交一样不能走极端。在很大程度上说，意识形态上的政治盟友比经济上的生意盟友要可靠一些。尽管在拉丁美洲，与中国台湾地区有外交关系的国家相对其他地区最多，③ 但都是些小国。中国的外交不能疏远与拉丁美洲的政治意识形态关系。拉美一些国家不仅是中国生意上的伙伴，还是意识形态上的战友。中国外交不能矫枉过正，应与拉美非洲形成共鸣，在国际正义

---

① Yan Xuetong, *How China Can Defeat America*, the New York Times, November 20, 2011.

② 博主"中国人中国龙"：《中日钓鱼岛争端 为何没有国家支持中国？》，新浪网 http：//blog. sina. com. cn/s/blog_ 4c604c2f0102ejtc. html，2012 - 10 - 19。

③ 截至 2013 年 11 月，与中国台湾地区建立外交关系的 22 个国家中有 12 个来自拉丁美洲，分别是：巴拿马、巴拉圭、洪都拉斯、危地马拉、尼加拉瓜、萨尔瓦多、伯利兹、多米尼加、海地、圣文森特和格林纳丁斯、圣基茨和尼维斯、圣卢西亚。

问题上不要怕得罪美国及其盟友（批评美国也不会使中美关系变坏，不得罪美国也不会使中美关系变好；中美关系坏也不可能很坏，好也不可能很好，这是中美关系的基调）。"绝不当头扛大旗"并不意味着一定要畏畏缩缩，躲在他国背后，对美国的错误行径该批评的时候还是要大胆批评，对受到欺压的国家要作出政治经济上的支持。塑造坚持国际正义公道的国际形象，"虽然中国现在感到孤立，但时间仍站在它这边"。① 面对越来越富含挑战性的国际环境，中国需要通过塑造负责任的大国形象来突围，为国家软实力建设打开更广阔的国际空间。

第五节　社会主义现代化国家是战略目标

党的十三大确立了党在社会主义初级阶段建设有中国特色的社会主义的基本路线的目标是"为把我国建设成为富强、民主、文明的社会主义现代化国家而奋斗"。报告指出，我们要通过坚持改革开放和坚持四项基本原则来"显示社会主义的优越性和增强社会主义的吸引力"。此后，"富强、民主、文明"成为中国进行社会主义现代化建设的奋斗目标。2006 年党的十六届六中全会与时俱进地增加了"和谐"，提出了"为把我国建设成为富强民主文明和谐的社会主义现代化国家而奋斗"的目标。党的十七大、十八大的报告均沿用这一提法，把富强、民主、文明、和谐作为社会主义现代化国家建设的奋斗目标。因此，中国软实力建设不是以超越某国为目的，而是以建设富强、民主、文明、和谐的社会主义现代化国家为战略目标。

一　国家软实力建设的富强目标

国富民强也好，还是民富国强也好，自古以来一直是我们中国人的追求目标。春秋时期管子就提出："治国之道，必先富民。民富则易治也，民贫则难治也"；"富而治，此王之道也。"② 古人希望通过政治经济社会

---

① Lanxin Xiang, *Playing It Cool*, South China Morning Post, Dec. 16, 2011.
② （春秋）管仲：《管子》（治国第四十八），北京燕山出版社 1995 年版，第 335、337 页。

发展与善治实现"民富国强，众安道泰"。① 到近现代以后，随着西方世界的兴起而中国长期处于衰微状态，"富强"更是成为中华民族为之奋斗的目标。但如何实现富强呢？胡锦涛同志指出："世界上没有放之四海而皆准的发展道路和发展模式，也没有一成不变的发展道路和发展模式。我们既不能把书本上的个别论断当作束缚自己思想和手脚的教条，也不能把实践中已见成效的东西看成完美无缺的模式"，我们要"不断完善适合我国国情的发展道路和发展模式"。② 也就是说，富强既是中国社会主义现代化建设的一个目标，又要在通向富强之路中发展中国的特色。

"富强"尽管在很大程度上可能属于硬实力的范畴，但一个富强的国家一般对那些不太富强尤其是贫困落后的国家会产生软实力影响，因为这些国家也"渴望达到其繁荣和开放的水平，从而愿跟随其后"。中国要产生世界性的软实力影响，首先就需要实现富强，达到发达国家的水平。离开这一决定性的前提条件，中国的国家软实力很可能一直会停留在某一阶段而无法上升。在国外一些人士看来，"如果到2030年时仍未另辟蹊径的话，那么亚洲不仅实现不了全面繁荣，也将无缘于任何一种形式的繁荣"。③ 这就暗含着中国实现富强对其未来国际竞争力的重要性。因为，"只要西方民主国家仍然保持一定的强大和繁荣，中国对世界经济的推动力就不足以使其他国家向中国看齐"。④ 只要中国的富裕程度达不到西方民主国家的程度，中国对广大发展中国家的软实力影响就不及它们。因此，实现富强的社会主义国家是中国软实力建设的目标之一。

达到"富强"这个目标还需要中国形成自己的发展道路和发展模式，为发展中国家树立一个榜样。如果步入西方现代化模式的后尘，中国就树立不起社会主义政治制度与社会主义政治文化的软实力，其结果可能是欧美国家软实力的陪衬。事实上，"富强"所产生的软实力在于中国在实现

① （汉）赵晔：《吴越春秋》（卷八 勾践归国外传），江苏古籍出版社1986年版，第111页。

② 胡锦涛：《在纪念党的十一届三中全会召开30周年大会上的讲话》，《求是》2008年第24期。

③ Chandran Nair, *iToys Won't Fix Asia's Broken Growth Model*, Financial Times, April 19, 2011.

④ Peter Ford, *The Rise of An Economic Superpower：What Does China Want？* The Christian Science Monitor, November 5, 2011.

富强的过程中折射出的中国发展道路与发展模式的内在说服力与外在吸引力，包括中国的社会主义政治制度与政治文化的模式。现实已证明，中国成为世界上的第二大经济体，表明了"西方式的现代主义不再是唯一切实可行的现代化道路"。① 尽管西方一些人士对中国的发展经济并保障人民生活幸福加牢牢掌握政权及其政治设施的发展模式提出了"能持续多久"的质疑或污蔑，但他们也不得不承认这种模式对发展中国家具有一定的吸引力。② 如果中国在2020年能实现全面建成小康社会的奋斗目标，我们有理由相信中国对发展中国家的软实力影响会更强大。

二　国家软实力建设的民主目标

民主对于社会主义国家的重要性，列宁同志早已指出："没有民主，就不可能有社会主义，这包括两个意思：（1）无产阶级如果不通过争取民主的斗争为社会主义革命作好准备，它就不能实现这个革命；（2）胜利了的社会主义如果不实行充分的民主，就不能保持它所取得的胜利。"③ 毛泽东同志也指出："中国缺少的东西固然很多，但是主要的就是少了两件东西：一件是独立，一件是民主。这两件东西少了一件，中国的事情就办不好。"④ 这都说明，无论是社会主义革命，还是社会建设，民主都像空气那样须臾不可失去，是共产党的立党之本。党的十二大就明确提出"建设高度的社会主义民主，是我们的根本目标和根本任务之一"。党的十七大再次指出"人民民主是社会主义的生命"，"发展社会主义民主政治是我们党始终不渝的奋斗目标"。因此，实现发达的社会主义民主是中国现代化建设的根本目标之一。

从国家软实力的角度看民主时，"一个大国的软实力也就主要表现在其政治价值观、政治理念是不是有普适性。该国能否把国内的某些政治、

---

① Eric Li, *How China Broke the West's Monopoly on Modernization*, The Christian Science Monitor, April 28, 2011.

② Rowan Callick, *The China Model*, American: *A Magazine of Ideas*, Vol. 1, No. 7, 2007, pp. 36 – 104.

③ 《列宁选集》（第二卷），人民出版社1995年版，第782页。

④ 《毛泽东选集》（第二卷），人民出版社1991年版，第731页。

经济和制度作为一种普适性的价值观被别国接受"。① 在奈看来，软实力的本质在很大程度上其实就是一个国家的民主制度与民主文化对他国产生的说服力、吸引力与影响力。在民主化时代，民主对国家软实力的重要性在于，如果一国的政治制度被国际社会认为是专制或不民主的，那么这个国家的软实力就无从谈起，一切软实力建设将付之东流。在进行中国软实力建设的过程中，我们需要将社会主义民主政治建设上升到战略的高度来认识它的重要意义。

现在，我们在高度警惕西方对中国运用硬实力的同时，"更应高度警惕对我运用西化、分化的'软实力'、'巧实力'。我们还应特别注意到，在新的形势下，以美国为首的西方强国'软实力'中'金融操纵'、'意识操纵'、'非政府组织渗透'、'信息干扰'等新武器的新作用"。② 因此，中国现代国家建设的目的，不仅在于巩固政权、维护现行制度，"更重要的还在于为中华民族构建一套较完整的民主制度体系、深入人心的现代价值理念，并以此为基础，建构一个稳定有效的现代民族国家政治共同体，从而实现我国的长期稳定和谐与繁荣发展"。③ 这就会从政治制度与政治文化的核心基础角度为中国软实力的建设与发展积聚国内力量。如果中国特色社会主义民主的创新和成功能够成为一种代表人类未来需求的话，那么中国就会在国际上大大增强和提升自己的国家软实力。简言之，"中国发展软实力必须发扬社会主义民主，建设社会主义政治文明"。④

三　国家软实力建设的文明目标

文化作为国家软实力的主要资源已受到世界各国的高度关注，一些文化大国把文化发展作为本国软实力建设的重要政策。中国也不例外。中国共产党不仅"历来高度重视运用文化引领前进方向、凝聚奋斗力量，团结带领全国各族人民不断以思想文化新觉醒、理论创造新成果、文化建设

---

① 李希光：《中国软实力建设中的几大难点》，人民网 http：//unn. people. com. cn/GB/22220/142506/8625983. html，2012－02－07。

② 李慎明、陈之骅：《居安思危——苏共亡党二十年的思考》，社会科学文献出版社 2011 年版，第 52 页。

③ 林尚立：《社会主义与国家建设：基于中国的立场和实践》，《社会科学战线》2009 年第 6 期。

④ 邓显超：《提升中国软实力路径》，《理论与现代化》2006 年第 1 期。

新成就推动党和人民事业向前发展"，而且在改革开放特别是党的十六大以来，"始终把文化建设放在党和国家全局工作重要战略地位"。① 党的十八大报告就指出："文化实力和竞争力是国家富强、民族振兴的重要标志。"在国民经济与社发展的规划中，党中央把文化建设放在了相当重要的地位，既努力解决人民群众日益增长的物质文化生活的需要，又增强中国文化在世界文化中的竞争力。

在文化建设中，高度发达的物质文明与精神文明历来是中国共产党和中国政府努力实现的目标。随着制度与生态的重要性日渐突出，2002 年党的十六大提出要建设"政治文明"，2007 年党的十七大提出要建设"生态文明"。党的十八大更是提出要"把生态文明建设放在突出地位，融入经济建设、政治建设、文化建设、社会建设各方面和全过程，努力建设美丽中国，实现中华民族永续发展"。按照十八大提出的"五位一体"总体布局的要求，在中国软实力建设的过程中，我们需要把物质文明、精神文明、政治文明与生态文明结合起来，实现各个文明之间全面的、协调的、可持续的发展，创造出先进的中国社会主义生产方式与生活模式，增强中国发展道路的说服力、竞争力与吸引力。

从国际软实力竞争来看，其最终的焦点与落脚点均在于一国能否向世界提供一种先进的文明方式，这既包括物质的、精神的，也包括政治的、生态的。谁在文明方式上占据优势，谁就在国家软实力上占优势。中国的国家软实力建设要打开空间，获得深远的影响力，也在于要提供一种与资本主义媲美甚至更先进的文明方式。尤其是政治文明，也就是社会主义政治制度与社会主义政治文化，更要显示出合理性、有效性以及符合人类社会发展的规律性，才可能从根本上提升中国的国家软实力。

中国建设先进的物质文明、精神文明、政治文明与生态文明，"不但是给占世界总人口四分之三的第三世界走出了一条路，更重要的是向人类表明，社会主义是必由之路，社会主义优于资本主义"。② 到那时，中国软实力就不可同日而语了，它会在世界上真正彰显出来。因此，"中国软实力建设要有大眼光、大思路，要将中国软实力建立在具有道德优势的中

---

① 中国共产党第十七届中央委员会第六次全体会议：《中共中央关于深化文化体制改革推动社会主义文化大发展大繁荣若干重大问题的决定》，《人民日报》2011 年 10 月 26 日。

② 《邓小平文选》（第三卷），人民出版社 1993 年版，第 225 页。

国传统文化和中国特色社会主义基础上，占领当代人类道德高地，这是中国作为世界大国对人类承担的历史责任所在"。①

四　国家软实力建设的和谐目标

在社会主义现代化建设时期，中国的一个发展目标就是建设社会主义和谐社会。党中央指出："社会和谐是中国特色社会主义的本质属性，是国家富强、民族振兴、人民幸福的重要保证。""构建社会主义和谐社会，是……从中国特色社会主义事业总体布局和全面建设小康社会全局出发提出的重大战略任务，反映了建设富强民主文明和谐的社会主义现代化国家的内在要求，体现了全党全国各族人民的共同愿望。""把中国特色社会主义伟大事业推向前进，必须坚持以经济建设为中心，把构建社会主义和谐社会摆在更加突出的地位。"② 这里，党中央把和谐社会提到了社会主义本质的地位，足以说明社会主义和谐社会建设在中国现代化建设中的重要地位。这样，"和谐"与"富强"、"民主"、"文明"一道成为中国软实力建设的战略目标。

建设和谐社会，也就是要努力建设一个民主法治、公平正义、诚信友爱、充满活力、安定有序、人与自然和谐相处的社会主义社会。这既包含了社会主义政治制度与社会主义政治文化的建设，也包含了公民道德素质的提升、社会创造力与凝聚力的增强、生态环境的改善。通过和谐社会的建设，共同推动社会建设与经济建设、政治建设、文化建设、生态建设的协调发展。如果我们要说"中国模式"，这种政治经济社会文化生态的全面的和谐的发展模式才可能是中国特色社会主义的真正模式，才是我们追求的理想目标，而不是目前国内外一些学者总结的"经济的市场化＋政治的有效控制"的模式。他们总结的这种模式在很大程度上可以说只是一种经济增长的方式，是中国特殊发展阶段的产物，并非中国社会现代化建设的本质特征与核心。中国社会主义现代化建设的目标性策略已经从早期阶段的"四个现代化"改变为现在的"科学发展观"，社会主义和谐社会的模式才可能是真正的"中国模式"。

---

① 郑彪：《中国软实力》，中央编译出版社 2010 年版，第 1—2 页。

② 中国共产党第十六届中央委员会第六次全体会议：《中共中央关于构建社会主义和谐社会若干重大问题的决定》，《人民日报》2006 年 10 月 19 日。

　　倘使中国建设成一个和谐的社会主义社会，那"中国模式"也就真正形成与成熟了，在国际上就具有了一种普遍意义上的说服力、吸引力与影响力。因为，没有哪个国家的人民不想自己的社会是一个民主法治、公平正义、诚信友爱、充满活力、安定有序、人与自然和谐相处的社会？况且中国这样一个拥有 13 亿人口的大国，在贫穷落后的基础上能建立起这样的一个社会，既是了不起的成就，又相比那些接近或基本实现社会和谐的小国如瑞士、瑞典、挪威、芬兰、丹麦、比利时、新西兰等国更有普世性的说服力。

　　"真正有效的软实力总是具有某种普世价值意义的，不仅仅只是某一特定国家的价值取向，而是其他国家的人也能承认的。"① 中国能够用社会主义制度把 13 亿人的生存与发展问题，或者政治、经济、社会、文化与生态问题解决好，就是对人类社会的最大贡献，是对发展中国家社会发展理论最大的贡献。如果社会主义和谐社会的"中国模式"做好了，那就能成为中国最大的软实力资源。我们把社会主义和谐社会建设好了，别人自然就会主动来学，中国的国家软实力自然而然地就增强与提升了。再者，中国发展的目标是"对内建立和谐社会，对外推动建设和谐世界"，要使中国倡导的"和谐世界"产生世界性的软实力影响，那对内的和谐社会的建设与实现也就是它的前提性条件。只有中国首先实现国内的和谐社会，才能为"和谐世界"提供说服力。

---

　　① 吴铭：《甘阳访谈：中国的软实力》，《21 世纪经济报道》2005 年 12 月 26 日。

结　论

　　改革开放以来随着经济上的崛起，中国软实力的增长与提升也开始引起世人的关注。这既得益于中国较为丰富的软实力资源，又得益于中国自身的努力建设。但与那些软实力大国相比，中国仍然还有很大的差距，也没有从根本上改变在世界软实力格局中所处的被动与不利局面。面对国内外的种种不利条件与情势，中国软实力建设可以说是步履维艰。尼克松曾说："连环套是世界运作的固有方式，但美国要从中获利，则必须进行实践。"① 美国对中国软实力的围堵也确实是一环套一环。从 2008 年美国国会报告提出的针对中国软实力的十二条措施，② 到 2011 年"重返亚太"或"亚太再平衡战略"的实施，以及对中国本土的政治经济社会文化全面渗透，无论是对中国软实力内部基础的建设，还是外部塑造与国际拓展，都造成了相当强的制约因素。此外，其他一些西方国家也从未放松对中国的颠覆与破坏，一些发展中国家也对中国虎视眈眈或充满疑虑。在这种国内国际不利因素相互交错互应的背景下，我们需要构建中国软实力建设的基本路径与战略体系来实现中国社会主义现代化建设的目标——富强、民主、文明、和谐的社会主义国家，成为一个真正的软实力大国。"正如中国经济和军事的实力远不能与美国旗鼓相当一样，中国的软实力仍然还有很长的路要走。"③ 在向软实力大国前行的过程中，我们要有足够的耐心与高瞻远瞩的策略，不断推进中国软实力建设。

---

　　① ［美］理查德·尼克松：《1999：不战而胜》，中国人民公安大学出版社 1988 年版，第 204 页。

　　② 国会研究局图书馆在为参议院外交关系委员会提交的 "*China's Foreign Policy and 'Soft Power' in South America, Asia, and Africa*" 报告第 14—15 页中，专家们提出了 12 条措施，包括重振美国吸引力以对抗中国、反对中国大陆孤立台湾、美国成为中非合作论坛上海合作组织与东亚峰会的观察员、利用亚太经合组织扩展美国软实力等。

　　③ Joseph S. Nye, *The Rise of China's Soft Power*, The Wall Street Journal Asia, December 29, 2005.

一　谦虚谨慎少说多做为国家软实力建设策略

奈对中国软实力曾有这样的一个评价，即"尽管中国的软实力与美国相去甚远，但忽视中国正取得的软实力是愚蠢的，对美国来说，现在是需要更加关注亚洲软实力平衡的时刻了"。[1] 他的这种"软实力平衡"可能包含两层意思：一是中国作为大国尤其是联合国安理会常任理事国，美国在世界上尤其是在亚洲的利益行动离不开中国的合作或支持，而且中美之间经济联系十分密切，这种国家利益上的"相互依赖"造成中国软实力过于弱小的话反而不利于美国。因此，"在严重的金融危机和经济衰退的威胁面前，在应对气候变化、能源不足、生态环境恶化和粮食短缺等全球性挑战的时候，我们更有理由相信中美的软实力可以相辅相成"。[2] 二是中国软实力又不能强大到威胁美国国家利益的程度，如果中国软实力即将达到这种威胁程度，那美国必须"平衡"中国的软实力。

在奈提出"软实力平衡"观点之后，美国国会研究局的一份研究报告指出："许多分析家认为，中国正在增长的影响力也许以美国权力与影响力的下降为代价。"其中，"一些观察家认为中国日益增长的软实力的后果，以及中国的目标，是使美国在东南亚地区的影响力下降。"[3] 虽然另一些观察家认为中国崛起对美国而言并非零和博弈，主张改善美中关系，但从整体上说还是前一种观点占上风，因为"很多人担心中国日益增长的国际经济吸引力正在相应地扩展它的政治影响力"。[4] 这样，对美国而言，"了解中国将何时使用软实力达到目标，其中包括威胁美国利益的硬实力目标以及必要时使用软实力与美国抗衡的目标"[5] 是十分必要的。

---

[1] Joseph S. Nye, *The Rise of China's Soft Power*, The Wall Street Journal Asia, December 29, 2005.

[2] ［美］约瑟夫·奈、王缉思：《中国软实力的兴起及其对美国的影响》，《世界经济与政治》2009 年第 6 期。

[3] Thomas Lum (ed.), *China's "Soft Power" in Southeast Asia*, CRS Report for Congress, Order Code RL34310, "Summary", January 4, 2008.

[4] The Congressional Research Service Library of Congress, *China's Foreign Policy and "Soft Power" in South America, Asia, and Africa*, Washington: U. S. Government Printing Office, 2008, p. 4.

[5] Joshua Kurlantzick, *China's Charm: Implications of Chinese Soft Power*, Carnegie Endowment for International Peace Policy Brief, No. 47, 2006, p. 2.

在美国的智库学者与国会专家针对中国软实力展开大量研究之后，他们认为，对中国增强的软实力和硬实力的评估可以得出如下结论：中国对美国霸权的挑战不能被排除，美国必须慎重地保持适当的军事力量来面对这个潜在的真正竞争者。① 因此，美国在战略部署上采取了双重手段：直接遏制中国软实力的增长，以及加强与日本、菲律宾、越南、印度、韩国、澳大利亚、马来西亚、印度尼西亚以及中亚国家等中国周边地区国家的军事政治经济联系来封堵中国软实力的扩展空间。

此外，中国周边的一些国家，如日本、韩国、俄国、印度，以及新加坡、英国、法国、德国等国都在研究中国软实力。也就是说，中国增长的国家软实力现在已经引起世界的关注。在这些国家中，除了少数国家对中国软实力的增长持客观公正的立场外，大多数国家在内心深处并不希望中国软实力增长，甚至在某种程度上是敌视和仇恨。其中，美国希望中国成为它的配合者而不是竞争者，更不是挑战者。况且，美国的国家利益丝毫容不得他人挑战，尤其是中国这样的社会主义国家。正如美国一学者指出的那样：中美之间"真正的威胁不在于军事冲突，而在于中国的崛起和在中东地区的行动可能会触发与美国的紧张关系，以致会进一步恶化二者的全球关系"。② 另外，"美国硬实力仍然强劲，而软实力相对下降。这里相对下降是指美国自己和自己比，而不是与他国比"。③ 但美国的忧患意识特别强烈，特别是冷战之后生怕失去它作为唯一超级大国的地位。因此，美国在担忧自己国家软实力下降的同时时时刻刻都在分析与提防中国软硬实力建设。

而对一些发展中国家而言，"受西方世界的影响，以及基于发展中国家对中国的历史记忆、对中国现实的政治制度和价值观的认同、政府和社会对中国的不同认知和对中国不干涉发展中国家内政政策变化的担

① Andrew Erickson & Lyle Goldstein, *Hoping for the Best*, *Preparing for the Worst*: *China's Response to US Hegemony*, The Journal of Strategic Studies, Vol. 29, No. 6, 2006, pp. 955 - 986.

② Steve Yetiv, *How the US and China Can Avoid Conflict*, The Christian Science Monitor, June 17, 2010.

③ 资中筠:《20 世纪的美国》，生活·读书·新知三联书店 2007 年版，第 316 页。

忧，中国在发展中国家软实力的提高也面临着来自发展中国家自身的担忧"。① 这对于中国在第三世界国家里软实力的提高产生了明显的负面影响，因为中国软实力的提高在很大程度上要取决于发展中国家对中国的认同度。

"软实力的相互竞争是国际关系潜伏冲突的'基因'"。② 因此，在美国与周边国家对中国的国家软实力建设已经有所研究、警觉和防范的前提下，中国的国家软实力建设策略应该是谦虚谨慎、少说多做，防止与美国和周边国家形成新的冲突点。"中国对美政策的要旨在于，它必须是一种长期、耐心、灵活、务实、非挑战性而又坚定、警惕的政策。跟美国打交道时，应当始终保持冷静和镇定自若的态度，应当采取富有弹性与商榷余地的方式，这是取得成功的必要条件。"③ 因此"谦虚谨慎"对中国而言是非常必要的。"谦虚谨慎"在前面我们已经说过那是"韬光养晦、有所作为"的另一种表达，即在国际上的表达。在国家软实力建设问题上，我们不需要大张旗鼓，更不能操之过急，急于求成。"软实力"之所以"软"，就在于它是对人心的争取，谦虚一点、谨慎一点，柔和一点、礼仪一点，"己所不欲，勿施于人"，"反求诸己而已矣"，都有利于中国软实力的培育与形成。

做到"谦虚谨慎"就要求我们"少说多做"。"软实力既可以成为国家成长的积极推动力，同时过多地宣扬自身的软实力也可能成为国家成长的障碍。前者称为正功能，后者则称为负功能。这就是软实力对国家成长的二重性功能。"④ 因此，我们在国际上尽量少提"中国软实力"，少宣传"中国软实力"，更不要动辄说"这是中国软实力兴起的标志"或"标志着中国的软实力"诸如此类的话。事实上中国很多的东西尽管有吸引力，但也很难说这种吸引力或影响力就是中国的国家软实力。即使是，那也可能仅仅是中国软实力的"毛"，而不是"皮"，更不是"肉"或"骨"。例如国际书展、国际动漫展、博览会、文物展等，甚至包括"中国文化年"。正如一位学者指出的那样，举办中国文化年、文化节这种形式能够

① 刘利琼：《中国国家软实力在发展中国家面临的挑战》，《世界经济与政治论坛》2011年第4期。

② 赵刚、肖欢：《国家软实力》，新世界出版社2010年版，"前言"，第2页。

③ 俞正梁、颜声邦：《美国行为及其根源》，《毛泽东邓小平理论研究》2005年第5期。

④ 胡键：《软实力新论：构成、功能和发展规律》，《社会科学》2009年第2期。

引起外国人的好感，但这种好感是短暂的，过一段时间就忘了。① 事实上，中国社会主义政治文化与政治制度的说服力、吸引力与影响力并没有构建起来，因而我们在国际传媒宣传与报道上要少说什么"中国软实力"——我们要清楚自己的弱点与短处。说多了，既不表明中国软实力真的在增长，更是扩大了一些国家对中国的戒备心理。在"中国威胁论"与"中国责任论"都甚嚣尘上的背景下，我们自己在国际上大谈"中国软实力"，岂不正中他人下怀？

面对中国软实力的危机，我们自己心里要有数，要在科学发展观指导下，按照"五位一体"总体布局要求，踏踏实实地进行政治经济社会文化生态建设。国内经济强大了，政治民主了，官员清明了，文化繁荣了，社会和谐了，生态美丽了，中国的社会主义政治文化与政治制度自然具有内在的说服力与吸引力，自己不多说，别人自然要来学习、借鉴、赞誉。"软实力是一种发自肺腑的尊重和认同，丝毫不会有任何外在的强制，是一个自觉自愿的心理过程。"② 所以搞好国内建设比什么都重要。

"国际社会判断一个国家的软实力，或者说国际社会能否接受你的政治目标、价值观念和生活方式，最关键的并不在于你说什么和怎么说，而在于你的言辞后面，有多少相应的行为与事实来支持。"③ 面对改革开放以来中国软实力的增长与面临的重重危机，我们既不要沾沾自喜、妄自尊大，也不要灰心丧气、妄自菲薄，而是应谦虚谨慎一些，少说多做一些，在策略上内外有别一些，脚踏实地地进行政治经济社会文化生态建设，在吸引别人、说服别人、影响别人的时候拿事实说话，在反驳污蔑、澄清误解、消除隔阂时仍然拿事实说话。简言之，谦虚谨慎少说多做，目的在于为中国软实力建设创造一个较好的国际环境，夯实国家软实力的内部基础。

二 巩固内部基础为国家软实力建设首则

2012 年中国作家莫言获得诺贝尔文学奖，国内外一些媒体认为这是

---

① 刘继南、何辉等：《中国形象——中国国家形象的国际传播现状与对策》，中国传媒大学出版社 2006 年版，第 300 页。

② 赵可金：《中国软实力还需更多内在修炼》，《国际先驱导报》2009 年 3 月 24 日。

③ 丁学良：《中国扩展"软实力"的途径》，FT 中文网 http：//m.ftchinese.com/story/001019842，2008－06－06。

中国文化软实力兴起的一个标志性事件。是，还是不是，很难说。但终归是一件好事。但也正如一些海外华人媒体指出的那样，诺贝尔奖，作为西方价值观的一种集中体现，是一把具象化的尺子，中国人与其翘首期盼诺奖青睐，不如踏实做好自己，再自信些。中国更应该关注自身的科学技术是否真正进步，生活水平是否真正改善，和平环境是否真正到来，医疗条件是否真正发达，文化教育是否真正普及，经济发展是否真正繁荣。当这些成为中国关注的焦点和努力奋斗的目标时，当中国人都将自己岗位上的事情做到最好，可以相信，中国人创造的成就，会让"诺贝尔奖"自动找上门来。①

这才是莫言获诺贝尔文学奖最大的启示意义！国家软实力也是同理，只有把国内的政治经济社会文化生态治理好了或建设好了，中国的国家软实力也会像诺贝尔奖那样自动找上门来。因为，诺贝尔奖是别人的评价，软实力也是别人的评价，道理一样，只有自己搞好了别人才会佩服。这是软实力建设的"硬道理"。说到底，"软实力"指的是当今充满竞争的世界上，"一个国家——它的政府、社会、民众——的所作所为，是否对其他国家的人们产生正面的、富有感召力的影响，令别人真诚地信服你，乃至采纳和学习你的行为方式、价值观念、规章制度"。② 因此，国家软实力建设首要的原则是搞好国内的政治经济社会文化生态的治理与建设。

正如奈说的那样，国家软实力是国内社会建设的"副产品"。"事实证明，软实力在本国越有成效，对他国的吸引力就越大；反之，在本国失去现实性、缺乏生命力的东西，在国际社会肯定没有吸引力。"③ 现在，发达国家倾向于谨慎地质疑中国在国内外宣传的政治价值观，也没有迹象表明发达国家会认为需要参照中国的经济模式来修正它们的市场模式。"在发达国家，公民倾向于认为软实力在本质上涉及政治的和普遍的价值观。如果中国能够展示良好的国内外治理能

---

① 参见中国新闻网《翘首期盼不如踏实干　中国面对诺奖应自信》，http://www.chinanews.com/hb/2012/10-11/4239789.shtml，2012 年 10 月 11 日。

② 丁学良：《中国扩展"软实力"的途径》，FT 中文网 http://m.ftchinese.com/story/001019842，2008 年 6 月 6 日。

③ 郭洁敏：《论软权力的基础、条件及其运用准则》，《现代国际关系》2006 年第3 期。

力，那它将有越来越多的机会改变发达国家对中国的认识与态度。"①
因此，只有国内政治经济社会文化生态问题解决好了，西方国家才有
可能对中国的政治价值观、政治制度与社会治理模式刮目相看，中国
软实力的增长才有更多的空间。

反过来，美国等国之所以在关注并预防中国软实力的同时并不看好中
国软实力，原因也恰恰在于它们看到了中国国内存在的政治、经济、社
会、文化、生态各个方面的严峻问题。美国研究专家就认为，相比中国软
实力的国际空间拓展的紧迫性而言，中国的执政党与政府解决国内事务的
紧迫性比这更重要更紧迫，而中国对国际问题的关注与参与也主要为国内
建设服务，这反过来在很大程度上削弱了中国软实力的国际空间。因此，
"中国的全球软实力能力将仍然是有限的，既出于中国的政策偏好，也与
其他国家以自我利益为中心有关；中国将继续优先解决自身明显的国内经
济不平等、基础设施问题、政治转型压力和社会不稳定等问题，而不会过
于关注在全球的表现"。②

在很大程度上我们可以说，这种观点确实客观准确地反映了中国软实
力建设面临的困境与艰巨任务。我们要改变中国软实力的虚弱，就需要踏
实认真地解决好国内政治、经济、社会、文化、生态各个方面的问题。我
们要想方设法努力提高公民素质与增强社会组织活力，增进执政党执政能
力与政府治理能力，解决人民群众关心的重大民生问题，激发社会的凝聚
力与创造力，使社会主义政治制度与政治文化的合理性、有效性充分展现
出来，真正反映社会主义的优越性。"软实力是对别人的一种实力，但更
是改变自己的实力。我们在大力发展经济和加强国防力量等硬实力的同
时，亟须充分发掘和运用自身的软实力，强化中国的软实力建构。"③ 从
这个角度看，各级党委政府是否贯彻科学发展观、落实"五位一体"总
体布局决定着国家软实力建设的质量与进展。

---

① Sook – Jong *Lee*, *China's Soft Power*: *Its Limits and Potentials*, EAI Issue Briefing
No. MASI 2009 – 07, October 20, 2009, p. 8.

② The Congressional Research Service Library of Congress, *China's Foreign Policy and "Soft Pow-er" in South America*, *Asia*, *and Africa*, Washington: U. S. Government Printing Office, 2008,
pp. 13—14.

③ 章一平：《软实力的内涵与外延》，《现代国际关系》2006 年第 11 期。

三　社会主义政治文化为国家软实力建设核心

如果以为国家软实力建设的重点在于向外传播自己的吸引力与影响力，其实在很大程度上是对"软实力"的一种误解。软实力的特性在于它是由内向外生发的，简单地说有些类似"墙内开花墙外香"。要想这朵花对外散发香气（软实力），那得自己多花精力来培育（巩固软实力的国内基础）。这就是中国软实力建设要以巩固国内基础——政治、经济、社会、文化生态建设——为首要原则的根本原因所在。而在国家软实力资源中，政治文化又居于核心地位，因此中国软实力建设要突出社会主义政治文化建设这个核心。我们已经看到，从消极面来讲，之所以"在中国软实力的相关讨论中一直缺乏决断，表明在由西方哲学占统治地位的世界中，中国能够给世界提供的政治价值观乏善可陈"。[1] 从积极面来讲，那些希望并认定中国崛起的人士认为，中国崛起带来的世界性震撼在于，一是和平发展崛起的震撼，二是发展模式崛起的震撼，三是政治价值观念崛起的震撼。[2] 在这三种震撼中，真正具有决定性意义的是社会主义政治价值观的崛起。这才能最终体现中国发展道路与国家软实力的本质。

因此，面对中国软实力建设的深层次危机，社会主义核心价值体系建设的紧迫性与重要性已经到了无以复加的地步了。党的十八大报告把社会主义核心价值体系提到了"兴国之魂"、"决定着中国特色社会主义发展方向"的位置。在中国软实力建设中，我们也就需要按照党中央的要求切实加强以社会主义核心价值观为核心内容的社会主义政治文化建设。通过这种建设，"把社会主义核心价值体系培育成优质的大传统，并把这种潜在的文化软实力转变成为实实在在的文化软实力，中国特色社会主义这种新型的社会主义才能持续发展，茁壮成长，中华民族的复兴和崛起，也不仅是经济力量这种硬实力的复兴和崛起，而同时是文化力量这种软实力的复兴和崛起"。[3] 这就回到我们在前面提到的这个观点——"中外许多有识之士都认为，中国能否在 21 世纪实现和平崛起，最关键的因素是看

① Li Mingjiang, *Soft Power in Chinese Discourse：Popularity and Prospect*, RSIS（S. Rajaratnam School of International Studies, Singapore）Working Papers, No. 165, September 2008, p. 2.

② 参见张晓林《"中国震撼"是一种什么样的震撼》，《人民日报》2011 年 4 月 11 日。

③ 郑杭生：《论社会建设与"软实力"的培育———一种"大传统"和"小传统"的社会学视野》，《社会科学战线》2008 年第 10 期。

有没有一种蓬勃向上、积极进取的民族精神，中国的政治文化能否形成强大的民族凝聚力和对世界各国的感召力。"

从中国软实力建设面临的外部挑战来看，近年来，中国的经济力量和政治影响力迅速增长，美国政界立即出现了"中国威胁论"。"究其原因，绝不仅是出于对中国实力地位的担心，深层的根源包含着中国特色社会主义成功后对西方价值观的挑战。"① 所以，美国对中国的防范战略不仅是压缩中国的政治空间，还在于加强对中国社会主义政治价值观的渗透与演变。这也说明，中国软实力建设的核心任务在于加强社会主义政治文化建设，使其真正发挥主导与主流功能，在引导国内价值观取得共识与凝聚社会时抗拒西方政治文化的"和平演变"。

四 社会主义政治制度为国家软实力建设重点

社会主义政治文明建设、物质文明建设、精神文明建设、生态文明建设最终要落实到社会主义政治制度建设上来，它们的合理性、有效性、优越性也要通过社会主义政治制度的这些特性体现出来。因此党的十八大报告提出"要把制度建设摆在突出位置，充分发挥我国社会主义政治制度优越性"。要凸显我们的社会主义政治制度的优越性，就要加大政治体制改革的步伐和深入推进制度创新。政治制度创新不仅可以促使创新国自己的经济社会发展，还可以成为其他国家效仿的对象和国际规则的制定者。这就是国家软实力要达到的另一个核心目标——政治制度能被他国自愿地认同、学习与借鉴。

中国软实力尚未增强与提升到一个新的高度，根本原因也许就在于自身的社会主义政治文化与政治制度的优越性产生的说服力、吸引力与影响力还付诸阙如，因而在国际上与西方国家相比竞争力往往处在不利地位，也未能吸引众多发展中国家政治注意力的根本原因。事实上，"美国遏制中国只需要将部分战略力量的使用方向锁定中国即可，而中国制约美国则需要软硬实力的全面跃升"。② 在硬实力方面，中美之间经济军事实力差距很大，中国不必追求战略能力的赶超，但必须重视经济军事科技等硬实力的质的提升与相对合理的平衡。在软实力方面，中国则要争取提升社会

① 王缉思：《国际政治的理性思考》，北京大学出版社2006年版，第76页。
② 杨育才：《中国要具备制约美国的能力》，《环球时报》2011年11月7日。

主义政治文化和政治制度的竞争力，以便能够经受住美国推广美式政治价值观与民主制度的压力与冲击。这就决定了中国在国家政治制度建设方面不能在美国后面亦步亦趋，在政治价值观上更不能受美国的诱导与摆布。中国不搞美式民主，保持本国的政治制度与价值观的软实力和国家发展模式的独立性，才更能制约美国。因此，只有社会主义政治制度的软实力与美国的政治制度软实力有可比性时，中国软实力才有强大的支柱来支撑。

我们在科学发展观的指导下，按照"五位一体"总体布局的要求，紧紧抓住"富强、民主、文明、和谐"的国家软实力战略目标，继续以经济建设为中心，充分发扬中国传统文化的优势，优化与增强和发展中国家的外交关系，重视公共外交与民间外交的作用，切实提升公民素质，激发社会凝聚力与创造力，加强生态环境保护，加强执政党能力建设与政府法治能力建设，提高国家治理能力，塑造良好的大国形象，使社会主义政治文化与社会主义政治制度的优越性充分彰显出来，中国的国家软实力就会得到全面的增强与提升，"中国梦"就会逐步实现，从而对世界产生深远的软实力影响。

原保加利亚共产党中央政治局委员、著名的理论家和社会活动家亚历山大·利洛夫在反思苏联东欧的社会主义时曾提出这样的问题："建立完全的社会主义社会到底需要多长时间？苏联和东欧短暂的社会主义实践尖锐地提出了这个问题。迄今我们迅速'建成'社会主义的思想被证明是轻浮的，是一种幻想。苏联和东欧社会主义国家的历史实践充分证明了这个问题。资本主义之后的新社会不可能花几十年工夫就建立起来，更何况是在过去经济落后的国家里。"[①] 他意在告诫我们，社会主义社会建设是个长期的艰苦的过程。同理，在中国这样一个贫穷落后的社会主义国家里，要建设国家软实力，要对世界产生强大的社会主义政治文化与政治制度的说服力、吸引力与影响力，也注定是一个长期的艰苦的过程。因此，我们必须坚持贯彻落实科学发展观，按照"五位一体"总体布局的要求，全面协调可持续地建设中国的国家软实力。

---

① ［保］亚历山大·利洛夫：《文明的对话：世界地缘政治大趋势》，马细谱等译，社会科学文献出版社 2007 年版，第 306 页。

参考文献

一　中文参考文献

（一）马列主义著作与领导人文集

《马克思恩格斯选集》（第三卷），人民出版社 1995 年版。

《列宁选集》（第二卷），人民出版社 1995 年版。

《列宁全集》（第 27 卷），人民出版社 1990 年版。

《毛泽东选集》（第二卷），人民出版社 1991 年版。

《毛泽东选集》（第三卷），人民出版社 1991 年版。

《周恩来选集》（下卷），人民出版社 1984 年版。

《邓小平文选》（第二卷），人民出版社 1994 年版。

《邓小平文选》（第三卷），人民出版社 1993 年版。

《江泽民文选》（第二卷），人民出版社 2006 年版。

（二）中国共产党与中央人民政府文献

胡锦涛：《在庆祝中国共产党成立 85 周年暨总结保持共产党员先进性教育活动大会上的讲话》，《人民日报》2006 年 7 月 1 日。

胡锦涛：《高举中国特色社会主义伟大旗帜　为夺取全面建设小康社会新胜利而奋斗——在中国共产党第十七次全国代表大会上的报告》，《人民日报》2007 年 10 月 25 日。

胡锦涛：《在庆祝中国共产党成立 90 周年大会上的讲话》，《人民日报》2011 年 7 月 2 日。

胡锦涛：《坚定不移沿着中国特色社会主义道路前进　为全面建成小康社会而奋斗——在中国共产党第十八次全国代表大会上的报告》，人民出版社 2012 年版。

习近平：《紧紧围绕坚持和发展中国特色社会主义 学习宣传贯彻党的十八大精神》，《人民日报》2012 年 11 月 19 日。

习近平：《扎实做好保持党的纯洁性各项工作》，《学习时报》2012 年 3 月 5 日。

李长春：《正确认识和处理文化建设发展中的若干重大关系 努力探索中国特色社会主义文化发展道路》，《求是》2010年第12期。

中国共产党第十六届中央委员会第六次全体会议：《中共中央关于构建社会主义和谐社会若干重大问题的决定》，《人民日报》2006年10月19日。

中国共产党第十七届中央委员会第三次全体会议：《中共中央关于推进农村改革发展若干重大问题的决定》，《人民日报》2008年10月20日。

中国共产党第十七届中央委员会第四次全体会议：《中共中央关于加强和改进新形势下党的建设若干重大问题的决定》，《人民日报》2009年9月28日。

中国共产党第十七届中央委员会第六次全体会议：《中共中央关于深化文化体制改革推动社会主义文化大发展大繁荣若干重大问题的决定》，《人民日报》2011年10月26日。

中国共产党第十八届中央委员会第三次全体会议：《中共中央关于全面深化改革若干重大问题的决定》，人民出版社2013年版。

第十一届全国人民代表大会第四次会议：《中华人民共和国国民经济和社会发展第十二个五年规划纲要》，《人民日报》2011年3月17日。

中共中央办公厅、国务院办公厅：《国家"十一五"时期文化发展规划纲要》，新华网2006年9月13日。

中华人民共和国国务院新闻办公室：《中国的和平发展》，《人民日报》2011年9月7日。

（三）著作与论文集

陈正良：《中国"软实力"发展战略研究》，人民出版社2008年版。

龚铁鹰：《软权力的系统分析》，天津人民出版社2008年版。

洪国起、董国辉：《透视美国人权外交》，世界知识出版社2003年版。

韩勃、江庆勇：《软实力：中国视角》，人民出版社2009年版。

何英：《美国媒体与中国形象》，南方日报出版社2005年版。

胡树祥：《中国外交与国际发展战略研究》，中国人民大学出版社2009年版。

李慎明、陈之骅：《居安思危——苏共亡党二十年的思考》，社会科学文献出版社2011年版。

刘颖：《相互依赖、软权力与美国霸权：小约瑟夫·奈的世界政治思想研究》，中国社会科学出版社2010年版。

门洪华：《中国：软实力方略》，浙江人民出版社2007年版。

刘建飞：《政治文化与21世纪中美日关系》，解放军出版社2006年版。

刘继南、何辉等：《中国形象——中国国家形象的国际传播现状与对策》，中国传媒大学出版社2006年版。

刘继南、何辉等：《镜像中国——世界主流媒体中的中国形象》，中国传媒大学出版社2006年版。

刘康：《国家形象与政治传播》（第一辑），上海交通大学出版社2010年版。

孟亮：《大国策：通向大国之路的

软实力》，人民日报出版社2008年版。

彭新良：《文化外交与中国的软实力：一种全球化的视角》，外语教学与研究出版社2008年版。

沈明明等：《中国公民意识调查数据报告2008》，社会科学文献出版社2009年版。

上海社会科学院世界经济与政治研究院：《国际体系与中国的软力量》，时事出版社2006年版。

童世骏：《文化软实力》，重庆出版社2008年版。

唐晋：《论剑：崛起进程中的中国式软实力（壹)》，人民日报出版社2008年版。

唐晋：《大国软实力》，华文出版社2009年版。

滕藤：《邓小平理论与世纪之交的中国国际战略》，人民出版社2001年版。

汪安佑：《国家软实力》，中国社会科学出版社2010年版。

汪波：《美国外交政策的政治文化分析》，湖北人民出版社2001年版。

王缉思：《国际政治的理性思考》，北京大学出版社2006年版。

吴旭：《为世界打造"中国梦"——如何扭转中国的软实力逆差》，新华出版社2009年版。

肖欢：《国家软实力研究：理论、历史与实践》，军事谊文出版社2010年版。

阎学通：《美国霸权与中国安全》，天津人民出版社2000年版。

阎学通：《国际政治与中国》，北京

大学出版社2005年版。

赵刚、肖欢：《国家软实力》，新世界出版社2010年版。

资中筠：《20世纪的美国》，生活·读书·新知三联书店2007年版。

郑彪：《中国软实力》，中央编译出版社2010年版。

（四）译著

［美］伊多·奥伦：《美国和美国的敌人——美国的对手与美国政治学的形成》，唐小松、王义桅译，上海人民出版社2004年版。

［加拿大］马修·弗雷泽：《软实力——美国电影、流行乐、电视和快餐的全球统治》，刘满贵等译，新华出版社2006年版。

［美］罗伯特·福特纳：《国际传播：全球都市的历史、冲突及控制》，刘利群译，华夏出版社2000年版。

［美］塞缪尔·亨廷顿：《文明的冲突与世界秩序的重建》，周琪等译，新华出版社2002年版。

［美］塞缪尔·亨廷顿：《变革社会中的政治秩序》，李盛平等译，华夏出版社1988年版。

［英］戴维·赫尔德：《民主的模式》，燕继荣等译，中央编译出版社2004年版。

［美］保罗·肯尼迪：《大国的兴衰》，陈景彪等译，国际文化出版公司2006年版。

［美］戴维·蓝普顿：《中国力量的三面——军力、财力和智力》，姚芸竹译，新华出版社2009年版。

［美］杰里尔·A.罗赛蒂：《美国

对外政策的政治学》，周启朋等译，世界知识出版社2005年版。

［美］乔舒亚·库珀·雷默等：《中国形象》，沈晓雷等译，社会科学文献出版社2006年版。

［美］汉斯·摩根索：《国家间政治：权力斗争与和平》，徐昕等译，北京大学出版社2006年版。

［美］理查德·尼克松：《1999：不战而胜》，谭朝洁等译，中国人民公安大学出版社1988年版。

［美］约瑟夫·奈：《美国定能领导世界吗》，何小东、盖玉云译，军事译文出版社1992年版。

［美］约瑟夫·奈：《美国霸权的困惑——为什么美国不能独断专行》，郑志国等译，世界知识出版社2002年版。

［美］约瑟夫·奈：《硬权力与软权力》，门洪华译，北京大学出版社2005年版。

［美］约瑟夫·奈：《软力量——世界政坛成功之道》，吴晓辉、钱程译，东方出版社2005年版。

［美］约瑟夫·奈：《理解国际冲突：理论与历史》，张小明译，上海人民出版社2006年版。

［美］罗伯特·基欧汉、约瑟夫·奈：《权力与相互依赖》，门洪华译，北京大学出版社2002年版。

［美］托马斯·帕特森：《美国政治文化》，顾肃、吕建高译，东方出版社2007年版。

［法］托克维尔：《论美国的民主》，董果良译，商务印书馆1988年版。

［美］伊曼纽尔·沃勒斯坦：《美国实力的衰落》，谭荣根译，社会科学文献出版社2007年版。

［美］斯蒂芬·M.沃尔特：《驯服美国权力：对美国首要地位的全球回应》，郭盛、王颖译，上海世纪出版集团2008年版。

［法］魏柳南：《中国的威胁?》，王宝泉、叶寅晶译，人民日报出版社2009年版。

（五）期刊论文

曹东：《近年来国内外关于软实力研究的综述》，《领导科学》2009年第35期。

陈拯：《反美主义：美国软权力的悖论》，《国际政治研究》2008年第1期。

陈玉刚：《试论全球化背景下中国软实力的构建》，《国际观察》2007年第2期。

邓显超：《提升中国软实力路径》，《理论与现代化》2006年第1期。

邓显超：《发达国家文化软实力的提升及启示》，《文化月刊》2010年第5期。

刁生虎、陈志霞：《中国传统文化的"软实力"价值》，《理论探索》2011年第1期。

董立人、董乐铄：《提升"软实力"增强综合国力》，《中国发展》2005年第4期。

董立人等：《关于中国的"软实力"及其提升的思考》，《探索》2005年第1期。

董漫远：《中国特色软实力的延伸》，《瞭望》2008年第49期。

胡键：《软实力新论：构成、功能和发展规律》，《社会科学》2009 年第 2 期。

桂翔：《美国软实力的影响之道》，《国外社会科学》2009 年第 5 期。

黄安年：《美国的崛起与发展》，《社会科学论坛》2008 年第 10 期（上）。

黄金辉、丁忠毅：《中国国家软实力研究述评》，《社会科学》2010 年第 5 期。

黄金辉、丁忠毅：《中国国家软实力建设路径研究的回顾与反思》，《教学与研究》2010 年第 11 期。

黄金辉、丁忠毅：《论中国软实力建设的比较优势与约束因素——以"资源禀赋—行为能力"为视角》，《教学与研究》2011 年第 11 期。

黄金辉、丁忠毅：《"他者"视域下的中国软实力分析及其启示》，《西南民族大学学报》2009 年第 8 期。

郭洁敏：《从国家"软实力"到国际"软权力"——中国推进软力量建设的方向和路径》，《学术月刊》2012 年第 3 期。

郭洁敏：《论软权力的基础、条件及其运用准则》，《现代国际关系》2006 年第 3 期。

郭小聪：《约瑟夫·奈软实力说核心概念辨析》，《国际关系学院学报》2010 年第 1 期。

郭小聪：《约瑟夫·奈软实力说中的"吸引"与"追随"》，《国际关系学院学报》2010 年第 3 期。

龚铁鹰：《论软权力的维度》，《世界经济与政治》2007 年第 9 期。

顾肃：《论国家软实力的政治和文化维度》，《江苏行政学院学报》2011 年第 3 期。

江忆恩：《中国对国际秩序的态度》，《国际政治科学》2005 年第 2 期。

李希光：《我国长期面临外部舆论环境的严峻考验》，《求是》2012 年第 3 期。

李松：《重构社会阶层公正流动》，《瞭望》2011 年第 10 期。

刘相平：《对"软实力"之再认识》，《南京大学学报》2010 年第 1 期。

刘利琼：《中国国家软实力在发展中国家面临的挑战》，《世界经济与政治论坛》2011 年第 4 期。

门洪华：《中国软实力评估报告》（上），《国际观察》2007 年第 2 期。

门洪华：《中国软实力评估报告》（下），《国际观察》2007 年第 3 期。

门洪华：《美国霸权之翼——论国际制度的战略价值》，《开放导报》2005 年第 5 期。

[美] 小约瑟夫·奈：《国际政治中的领导权》，刘珊珊译，《文化纵横》2009 年第 8 期。

[美] 约瑟夫·奈、王缉思：《中国软实力的兴起及其对美国的影响》，《世界经济与政治》2009 年第 6 期。

庞中英：《中国软力量的内涵》，《瞭望新闻周刊》2005 年第 45 期。

庞中英：《国际关系中软力量及其他》，《战略与管理》1997 年第 2 期。

庞中英：《关于中国的软力量问题》，《国际问题论坛》2006 年春季号。

钱皓：《关于中国公共外交的几点思考》，《国际观察》2010 年第 1 期。

苏长和：《中国软权力——以国际制度与中国的关系为例》，《国际观察》2007 年第 2 期。

唐彦林：《美国对中国软实力的评估及对中国软实力建设的启示》，《当代世界与社会主义》2009 年第 6 期。

田湘波、徐如祥：《政治制度与文化软实力的关系》，《湖南大学学报》2010 年第 6 期。

汪涛、邓劲：《国家营销、国家形象与国家软实力》，《武汉大学学报》2010 年第 2 期。

王沪宁：《作为国家力量的文化：软力量》，《复旦学报》1993 年第 3 期。

王缉思：《中国的国际定位问题与"韬光养晦、有所作为"的战略思想》，《国际问题研究》2011 年第 2 期。

王希：《中美软实力运用的比较》，《美国研究》2011 年第 3 期。

王希：《有关中国国际形象的思考》，《国际新闻界》2000 年第 1 期。

王瑾：《文化软实力建设与意识形态安全》，《当代世界与社会主义》2009 年第 6 期。

徐海娜：《电影的力量——好莱坞与美国软权力》，《江苏行政学院学报》2009 年第 4 期。

许少民、张祖兴：《约瑟夫·奈软实力学说再评述》，《国际论坛》2011 年第 5 期。

肖剑：《社会主义核心价值体系与加强党的执政能力建设》，《湖南师范大学社会科学学报》2008 年第 2 期。

杨宇等：《"和谐世界"思想与中国软实力塑造》，《国际关系学院学报》2008 年第 3 期。

袁三标：《国际关系中软力量的建构主义分析》，《南京政治学院学报》2011 年第 3 期。

袁三标：《中国软实力：瓶颈与增进之道》，《学术探讨》2010 年第 6 期。

袁三标：《从软实力看当代中国国家意识形态安全》，《河南师范大学学报》2010 年第 5 期。

俞正梁、颜声邦：《美国行为及其根源》，《毛泽东邓小平理论研究》2005 年第 5 期。

张小明：《重视"软权力"因素》，《现代国际关系》2004 年第 3 期。

张剑荆：《"大国热"冷思考：软实力致胜》，《人民论坛》2007 年第 1 期。

张沛：《国际体系转型与中国软实力建设》，《国际问题论坛》2008 年冬季号。

郑杭生：《论社会建设与"软实力"的培育——一种"大传统"和"小传统"的社会学视野》，《社会科学战线》2008 年第 10 期。

章一平：《软实力的内涵与外延》，《现代国际关系》2006 年第 11 期。

资中筠：《论美国强盛之道》（下），《学术界》2001 年第 1 期。

周厚虎：《约瑟夫·奈软实力理论及其影响》，《攀登》2012 年第 2 期。

朱世达：《影响美国软实力的因素分析》，《美国研究》2011 年第 2 期。

赵磊：《理解中国软实力的三个维度：文化外交、多边外交、对外援助政

策》,《社会科学论坛》2007 年第 5 期
(上)。

赵灵敏:《国家形象的塑造关键在
国内》,《南风窗》2009 年第 14 期。

祝念峰、王群瑛:《专家学者研讨
"颜色革命"、"街头政治"及美国西化、
分化中国战略》,《高校理论战线》2005
年第 6 期。

(六)报刊文章

楚寒:《中国化解危机还需提升软
实力》,香港《苹果日报》2008 年 5 月
9 日。

葛传红、徐向科:《葛剑雄:软实
力对内而不是对外》,《时代周报》2011
年 11 月 28 日。

黄莹莹、谢来:《软实力"赤字"
大有弥补空间》,《国际先驱导报》2012
年 6 月 21 日。

贾磊磊:《国家文化软实力的主要
构成》,《光明日报》2007 年 12 月 7 日。

康晓强:《增强政党意识形态吸引
力》,《学习时报》2011 年 12 月 26 日。

李希光、刘康:《美国媒体为什么
消极报道中国》,《环球时报》2000 年
10 月 13 日。

李德顺:《当前的价值冲突与主导
价值观到位——从"主流价值观边缘
化"的危机谈起》,《学习时报》2010
年 3 月 29 日。

[西]胡利奥·里奥斯:《中国实施
"软实力"战略面临挑战》,《参考消
息》2011 年 11 月 5 日。

陆宜逸:《公众外交,中国软实力
增长的盲点》,《参考消息》2007 年 7 月
26 日。

庞中英:《中国不能与世界埋头做
生意》,《环球时报》2007 年 12 月 29 日。

田鹏、张然、王雨蓉:《中国精英
移民地理》,《经济观察报》2010 年 11
月 29 日。

王霞林:《现代化建设需要优秀传
统文化支撑》,《人民日报》2005 年 8 月
16 日。

王辉耀:《筑好制度"巢",吸引回
流"凤"》,《人民日报》2013 年 8 月
27 日。

王逸舟:《用国际贡献赢得世界认
同》,《环球时报》2008 年 10 月 10 日。

王岩、杜锐:《我国意识形态建设
面临的五大挑战》,《光明日报》2011
年 5 月 9 日。

辛鸣:《信仰的生命力在于政党成
员的一举一动》,《北京日报》2011 年 6
月 13 日。

杨晴川:《中国提升"软实力"乃
明智之举——专访美国著名国际问题学
者约瑟夫·奈》,《参考消息》2006 年 8
月 10 日。

杨育才:《中国要具备制约美国的
能力》,《环球时报》2011 年 11 月 7 日。

赵可金:《中国软实力还需更多内
在修炼》,《国际先驱导报》2009 年 3 月
24 日。

周庆安:《提高软实力,重点在国
内》,《环球时报》2007 年 11 月 12 日。

竹立家:《中国复兴的意识形态基
础》,《学习时报》2011 年 12 月 19 日。

郑永年:《中国实现"大国大外交"
几个条件》,新加坡《联合早报》2010
年 10 月 26 日。

（七）学位论文

顾思思：《国家对外软实力问题研究》，2007 年上海交通大学硕士学位论文。

吴雨苍：《中国软实力的迷思：奈伊理论及相关争辩》，2007 年台湾大学硕士学位论文。

孙佳乐：《约瑟夫·奈的"软权力"思想研究》，2009 年吉林大学硕士学位论文。

田建明：《中国软实力战略研究——国际形象、国际责任与国际制度的战略互动》，2010 年吉林大学博士学位论文。

（八）网络文章

北京大学软实力课题组：《中国的软实力有哪些不足?》，人民网，2009 年9 月 16 日。

丁学良：《中国扩展"软实力"的途径》，FT 中文网，2008 年6 月6 日。

金灿荣：《从"中国威胁论"到"中国责任论"中国如何应对》，中国网，2010 年 8 月 23 日。

李希光：《中国软实力建设中的几大难点》，人民网，2012 年 2 月 7 日。

劳江：《互联网成为美国霸权主义的又一武器》，环球网，2010 年 1 月 22 日。

孟献丽、王玉鹏：《2009 年美国"软实力"研究述评》，中国社会科学网，2011 年 2 月 22 日。

丘峦：《文化实力未彰显 中国软实力有限》，中评网，2007 年5 月 25 日。

宋莎莎：《国家软实力建构中的传媒角色》，中国播音主持网，2008 年9

月 10 日。

王石川：《普适价值观是最好的软实力》，凤凰网，2008 年 4 月 16 日。

王小东：《敢于使用力量才是和平崛起的基本保障》，新浪网，2006 年2 月 10 日。

许少民：《中国发展软实力困境初探》，中国选举与治理网，2009 年 11 月 3 日。

许少民：《中国软实力研究批判（1990—2009）（二）》，光明网，2010 年5 月 20 日。

许少民：《中国软实力研究批判（1990—2009）（三）》，光明网，2010 年5 月 25 日。

訾海：《中国国家软实力建设的不足之处分析》，人民网，2010 年7 月 6 日。

曾虎等：《发展软实力的国际思路》，新华网，2006 年 12 月 26 日。

（九）研究报告

彭建梅、刘佑平：《美国 NGO 在华慈善活动分析报告》，中民慈善捐助信息中心 2012 年版。

王辉耀、刘国福：《中国国际移民报告（2012）》，社会科学文献出版社 2012 年版。

二 英文参考文献

（一）著作与论文集

Jo shua Kurlantzick, *Charm Offensive：How China's Soft Power Is Transforming the World*, New Haven：Yale University Press, 2007.

Mingjiang Li （ ed. ）, *Soft Power*：*China's Emerging Strategy in International Politics*, Lanham：Lexington Books, 2009.

Joseph S. Nye, Jr. , *Power in the Global Information Age from Realism to Globalization*, New York：Routledge, 2004.

Joseph S. Nye, Jr. , *The Future of Power*, New York：PublicAffairs, 2011.

Yale Richmond, *Cultural Exchange and the Cold War*：*Raising the Iron Curtain*, University Park：Pennsylvania State University Press, 2003.

Terence Wesley – Smith, *China in Oceania*：*New Forces in Pacific Politics*, Honolulu：East – West Center, 2007.

Martin Hart – Landsberg & Paul Burkett, *China and Socialism*：*Market Reforms and Class Struggle*, New York：Monthly Review Press, 2005.

（二）期刊论文

Alexander Bohas, *The Paradox of Anti – Americanism*：*Reflection on the Shallow Concept of Soft Power*, Global Society, Vol. 20, No. 14, 2006.

Young Nam Cho & Jong Ho Jeong, *China's Soft Power*：*Discussions, Resources and Prospects*, Asian Survey, Vol. 48, No. 3, 2008.

Rowan Callick, *The China Model*, American：*A Magazine of Ideas*, Vol. 1, No. 7, 2007.

Sheng Ding, *To Build A "Harmonious World"*：*China's Soft Power Wielding in the Global South*, Journal of Chinese Political Science, Vol. 13, No. 2, 2008.

Yong Deng, *Hegemon on the Offensive*：*Chinese Perspectives on U. S. Global Strategy*, Political Science Quarterly, Vol. 116, No. 3, 2001.

Andrew Erickson & Lyle Goldstein, *Hoping for the Best, Preparing for the Worst*：*China's Response to US Hegemony*, The Journal of Strategic Studies, Vol. 29, No. 6, 2006.

Yanzhong Huang & Sheng Ding, *Dragon's Underbelly*：*An Analysis of China's Soft Power*, East Asia, Vol. 23, No. 4, 2006.

George Frost Kennan, *The Sources of Soviet Conduct*, Foreign Affairs, Vol. 25, No. 4, 1947.

Bates Gill & Yanzhong Huang, *Sources and Limits of Chinese "Soft Power"*, Survival, Vol. 48, No. 2, 2006.

Rukmani Gupta, *Soft Power*：*China's Emerging Strategy in International Politics by Mingjiang Li（ ed. ）*, Strategic Analysis, Vol. 35, No. 1, 2010.

Kai He & Huiyun Feng, *A Path to Democracy*：*in Search of China's Democratization Model*, Asian Perspective, No. 3, 2008.

Xin Li & Verner Worm, *Building China's Soft Power for A Peaceful Rise*, Journal of Chinese Political Science（ Published online）, 24 November, 2010.

Terence McNamee, *The Real Frontline of the Chinese in Africa*, Financial Times, May 7, 2012.

George J. Gilboy, *The Myth Behind China's Miracle*, Foreign Affairs, Vol. 83,

Issue 4, 2004.

Josef Joffe, *How America Does It*, Foreign Affairs, Vol. 76, No. 5, 1997.

Andrew J. Nathan, *Authoritatian Resilence*, Journal of Democracy, No. 1, 2003.

Joseph S. Nye, Jr., *Soft Power*, Foreign Policy, No. 80, 1990.

Joseph S. Nye, Jr., *Public Diplomacy and Soft Power*, Annals of the American Academy of Political and Social Science, Vol. 616, 2008.

Joseph S. Nye, *China's Re - emergence and the Future of the Asia - Pacific*, Survival, Vol. 39, Issue 4, 1997.

Joseph S. Nye, Jr., *The Changing Nature of World Power*, Political Science Quarterly, Vol. 105, No. 2, 1990.

Joseph S. Nye, Jr., *Limits of American Power*, Political Science Quarterly, Vol. 117, No. 4, 2002.

Joseph S. Nye, Jr., *The Decline of America's Soft Power*, Foreign Affairs, Vol. 83, Issue 3, 2004.

Joseph S. Nye, Jr., *Redefining the National Interest*, Foreign Affairs, Vol. 78, No. 4, 1999.

Robert O. Keohane & Joseph S. Nye, Jr., *Power and Interdependence in the Information Age*, Foreign Affairs, Vol. 77, Issue 5, 1998.

Stephen M. Walt, *Two Cheers for Clinton's Foreign Policy*, Foreign Affairs, Vol. 79, No. 2, 2000.

Xie Yue, *Party Adaptation and the Prospects for Democratization in Authoritarian China*, Issues and Studies, No. 2, 2008.

Hongying Wang & Yeh - Chung Lu, *The Conception of Soft Power and Its Policy Implications: A Comparative Study of China and Taiwan*, Journal of Contemporary China, 17 (56), 2008.

Andrew Wedeman, *The Intensification of Corruption in China*, The China Quarterly, No. 180, 2004.

Zhengxu Wang, *Public Support for Democracy in China*, Journal of Contemporary China, Volume 16, Issue 53, 2007.

（三）报刊文章

Michael Beckley, *Don't Worry, America: China Is Rising But Not Catching Up*, The Christian Science Monitor, December 14, 2011.

Rekha Basu, *An Important Lesson Is That We Need China, and China Needs Us*, The Des Moines Register, Dec 18, 2011.

Philip Bowring, *Bush's America Is Developing an Image Problem*, The New York Times, May 31, 2001.

Nathan Gardels, *China Should Listen to Kissinger: You're on Top Now, Start Leading*, The Christian Science Monitor, June 28, 2011.

Carlo Davis, *The World's Most Reputable Countries*, According To The Reputation Institute, The Huffington Post, 06/28/2013.

James Fallows, *Can China Escape the Low - Wage Trap?* The New York Times, May 26, 2012.

Peter Ford, *The Rise of An Economic Superpower: What Does China Want?* The

Christian Science Monitor, November 5, 2011.

David Gosset, *A New World with Chinese Characteristics*, Asia Times, Apr. 12, 2007.

Eric Li, *How China Broke the West's Monopoly on Modernization*, The Christian Science Monitor, April 28, 2011.

Lyric Hughes Hale, *China's99% – Why China Will Not Surpass the U. S.*, *Huffington post*, 11/03/11.

John Hughes, *World to US: "You're No. 2" —but Can China Be No. 1?*, The Christian Science Monitor, July 27, 2011.

Andrew Jacobs, *Rampant Fraud Threat to China's Brisk Ascent*, The New York Times, October 6, 2010.

Martin Jacques, *China's Path to Reform*, The Guardian, 18 Mar 2012.

Peter Johansson, Seung Ho Park & William Wilson, *Guest Post: the Rising Soft Power of the Emerging World*, Financial Times, Dec 19, 2011.

Joshua Kurlantzick, *China's Charm: Implications of Chinese Soft Power*, Policy Brief, No. 47, 2006.

Ann Lee, *A World Without China*, The Huffington Post, 01/09/2012.

Eric X. Li. *China's Political System Is More Flexible than US Democracy*, The Christian Science Monitor. October 17, 2011.

Li Yuan, *China's Identity Crisis*, The Wall Street Journal, July 5, 2010.

Robert Marquand, *China's Banner Year Felt Abroad*, The Christian Science Monitor, January 27, 2004.

Mark Mcdonald, *New Survey Finds U. S. Concerns Over a Rising China*, The New York Time, June 27, 2012.

Joseph S. Nye, *The Power We Must Not Squander*, The New York Times, January 3, 2000.

Joseph S. Nye, Jr., *Anti – Americanism: America Must Regain Its Soft Power*, The New York Times, May 19, 2004.

Joseph S. Nye, *The Rise of China's Soft Power*, The Wall Street Journal Asia, December 29, 2005.

David Pilling, *Clinton's talk of democracy in Asia lacks precision*, Financial Times, July 11, 2012.

Bill Powell, *The Limits of Power*, Time, Jul. 19, 2007.

David Shambaugh, *China Flexes Its Soft Power*, International Herald Tribune, June 7, 2010.

David Shambaugh, *Is There A Chinese Model?* China Daily, 2010 – 03 – 01.

Philip Seib, *China: The First Soft Power Superpower*, The Huffington Post, 05/29/2012.

Heather Stewart, *Asian Growth Story Doesn't Have to Follow the Western Model*, The Guardian, 11 Apr., 2012.

Brantly Womack, *Dancing Alone: A Hard Look at Soft Power*, Japan Focus, November 16, 2005.

Jonathan Watts, *China: Witnessing the Birth of A Superpower*, The Guardian, 18 Jun., 2012.

Lanxin Xiang, *Playing It Cool*, South

China Morning Post, Dec 16, 2011.

Fareed Zakaria, *Does the Future Belong to China?* Newsweek (U. S. Edition), May 9, 2005.

Yan Xuetong, *How China Can Defeat America*, The New York Times, November 20, 2011.

George Yeo, *How China will – and won't – change the world*, The Christian Science Monitor, July 14, 2010.

Steve Yetiv, *How the US and China Can Avoid Conflict*, The Christian Science Monitor, June 17, 2010.

（四）研究报告

Joshua Kurlantzick, *China's Charm: Implications of Chinese Soft Power*, Carnegie Endowment for International Peace Policy Brief, No. 47, June 2006.

Shanthi Kalathil, *China's Soft Power in the Information Age: Think Again*, May 2011.

Lai Hongyi, *China's Cultural Diplomacy: Going for Soft Power*, EAI Background Brief No. 308, East Asian Institute, National University of Singapore, 2006.

Li Mingjiang, *Soft Power in Chinese Discourse: Popularity and Prospect*, RSIS Working Papers, No. 165, September 2008.

Qingguo Jia, *Continuity and Change: China's Attitude toward Hard Power and Soft Power*, The Brookings Institution, December 2010.

Marvin Kalb, *China Is not the Soviet Union*, The Brookings Institution, January 10, 2012 .

Geun Lee, *China's Soft Power and Changing Balance of Power in East Asia*, August 2010, Korea.

Thomas Lum (ed.), *Comparing Global Influence: China's and U. S. Diplomacy, Foreign Aid, Trade, and Investment in the Developing World*, CRS Report for Congress, Order Code RL34620, August 15, 2008.

Thomas Lum, Wayne M. Morrison, and Bruce Vaughn, *China's "Soft Power" in Southeast Asia*, CRS Report for Congress, Order Code RL34310, January 4, 2008.

Sook – Jong Lee, *China's Soft Power: Its Limits and Potentials*, EAI Issue Briefing No. MASI 2009 – 07, October 20, 2009.

Carola McGiffert, *Chinese Soft Power and Its Implications for the United States: Competition and Coorperation in the Developing World*, A Report of the CSIS Smart Power Initiative, 2009.

Joshua Cooper Ramo, *The Beijing Consensus: Notes on the New Physics of Chinese Power*, London: the Foreign Policy Centre, 2004.

Chu Shulong & Chen Songchuan, *Is America Declining?* The Brookings Institution, November 2011.

Richard L. Armitage & Joseph S. Nye, Jr. , *A Smarter, More Secure America*, Center for Strategic and International Studies, 2007.

Josef Joffe, *Gulliver Unbound: Can America Rule the World?* August 5, 2003.

The Congressional Research Service

Library of Congress, *China's Foreign Policy and "Soft Power" in South America, Asia, and Africa*, Washington: U. S. Government Printing Office, 2008.

Christopher B. Whitney & David Shambaugh, *Soft Power in Asia: Results of A 2008 Multinational Survey of Public Opinion*, The Chicago Council on Global Affairs, and EAI, 2008.

（五）网络文章

Max Fisher, *How China Stays Stable Despite 500 Protests Every Day*, The Atlantic, Jan 5, 2012.

Chas W. Freeman, *China's Real Three Challenges to the United States*, December 12, 2006.

Joseph S. Nye, Jr. , *The Benefits of Soft Power*, 2004 – 08 – 02.

Joseph S. Nye, *Globalization and Anti – Americanism*, Project Syndicate, October 2004.

Joseph S. Nye, Jr. , Soft Power, *Hard Power and Leadership*, 2006 –

11 – 06.

Joseph S. Nye, *Think Again: Soft Power*, Foreign Policy, February 2006.

Joseph S. Nye, *The Rising Power of NGO's*, Project Syndicate, June 2004.

Esther Pan, *China's Soft Power Initiative*, May 18, 2006.

Pew Research Center, *Global Opinion of Obama Slips*, International Policies Faulted, June 13, 2012.

Eunice Yoon & Teo Kermeliotis, *The Africans Looking to Make It in China*, CNN, April 12, 2012.

Pankaj Mishra, *China's Humbling Lessons for Russia and the West*, Bloomberg, Dec 19, 2011.

Andrew Stevens, Niall Ferguson: "West Less Good at Being West", CNN, November 26, 2012.

The Reputation Institute, *Canada Is the Country With the Best Reputation in the World According To Reputation Institute*, September 27, 2011.

后　记

　　这本书是我主持的 2011 年国家社会科学基金项目的研究成果。

　　我选择政治文化与国家软实力作为研究对象要追溯到 2008 年。2007 年我从中共重庆市委党校考到武汉大学，成为政治与公共管理学院政治学博士研究生。2008 年上半年时，在导师叶娟丽教授的指导下开始参与由武汉大学党委副书记骆郁庭教授主持的教育部哲学社会科学研究重大课题攻关项目"中国软实力建设与发展战略研究"的研究，从此进入国家软实力研究这一领域。再结合自己政治学理论与方法研究的专业方向，我较多地侧重于从政治文化的视角研究国家软实力。我完成这一重大课题子课题的研究，为自己的毕业论文作了非常重要的理论与资料准备。在课题研究的过程中，得到了导师叶娟丽教授的悉心指导、骆郁庭教授的关怀、导师组虞崇胜教授的关心与指导。在此，对他们表示真诚的感谢！

　　2010 年 6 月毕业之后，我继续从事这个方向的学习与研究。2011 年，我以"中国国家软实力建设研究——基于政治文化的视角"为题申报国家社会科学基金课题。前期的研究成果为我申报这一课题奠定了基础。同时，也非常感谢中共重庆市委党校科研处的支持。他们邀请了校内外的知名专家对我们的申报书进行评审。重庆邮电大学陈纯柱教授和本校的苏伟教授、戚功教授、陈文权教授、刘康教授等专家学者对我的申报书提出了宝贵的修改意见与建议。科研处的苗露露老师也对申报书的一些细节提出了修改意见。立项之后到结题，她与钟爱萍老师一直关心课题的进展，并给予大力的支持。科社教研部前两任主任余凡教授与钟宜教授也自始至终地关心与鼓励我做好研究。在此，对他们表示真诚的感谢！

　　课题获准立项之后的 2011 年 9 月至 2012 年 7 月，在中共重庆市委党校校委与组织人事处的关心与支持下，学校选派我到国家行政学院政治学教研部访学。在访学期间，得到了刘峰教授、于军教授等政治学教研部全体老师无微不至的关心。指导老师于军教授，作为国内国际政治研究的知名专家，常常与我探讨国家软实力与国际政治，使我受益匪浅。我们建立了亦师亦友般的感情。在这段时间，我不仅在教学、科研、资政等方面有很多收获，而且利用国家行政学院图书馆收集了大量的国家软实力研究文献。在此，对国家行政学院表示感谢！在访学期间，我曾专门到中国社会科学院这一中国社会科学最高研究学府去"朝圣"了一番。尤为有幸的是，我有关国家软实力研究的文章先后在中国社会科学院政治学研究所主办的《政治学研究》与信息情报研究院主办的《国外社会科学》上发表。

在课题研究的艰辛过程中，得到了叶娟丽与虞崇胜两位导师一如既往的关心、指导与支持；得到了西南政法大学宋玉波教授的关心与指导；得到了家人的大力支持与真心爱护；得到了中共重庆市委党校图书馆的鼎力支持（他们对我提出的著作与其他文献资料要求给予了最大限度的满足），使我能够顺利完成这一研究。按照申报书预定结题时间，我2013年12月20日完成所有资料并由科研处上交重庆市社科规划办。2014年6月初由于迟迟不见评审结果，我冒昧地将电话打到了重庆市社科规划办陈老师处，没想到陈老师对我不仅没有丝毫的责备之意，反而安慰我，叫我耐心等待。7月2日，全国社科规划办公布了6月的国家课题评审结果，我看到了自己的名字。我没想到课题能一次性地以"良好"结题，两年半的辛劳与煎熬顿时变成了一种甜蜜的回忆。在此，对他们表示诚挚的感谢！

本书能顺利出版，主要得益于中国社会科学出版社政治与法律出版中心主任任明老师不遗余力的关心与支持！2014年9月10日，我收到结项证书之后马上联系出版社。当我打电话给中国社会科学出版社的任明老师时，他对我仓促之下的咨询丝毫不介意，非常热心地与我交流。将专著的电子版发给任老师之后，他又认真细致地进行了全文审阅。虽然此前与任明老师素未谋面，但几次电话、短信与电子邮件交往之后，他的热忱、耐心、细心给我留下了深刻印象。在此，对任明老师表示诚挚的感谢！

本书中存在的缺点和错误，是由于本人学术造诣不够、外文翻译水平有限、文献资料掌握不全等原因所致，概由本人负责，敬请专家学者和读者批评指正！

本书在注重学术著作出版的中国社会科学出版社出版，或许意味着我的学术之路进入了一个新的阶段。正是导师们的教诲、老师们的关心、家庭的温暖、党校的支持与朋友的帮助,激励着我在学术研究的艰苦道路上一步一步向前行!

蒋英州

2014 年 9 月于重庆